LA
CITÉ DE DIEU.

DE L'IMPRIMERIE DE J. B. C. SOUCHOIS.

LA CITÉ DE DIEU

DE

SAINT AUGUSTIN,

TRADUITE EN FRANÇAIS:

NOUVELLE ÉDITION,

REVUE ET CORRIGÉE PAR DEUX HOMMES DE LETTRES.

TOME III.

A BOURGES,

CHEZ GILLE, LIBRAIRE, RUE DE PARADIS.

1818.

LA CITÉ DE DIEU.

LIVRE XVI.

CHAPITRE PREMIER.

Si, depuis Noé jusqu'à Abraham, il y a eu des hommes qui aient servi le vrai Dieu.

Il est difficile de savoir par l'Ecriture si, après le déluge, il resta quelques traces de la sainte Cité, ou si elles furent entièrement effacées pendant quelque temps, en sorte qu'il n'y eut plus personne qui adorât le vrai Dieu. Depuis Noé, qui mérita avec sa famille d'être sauvé de la ruine générale de l'univers, jusqu'à Abraham, nous ne trouvons point que les livres canoniques parlent de la piété de qui que ce soit. On y voit seulement que Noé, pénétré d'un esprit prophétique, et contemplant dans l'avenir, bénit deux de ses enfans, Sem et Japhet : d'où vient aussi qu'il ne maudit pas en sa propre personne son fils Cham, qui l'avait offensé, mais en celle de Chanaan, dans ces termes : « Maudit soit l'enfant Chanaan ! il sera l'es-

» clave de ses frères (1). » Or, Chanaan était fils de Cham, qui, au lieu de couvrir la nudité de son père endormi, l'avait découverte. De là vient encore que cette bénédiction de ses deux autres enfans, de l'aîné et du cadet : « Que le Seigneur Dieu bénisse Sem ! Chanaan » sera son esclave. Que Dieu comble de joie Japhet, » et qu'il habite dans les maisons de Sem ! » que cette bénédiction, dis-je, la vigne que Noé planta, son ivresse, sa nudité, et le reste que l'Écriture rapporte en cet endroit, est rempli de mystères et voilé de figures.

CHAPITRE II.

Ce qui a été figuré dans les enfans de Noé.

MAIS les évènemens ont assez découvert ce que ces mystères tenaient caché. Qui ne reconnaît, à considérer ces choses avec un peu de soin et quelque lumière, qu'elles sont accomplies en Jésus-Christ? Sem, de qui le Sauveur est né selon la chair, signifie *renommé*. Or, qu'y a-t-il de plus renommé que Jésus-Christ, dont le nom jète une odeur si agréable de toutes parts, qu'il est comparé, dans le cantique des cantiques (2), à un parfum épanché ? N'est-ce pas aussi dans ses maisons, c'est-à-dire dans ses églises, qu'habite cette multitude nombreuse des nations figu-

(1) Genès., 9, 25.
(2) Cantic., 1, 2.

rée par Japhet, qui signifie *largeur*, ou étendue ? Pour Cham, qui signifie *chaud*, et qui était le second fils de Noé, entre Sem et Japhet, comme se distinguant de l'un et de l'autre, et ne faisant partie ni des prémices d'Israël, ni de la plénitude des gentils, que signifie-t-il que les hérétiques, gens chauds et animés, non de l'esprit de sagesse, mais de l'impatience qui les transporte d'ordinaire, et leur fait troubler le repos des fidèles ? Cette ardeur au reste tourne au profit de ceux qui s'avancent dans la vertu, suivant cette parole de l'apôtre : « Il faut qu'il y ait des hérésies, » afin que l'on reconnaisse par là ceux qui sont soli- » dement vertueux (1). » C'est pour cela qu'il est écrit ailleurs : « Un homme sage se servira utilement de » celui qui ne l'est pas (2). » Tandis que la chaleur inquiète des hérétiques agite plusieurs questions qui concernent la foi catholique, leur agitation oblige de les examiner avec plus de soin, afin de pouvoir mieux les défendre contre eux, en sorte que les difficultés qu'ils proposent servent à l'instruction des fidèles. On peut dire aussi que non-seulement ceux qui sont publiquement séparés de l'Église, mais encore tous ceux qui se glorifient d'être chrétiens et qui vivent mal, sont représentés par le second fils de Noé, parce qu'ils annoncent par leur foi la passion du Sauveur figurée par la nudité de ce patriarche, et la déshonorent par leurs actions. C'est d'eux qu'il est dit : « Vous les reconnaî-

(1) I Cor., 11, 19.
(2) Prov., 10, 4.

trez par leurs fruits (1). » De là vient que Cham fut maudit en son fils comme en son fruit, c'est-à-dire en son œuvre ; et que Chanaan signifie *leurs mouvemens*, c'est-à-dire leurs œuvres. Pour Sem et Japhet, figure des juifs et des gentils, ayant connu en quelque façon la nudité de leur père, qui figurait la passion du Rédempteur, ils prirent leur manteau sur leurs épaules, et marchant à reculons, le couvrirent, et ne voulurent point voir ce que le respect leur faisait cacher. Ainsi, nous honorons ce qui a été fait pour nous dans la passion de Jésus-Christ, et nous ne laissons pas toutefois d'avoir en horreur le crime des Juifs. Le manteau que prirent ces deux enfans de Noé pour couvrir la nudité de leur père, signifie le sacrement ; et leurs épaules la mémoire des choses passées, parce que l'Église célèbre la passion du Sauveur comme déjà arrivée, et ne la regarde pas comme une chose à venir, maintenant que Japhet demeure dans les maisons de Sem, et que leur mauvais frère habite au milieu d'eux.

Mais ce mauvais frère est esclave de ses bons frères en son fils, c'est-à-dire en son œuvre, lorsque les gens de bien se servent des méchans ou pour l'exercice de leur patience, ou pour l'affermissement de leur vertu. En effet, l'apôtre témoigne qu'il y en a qui ne prêchent pas Jésus-Christ avec une intention pure : « Mais pourvu, dit-il, que Jésus-Christ soit annoncé, » par prétexte ou par un vrai zèle, il n'importe, je

(1) Matth., 7, 20.

m'en réjouis et m'en réjouirai toujours (1). » C'est Jésus-Christ qui a planté la vigne, dont le prophète dit : « La vigne du Seigneur des armées, c'est la mai- » son d'Israël (2). » Et il a bu du vin de cette vigne, soit que par ce vin on entende le calice dont il dit aux enfans de Zébédée : « Pouvez-vous boire le calice » que je dois boire (3) ? » et : « Mon père, si cela se » peut, que ce calice passe sans que je le boive (4); » par où il marque sans contredit sa passion, soit que, comme le vin est le fruit de la vigne, on veuille entendre plutôt par là qu'il a pris de la vigne même, c'est-à-dire de la race des Israélites, sa chair et son sang, afin de pouvoir souffrir pour nous ; et qu'il s'est enivré, c'est-à-dire qu'il a souffert ; et qu'il a été nud, parce que c'est là qu'a paru sa faiblesse, dont l'apôtre dit : « S'il a été crucifié, c'est un effet de la fai- » blesse (5). » Mais ainsi que le déclare le même apôtre : « Ce qui paraît faiblesse en Dieu est plus fort que » toute la force des hommes, et sa folie apparente est » quelque chose de plus sage que toute leur sagesse (6). » Quant à ce que l'Ecriture, après avoir dit de Noé, « qu'il demeura nu (7), » ajoute, « dans sa maison, » cela montre noblement que c'était des gens de même

(1) Philipp., 1, 15, 17 et 18.
(2) Isaïe, 5, 7.
(3) Matth., 20, 22.
(4) Matth., 26, 39.
(5) II Cor., 13, 4.
(6) I Cor., 1, 25.
(7) Genès., 9, 21.

origine que Jésus-Christ, qui devaient lui faire souffrir le supplice de la mort et de la croix. Les réprouvés annoncent cette passion de Jésus-Christ seulement de bouche et au dehors, parce qu'ils ne comprennent pas ce qu'il annoncent; mais les gens de bien portent gravé au dedans d'eux-mêmes un si grand mystère, et révèrent dans leur cœur cette faiblesse et cette folie de Dieu, parce qu'elles surpassent tout ce qu'il y a de plus fort et de plus sage parmi les hommes. Cham, qui sortit dehors pour publier la nudité de son père, est une figure de ceci; et Sem et Japhet qui, touchés de respect, entrèrent pour la cacher, marquent ceux qui honorent intérieurement ce mystère.

Nous sondons ces secrets de l'Ecriture comme nous pouvons. D'autres le feront peut-être avec plus ou moins de succès; mais de quelque façon qu'on le fasse, il faut toujours tenir pour constant que ces choses n'ont pas été faites ni écrites sans mystère, et qu'il ne les faut rapporter qu'à Jésus-Christ et à son Eglise, qui est la Cité de Dieu annoncée dès le commencement du monde par des figures que nous voyons s'accomplir tous les jours. L'Ecriture donc, après avoir parlé de la bénédiction des deux enfans de Noé et de la malédiction du second, ne fait mention jusqu'à Abraham d'aucun serviteur du vrai Dieu. Ce n'est pas néanmoins, à mon avis, qu'il n'y en ait eu quelques-uns dans cet espace de temps qui est de plus de mille ans; mais c'est qu'il aurait été trop long de les rapporter tous, et que cela serait plus de l'exactitude d'un historien que de la prévoyance d'un prophète. Aussi, le dessein de l'auteur des saintes lettres, ou plutôt de l'esprit de Dieu dont il était l'organe, n'est pas seulement de raconter le passé, mais d'annoncer l'avenir, en tant qu'il concerne la Cité de Dieu. Tout ce qui y est dit de ceux qui n'en sont pas les citoyens, n'est que pour lui servir d'instruction ou pour rehausser sa gloire. Il ne faut pas s'imaginer toutefois que tous les évènemens qui y sont rapportés signifient quelque chose; mais ce qui ne signifie rien y est mis en faveur de ce qui emporte quelque signification. Il n'y a que le coutre qui fende la terre, mais pour cela les autres parties de la charrue sont nécessaires. Dans les instrumens de musique on ne touche que les cordes; elles seules font le son, et néanmoins on y joint d'autres choses qui servent à nouer et tendre ces mêmes cordes. Ainsi, dans une histoire prophétique, on marque quelques évènemens qui ne signifient rien, afin d'y attacher, pour ainsi dire, ceux qui signifient quelque chose.

CHAPITRE III.

Généalogie des trois enfans de Noé.

IL faut donc considérer maintenant la généalogie des enfans de Noé, et en dire ce qui sera nécessaire pour marquer le progrès de l'une et l'autre Cité dans le temps. L'Ecriture la commence par Japhet, le plus jeune des fils de Noé, qui eut huit enfans, l'un desquels en eut trois, et l'autre quatre; ce qui fait quinze

en tout. Cham, le second fils de Noé, en eut quatre; cinq petits-fils et deux arrière-petits-fils ; ce qui fait onze. Après quoi l'Ecriture revient à Cham et dit :
« Chus (qui est l'aîné de Cham) engendra Nemroth
» qui était un géant et grand chasseur; d'où est venu
» le proverbe : Il est aussi grand chasseur que Nem-
» roth. Les principales villes de son royaume étaient
» Babylone, Oreg, Archad et Chalanné dans le ter-
» ritoire de Sennaar. De cette contrée sortit Assur qui
» bâtit Ninive, Robooth, Calach et Dasem entre Ni-
» nive et Calach. Cette ville est fort grande (1). » Or, ce Chus, père du géant Nemroth, est nommé le premier entre les enfans de Cham, et l'Ecriture avait déjà fait mention de cinq de ses fils et de deux de ses petits-fils. Mais ou il engendra ce géant après la naissance de ses petits-fils, ou, ce qui est plus probable, l'Ecriture en a parlé à part à cause qu'il était particulièrement remarquable, et qu'en même temps elle parle aussi de son royaume. Quant à ce qu'elle dit d'Assur, qu'il sortit de cette contrée de Sennaar qui dépendait du royaume de Nemroth, et qu'il bâtit Ninive et les autres villes dont elle fait mention, cela n'arriva que long-temps depuis ; mais elle en parle ici en passant par occasion, à cause de l'empire fameux des Assyriens que Ninus, fils de Bélus et fondateur de cette grande ville de Ninive qui en prit le nom, étendit merveilleusement. Pour Assur, d'où sont sortis les Assyriens, il n'était pas fils de Cham, mais de Sem, aîné de Noé ; d'où il paraît que dans la suite il y en

---

(1) Genès., 10, 8 et suiv.

eut de la postérité de Sem qui possédèrent le royaume de Nemroth, et qui, s'étendant plus loin, fondèrent d'autres villes dont Ninive fut la première. De là l'Ecriture remonte à un autre fils de Cham nommé Mesraïm, et à ses sept enfans, et en parle non comme de particuliers, mais comme de nations, et dit que de la sixième en sortit une appelée Philistins; ce qui en fait huit. Ensuite elle retourne à Chanaan, en qui Cham fut maudit, et fait mention d'onze de ses fils et de certaines contrées qu'ils occupaient. Ainsi toute la postérité de Cham monte à trente et une personnes. Reste à parler des enfans de Sem, aîné de Noé; car c'est lui qui termine cette généalogie. Mais il y a ici quelque obscurité dans la Genèse, où il n'est pas aisé de découvrir quel fut le premier fils de Sem. Voici ce qu'elle dit : « De Sem, père de tous les enfans d'Héber » et frère aîné de Japhet, naquirent Ela, etc. (1). » Par là il semblerait qu'Héber fut fils immédiat de Sem, et cependant il n'est que le cinquième de ses descendans. Sem entre autres fils engendra Arphaxat, Arphaxat engendra Caïnan, Caïnan engendra Sala, et Sala engendra Héber. L'Ecriture a voulu faire entendre par là que Sem est le père de tous ses descendans, tant fils que petits-fils et autres de sa race; et ce n'est pas sans raison qu'elle parle d'Héber avant que de parler des fils de Sem, quoiqu'il ne soit, comme je viens de le dire, que le cinquième de sa race, à cause que c'est de lui que les Hébreux ont pris leur nom; bien que d'autres veuillent que ce soit d'Abraham, mais avec

---

(1) Genès., 10, 21.

moins d'apparence. Ainsi l'Ecriture nomme d'abord six enfans de Sem, l'un desquels en eut quatre autres; puis elle fait mention d'un autre fils de Sem qui lui engendra un petit-fils, et celui-ci un arrière-petit-fils dont sortit Héber. Héber eut deux fils, dont l'un fut nommé Phalec, c'est-à-dire *divisant*, à cause, dit l'Ecriture, que de son temps la terre fut divisée; l'autre eut douze fils; de sorte que toute la postérité de Sem est de vingt personnes. De cette manière, tous les descendans des trois fils de Noé, c'est-à-dire quinze de Japhet, trente et un de Cham et vingt-sept de Sem, font soixante et treize. Après, l'Ecriture ajoute : « Voilà les enfans de Sem selon leurs familles, » leurs langues, leurs contrées et leurs nations (1); » et parlant de tous ensemble : « Voilà les familles des » enfans de Noé selon leurs générations et leurs peu-» ples : d'elles fut peuplée la terre après le déluge. » On voit par là que c'est de nations et non d'hommes en particulier que parle l'Ecriture, lorsqu'elle fait mention de ces soixante et treize, ou plutôt soixante et douze personnes, comme nous montrerons ci-après, et que c'est pour cela qu'elle en a omis plusieurs de la postérité de Noé, non qu'ils n'aient eu des enfans aussi bien que les autres, mais parce qu'ils n'ont pas fait souche comme eux, ni été les pères d'un peuple.

(1) Genès., 10, 31.

CHAPITRE IV.

De Babylone et de la confusion des langues.

Mais, quoique l'Ecriture rapporte que ces nations furent divisées chacune en leur langue, elle ne laisse pas ensuite de reprendre le temps où elles n'avaient toutes qu'un seul langage, et de déclarer comment arriva la différence qui y survint. « Toute la terre,
» dit-elle, parlait une même langue, lorsque les hom-
» mes, s'éloignant de l'Orient, trouvèrent une plaine
» dans la contrée de Sennaar, où ils s'établirent. Alors
» ils se dirent l'un à l'autre : Venez, faisons des bri-
» ques et les cuisons au feu. Ils prirent donc des bri-
» ques au lieu de pierres, et du bitume au lieu de
» mortier, et dirent : Bâtissons-nous une ville, et
» une tour dont le sommet s'élève jusqu'au ciel, et
» faisons parler de nous avant que de nous séparer.
» Mais le Seigneur descendit pour voir la ville et la
» tour que les enfans des hommes bâtissaient, et dit:
» Ils parlent tous une même langue, mais tous leurs
» desseins seront bientôt renversés. Venez, descen-
» dons et confondons leur langue, en sorte qu'ils ne
» s'entendent plus l'un l'autre. Et le Seigneur les dis-
» persa par toute la terre, et ils cessèrent de travailler
» à la ville et à la tour. De là vient qu'on l'appela
» Confusion, à cause que ce fut là que Dieu con-
» fondit le langage des hommes, et qu'il les dissipa

« ensuite par tout le monde (1). » Cette ville, qui fut appelée *Confusion*, c'est Babylone, et l'histoire profane même la célèbre hautement. En effet, Babylone signifie *confusion*; par où l'on apprend que le géant Nemroth en fut le fondateur; ce que l'Ecriture avait insinué anparavant en disant que Babylone était la capitale de son royaume, quoiqu'elle ne fût pas au point de grandeur où l'orgueil et l'impiété des hommes se flattaient de la porter. Ils prétendaient la faire extraordinairement haute et l'élever jusqu'au ciel, comme parle l'Ecriture; soit qu'ils n'eussent ce dessein que pour une des tours de la ville, ou pour toutes, encore que l'Ecriture ne parle que d'une, mais de la même manière que l'on dit *le soldat* pour signifier toute une armée, ou comme elle dit ailleurs *la grenouille* et *la sauterelle* (2) pour exprimer cette multitude de grenouilles et de sauterelles, deux des plaies qui affligèrent l'Egypte. Mais qu'espéraient entreprendre contre Dieu ces hommes téméraires et présomptueux avec cette masse de pierres, quand ils l'auraient élevée au-dessus de toutes les montagnes et de la plus haute région de l'air? En quoi peut nuire à Dieu quelque élévation que ce soit de corps ou d'esprits? Le sûr et véritable chemin pour monter au ciel est l'humilité. Elle élève le cœur en haut, mais au Seigneur, et non pas contre le Seigneur, comme l'Ecriture le dit de ce géant (3), qui était *un chasseur*

(1) Genès., 11, 1 et suiv.
(2) Exod., 10, 4.
(3) Nemroth.

contre le Seigneur. C'est en effet ainsi qu'il le faut traduire, et non, *devant le Seigneur*, comme ont fait quelques-uns trompés par l'équivoque du mot grec qui peut signifier l'un et l'autre. Véritablement il est employé au dernier sens dans ce verset du pseaume : » Pleurons devant le Seigneur qui nous a faits (1), » et au premier dans le livre de Job, lorsqu'il est dit : « Vous vous êtes emporté de colère contre le Sei- » gneur (2). » Et que veut dire *un chasseur*, sinon un trompeur, un meurtrier, et un assassin des animaux de la terre? Il élevait donc une tour contre Dieu avec son peuple, ce qui signifie un orgueil impie ; et Dieu punit avec justice leur mauvaise intention, quoiqu'elle ne réussît pas. Mais comment la punit-il? Comme la langue est l'instrument de la domination, c'est en cette partie que l'orgueil a été puni : tellement que l'homme, qui n'avait pas voulu écouter les commandemens de Dieu, n'a point été à son tour entendu des hommes quand il leur commandait quelque chose. Ainsi fut dissipée cette conspiration, chacun se séparant de celui qu'il n'entendait pas pour se joindre à celui qu'il entendait ; et les peuples furent divisés par langues et dispersés dans toutes les contrées de la terre par la volonté de Dieu, qui se servit pour cela de moyens qui nous sont tout-à-fait cachés et incompréhensibles.

(1) Ps. 94, 6.
(2) Job, 15, 13.

CHAPITRE V.

De la descente de Dieu pour confondre les langues.

« LE Seigneur, dit l'Ecriture, descendit pour voir
» la ville et la tour que bâtissaient les enfans des hom-
» mes (1); » c'est-à-dire non les enfans de Dieu, mais
cette société d'hommes qui vit selon l'homme, et que
nous appelons la Cité de la terre. Cette descente de
Dieu ne doit pas s'entendre matériellement, comme
s'il changeait de lieu, lui qui est tout entier partout;
mais on dit qu'il descend lorsqu'il fait quelque chose
d'extraordinaire sur la terre qui marque sa présence.
De même, quand on dit qu'il voit quelque chose, ce
n'est pas qu'il ne l'eût vue auparavant, lui qui ne peut
rien ignorer; mais c'est qu'il la fait voir aux hommes.
Ils ne voyaient donc pas cette ville comme ils la virent
depuis, quand Dieu leur eût montré combien elle lui
déplaisait. Toutefois on peut fort bien entendre que
Dieu descendit sur cette ville, parce que ses anges, en
qui il habitait, y descendirent; en sorte que ces paroles : « Dieu dit : Ils ne parlent tous qu'une même
» langue, » et le reste, et ensuite : « Allons, descen-
» dons, et confondons leur langage, » ne sont qu'une
récapitulation pour expliquer ce que l'Ecriture avait
déjà dit, « que le Seigneur descendit. » En effet, s'il

---

(1) Genès., 11, 5.

était déjà descendu, que veut dire ceci : « Venez, » descendons, et confondons leur langage » (ce qui s'adresse aux anges), si celui qui était dans les anges ne descendait par leur ministère ? Il faut encore remarquer à ce propos qu'il ne dit pas : Venez et confondez, mais *venez et confondons;* pour faire voir que Dieu agit tellement par ses ministres, que ses ministres agissent avec lui, suivant cette parole de l'apôtre : « Nous sommes les coopérateurs de Dieu (1). »

CHAPITRE VI.

Comment il faut entendre que Dieu parle aux anges.

On pourrait croire que les paroles de la Genèse : « Faisons l'homme (2), » auraient été aussi adressées aux anges, si Dieu n'ajoutait, « à notre image. » Cette dernière circonstance ne nous trompe pas là-dessus, ni ne nous permet de croire que l'homme ait été fait à l'image des anges, ou que Dieu et les anges n'aient qu'une même image. Nous avons donc raison d'entendre ces mêmes paroles des personnes de la Trinité. Et néanmoins comme cette Trinité n'est qu'un Dieu, après que Dieu eût dit : « Faisons; et Dieu, ajoute l'Ecriture, fit » l'homme à l'image de Dieu. » Elle ne dit pas : Les dieux firent, ou, à l'image des dieux. Ici de même

(1) I Cor., 3, 9.
(2) Genès., 1, 26.

on pourrait entendre la Trinité, comme si le Père s'adressant au Fils et au saint Esprit, leur eût dit : « Venez, descendons, et confondons leur langage, » si quelque chose empêchait qu'on ne le pût entendre des anges. Mais ces paroles leur conviennent mieux, parce que c'est principalement à eux à s'approcher de Dieu par de saints mouvemens, c'est-à-dire par de pieuses pensées, et à consulter les oracles de la vérité immuable qui leur sert de loi éternelle dans leur bienheureux séjour. Ils ne sont pas eux-mêmes la vérité ; mais, participant à cette vérité créatrice de toutes choses, ils s'en approchent comme de la source de la vie, afin de recevoir d'elle ce qu'ils ne trouvent pas en eux. C'est pourquoi le mouvement qui les porte vers elle est stable en quelque façon, parce qu'ils ne s'en éloignent jamais. Or, Dieu ne parle pas aux anges comme nous nous parlons les uns aux autres, ou comme nous parlons à Dieu ou aux anges, ou comme les anges nous parlent, ou comme Dieu nous parle par les anges, d'une manière ineffable, mais qui nous est proportionnée. La parole de Dieu qui précède tous ses ouvrages est la raison immuable de ces ouvrages, qui n'a pas un son fugitif, mais une vertu permanente dans l'éternité et agissante dans le temps. C'est de cette parole éternelle qu'il se sert pour parler aux anges ; et quand il lui plaît de nous parler de la sorte au fond du cœur, nous leur devenons semblables en quelque façon : pour l'ordinaire il nous parle autrement. Afin donc de n'être pas toujours obligé dans cet ouvrage de rendre raison des paroles de Dieu, je dirai ici, une fois pour toutes, que la vérité immuable parle ou par elle-même à la créature raisonnable, d'une manière qui ne se peut expliquer, ou par l'entremise de la créature, ou à notre esprit par des images spirituelles, ou à nos oreilles par des voix et des sons (1).

Pour revenir, des trois enfans de Noé sortirent soixante et treize, ou plutôt soixante et douze nations d'un langage différent, qui commencèrent à se répandre par toute la terre, et ensuite à peupler les îles. Mais les peuples se sont bien plus multipliés que les langues; car nous savons que dans l'Afrique plusieurs nations barbares n'usent que d'un seul langage. A l'égard des îles, qui peut douter que le nombre des hommes croissant, ils n'aient pu y passer à l'aide des vaisseaux?

CHAPITRE VII.

Comment, depuis le déluge, toutes sortes de bêtes ont pu peupler les îles les plus éloignées.

On demande comment les bêtes qui ne naissent pas de la terre ainsi que les grenouilles, mais par accouplement, tels que les loups et autres animaux, ont pu se trouver dans les îles après le déluge, à moins

(1) J'omets ici l'explication du passage de la Genèse qui est rapporté ci-dessus, au chap. 4, parce que la version que j'en ai donnée là l'explique assez, et lève l'ambiguité des paroles latines.

qu'elles ne soient provenues de celles qui avaient été sauvées dans l'arche. Pour les iles qui sont proches, on peut croire qu'elles y ont passé à la nage ; mais il y en a qui sont si éloignées du continent, qu'il n'est pas probable qu'aucun de ces animaux ait pu y arriver de la sorte. On peut répondre que les hommes y en ont conduit sur leurs vaisseaux pour la chasse, indépendamment de ce que Dieu même a fort bien pu y en transporter par le ministère des anges. Que si elles sont sorties de la terre, comme à la création du monde, quand Dieu dit : « Que la terre produise une ame » vivante (1), » cela fait voir encore plus clairement que des animaux de toute espèce n'ont pas tant été mis dans l'arche pour en réparer l'espèce que pour être une figure de l'Eglise qui devait être composée de toutes sortes de nations.

CHAPITRE VIII.

Si les nations monstrueuses dont parle l'histoire viennent d'Adam ou des fils de Noé.

On demande encore s'il est croyable qu'il soit sorti d'Adam ou de Noé certain genre d'hommes monstrueux dont l'histoire fait mention. On lit en effet que quelques-uns n'ont qu'un œil au milieu du front ; que d'autres ont la pointe du pied tournée en dedans; que

---

(1) Genès., 1, 24.

d'autres ont les deux sexes dont ils se servent alternativement, et ont la mamelle droite d'un homme et la gauche d'une femme ; qu'il y en a qui n'ont point de bouche, et ne vivent que de l'air qu'ils respirent par le nez; qu'il en est qui n'ont qu'une coudée de haut, que les Grecs nomment Pygmées ; qu'en certaines contrées on voit des femmes qui ont des enfans à cinq ans et qui n'en vivent que huit. On dit encore qu'il y a des peuples d'une merveilleuse vîtesse, qui n'ont qu'une jambe et deux pieds et ne plient point le jarret, qu'on appelle Sciopodes, parce que l'été ils se couchent sur le dos et se défendent du soleil avec la plante de leurs pieds; que d'autres n'ont point de tête et ont les yeux aux épaules ; et une infinité d'autres monstres de la sorte, retracés en mosaïque sur le port de Carthage, et qu'on prétend avoir été tirés d'une histoire fort curieuse. Que dirai-je des Cynocéphales, dont la tête de chien et les aboiemens montrent que ce sont plutôt des bêtes que des hommes ? Mais nous ne sommes pas obligés de croire tout cela. Quoi qu'il en soit, quelque part et de quelque figure que naisse un homme, c'est-à-dire un animal raisonnable, il ne faut point douter qu'il ne tire son origine d'Adam, comme du père de tous les hommes.

La raison que l'on rend des enfantemens monstrueux qui arrivent parmi nous peut servir pour des nations toutes entières. Dieu, qui est le créateur de toutes choses, sait en quel temps et en quel lieu une chose doit être créée, parce qu'il connaît quel est le rapport ou la disconvenance des parties de l'univers qui contribue à sa beauté. Mais comme nous ne le saurions voir tout entier, nous sommes quelquefois choqués de quelques-unes de ses parties, par cela seul que nous ignorons quelle proportion elles ont avec tout le reste. Nous connaissons des hommes qui ont plus de cinq doigts aux mains et aux pieds; mais encore que le motif nous en soit inconnu, loin de nous l'idée que le Créateur se soit mépris! Il en est de même des autres différences encore plus grandes : celui dont personne ne peut justement blâmer les ouvrages sait pour quelle raison il les a faits de la sorte. Il existe un homme à Hippone-Diarrhyte (1) qui a la plante des pieds en forme de lune, avec seulement deux doigts aux extrémités, et les mains de même. S'il y avait quelque nation entière de la sorte, on l'ajouterait à cette histoire curieuse et admirable. Dirons-nous donc que cet homme ne tire pas son origine d'Adam? Les hermaphrodites sont rares, et néanmoins il en paraît de temps en temps en qui les deux sexes sont si bien distingués, qu'il est difficile de décider duquel ils doivent prendre leur nom, bien que l'usage ait prévalu en faveur du plus noble. Il naquit en Orient, il y a quelques années, un homme double de la ceinture en haut. Il avait deux têtes, deux estomacs et quatre mains; et il vécut assez long-temps pour être vu de plusieurs personnes qui accoururent à la nouveauté de ce spectacle. Comme on ne peut pas nier que ces individus ne tirent leur origine d'Adam, il faut en convenir

(1) Il y a deux Hippones en Afrique, celle-ci, dont saint Augustin était évêque, et une autre appelée *Hippone la royale*.

aussi pour les peuples entiers en qui la nature s'éloigne
de son cours ordinaire, et qui néanmoins sont des
créatures raisonnables, si, après tout, ce qu'on en rapporte n'est point fabuleux : car si nous ignorions que
les guenons et les sphinx sont des bêtes, ces historiens
nous feraient peut-être accroire que ce sont des nations
d'hommes. Mais si ce qu'on lit des peuples en question
est véritable, qui sait si Dieu n'a point voulu les créer
ainsi, afin que nous ne croyions pas que les monstres
qui naissent parmi nous soient les ouvrages d'un autre
ouvrier moins parfait que lui ? En définitif, ou ce
que l'on raconte de ces nations est faux, ou ce ne sont
pas des hommes ; ou si ce sont des hommes, ils viennent d'Adam.

CHAPITRE IX.

S'il y a des antipodes.

Quant à ce qu'ils content qu'il y a des antipodes,
c'est-à-dire des hommes dont les pieds sont opposés
aux nôtres, et qui habitent cette partie de la terre où
le soleil se lève quand il se couche pour nous, il n'en
faut rien croire. Aussi ne l'avancent-ils sur le rapport
d'aucune histoire, mais sur des conjectures et des raisonnemens, parce que la terre étant suspendue en
l'air et ronde, ils s'imaginent que la partie qui est sous
nos pieds n'est pas sans habitans. Mais ils ne considèrent pas que, quand on montrerait que la terre est

ronde ; il ne s'ensuivrait pas que la partie qui nous est opposée ne fût point couverte d'eau. D'ailleurs, quand elle ne le serait pas, quelle nécessité y aurait-il qu'elle fût habitée, puisque d'un côté l'Ecriture ne peut mentir, et que de l'autre il y a trop d'absurdité à dire que les hommes aient traversé une si vaste étendue de mer pour aller peupler cette autre partie du monde. Voyons donc si nous pourrons trouver la Cité de Dieu parmi ces hommes qui, selon la Genèse, furent divisés en soixante et douze nations, et autant de langues. Il est évident qu'elle a persévéré dans les enfans de Noé, surtout dans l'aîné, qui est Sem, puisque la bénédiction de Japhet enferme en quelque sorte celle de Sem, et qu'il doit habiter dans ses maisons.

CHAPITRE X.

Généalogie de Sem, dans la race de qui l'ordre de la Cité de Dieu se dirige vers Abraham.

Il faut donc prendre la suite des générations depuis Sem, afin de faire voir la Cité de Dieu à partir du déluge, comme la suite des générations de Seth l'a montrée auparavant. C'est pour cela que l'Ecriture, après avoir offert la Cité de la terre dans Babylone, c'est-à-dire dans la confusion, retourne au patriarche Sem, et commence par lui l'ordre des générations jusqu'à Abraham, marquant combien chacun a vécu avant que d'engendrer celui qui continue cette généalogie, et combien il a vécu depuis. Mais il faut, en passant, que je m'acquitte de ma promesse, et que je rende raison de ce que dit l'Ecriture, que l'un des enfans d'Héber fut nommé Phalec, parce que la terre fut divisée de son temps (1). Que doit-on entendre par cette division, si ce n'est la diversité des langues? L'Ecriture, laissant de côté les autres enfans de Sem, qui ne contribuent rien à la suite des générations, parle seulement de ceux qui la conduisent jusqu'à Abraham; ce qu'elle avait déjà observé avant le déluge dans la généalogie de Seth. Voici comme elle commence celle de Sem: « Sem, fils de Noé, avait cent ans lorsqu'il engendra » Arphaxat, la seconde année après le déluge; et il » vécut encore depuis cinq cents ans, et engendra des » fils et des filles (2). » Elle poursuit de même pour les autres avec le soin d'indiquer l'année où chacun a engendré celui qui sert à cette généalogie, et celles de sa vie, et elle ajoute toujours qu'il a eu d'autres enfans, afin que nous n'allions pas demander sottement comment la postérité de Sem a pu peupler tant de régions, et fonder ce puissant empire des Assyriens que Ninus étendit si loin.

Mais pour ne pas nous arrêter inutilement, nous ne marquerons que l'âge auquel chacun des descendans de Sem a eu le fils qui continue la suite de cette généalogie, afin de supputer combien d'années se sont écoulées depuis le déluge jusqu'à Abraham. Deux ans donc après le déluge, Sem, âgé de cent ans, engendra

(1) Genès., 10, 25.
(2) Genèse, 11, 10.

Arphaxat; Arphaxat engendra Caïnan à l'âge de cent trente-cinq ans; Caïnan avait cent trente ans quand il engendra Salé; Salé en avait autant lorsqu'il engendra Héber; Héber cent trente-quatre quand il eut Phalec; Phalec cent trente lorsqu'il engendra Ragau; Ragau cent trente-deux quand il engendra Séruch; Séruch cent trente quand il eut Nachor; Nachor soixante et dix-neuf à la naissance de son fils Tharé; et Tharé à l'âge de soixante et dix ans engendra Abram, que Dieu depuis appela Abraham. Ainsi, depuis le déluge jusqu'à Abraham, il y a mille soixante et douze ans, selon les Septante; car on dit qu'il y en a beaucoup moins, selon l'hébreu : ce dont on ne rend aucune raison bien claire.

Lors donc que nous cherchons la Cité de Dieu dans ces soixante et douze nations dont parle l'Ecriture, nous ne saurions affirmer positivement si dès ce temps-là, où les hommes ne parlaient tous qu'un même langage, ils abandonnèrent le culte du vrai Dieu; de telle sorte que la vraie piété ne se trouvât que dans les descendans de Sem par Arphaxat jusqu'à Abraham; ou bien, si la Cité de la terre ne commença qu'à la construction de la tour de Babel; ou plutôt, si les deux Cités subsistèrent, celle de Dieu dans les deux fils de Noé, qui furent bénis dans leurs personnes et dans leur race; et celle de la terre, dans celui qui fut maudit ainsi que sa postérité. Peut-être est-il plus vraisemblable qu'avant la fondation de Babylone, il y avait des idolâtres dans la postérité de Sem et de Japhet, et des adorateurs du vrai Dieu dans celle de Cham; au moins devons-nous croire qu'il y a toujours eu sur la terre des hommes de l'une et de l'autre sorte. Dans les deux pseaumes (1) où il est dit : « Tous ont » quitté le droit chemin et se sont corrompus ; il n'y » en a pas un qui soit homme de bien ; il n'y en a » pas un seul, » on lit ensuite : « Ces impies, qui ne » font que du mal, et qui dévorent mon peuple » comme ils feraient un morceau de pain, ne se re- » connaîtront-ils jamais ? » Le peuple de Dieu était donc alors ; et ainsi ces paroles : « Il n'y en a pas un » qui soit homme de bien, il n'y en a pas un seul, » doivent s'entendre des enfans des hommes, et non de ceux de Dieu. Le prophète avait dit auparavant : « Dieu » a jeté les yeux du haut du ciel sur les enfans des » hommes, pour voir s'il y en a quelqu'un qui le » connaisse et qui le cherche ; » après quoi il ajoute : « Il n'y en a pas un qui soit homme de bien, » pour montrer qu'il ne parle que des enfans des hommes, c'est-à-dire de ceux qui appartiennent à la Cité qui vit selon l'homme, et non selon Dieu.

CHAPITRE XI.

La langue hébraïque, qui était celle dont tous les hommes se servaient d'abord, se conserva dans la postérité d'Héber, après la confusion des langues.

De même que l'existence d'une seule langue avant le déluge n'empêcha pas qu'il n'y eût des méchans,

---

(1) Ps. 13, 3 ; et 52, 4.

et que tous les hommes n'encourussent la peine d'être exterminés par les eaux, à la réserve de la maison de Noé ; ainsi, lorsque les nations furent punies par la diversité des langues, à cause de leur orgueil impie, et répandues par toute la terre, et que la Cité des méchans fût appelée confusion, c'est-à-dire Babylone, la langue dont tous les hommes se servaient auparavant demeura dans la maison d'Héber. De là vient, comme je l'ai remarqué ci-dessus, que l'Ecriture, dans le dénombrement des enfans de Sem, met Héber le premier, quoiqu'il ne soit que le cinquième de ses descendans. Comme cette langue demeura dans sa famille, tandis que les autres nations furent divisées suivant les temps, celle-là fut depuis appelée hébraïque. Il fallait bien en effet lui donner un nom pour la distinguer de toutes les autres, qui avaient aussi chacune le sien ; au lieu que quand elle était seule, elle n'avait point de nom particulier.

On dira peut-être : Si la terre fut divisée en plusieurs langues du temps de Phalec, fils d'Héber, celle qui était auparavant commune à tous les hommes devait plutôt prendre son nom de Phalec. Mais il faut répondre qu'Héber n'appela son fils Phalec, c'est-à-dire *division*, que parce qu'il vint au monde lorsque la terre fut divisée par langues, et que c'est ce qu'entend l'Ecriture, quand elle dit : « La terre fut di- » visée de son temps. » Si Héber n'eût encore vécu lors de cette division, il n'aurait pas donné son nom à cette langue qui demeura dans sa famille. Ce qui nous porte à croire que cette langue est celle qui était d'abord commune à tous les hommes, c'est que le changement et la multiplication des langues a été une peine du péché, et qu'ainsi le peuple de Dieu a dû être exempt de cette peine. Aussi, n'est-ce pas sans raison que cette langue a été celle d'Abraham, et qu'il ne l'a pu transmettre à tous ses enfans, mais seulement à ceux qui, issus de Jacob, ont composé le peuple de Dieu, reçu son alliance, et mis au monde le Christ. Héber lui-même n'a pas fait passer cette langue à toute sa postérité, mais seulement à la branche d'Abraham. Ainsi, bien que l'Ecriture ne marque pas précisément qu'il y eût des gens de bien, lorsque les méchans bâtissaient Babylone, cette obscurité n'est pas tant pour nous priver de la vérité, que pour exercer notre attention. Lorsque l'on y voit d'un côté qu'il existe d'abord une langue commune à tous les hommes, qu'il y est fait mention d'Héber avant tous les autres enfans de Sem, encore qu'il n'ait été que le cinquième de ses descendans, et que la langue des patriarches, des prophètes et de l'Ecriture même est appelée langue hébraïque ; et qu'on demande, de l'autre, où cette langue, qui était commune avant la division des langues, s'est pu conserver ; certainement, comme il n'y a point de doute que ceux parmi lesquels elle s'est conservée n'aient été exempts de la peine du changement des langues, que se présente-t-il autre chose, sinon qu'elle est demeurée dans la famille de celui dont elle a pris le nom, et que ce n'est pas une petite preuve de la vertu de cette famille d'avoir été à couvert de cette punition générale ?

Mais il se présente encore une autre difficulté ; comment Héber et Phalec son fils ont-ils pu chacun faire une nation, s'ils n'ont eu tous deux qu'une même langue? Il est certain au fond que le peuple hébreu est descendu d'Héber par Abraham. Comment donc tous les enfans des trois fils de Noé, dont parle l'Ecriture, ont-ils établi chacun une nation, si Héber et Phalec n'en ont fait qu'une. Il est fort probable que le géant Nemroth a fondé aussi sa nation, et que l'Ecriture en a fait mention à part à cause de sa stature extraordinaire et de la vaste étendue de son empire; de sorte que le nombre des soixante et douze langues ou nations demeure toujours. Quant à Phalec, elle n'en parle pas pour avoir donné naissance à une nation, mais à cause de cet évènement mémorable de la division des langues qui arriva de son temps. On ne doit point être surpris que Nemroth ait vécu jusqu'à la fondation de Babylone et la confusion des langues; car de ce qu'Héber est le sixième depuis Noé, et que Nemroth n'est que le quatrième, il ne s'ensuit pas que Nemroth n'ait pu vivre jusqu'au temps d'Héber. Lorsqu'il y avait moins de générations, ils vivaient davantage, ou venaient au monde plus tard. Aussi faut-il entendre que quand la terre fut divisée en plusieurs nations, non-seulement les descendans de Noé, qui en étaient les pères et les fondateurs étaient nés, mais qu'ils avaient déjà des familles nombreuses et capables de composer chacune une nation. C'est pourquoi il ne faut pas s'imaginer qu'ils soient nés dans le même ordre que l'Ecriture les nomme; autrement, comment les douze fils de Jectan, autre fils d'Héber et frère de Phalec, auraient-ils pu déjà faire des nations, si Jectan ne vint au monde qu'après Phalec, vu que la terre fut divisée à la naissance de Phalec? Ainsi, il est vrai que Phalec a été nommé le premier, mais Jectan n'a pas laissé que de venir au monde bien avant lui, en sorte que les douze enfans de Jectan avaient déjà de si grandes familles, qu'elles pouvaient être divisées chacune en leur langue. On aurait tort de trouver étrange que l'Ecriture en ait usé de la sorte, puisque dans la généalogie des trois enfans de Noé, elle commence par Japhet, qui était le cadet. Or, les noms de ces peuples se trouvent encore aujourd'hui en partie les mêmes qu'ils étaient autrefois, comme les Assyriens et les Hébreux; et en partie, ils ont été changés par la suite des temps, tellement que les plus versés dans l'histoire en peuvent à peine découvrir l'origine. En effet, on dit que les Egyptiens viennent de Mesraïm, et les Ethiopiens de Chus, deux des fils de Cham, et cependant on ne voit aucun rapport entre leurs noms actuels et leur origine. A tout considérer, on trouvera qu'il y a plus de ces noms qui ont été changés, qu'il n'en est qui soient demeurés jusqu'à nous.

CHAPITRE XII.

Progrès de la cité de Dieu, à partir d'Abraham.

Voyons maintenant les progrès de la Cité de Dieu, depuis le temps d'Abraham, où elle a commencé à paraître avec plus d'éclat, et où les promesses que nous voyons s'être accomplies en Jésus-Christ sont plus claires et plus précises. Abraham, au rapport de l'Ecriture (1), naquit dans la Chaldée, qui dépendait de l'empire des Assyriens. Or, la superstition et l'impiété régnaient déjà parmi ces peuples, comme parmi les autres nations. La seule maison de Tharé, père d'Abraham, conservait le culte du vrai Dieu, et vraisemblablement aussi la langue hébraïque, quoique Josué témoigne (2) qu'Abraham même était d'abord idolâtre. De même que la seule maison de Noé demeura pendant le déluge pour réparer le genre humain; ainsi, dans ce déluge de superstitions qui inondaient l'univers, la seule maison de Tharé fut comme l'asile de la Cité de Dieu : et comme après le dénombrement des générations jusqu'à Noé, l'Ecriture dit : « Voici la » généalogie de Noé (3); » de même, après le dénombrement des générations de Sem, fils de Noé, jusqu'à Abraham, elle dit : « Voici la généalogie de » Tharé. Tharé engendra Abram, Nachor et Aran. » Aran engendra Lot, et mourut du vivant de son » père Tharé, au lieu de sa naissance, au pays des » Chaldéens. Abram et Nachor se marièrent. La femme » d'Abram s'appelait Sara, et celle de Nachor Melca, » fille d'Aran (4). » Celui-ci eut aussi une autre fille nommée Jesca, que l'on croit être la même que Sara, femme d'Abraham.

(1) Genès., 11, 28.
(2) Josué, 24, 2.
(3) Genès., 6, 9.
(4) Genès., 11, 27 et suiv.

CHAPITRE XIII.

Pourquoi l'Ecriture ne parle point de Nachor, quand son père Tharé passa de Chaldée en Mésopotamie.

L'Ecriture raconte ensuite comment Tharé avec tous les siens laissa la Chaldée, vint en Mésopotamie, et demeura à Carres; mais elle ne parle point de son fils Nachor, comme s'il ne l'avait pas emmené avec lui. Voici de quelle façon elle fait ce récit : « Tharé prit » donc son fils Abram, Lot, fils de son fils Aran, et » Sara, sa belle-fille, femme de son fils Abram ; et il » les emmena de Chaldée en Chanaan, et il vint à » Carres où il établit sa demeure (1). » Il n'est point ici question de Nachor ni de sa femme Melca. Lorsque plus tard Abraham envoya son serviteur chercher une femme à son fils Isaac, nous trouvons ceci : « Le ser- » viteur prit dix chameaux du troupeau de son maî- » tre, et beaucoup d'autres biens, et se dirigea vers » la Mésopotamie, en la ville de Nachor (2). » Par ce témoignage et plusieurs autres de l'Histoire sacrée, il paraît que Nachor sortit de la Chaldée, aussi bien que son frère Abraham, et vint habiter avec lui en Mésopotamie. Pourquoi l'Ecriture ne parle-t-elle donc point de lui lorsque Tharé passa avec sa famille en

(1) Genèse, 11, 31.
(2) Id., 24, 10.

Mésopotamie, tandis qu'elle ne marque pas seulement qu'il y mena son fils Abraham, mais encore Sara, sa belle-fille, et son petit-fils Lot? Pourquoi, si ce n'est peut-être qu'il avait quitté la religion de son père et de son frère pour embrasser la superstition des Chaldéens qu'il abandonna depuis, ou parce qu'il se repentit de son erreur, ou parce qu'il devint suspect aux habitans du pays et fut obligé d'en sortir afin d'éviter leur persécution. En effet, dans le livre de Judith, comme Holopherne, ennemi des Israélites, se fut enquis quelle nation c'était, et s'il lui fallait faire la guerre, voici ce que lui dit Achior, général des Ammonites : « Seigneur, si vous voulez avoir la bonté
» de m'entendre, je vous dirai ce qui en est de ce
» peuple qui demeure dans ces prochaines montagnes,
» et je ne vous dirai rien que de très vrai. Il tire son
» origine des Chaldéens; et comme il abandonna la
» religion de ses pères pour adorer le Dieu du ciel,
» les Chaldéens le chassèrent, et il s'enfuit en Méso-
» potamie où il demeura long-temps. Ensuite leur
» Dieu leur commanda d'en sortir, et de s'en aller en
» Chanaan où ils s'établirent, etc. (1). » On voit clairement par là que la maison de Tharé fut persécutée par les Chaldéens, à cause de la véritable religion et du culte du vrai Dieu.

(1) Judith, 5, 5.

CHAPITRE XIV.

Des années de Tharé qui mourut à Carres.

Or, après la mort de Tharé qui vécut, dit-on, deux cent cinq ans en Mésopotamie, l'Ecriture commence à parler des promesses que Dieu fit à Abraham ; ce qu'elle rapporte ainsi : « Tout le temps de la vie de » Tharé à Carres fut de deux cent cinq ans, puis il » mourut (1). » Il ne faut pas entendre ce passage comme si Tharé avait passé tout ce temps à Carres ; l'Ecriture dit seulement qu'il y finit sa vie, qui fut en tout de deux cent cinq ans : on ignorerait autrement combien il aurait vécu, puisque l'on ne voit point quel âge il avait quand il vint dans cette ville ; et il serait absurde de s'imaginer que, dans une généalogie qui énonce si scrupuleusement le temps que chacun a vécu, il fut le seul oublié. Cette omission, il est vrai, a lieu pour quelques-uns ; mais c'est qu'ils n'entrent point dans l'ordre de ceux qui composent la série de générations depuis Adam jusqu'à Noé, et depuis Noé jusqu'à Abraham : il n'en est aucun de ces derniers dont l'Ecriture ne marque l'âge.

(1) Genèse. 11, 32.

CHAPITRE XV.

Du temps de promission où Abraham sortit de Carres d'après l'ordre de Dieu.

Quant à ce que l'Ecriture, après avoir parlé de la mort de Tharé, père d'Abraham, ajoute : « Et Dieu » dit à Abram : Sortez de votre pays, de votre pa- » renté et de la maison de votre père, etc. (1), » il ne faut pas penser que cela soit arrivé dans l'ordre qu'elle rapporte ; cette opinion enfanterait une difficulté qu'on ne pourrait résoudre. En effet, à la suite de ce commandement de Dieu à Abraham, on lit dans la Genèse : « Abram sortit donc avec Lot pour obéir » aux paroles de Dieu ; et Abram avait soixante et » quinze ans lorsqu'il sortit de Carres (2). » Comment cela se peut-il, si la chose arriva après la mort de Tharé ? Tharé avait soixante et dix ans quand il engendra Abraham ; si l'on y ajoute les soixante et quinze ans qu'avait Abraham lorsqu'il partit de Carres, on a cent quarante-cinq ans. Tharé avait donc cet âge à l'époque où son fils quitta cette ville de Mésopotamie. Ce dernier n'en sortit donc pas après la mort de son père, qui vécut deux cent cinq ans : il faut entendre dès-lors que c'est ici une récapitulation assez ordinaire

---

(1) Genèse, 12, 1.
(2) Ibid., 4.

dans l'Ecriture, qui, parlant auparavant des enfans de Noé, après avoir dit qu'ils furent divisés en plusieurs langues et nations, ajoute : « Toute la terre par-
» lait un même langage (1). » Comment étaient-ils divisés en plusieurs langues, si toute la terre ne parlait qu'un même langage, sinon parce que la Genèse reprend ce qu'elle avait déjà touché? Elle procède de même dans la circonstance qui nous occupe; elle a parlé plus haut de la mort de Tharé, mais elle revient à la vocation d'Abraham qui arriva du vivant de son père, et qu'elle avait omise pour ne point interrompre le fil de son discours. Ainsi, lorsque Abraham sortit de Carres il avait soixante et quinze ans, et son père cent quarante-cinq. D'autres ont résolu autrement la question : selon eux les soixante et quinze années de la vie d'Abraham doivent se compter du jour qu'il fut délivré du feu où il fut jeté par les Chaldéens pour ne vouloir pas adorer cet élément, et non du jour de sa naissance, comme n'ayant proprement commencé à naître qu'alors.

Mais saint Etienne dit, touchant la vocation d'Abraham, dans les actes des apôtres : « Le Dieu de gloire
» apparut à notre père Abraham lorsqu'il était en
» Mésopotamie, avant qu'il demeurât à Carres, et lui
» dit : Sortez de votre pays, et de votre parenté, et
» de la maison de votre père, et venez en la terre que
» je vous montrerai (2). » Ces paroles de saint Etienne font voir que Dieu ne parla pas à Abraham après la

---

(1) Genèse, 11, 1.
(2) Act., 7, 2 et 3.

mort de son père, qui mourut à Carres où Abraham demeura avec lui; mais avant qu'il habitât cette ville, bien qu'il fût déjà en Mésopotamie. Il en résulte toujours qu'il était alors de la Chaldée; et ainsi ce que saint Etienne ajoute : « Alors Abraham sortit du pays » des Chaldéens, et vint demeurer à Carres (1), » ne montre pas ce qui arriva après que Dieu lui eût parlé (car il ne sortit pas de la Chaldée après cet avertissement du Ciel, puisque saint Etienne dit qu'il le reçut dans la Mésopotamie), mais se rapporte à tout le temps qui se passa depuis qu'il en fut sorti, et qu'il eut fixé son séjour à Carres. Ce qui suit le prouve encore : « Et » après la mort de son père, dit le premier martyr, » dieu l'établit en cette terre que vos pères ont habi- » tée et que vous habitez encore aujourd'hui (2). » Il ne dit pas qu'il sortit de Carres après la mort de son père, mais que Dieu l'établit dans la terre de Chanaan après que son père fut mort. Il faut dès lors entendre que Dieu parla à Abraham lorsqu'il était en Mésopotamie, avant de demeurer à Carres, où il vint dans la suite avec son père, conservant toujours en son cœur le commandement de Dieu; et qu'il en sortit la soixante et quinzième année de son âge, et la cent quarante-cinquième de celui de son père. Saint Etienne place son établissement dans la terre de Chanaan, et non sa sortie de Carres après la mort de son père, parce que son père était déjà mort quand il acheta cette terre et commença à la posséder en propre. Quant

(1) Act., 7, 4.
(2) Ibid.

à ce que Dieu lui dit : Sortez de votre pays, de votre
« parenté et de la maison de votre père, » bien qu'il
fût déjà sorti de la Chaldée et qu'il demeurât en Mésopotamie, il ne voulait pas lui commander d'en sortir de corps, car il l'avait déjà fait, mais d'y renoncer sans retour. Il est assez vraisemblable qu'Abraham
sortit de Carres avec sa femme Sara et Lot, son neveu, pour obéir à l'ordre de Dieu, après que Nachor
eût suivi son père.

CHAPITRE XVI.

Des promesses que Dieu fit à Abraham.

Il faut parler maintenant des promesses que Dieu fit
à Abraham, et dans lesquelles apparaissent clairement
les oracles que notre Seigneur Jésus-Christ, vrai Dieu,
a rendus en faveur du peuple fidèle annoncé par les
prophètes. La première est conçue en ces termes : « Le
» Seigneur dit à Abraham : « Sortez de votre pays, de
» votre parenté et de la maison de votre père, et allez
» en la terre que je vous montrerai. Je vous établirai
» chef d'un grand peuple, je vous bénirai, et rendrai
» votre nom illustre en vertu de cette bénédiction. Je
» bénirai ceux qui vous béniront, et maudirai ceux
» qui vous maudiront, et toutes les nations de la terre
» seront bénites en vous (1). » Il est à remarquer ici

(1) Genès., 12, 1 et suiv.

que deux choses sont promises à Abraham, l'une que sa postérité posséderait la terre de Chanaan; ce qui est exprimé par ces mots : « Allez en la terre que je » vous montrerai, et je vous établirai chef d'un grand » peuple; » et l'autre beaucoup plus excellente, et que l'on ne doit pas entendre d'une postérité charnelle, mais spirituelle, qui ne le rend pas seulement père du peuple d'Israël, mais de toutes les nations qui marchent sur les traces de sa foi. Or celle-ci est renfermée dans ces paroles : « Toutes les nations de la terre seront bénites » en vous. » Eusèbe pense que cette promesse fut faite à Abraham la soixante et quinzième année de son âge, comme s'il était sorti de Carres aussitôt qu'il l'eut reçue; et cette opinion a pour but de ne point contrarier la déclaration formelle de l'Ecriture qui dit qu'Abraham avait soixante et quinze ans quand il sortit de Carres (1). Mais si la promesse en question fut faite cette année, Abraham demeurait donc déjà avec son père à Carres, attendu qu'il n'en eût pas pu sortir, s'il n'y eût été. Cela n'a rien de contraire à ce que dit saint Etienne : « Le Dieu de gloire apparut à notre » père Abraham lorsqu'il était en Mésopotamie, avant » qu'il demeurât à Carres. » Il s'agit seulement de rapporter à la même année, et la promesse de Dieu à Abraham qui précéda sa fixation à Carres, et sa demeure en cette ville, et sa sortie du même lieu. Nous devons l'entendre ainsi, non seulement parce qu'Eusèbe, dans sa chronique, commence à compter depuis l'an de cette promesse, et montre qu'il s'en écoula

(1) Genèse, 12, 4.

quatre cent trente jusqu'à la sortie d'Egypte que la loi fut donnée; mais aussi parce que l'apôtre saint Paul (1) suppute de la même manière.

CHAPITRE XVII.

Des trois monarchies qui florissaient du temps d'Abraham, et notamment de celle des Assyriens.

En ce temps là, il y avait trois puissans empires où florissait merveilleusement la Cité de la terre, c'est-à-dire l'assemblée des hommes qui vivent selon l'homme, sous la domination des anges prévaricateurs, savoir, ceux des Sicyoniens, des Egyptiens et des Assyriens. Celui-ci était le plus grand et le plus puissant de tous; car Ninus, fils de Bélus, avait subjugué toute l'Asie, à la réserve des Indes. Par l'Asie, je n'entends pas parler de celle qui n'est maintenant qu'une province de la seconde, ou selon d'autres, de la troisième partie de toute la terre; mais de cette troisième partie du monde que l'on partage ordinairement en trois grandes divisions, l'Asie, l'Europe et l'Afrique, qui ne forment pas au reste trois portions égales. L'Asie s'étend du midi par l'orient jusqu'au septentrion; au lieu que l'Europe ne s'étend que du septentrion à l'occident, et l'Afrique de l'occident au midi; de sorte

(1) Galat., 3, 17.

qu'il semble que l'Europe et l'Afrique n'occupent ensemble qu'une partie de la terre, et que l'Asie toute seule occupe l'autre. Mais on a fait deux parties de l'Europe et de l'Afrique, à cause qu'elles sont séparées l'une de l'autre par la mer Méditerranée. En effet, si l'on divisait tout le monde en deux parties seulement, l'orient et l'occident, l'Asie tiendrait l'une, et l'Europe et l'Afrique l'autre. Ainsi, des trois monarchies qui existaient alors, celle des Sicyoniens n'était pas sous les Assyriens, parce qu'elle était en Europe : mais comment l'Egypte ne leur était-elle pas soumise, puisqu'ils étaient maîtres de toute l'Asie, aux Indes près ? C'est donc principalement dans l'Assyrie que florissait alors la Cité de la terre, Cité impie dont la capitale était Babylone, c'est-à-dire confusion, nom qui lui convient parfaitement. Ninus en était roi et avait succédé à son père Bélus, qui avait tenu le sceptre soixante et cinq ans. Lui-même régna cinquante-deux ans, et en avait déjà régné quarante-trois lorsque Abraham vint au monde, c'est-à-dire environ douze cents ans avant la fondation de Rome, qui fut comme la Babylone d'occident.

LIVRE XVI.

CHAPITRE XVIII.

Dieu parle une seconde fois à Abraham à qui il promet la terre de Chanaan pour lui et sa postérité.

Abraham sortit donc de Carres la soixante et quinzième année de son âge, et la cent quarante-cinquième de celui de son père, et passa avec Lot, son neveu, et sa femme Sara, dans la terre de Chanaan jusqu'à Sichem, où il reçut encore un avertissement du ciel, que l'Ecriture rapporte ainsi : « Le Seigneur apparut » à Abraham, et lui dit : Je donnerai cette terre à » votre postérité (1). » Il ne lui est rien dit ici de cette postérité qui devait le rendre père de toutes les nations, mais seulement de celle qui le rendait père du peuple hébreu : c'est en effet ce peuple qui a possédé la terre de Chanaan.

(1) Genès., 12, 7.

CHAPITRE XIX.

De la pudicité de Sara, que Dieu protège en Egypte, où Abraham la donnait, non pour sa femme, mais pour sa sœur.

Lorsque ensuite Abraham eut dressé un autel en cet endroit (1) et invoqué Dieu, il alla demeurer au désert, d'où, pressé de la faim, il passa en Egypte. Là il dit que Sara était sa sœur, ce qui était vrai parce qu'elle était sa cousine germaine (2), de même que Lot, qui le touchait au même degré, est aussi appelé son frère. Il dissimula donc qu'elle était sa femme, mais il ne le nia pas; remettant à Dieu le soin de son honneur, et se gardant comme homme des insultes des hommes. S'il n'eût pris en cette rencontre toutes les précautions possibles, il aurait plutôt tenté Dieu que témoigné sa confiance en lui. Nous avons dit beaucoup de choses à ce sujet en répondant aux calomnies de Fauste le manichéen. Aussi arriva-t-il ce qu'Abraham s'était promis de Dieu, puisque Pharaon, roi d'Egypte, qui avait choisi Sara pour épouse, frappé de plusieurs plaies, la rendit à son mari. Loin de nous la pensée que sa chasteté ait reçu aucun outrage de ce prince, lorsque tout porte à croire qu'il en fut détourné par ces fléaux du ciel.

(1) Genèse, 12, 7 et suiv.
(2) Voyez tome II, liv. 15, ch. 16.

CHAPITRE XX.

Abraham et Lot se séparèrent sans rompre l'union.

Lorsque Abraham fut retourné d'Egypte dans le lieu d'où il était sorti, Lot, son neveu, se sépara de lui sans blesser la bonne intelligence qui régnait entre eux, et se retira vers Sodôme. Les richesses que tous deux avaient acquises, et les fréquens démêlés de leurs bergers les déterminèrent à prendre ce parti, afin d'empêcher que les querelles des serviteurs ne vinssent peut-être à mettre la désunion parmi les maîtres. Abraham, dans l'intention de prévenir ce malheur, dit à Lot : « Je vous prie, qu'il n'y ait point de diffé-
» rend entre vous et moi, ni entre vos bergers et les
» miens, puisque nous sommes frères. Toute cette
» contrée n'est-elle pas à nous ? Je suis donc d'avis
» que nous nous séparions. Si vous allez à gauche,
» j'irai à droite; et si vous allez à droite, j'irai à gau-
» che (1). » Il se peut que la coutume reçue dans les partages, où l'aîné fait les lots, et le cadet choisit, tire de là son origine.

(1) Genèse, 13, 8 et 9.

CHAPITRE XXI.

Dieu réitère ses promesses à Abraham pour la troisième fois.

Après qu'Abraham et Lot se furent ainsi séparés, et que l'un se fut fixé dans la terre de Chanaan, et l'autre à Sodôme, Dieu parla à Abraham pour la troisième fois, et lui dit : « Regardez de tous côtés, autant
» que votre vue peut s'étendre vers les quatre points
» du monde; je vous donnerai à vous et à vos descen-
» dans, jusqu'à la fin du siècle, toute cette terre que
» vous voyez, et je multiplierai votre postérité comme
» la poussière de la terre. Si quelqu'un peut compter la
» poussière de la terre, il pourra compter aussi votre
» postérité. Levez-vous, et mesurez cette terre en long
» et en large, car je vous la donnerai (1). » On ne voit pas bien si, dans cette promesse, est comprise celle qui l'a rendu père de toutes les nations; on peut néanmoins le conjecturer de ces paroles : « Je multiplierai
» votre postérité comme la poussière de la terre, » expression figurée que les Grecs appellent hyperbole, et qui a lieu quand ce qu'on dit d'une chose la passe de beaucoup. Qui ne sait combien la poussière de la terre surpasse le nombre de tous les hommes, quel qu'il puisse être, depuis Adam jusqu'à la fin du siècle?

---

(1) Genèse, 13, 14 et suiv.

combien donc à plus forte raison la postérité d'Abraham, soit la charnelle, soit la spirituelle ? En effet, cette dernière postérité est peu de chose en comparaison de la multitude des méchans, quoique malgré sa petitesse le nombre en soit innombrable, d'où vient que l'Ecriture la désigne par la poussière de la terre. Mais elle n'est innombrable qu'aux hommes, et non à Dieu, qui sait même le compte de tous les grains de poussière. Ainsi, comme l'hyperbole de l'Ecriture est mieux remplie par les deux postérités d'Abraham, on peut croire que cette promesse s'applique à l'une et à l'autre. Si j'ai dit que cela n'est pas très clair, c'est que le seul peuple juif a tellement multiplié, qu'il s'est presque répandu dans toutes les contrées du monde; de sorte qu'il suffit pour justifier l'hyperbole, outre qu'on ne peut pas nier que la terre dont il est question ne soit celle de Chanaan. Néanmoins, ces mots : « Je vous la donnerai à vous, à vos descendans jusqu'à » la fin du siècle, » peuvent en faire douter, si, par cette expression, *jusqu'à la fin du siècle,* on entend *éternellement;* mais si on les prend comme nous pour la fin du monde et le commencement de l'autre, il n'y a point de difficulté. Encore que les Juifs aient été chassés de Jérusalem, ils demeurent dans les autres villes de la terre de Chanaan, et y demeureront jusqu'à la fin du monde ; ajoutez à cela que quand cette terre est habitée par des chrétiens, c'est la postérité d'Abraham qui l'habite.

CHAPITRE XXII.

Abraham sauve Lot des mains des ennemis, et est béni par Melchisédec.

Abraham, après avoir reçu cette promesse, alla demeurer en un autre endroit de cette contrée, près du chêne de Mambré, qui était en Hébron (1). Ensuite, les ennemis ayant ravagé le pays de Sodôme, et vaincu les habitans en bataille rangée, Abraham, accompagné de trois cent dix-huit des siens, alla au secours de Lot, que les vainqueurs avaient fait prisonnier, et le délivra de leurs mains après les avoir défaits, sans vouloir rien prendre des dépouilles que le roi de Sodôme lui offrait. C'est en cette occasion qu'il fut béni par Melchisédec (2), prêtre du Dieu souverain, dont il est beaucoup parlé dans l'épître aux Hébreux (3), que plusieurs disent être de saint Paul, ce dont quelques-uns ne tombent pas d'accord. On vit là pour la première fois le sacrifice que les chrétiens offrent aujourd'hui à Dieu par toute la terre, pour accomplir cette parole du prophète à Jésus-Christ, qui ne s'était pas encore incarné : « Vous êtes prêtre pour jamais » selon l'ordre de Melchisédec (4). » Il ne dit pas selon

---

(1) Genès., 13, 18.
(2) Genès., 14, 18.
(3) Hébr., 7, 1.
(4) Ps. 109, 5.

l'ordre d'Aaron, lequel devait être aboli par la vérité que figuraient ces ombres.

CHAPITRE XXIII.

Dieu promet à Abraham que sa postérité sera aussi nombreuse que les étoiles, et la foi qu'ajoute Abraham aux paroles de Dieu le justifie, sans qu'il fût encore circoncis.

Dieu parla encore à Abraham dans une vision (1), et l'assura de sa protection et d'une ample récompense; et comme Abraham se plaignit à lui qu'il était déjà vieux, qu'il mourrait sans postérité, et qu'Eliézer, l'un de ses esclaves, serait son héritier, Dieu lui promit qu'il en aurait un et que sa postérité serait aussi nombreuse que les étoiles du ciel; par où il me semble que Dieu voulait spécialement désigner la postérité spirituelle d'Abraham. Que sont en effet les étoiles, eu égard au nombre, en comparaison de la poussière de la terre; à moins qu'on ne veuille dire que ces deux choses sont semblables, en ce qu'on ne peut aussi compter les étoiles que l'on ne saurait même voir toutes? On en découvre à la vérité d'autant plus qu'on a meilleure vue; mais il résulte précisément de là qu'il en échappe toujours quelques-unes aux plus clairvoyans, sans parler de celles qui se lèvent et se cou-

(1) Genès., 15, 1 et suiv.

chent dans l'autre hémisphère. C'est donc une rêverie de s'imaginer qu'il y en a qui ont connu et mis par écrit le nombre des étoiles, comme on le dit d'Aratus et d'Eudoxe; et l'Ecriture sainte suffit pour réfuter cette opinion. Au reste, c'est dans ce chapitre de la Genèse que se trouve la parole que l'apôtre rappelle pour relever la grace de Dieu : « Abraham crut Dieu, » et sa foi lui fut imputée à justice (1); » et il prouve par là que les Juifs ne devaient point se glorifier de leur circoncision, ni empêcher que les gentils ne fussent reçus à la foi de Jésus-Christ, puisque, quand la foi d'Abraham lui fut imputée à justice, il n'avait pas encore été circoncis.

CHAPITRE XXIV.

Ce que signifie le sacrifice que Dieu commanda à Abraham de lui offrir, quand ce patriarche le pria de lui donner quelque signe de l'accomplissement de sa promesse.

Dans cette même vision, Dieu lui dit encore : « Je » suis le Dieu qui vous ai tiré du pays des Chaldéens, » pour vous donner cette terre, et vous en mettre en » possession. » Comme Abraham lui eût demandé là dessus comment il connaîtrait qu'il la devait posséder, Dieu lui répondit : « Prenez-moi une génisse de trois

(1) Rom., 4, 3.

« ans, une chèvre et un bélier de même âge, avec
» une tourterelle et une colombe. Abraham prit tous
» ces animaux, et après les avoir divisés en deux, mit
» ces moitiés vis-à-vis l'une de l'autre ; mais il ne divisa
» point les oiseaux. Alors les oiseaux vinrent fondre
» sur ces corps qui étaient divisés, et Abraham s'assit
» auprès d'eux. Sur le coucher du soleil, il fut saisi
» d'une grande frayeur qui le couvrit de ténèbres
» épaisses, et il lui fut dit : Sachez que votre postérité
» demeurera parmi des étrangers qui la persécuteront
» et la réduiront en servitude l'espace de quatre cents
» ans ; mais je leur en ferai justice, et ils sortiront des
» mains de leurs ennemis chargés de dépouilles. Pour
» vous, vous vous en irez en paix avec vos pères com-
» blé d'une heureuse vieillesse. Ils ne reviendront donc
» ici qu'à la quatrième génération ; car les Amor-
» rhéens n'ont pas encore comblé la mesure de leurs
» crimes. Comme le soleil fut couché, une flamme
» s'éleva tout-à-coup, et l'on vit une fournaise fu-
» mante et des brandons de feu qui passèrent au mi-
» lieu des animaux divisés. Ce jour là Dieu fit alliance
» avec Abraham, et lui dit : Je donnerai cette terre à
» vos enfans, depuis le fleuve d'Egypte jusqu'au grand
» fleuve d'Euphrate, les Cénéens, les Cénézéens, les
» Cedmonéens, les Céthéens, les Phéréséens, les Ra-
» phaïms, les Amorrhéens, les Chananéens, les
» Evéens, les Gergéséens et les Jébuséens. »

Voilà ce qui se passa dans cette vision ; mais vouloir
l'expliquer en détail, cela nous mènerait trop loin, et
passerait les bornes de cet ouvrage. Il suffira de dire
ici qu'Abraham ne perdit pas la foi dont l'Ecriture le

loue, pour avoir dit à Dieu : « Seigneur, comment
» connaîtrai-je que je dois posséder cette terre? » Il
ne dit pas : Comment se pourra-t-il faire que je possède, comme s'il doutait de la promesse de Dieu, mais:
« Comment connaîtrai-je que je dois la posséder? »
afin qu'on lui donnât quelque signe qui lui fît connaître la manière dont cela devait se passer : de même
que la vierge Marie n'entra en aucune défiance de ce
que l'ange lui annonçait, quand elle dit : « Comment
» cela se fera-t-il, car je ne connais point d'homme (1)?
Elle ne doutait point de la chose, mais elle s'informait
de la manière. C'est pourquoi l'ange lui répondit :
« Le saint Esprit surviendra en vous, et la vertu du
» Très-Haut vous couvrira de son ombre (2). » Ici de
même Dieu donna à Abraham le signe d'animaux
immolés, comme la figure de ce qui devait arriver,
et dont il ne doutait pas. Par la génisse était signifié
le peuple juif soumis au joug de la loi ; par la chèvre,
le même peuple pécheur ; et par le bélier, le même
régnant et dominant. Ces animaux ont trois ans, à
cause des trois époques fort remarquables, depuis
Adam jusqu'à Noé, depuis Noé jusqu'à Abraham, et
depuis Abraham jusqu'à David qui, le premier d'entre
les Israélites, monta sur le trône par la volonté de
Dieu après la réprobation de Saül : dernière époque
durant laquelle ce peuple s'accrut considérablement.
Que cela figure ce que je dis, ou toute autre chose, au
moins ne douté-je point que les personnes spirituelles

(1) Luc, 1, 34.
(2) Ibid., 35.

ne soient désignées par la tourterelle et par la colombe; d'où vient qu'il est dit qu'Abraham ne divisa point les oiseaux. En effet, les charnels sont divisés entre eux, mais non les spirituels, soit qu'ils se retirent du commerce des hommes, comme la tourterelle, soit qu'ils conversent avec eux, comme la colombe. Quoi qu'il en soit, l'un et l'autre de ces deux oiseaux est simple et innocent; et ils marquaient que, même dans le peuple juif à qui cette terre devait être donnée, il y aurait des enfans de promission et des héritiers du royaume et de la félicité éternelle. Pour les oiseaux qui vinrent fondre sur ces corps divisés, ils figurent les malins esprits, habitans de l'air et toujours empressés de se repaître de la division des hommes charnels. Quant à ce qu'Abraham s'assit auprès d'eux, cela veut dire que, même au milieu de ces divisions des hommes charnels, il y aura toujours quelques vrais fidèles jusqu'à la fin du monde. La frayeur dont Abraham fut saisi vers le coucher du soleil, signifie que, vers la fin du monde, il s'élèvera une cruelle persécution contre les fidèles, selon cette parole de notre Seigneur dans l'Evangile : « La persécution sera si grande » alors, qu'il n'y en a jamais eu de pareille (1). »

A l'égard de ce que Dieu dit à Abraham : « Sachez » que votre postérité demeurera parmi des étrangers » qui la persécuteront et la tiendront captive l'espace » de quatre cents ans, » cela s'entend sans difficulté du peuple juif qui devait être captif en Egypte. Ce n'est pas néanmoins que sa captivité ait duré quatre cents

(1) Matth., 24, 21.

ans, mais c'est qu'elle devait arriver dans cet espace de temps ; de même que l'Ecriture dit de Tharé, père d'Abraham, que tout le temps de sa vie à Carres fut de deux cent cinq ans, non qu'il ait passé toute sa vie en ce lieu, mais parce qu'il y acheva le reste de ses jours. Au reste, l'Ecriture dit quatre cents ans pour faire le compte rond; car il y a un peu plus, soit qu'on les prenne du temps que cette promesse fut faite à Abraham, ou du temps de la naissance d'Isaac. Ainsi que nous l'avons déjà dit, depuis la soixante et quinzième année de la vie d'Abraham que la première promesse lui fut faite, jusqu'à la sortie d'Egypte, on compte quatre cent trente ans, dont l'apôtre parle ainsi : « Ce que je veux dire, c'est que Dieu ayant » contracté une alliance avec Abraham, la loi qui n'a » été donnée que quatre cent trente ans après, ne l'a » pu rendre nulle, ni anéantir la promesse faite à ce » patriarche (1). » L'Ecriture a donc fort bien pu appeler ici quatre cents ans ces quatre cent trente ans; outre que depuis la première promesse faite à Abraham jusqu'à celle-ci, cinq années s'étaient déjà écoulées, et vingt-cinq jusqu'à la naissance d'Isaac.

Relativement à ce qu'elle ajoute, que le soleil étant déjà couché, une flamme s'éleva tout d'un coup, et l'on vit une fournaise fumante et des brandons de feu qui passèrent au milieu des animaux divisés ; cela signifie qu'à la fin du monde les charnels seront jugés par le feu. De même en effet que la persécution de la Cité de Dieu, qui sera la plus grande de toutes sous

(1) Galat., 3, 17.

l'Antechrist, est marquée par cette frayeur extraordinaire qui saisit Abraham sur le coucher du soleil, c'est-à-dire sur la fin du monde; ainsi ce feu qui parut après que le soleil fut couché, c'est-à-dire après la fin des siècles, marque le jour du jugement qui séparera les hommes charnels que le feu doit sauver de ceux destinés à être damnés dans le feu. Enfin, l'alliance de Dieu avec Abraham signifie proprement la terre de Chanaan, où onze nations sont nommées depuis le fleuve d'Egypte jusqu'au grand fleuve d'Euphrate. Or, par le fleuve d'Egypte il ne faut pas entendre le Nil, mais un autre petit fleuve qui la sépare de la Palestine et passe à Rhinocorure (1).

CHAPITRE XXV.

D'Agar, servante de Sara, que Sara donna pour concubine à son mari.

VIENNENT ensuite les enfans d'Abraham, l'un de la servante Agar, et l'autre de Sara, la femme libre, dont nous avons déjà parlé au livre précédent. En ce qui touche les rapports d'Abraham avec Agar, on ne doit point lui en faire un crime, puisqu'il ne se servit de cette concubine que pour avoir des enfans, et non pour contenter sa passion, et plutôt pour obéir à sa femme que dans l'intention de l'outrager. Elle-même

(1) Ville située sur les confins de l'Egypte et de l'Arabie.

crut en quelque façon se consoler de sa stérilité en s'appropriant la fécondité de sa servante, et usant du droit qu'elle avait en cela sur son mari, suivant cette parole de l'apôtre : « Le mari n'est point maître de son » corps, mais sa femme (1). » Il n'y a ici aucune intempérance, aucune débauche. La femme donne sa servante à son mari pour en avoir des enfans, le mari la reçoit avec la même intention ; ni l'un ni l'autre ne recherche le dérèglement de la volupté ; ils ne songent tous deux qu'au fruit de la nature. Aussi, quand la servante devenue enceinte commença à s'enorgueillir et à mépriser sa maîtresse, comme Sara, par une défiance de femme, imputait l'orgueil d'Agar à son mari, Abraham fit bien voir de nouveau qu'il n'était pas l'esclave, mais le maître de son amour; qu'il avait gardé en la personne d'Agar la foi qu'il devait à Sara, qu'il ne l'avait vue que pour lui obéir; qu'il l'avait reçue d'elle, mais qu'il ne l'avait pas demandée ; qu'il s'en était approché, mais qu'il ne s'y était pas attaché; qu'il avait engendré, mais qu'il n'avait point aimé. Il dit en effet à Sara : « Votre ser- » vante est en votre pouvoir, faites-en ce qu'il vous » plaira (2). » Homme admirable qui commande absolument à ses affections ! qui use de sa femme avec modération, de sa servante par obéissance, et chastement de l'une et de l'autre !

(1) I Cor., 7, 4.
(2) Genès., 16, 6.

CHAPITRE XXVI.

Dieu promet à Abraham, déjà vieux, un fils de sa femme Sara, qui était stérile, lui annonce qu'il sera le père des nations, et confirme sa promesse par la circoncision.

Lorsque dans la suite Ismaël fut né d'Agar, Abraham pouvait croire que cette naissance accomplissait ce qui lui avait été promis dans le temps où, pour le faire renoncer au dessein qu'il avait d'adopter son serviteur, Dieu lui dit : « Celui-ci ne sera pas votre hé-
» ritier, mais celui qui sortira de vous (1). » De peur donc qu'il ne crût que cette promesse fût accomplie dans le fils de sa servante, « comme Abram était
» déjà âgé de quatre-vingt dix-neuf ans, Dieu lui apparut
» et lui dit : Je suis Dieu, travaillez à me plaire, et
» menez une vie sans reproche, et je ferai alliance
» avec vous, et vous comblerai de tous biens. Alors
» Abram se prosterna par terre, et Dieu ajouta : C'est
» moi, je ferai alliance avec vous, et vous serez le père
» d'une grande multitude de nations. Vous ne vous ap-
» pellerez plus Abram, mais Abraham, parce que je
» vous ai fait le père de plusieurs nations. Je vous ren-
» drai extrêmement puissant, et vous établirai sur
» grand nombre de peuples, et des rois sortiront de

_____
(1) Genès., 15, 4.

» vous. Je ferai alliance avec vous, et après vous avec
» vos descendans ; et cette alliance sera éternelle, afin
» que je sois votre Dieu et celui de toute votre posté-
» rité après vous. Je donnerai à vous et à vos descen-
» dans cette terre où vous êtes maintenant étranger,
» toute la terre de Chanaan, pour la posséder à jamais,
» et je serai leur Dieu. Dieu dit encore à Abraham :
» Pour vous, vous aurez soin de garder mon alliance,
» et votre postérité après vous. Or, voici l'alliance que
» je désire que vous et vos enfans observiez soigneuse-
» ment. Tout mâle parmi vous sera circoncis ; cette
» circoncision se fera en la chair de votre prépuce, et
» sera la marque de l'alliance qui est entre vous et moi.
» Tous les enfans mâles qui naîtront de vous seront
» circoncis au bout de huit jours. Vous circoncirez
» aussi tous vos esclaves, tant ceux qui naîtront chez
» vous, que les autres que vous acheterez des étrangers.
» Et cette circoncision sera une marque de l'alliance
» éternelle que j'ai contractée avec vous. Tout mâle
» qui ne la recevra point le huitième jour sera exter-
» miné comme un infracteur de mon alliance. Dieu
» dit encore à Abraham : Votre femme ne s'appellera
» plus Saraï, mais Sara : je la bénirai, et vous don-
» nerai d'elle un fils que je bénirai aussi, et qui sera
» père de plusieurs nations, et des rois sortiront de lui.
» Là-dessus Abraham se prosterna en terre, en sou-
» riant et disant en lui-même : J'aurai donc un fils à
» cent ans, et Sara accouchera à quatre-vingt-dix ?
» Conservez seulement en vie, dit-il à Dieu, mon fils
» Ismaël ; et Dieu lui dit. Oui, votre femme Sara
» vous donnera un fils que vous nommerez Isaac. Je

» ferai une alliance éternelle avec lui, et je serai son
» Dieu et le Dieu de sa postérité après lui. Pour Is-
» maël, j'ai exaucé votre prière; je l'ai béni et je le
» rendrai extrêmement puissant. Il sera le père de
» douze nations, et je l'établirai chef d'un grand peu-
» ple. Mais je contracterai alliance avec Isaac, dont
» votre femme Sara accouchera l'année qui vient (1). »

On voit ici des promesses plus expresses de la vocation des gentils en Isaac, en ce fils de promission, qui est un fruit de la grace et non de la nature, puisqu'il est promis à une femme vieille et stérile. Bien que Dieu concourre aussi aux productions qui se font selon le cours ordinaire de la nature, toutefois lorsque sa main puissante en répare les défaillances, sa grace paraît avec beaucoup plus d'éclat. Et parce que cette vocation des gentils ne devait pas tant arriver par la génération des enfans que par leur régénération, Dieu commanda la circoncision lorsqu'il promit le fils de Sara. S'il veut que tous soient circoncis, tant libres qu'esclaves, c'est afin de signifier que cette grace est pour tout le monde. Que figure en effet la circoncision, sinon la nature renouvelée et dépouillée de sa vieillesse? Le huitième jour représente-t-il autre chose que Jésus-Christ, qui ressuscita la semaine finie, c'est-à-dire après le jour du Sabbat? Les noms même du père et de la mère sont changés; tout se sent de la nouveauté, et le nouveau Testament est marqué dans l'ancien. L'ancien Testament n'est-il pas réellement le voile du nouveau? et le nouveau la manifestation

(1) Genès., 17, 1 et suiv.

de l'ancien? Le ris d'Abraham est un témoignage de joie et non de défiance. Ces paroles qu'il dit en son cœur : « J'aurai donc un fils à cent ans, et Sara ac- » couchera à quatre-vingt-dix, » ne sont pas non plus d'un homme qui doute, mais qui admire. Quant à ce que Dieu dit à Abraham : « Je donnerai à vous et à » vos descendans cette terre où vous êtes maintenant » étranger, toute cette terre de Chanaan, pour la » posséder éternellement; » si l'on demande comment cela s'est accompli ou se doit accomplir, vu que la possession d'une chose, quelque longue qu'elle soit, ne peut pas durer toujours; il faut dire qu'*éternel* se prend en deux façons, ou pour une durée infinie, ou pour une qui est bornée par la fin du monde.

CHAPITRE XXVII.

L'ame de l'enfant qui n'avait point été circoncis le huitième jour était perdue, pour avoir violé l'alliance de Dieu.

On peut encore demander comment il faut interpréter ceci : « Tout enfant mâle qui ne sera point cir- » concis le huitième jour sera exterminé comme un » infracteur de mon alliance. » Ce n'est point l'enfant qui est coupable, puisque ce n'est pas lui qui a violé l'alliance de Dieu, mais bien les parens qui n'ont pas eu soin de le circoncire. On doit répondre à cela que les enfans même ont violé l'alliance de Dieu, non pas en leur propre personne, mais en la personne de celui dans lequel tous les hommes ont péché. Il existe dans le fait bien d'autres alliances de Dieu que ces deux grandes du vieux et du nouveau Testament. La première alliance que Dieu fit avec l'homme est celle-ci : « Du jour que vous mangerez de ce fruit, vous mour- » rez ; » ce qui a donné lieu à cette parole de l'ecclésiastique : « Tout homme vieillira comme un vête- » ment (1). » C'est une alliance aussi ancienne que le monde que la nécessité de mourir à tous ceux qui transgressent les commandemens de Dieu. Eh ! comment cette parole du prophète : « J'ai regardé tous les » pécheurs du monde comme des prévaricateurs (2), » pourrait-elle s'accorder avec cette autre de saint Paul : « Où il n'y a point de loi, il n'y a point de préva- » rication (3) , » si tous ceux qui pèchent n'étaient pas coupables de la violation de quelque loi ? C'est pourquoi, si les enfans même naissent pécheurs, comme la loi nous l'enseigne, non pas proprement, mais originellement, d'où résulte la nécessité du baptême pour leur remettre leurs péchés, certainement ils sont aussi prévaricateurs de cette loi qui a été donnée dans le paradis terrestre, en sorte qu'il est également vrai de dire qu'où il n'y a point de loi, il n'y a point de prévarication, et que tous les pécheurs du monde sont des prévaricateurs. Ainsi, comme la circoncision était le signe de la régénération, c'est avec justice que

---

(1) Ecclésiasti., 14, 18.
(2) Ps. 118, 119.
(3) Rom., 4, 15.

le péché originel, qui a violé la première alliance de Dieu, perdait ces enfans, si la régénération ne les sauvait. Il faut donc entendre ainsi ces paroles de l'Ecriture : *Tout enfant mâle*, comme si elle disait : Quiconque ne sera point régénéré périra, parce qu'il a violé mon alliance lorsqu'il a péché en Adam avec tous les autres hommes. Si elle avait dit : parce qu'il a violé cette alliance que je contracte avec vous, on ne pourrait l'entendre que de la circoncision ; mais comme elle n'a point exprimé quelle alliance ce petit enfant a violé, il est permis de l'entendre de celle dont la violation pourrait être de son fait. Si toutefois quelqu'un prétend que cela doit s'appliquer exclusivement à la circoncision, et que c'est l'alliance que l'enfant qui n'a point été baptisé a violée, il faut qu'il prouve qu'on peut dire d'une personne qu'il a violé une alliance, quoique ce ne soit pas lui qui l'ait violée, mais qu'on l'ait violée en lui ; outre qu'il est mal aisé de justifier la perte d'un enfant qui demeure incirconcis sans qu'il y ait de sa faute, à moins qu'on ne remonte à un péché d'origine.

CHAPITRE XXVIII.

Du changement des noms d'Abraham et de Sara, qui, l'un à cause de son âge, l'autre à cause de sa stérilité, n'étaient plus en âge d'avoir d'enfans quand ils eurent Isaac.

Lors donc qu'Abraham eut reçu cette grande promesse dont nous venons de parler, et que nous voyons

maintenant s'être accomplie en Jésus-Christ, sa femme et lui changèrent de nom, et l'Ecriture ne les appelle plus Abram ni Saraï, mais Abraham et Sara. Elle rend raison de ce changement de nom à l'égard d'Abraham : « parce que, dit Dieu, je vous ai
» établi père de plusieurs nations (1). » C'est ce que veut dire *Abraham* ; pour *Abram*, qui était son premier nom, on l'interprète par *illustre père.* L'Ecriture ne rend point raison du changement de celui de Sara, mais les traducteurs hébreux disent que *Saraï* signifie *ma princesse* et *Sara, vertu ;* d'où vient cette parole de l'épître aux Hébreux : « C'est
» aussi par la foi que Sara reçut la vertu de conce-
» voir. (2) » Or, ils étaient tous deux fort âgés, ainsi que l'Ecriture le témoigne, et Sara, qui était stérile, n'avait en outre plus ses ordinaires. Encore qu'une femme soit déjà âgée, si elle a encore ses mois, elle peut avoir des enfans d'un jeune homme, mais non d'un vieillard ; quoiqu'un vieillard puisse en avoir d'une jeune femme, ainsi qu'Abraham, qui en eut de Céthura après la mort de Sara. L'apôtre, par cette raison, regarde comme un grand miracle (3) que le corps d'Abraham étant presque mort, c'est-à-dire à l'égard des femmes aussi âgées que Sara, il n'ait pas laissé d'engendrer. Il n'était pas mort pour toutes choses, autrement c'eût été un cadavre ; mais il l'était relativement à Sara. On rapporte communément une autre solu-

(1) Genès., 17, 5.
(2) Hébr., 11, 11.
(3) Rom., 4, 19.

tion de cette difficulté, c'est qu'Abraham eut ensuite des enfans de Céthura, parce que Dieu l'avait rendu capable d'en avoir; mais l'autre réponse me semble meilleure, attendu qu'il est vrai qu'à cette heure un vieillard de cent ans est hors d'âge d'engendrer, mais il ne l'était pas alors que les hommes vivaient plus long-temps.

CHAPITRE XXIX.

Des trois anges qui apparurent à Abraham au chêne de Mambré.

Dieu apparut encore à Abraham au chêne de Mambré dans la personne de trois hommes, qui indubitablement étaient des anges (1), quoique quelques-uns estiment que l'un d'eux était Jésus-Christ, qui même, à les entendre, était visible avant que de s'être revêtu d'une chair. Je tombe d'accord que Dieu, qui est invisible, incorporel, et immuable par sa nature, est assez puissant pour se rendre visible aux yeux des hommes sans aucun changement de sa part, non par soi-même, mais par le ministère de quelqu'une de ses créatures; mais s'ils prétendent que l'un de ces trois hommes était Jésus-Christ, parce qu'Abraham s'adressa à tous trois comme s'ils n'eussent été qu'un seul homme, ainsi que le rapporte l'Ecriture : « Il

(1) Genès., 18, 1 et suiv.

» aperçut trois hommes auprès de lui, et aussitôt il
» courut au devant d'eux, et dit : Seigneur, si j'ai trouvé
» grace auprès de vous, etc.; » cette présomption n'a
rien de concluant, lorsque la même Ecriture témoigne
que deux de ces anges étaient déjà partis pour détruire
Sodôme, lorsque Abraham s'adressa au troisième, et
l'appela son seigneur, le conjurant de ne vouloir pas
confondre l'innocent avec le coupable, et de pardonner
à Sodôme. En outre, lorsque Lot parle à ces deux là,
il le fait comme s'il ne parlait qu'à un seul. Après qu'il
leur a dit : « Seigneurs, venez s'il vous plaît dans la
» maison de votre serviteur (1); » l'Ecriture ajoute :
« et les anges le prirent par la main, lui, sa femme
» et ses deux filles, parce que Dieu lui faisait grace. Et
» aussitôt qu'ils l'eurent tiré hors de la ville, ils lui
» dirent : Sauvez-vous, ne regardez point derrière
» vous, et ne demeurez point dans toute cette contrée ;
» sauvez-vous sur la montagne, de peur que vous ne
» soyez enveloppé dans cette ruine. Et Lot leur dit :
» Je vous prie, Seigneur, puisque votre serviteur a
» trouvé grace auprès de vous, etc. (2) » Ensuite le Seigneur lui répond aussi au singulier par la bouche de
ces deux anges en qui il était, et lui dit : « J'ai eu
» pitié de vous (3). » Ainsi, il est bien plus croyable
qu'Abraham et Lot envisageaient le Seigneur en la
personne de ses anges, quoiqu'ils les prissent pour des
hommes ; et que c'est pour cela qu'ils lui adressaient la

---

(1) Genès., 19, 2.
(2) Ibid., 19, 16 et suiv.
(3) Ibid., 21.

parole. Ils les prenaient, dis-je, pour des hommes; ce qui fit qu'ils les reçurent comme tels, et les traitèrent comme s'ils eussent eu besoin de nourriture; mais d'un autre côté il paraissait en eux quelque chose de si extraordinaire, que ceux qui exerçaient ce devoir d'hospitalité à leur égard, ne pouvaient douter que Dieu ne fût présent en eux, comme il a coutume de l'être dans ses prophètes. De là vient qu'ils les appelaient quelquefois *Seigneurs* au pluriel en les regardant comme les ministres de Dieu, et d'autrefois *Seigneur* au singulier, en considérant Dieu même qui était en eux. Or, l'Ecriture témoigne que c'était des anges, et ne le témoigne pas seulement dans la Genèse où cette histoire est rapportée, mais aussi dans l'épître aux Hébreux, où louant l'hospitalité : « C'est, dit-elle, » en pratiquant cette vertu, que quelques-uns, sans » le savoir, ont reçu chez eux des anges même (1). » Ce fut donc par ces trois hommes que Dieu, réitérant à Abraham la promesse qu'il lui avait faite d'un fils nommé Isaac qu'il devait avoir de Sara, lui dit : « Il » sera chef d'un grand peuple, et toutes les nations » de la terre seront bénites en lui (2). » Paroles qui contiennent une promesse pleine et courte de ces deux choses, du peuple d'Israël selon la chair, et de toutes les nations selon la foi.

(1) Hébr., 13, 2.
(2) Genès., 18, 18.

LIVRE XVI.

CHAPITRE XXX.

Destruction de Sodôme; délivrance de Lot; et concupiscence infructueuse d'Abimélech à l'égard de Sara.

Comme Lot fut sorti de Sodôme après cette promesse, une pluie de feu tomba du ciel (1), et réduisit en cendres ces villes infames, où le débordement était si grand, que l'amour contre la nature y était aussi commun que les autres actions autorisées par les lois. Ce châtiment effroyable fut une image du jugement dernier. Véritablement pourquoi ceux qui échappèrent de cette ruine reçurent-ils ordre des anges de ne point regarder derrière eux, sinon parce que si nous voulons éviter la rigueur du jugement à venir, nous ne devons point retourner par nos désirs aux habitudes du vieil homme dont nous nous sommes dépouillés par la grace du baptême? Aussi la femme de Lot ayant contrevenu à ce commandement, fut punie sur le champ; et son changement en statue de sel, qui est le symbole de la sagesse, rend les fidèles plus circonspects pour se garantir d'un semblable malheur. Dans la suite, Abraham fit à Gérare, touchant sa femme, ce qu'il avait fait en Egypte (2); en sorte qu'Abimélech, qui était roi de cette ville, la lui rendit de même sans

(1) Genès., 19, 24.
(2) Id., 20, 2.

l'avoir touchée. Et comme il l'eût blâmé d'avoir célé que ce fût sa femme, et de l'avoir fait passer pour sa sœur, Abraham, après lui avoir déclaré que la crainte l'avait obligé d'en user ainsi, ajoute : « De plus, » elle est vraiment ma sœur, car elle est fille de mon » père, quoiqu'elle ne le soit pas de ma mère. » En effet, Sara du côté de son père était sœur d'Abraham, et une de ses plus proches parentes. Or, elle était si belle, qu'elle était aimable même à cet âge là.

CHAPITRE XXXI.

Naissance d'Isaac.

Après cela, un fils naquit à Abraham (1) de Sara, selon la promesse de Dieu, et il le nomma Isaac, c'est-à-dire *ris ;* car le père avait ri quand il lui fut promis, témoignant par là sa joie et son étonnement; et la mère avait ri aussi lorsque la promesse lui fut réitérée par les trois anges, quoique ce ris fût mêlé de doute, comme l'ange le lui reprocha (2). Mais ce doute fut ensuite dissipé par l'ange. Voilà d'où Isaac prit son nom. Sara montre bien que ce ris n'était pas un ris de moquerie, mais de joie, lorsqu'elle dit à la naissance d'Isaac : « Dieu m'a fait rire ; car qui- conque saura ceci se réjouira avec moi. (3). Peu de

---

(1) Genès., 21, 2.
(2) Id., 18, 13.
(3) Id., 21, 6.

temps après, la servante fut chassée de la maison avec son fils, figure des deux Testamens selon l'apôtre, de l'ancien et du nouveau; en quoi Sara représente la Jérusalem céleste, c'est-à-dire la Cité de Dieu.

CHAPITRE XXXII.

Obéissance et foi d'Abraham dans le sacrifice de son fils; et mort de Sara.

Cependant Dieu tenta Abraham (1) en lui commandant de lui sacrifier son cher fils Isaac, afin d'éprouver son obéissance et de la faire connaître à toute la postérité. Il ne faut pas certainement blâmer toute sorte de tentation, mais se réjouir de celle qui sert d'épreuve à notre vertu. En effet, l'homme souvent ne se connaîtrait pas lui-même sans ces sortes d'épreuves; s'il reconnaît en elles la main puissante de Dieu qui l'assiste, c'est alors qu'il est véritablement pieux, et qu'au lieu de s'enfler d'une vaine gloire, il est solidement affermi dans la vertu par le moyen de la grace. Abraham savait fort bien que Dieu ne se plaisait point à des victimes humaines, quoique, lorsqu'il commande, il soit moins question de raisonner que d'obéir; mais il croyait qu'il était assez puissant pour ressusciter son fils, et il est louable de cette foi. Comme Abra-

(1) Genès., 22, 1.

ham hésitait à chasser de sa maison sa servante et son fils, lorsque Sara l'en pressait, Dieu lui dit : « C'est » d'Isaac que sortira votre postérité (1). » Cependant il ajoute tout de suite : « Je ne laisserai pas d'établir » sur une puissante nation le fils de cette servante, » parce que c'est votre postérité. » Comment donc Dieu, dit-il, que c'est d'Isaac que sortira la postérité d'Abraham, tandis qu'il semble en dire autant d'Ismaël ? L'apôtre résoud cette difficulté, lorsque expliquant ces paroles : « C'est d'Isaac que sortira votre pos- » térité, » il dit : « Cela signifie que ceux qui sont en- » fans d'Abraham selon la chair, ne sont pas pour » cela enfans de Dieu ; mais qu'il n'y a de vrais enfans » d'Abraham que ceux qui sont enfans de la pro- » messe (2). » Dès-lors, pour que les enfans de la promesse soient la postérité d'Abraham, il faut qu'ils sortent d'Isaac, c'est-à-dire qu'ils soient assemblés en Jésus-Christ par la grace qui les appelle. Ce saint patriarche, fortifié par la foi de cette promesse, et persuadé qu'elle devait être accomplie par celui que Dieu lui commandait d'égorger, ne douta point que Dieu ne pût lui rendre celui qu'il lui avait donné contre son espérance. Ainsi l'entend et l'explique l'auteur de l'épître aux Hébreux : « C'est par la foi, dit-il, qu'A- » braham fit éclater son obéissance lorsqu'il fut tenté » au sujet d'Isaac ; car il offrit à Dieu son fils unique » nonobstant toutes les promesses qui lui avaient été » faites, et que Dieu lui eût dit : C'est d'Isaac que

---

(1) Genès., 21, 12.
(2) Rom., 9, 8.

» sortira votre véritable postérité. Mais il pensait en
» lui-même que Dieu pourrait bien le ressusciter après
» sa mort. C'est pour cela, ajoute-t-il, qu'il en fit une
» ressemblance (1). » De qui cette ressemblance, sinon
de celui dont le même apôtre dit : « Dieu n'a pas
» épargné son propre fils, mais l'a livré à la mort pour
» nous tous (2). » Aussi Isaac porta lui-même le bois
du sacrifice dont il devait être la victime, comme
notre Seigneur porta sa croix. Enfin, puisque Dieu a
empêché Abraham de mettre la main sur Isaac, parce
qu'il ne devait pas mourir, qui était ce bélier par le
sang figuratif duquel le sacrifice fut accompli, et qui
tenait au buisson par les cornes? que représentait-il,
si ce n'est Jésus-Christ couronné d'épines avant que
d'être immolé par les Juifs?

Mais écoutons plutôt la voix de Dieu par la bouche
de l'ange : « Abraham, dit l'Ecriture, étendit sa main
» pour prendre son épée et égorger son fils. Mais l'ange
» du Seigneur lui cria du haut du ciel : Abraham. A
» quoi il répondit : Que vous plaît-il? Ne mettez
» point la main sur votre fils, lui dit l'ange, et ne
» lui faites point de mal; car je connais maintenant
» que vous craignez votre Dieu, puisque vous n'avez
» pas épargné votre fils bien aimé pour l'amour de
» moi (3). » Je connais maintenant, dit Dieu, c'est-
à-dire j'ai fait connaître; car Dieu ne l'ignorait pas.
Lorsque ensuite Abraham eut immolé le bélier au lieu

---

(1) Hébr., 11, 17 et suiv.
(2) Rom., 8, 32.
(3) Genès., 22, 10 et suiv.

de son fils Isaac, il appela ce lieu *le Seigneur a vu;* ce que nous disons aujourd'hui : « La montagne où le » Seigneur est apparu. » De même que Dieu dit : Je connais maintenant, pour dire : J'ai fait maintenant connaître ; ainsi Abraham dit : « Le Seigneur a vu, » pour dire : Le Seigneur est apparu, ou s'est fait voir. « Et l'ange appela du ciel Abraham pour la seconde » fois, et lui dit : J'ai juré par moi-même, dit le Sei- » gneur ; en récompense de ce que vous venez de faire, » et que vous n'avez point épargné votre fils bien aimé » pour l'amour de moi, je vous comblerai de béné- » dictions, et je vous donnerai une postérité aussi nom- » breuse que les étoiles du ciel et que le sable qui est » sur le rivage de la mer. Vos enfans se rendront maî- » tres des villes de leurs ennemis ; et toutes les nations » de la terre seront bénites en votre postérité, parce » que vous avez obéi à ma voix (1). » C'est ainsi que Dieu confirma par serment la promesse de la vocation des gentils, après qu'Abraham lui eût offert en holocauste ce bélier qui était la figure de Jésus-Christ. Dieu le lui avait souvent promis, mais il n'en avait jamais fait serment ; et qu'est le serment du vrai Dieu, du Dieu qui est la vérité même, sinon une confirmation de sa promesse et un reproche qu'il adresse aux incrédules ?

Après cela, Sara mourut âgée de cent vingt-sept ans (2), lorsque Abraham en avait cent trente-sept ; il était en effet plus vieux qu'elle de dix ans, comme

---

(1) Genès., 22, 16 et suiv.
(2) Genès., 23, 1.

il le dit lui-même quand Dieu lui promit qu'elle lui donnerait un fils : « J'aurai donc, dit-il, un fils à » cent ans, et Sara accouchera à quatre-vingt-dix ? » Abraham acheta un champ où il ensevelit sa femme. Ce fut alors, ainsi que le rapporte saint Etienne (1), qu'il fut établi dans cette contrée, parce qu'il commença à y posséder un héritage ; ce qui arriva après le trépas de son père, qui était mort environ deux ans auparavant.

CHAPITRE XXXIII.

Isaac épouse Rebecca, petite fille de Nachor.

Ensuite Isaac, âgé de quarante ans, à l'époque où son père en avait cent quarante, trois ans après la mort de sa mère, épousa Rebecca, petite fille de son oncle Nachor (2). Or, quand Abraham envoya son serviteur en Mésopotamie la lui chercher, il lui dit : « Mettez votre main sur ma cuisse, et me faites ser- » ment par le Seigneur et le Dieu du ciel et de la » terre, que vous ne prendrez pour femme à mon » fils aucune des filles des Chananéens (3). » Qu'est-ce que cette cérémonie signifie, sinon que le Seigneur et le Dieu du ciel et de la terre devait se revêtir d'une

---

(1) Act., 7, 4.
(2) Genès., 24, 67.
(3) Genès., 24, 2.

chair tirée des flancs de ce patriarche ? Sont-ce là de faibles preuves de la vérité que nous voyons maintenant accomplie en Jésus-Christ ?

CHAPITRE XXXIV.

Ce qu'il faut entendre par le mariage d'Abraham avec Céthura après la mort de Sara.

QUE signifie le mariage d'Abraham avec Céthura après la mort de Sara (1)? Nous sommes loin de penser qu'un si saint homme l'ait contracté par incontinence, surtout dans un âge si avancé. Avait-il encore besoin d'enfans, lui qui croyait fermement que Dieu lui en donnerait d'Isaac autant qu'il y a d'étoiles au ciel et de sable sur le rivage de la mer? Mais si Agar et Ismaël, selon la doctrine de l'apôtre (2), sont la figure des hommes charnels du vieux Testament, pourquoi Céthura et ses enfans ne sont-ils pas de même la figure des hommes charnels qui peusent appartenir au nouveau? Toutes deux sont appelées femmes et concubines d'Abraham, au lieu que Sara n'est jamais appelée que sa femme. Quand Agar fut donnée à Abraham, l'Ecriture dit : « Sara, femme d'Abraham, prit sa ser-
» vante Agar dix ans après qu'Abraham fut entré dans
» la terre de Chanaan, et la donna pour femme à son

---

(1) Genès., 25, 1.
(2) Galat., 4, 24.

» mari (1). » Pour Céthura, qu'il épousa après la mort de Sara, voici comment l'Ecriture en parle : « Abra-
» ham épousa une autre femme nommée Céthura (2). »
Vous voyez que l'Ecriture les appelle toutes deux *femmes;* mais ensuite elle les nomme toutes deux *concubines :* « Abraham, dit-elle, donna tout son bien à
» son fils Isaac; et quant aux enfans de ses concubines,
» il leur fit quelques présens, et les éloigna de son
» vivant de son fils Isaac, en les envoyant vers les con-
» trées d'Orient (3). » Les enfans des concubines, c'est-à-dire les Juifs et les hérétiques, reçoivent donc quelques présens, mais ne partagent point le royaume promis ; parce qu'il n'y a point d'autre héritier qu'Isaac, et que ce ne sont pas les enfans de la chair qui sont fils de Dieu (4), mais les enfans de la promesse, dont se compose cette postérité de qui il a été dit : « Votre postérité sortira d'Isaac. » Je ne vois pas pourquoi l'Ecriture appellerait Céthura concubine, s'il n'y avait quelque mystère là-dessous. Quoi qu'il en soit, on ne peut pas justement reprocher ce mariage à ce patriarche. Que savons-nous si Dieu ne l'a point permis ainsi afin de confondre, par l'exemple d'un si saint homme, l'erreur de certains hérétiques (5) qui condamnent les secondes noces comme mauvaises ?

(1) Genès., 16, 3.
(2) Genès., 25, 1.
(3) Ibid., 5.
(4) Rom., 9, 8.
(5) Les cataphrygiens traitaient les secondes noces de fornication. (*Note des bénédictins.*)

Abraham mourut (1) à l'âge de cent soixante et quinze ans, laissant son fils âgé de soixante et quinze, comme étant venu au monde la centième année de la vie de son père.

CHAPITRE XXXV.

Des deux jumeaux qui se battaient dans le ventre de Rebecca.

Voyons maintenant le progrès de la Cité de Dieu dans les descendans d'Abraham. Comme Isaac n'avait point encore d'enfans à l'âge de soixante ans, à cause que sa femme était stérile, il en demanda à Dieu qui l'exauça ; mais dans le temps que sa femme était enceinte, les deux enfans qu'elle portait se battaient dans son sein. Les grandes douleurs qu'elle en ressentait lui firent consulter Dieu, qui lui répondit : « Deux na-
» tions sont dans votre sein, et deux peuples sortiront
» de vos entrailles ; l'un surmontera l'autre, et l'aîné
» sera soumis au cadet (2). » L'apôtre saint Paul (3) tire de là un grand argument en faveur de la grace, en ce que, avant que ni l'un ni l'autre ne fussent nés et n'eussent fait ni bien ni mal, le plus jeune est choisi sans aucun mérite précédent, et l'aîné est réprouvé

(1) Genès., 25, 7.
(2) Genèse, 25, 23.
(3) Rom., 9, 11.

Il est certain que, quant au péché originel, ils étaient également coupables, et que ni l'un ni l'autre n'en avait commis aucun qui lui fût propre ; mais le dessein que je me suis proposé dans cet ouvrage ne me permet pas de m'étendre davantage là-dessus, outre que je l'ai fait amplement ailleurs. A l'égard de ces paroles : « L'aîné sera soumis au cadet, » presque tous nos interprètes l'expliquent du peuple juif, qui doit être assujéti au peuple chrétien ; et dans le fait, bien qu'il semble que cela soit accompli dans les iduméens issus de l'aîné qui avait deux noms, Esaü et Edom (1), parce qu'ils ont été assujétis aux israélites sorti du cadet ; néanmoins, il est plus croyable que cette prophétie : « Un peuple surmontera l'autre, et l'aîné » servira le cadet, » regardait quelque chose de plus grand. Et qu'est-ce cela, sinon ce que nous voyons clairement s'accomplir dans les juifs et dans les chrétiens?

CHAPITRE XXXVI.

Dieu bénit Isaac, en considération de son père Abraham.

Isaac reçut aussi la même promesse que Dieu avait si souvent faite à son père, et l'Ecriture en parle ainsi : « Il y eut une grande famine sur la terre, outre celle

---

(1) Le nom des iduméens vient de celui d'Edom, ainsi que l'ajoute saint Augustin. (*Note des nouveaux éditeurs.*)

» qui arriva du temps d'Abraham ; en sorte qu'Isaac
» se retira à Gérare, vers Abimélech, roi des Philis-
» tins. Là le Seigneur lui apparut et lui dit : Ne des-
» cendez point en Egypte, mais demeurez dans la terre
» que je vous dirai; demeurez-y comme étranger, et
» je serai avec vous et vous bénirai; car je vous don-
» nerai et à votre postérité toute cette contrée, et j'ac-
» complirai le serment que j'ai fait à votre père Abra-
» ham. Je multiplierai votre postérité comme les étoi-
» les du ciel, et lui donnerai cette terre-ci, et en elle
» seront bénites toutes les nations de la terre, parce
» qu'Abraham, votre père, a écouté ma voix et observé
» mes commandemens (1). » Ce patriarche n'eut point
d'autre femme que Rebecca, ni de concubine; mais
il se contenta pour enfans de ses deux jumeaux. Il appréhenda aussi pour la beauté de sa femme, parce qu'il
habitait parmi des étrangers, et, suivant l'exemple de
son père, il l'appela sa sœur; car elle était sa proche
parente du côté de son père et de sa mère. Ces étrangers ayant su qu'elle était sa femme, ils ne lui firent aucun déplaisir. On ne doit pas néanmoins le préférer à
son père pour n'avoir eu qu'une seule femme, puisque la
foi et l'obéissance de son père étaient tellement hors de
toute comparaison, qu'en sa considération Dieu promet
de lui faire tout le bien qu'il lui fit : « Toutes les nations
» de la terre, dit-il, seront bénites en votre postérité,
» parce que votre père Abraham a écouté ma voix et
» observé mes commandemens ; » et dans une autre
vision : « Je suis le Dieu de votre père Abraham, ne

---

(1) Genès., 26, 1 et suiv.

» craignez point, car je suis avec vous et vous ai béni, » et je multiplierai votre postérité à cause d'Abraham » votre père; » pour montrer combien Abraham a été chaste dans les choses que des personnes impudiques, qui cherchent des exemples dans l'Ecriture pour justifier leurs crimes, veulent qu'il ait faites par volupté. Cela nous apprend aussi à ne pas comparer les hommes ensemble par quelques actions particulières, mais par toute la suite de leur vie. Il peut fort bien arriver qu'un homme l'emporte sur un autre en quelque point, et qu'il lui soit beaucoup inférieur pour tout le reste. Ainsi, quoique la continence soit préférable au mariage, toutefois, un chrétien marié vaut mieux qu'un payen continent, d'autant plus blâmable qu'il demeure infidèle en même temps qu'il est continent. Supposons deux hommes de bien : sans doute celui qui est plus fidèle et plus obéissant à Dieu vaut mieux, quoique marié, que celui qui est moins fidèle et moins soumis, encore qu'il garde le célibat; mais toutes choses égales d'ailleurs, il est indubitable qu'on doit préférer le continent à celui qui est marié.

CHAPITRE XXXVII.

Ce que figuraient par avance Esaü et Jacob.

On les deux fils d'Isaac, Esaü et Jacob, croissent également en âge; et l'aîné, vaincu par son intempérance, cède volontairement au plus jeune son droit d'aînesse pour un plat de lentilles (1). Nous apprenons de là que ce n'est pas la qualité des viandes, mais la gourmandise qui est blâmable. Isaac devient vieux et perd la vue par son grand âge (2). Il veut bénir son aîné, et, sans le savoir, il bénit son cadet à la place de son frère, qui était velu, et dont il avait pris la place, avec le soin de se couvrir les mains et le cou d'une peau de chèvre, comme portant les péchés d'autrui. Afin qu'on ne s'imaginât pas que cet artifice de Jacob fût répréhensible et ne contînt aucun mystère, l'Ecriture a eu soin, auparavant de nous avertir, « Qu'Esaü » était un homme champêtre et un chasseur, et que » Jacob était un homme simple et qui demeurait au » logis (3). » Quelques interprètes au lieu de *simple*, traduisent *sans artifice*. Comment peut-on accuser de finesse un homme qui n'en avait point ? et qu'y a-t-il autre chose en tout ceci qu'un mystère très profond ? Cela ne paraît-il pas par la bénédiction même ? « L'odeur qui sort de mon fils, dit Isaac, est sembla- » ble à l'odeur d'un champ émaillé de fleurs que le » Seigneur a béni. Que Dieu fasse tomber la rosée du » ciel sur vos terres, et les rende fécondes en bled et » en vin. Que les nations vous obéissent, et que les » princes vous adorent. Soyez le maître de votre frère, » et que les enfans de votre père se prosternent devant

(1) Genès., 25, 33 et 34.
(2) Id., 27, 1.
(3) Id., 25, 27.

« vous. Celui qui vous bénira sera bénit, et celui qui
» vous maudira sera maudit (1). » La bénédiction de
Jacob est la prédication du nom de Jésus-Christ par
toutes les nations. C'est ce qui se fait et s'accomplit
maintenant. Isaac est la figure de la loi et des prophètes,
de cette loi et de ces prophètes qui bénissent Jésus-
Christ par la bouche même des Juifs, quoique ceux-ci
ne le pensent pas. Le monde, comme un champ, est
parfumé du nom de ce Sauveur. La parole de Dieu est
la pluie et la rosée du ciel qui rendent ce champ fé-
cond. Sa fécondité est la vocation des gentils. Le bled
et le vin dont il abonde, c'est la multitude des fidèles
que le bled et le vin unit dans le sacrement de son
corps et de son sang. Les nations lui obéissent, et les
princes l'adorent. Il est le maître de son frère, parce
que son peuple commande aux Juifs. Les enfans de
son père l'adorent, c'est-à-dire les enfans d'Abraham
selon la foi, parce qu'il est lui-même fils d'Abraham
selon la chair. Celui qui le maudira sera maudit, et
celui qui le bénira sera bénit. Ce Sauveur qui est à
nous est bénit, je le répète, par la bouche des Juifs,
comme des dépositaires de la loi et des prophètes,
bien qu'ils ne le pensent pas, et qu'ils en attendent un
autre. Lorsque l'aîné demande à son père la bénédiction qu'il lui avait promise, Isaac s'étonne; et, après
avoir vu qu'il avait béni l'un pour l'autre, il admire
cet évènement, et toutefois ne se plaint pas d'avoir
été trompé : au contraire, éclairé sur ce grand mystère
par une lumière intérieure, au lieu de se fâcher con-

---

(1) Genès., 27, 27 et suiv.

tre Jacob, il confirme la bénédiction qu'il lui a donnée. « Quel est, dit-il, celui qui m'a apporté de la » venaison dont j'ai mangé avant que vous vinssiez ? » Je l'ai bénit, et il demeurera bénit. (1) » Qui n'attendrait ici la malédiction d'un homme en colère, si tout cela ne se passait plutôt par une inspiration d'enhaut, que selon la conduite ordinaire des hommes ? O merveilles arrivées, mais prophétiquement arrivées ! arrivées en terre, mais inspirées du ciel ; arrivées par l'entremise des hommes, mais conduites par la providence de Dieu ! S'il fallait examiner toutes ces choses en détail, elles sont si fécondes en mystères, qu'il faudrait des volumes entiers pour les expliquer. Ainsi, les bornes que je me suis prescrites dans cet ouvrage m'obligent à passer à d'autres considérations.

CHAPITRE XXXVIII.

Du voyage de Jacob en Mésopotamie pour s'y marier, de la vision qu'il eut en chemin, et de ses quatre femmes, lorsqu'il n'en demandait qu'une.

Jacob est envoyé par ses parens en Mésopotamie pour s'y marier. Voici ce que son père lui dit à son départ : « Ne vous alliez point parmi les Chananéens, mais » allez en Mésopotamie, chez Bathuël, père de votre » mère, et épousez là quelqu'une des filles de Laban,

(1) Genèse. 27, 33.

» frère de votre mère. Que mon Dieu vous bénisse et
» vous rende puissant, afin que vous soyez père de
» plusieurs peuples. Qu'il vous donne, et à votre pos-
» térité, la bénédiction de votre père Abraham, afin
» que vous possédiez la terre où vous êtes maintenant
» étranger, et que Dieu a donnée à Abraham (1). »
Ici paraît clairement la distinction de la postérité de
Jacob et d'Esaü. Lorsque Dieu dit à Abraham : « Votre
» postérité sortira d'Isaac, » il entend parler de celle
qui devait composer la Cité de Dieu : cette postérité
d'Abraham fut véritablement séparée de celle qui sortit de lui par les enfans d'Agar et de Céthura; mais il
était encore douteux si cette bénédiction était pour les
deux enfans d'Isaac, ou seulement pour l'un d'eux. Or,
c'est ce que l'on voit maintenant dans cette bénédiction prophétique qu'Isaac donne à Jacob lorsqu'il lui
dit : « Vous serez père de plusieurs peuples; que Dieu
» vous donne la bénédiction de votre père Abraham. »

Quand Jacob allait en Mésopotamie, il reçut en
songe l'oracle du ciel que l'Ecriture rapporte en ces
termes : « Jacob, laissant le puits du serment, prit
» son chemin vers Carres; et étant arrivé en certain
» lieu où la nuit le surprit, il prit quelques pierres
» qu'il trouva là; et après les avoir mises sous sa tête
» il s'endormit. Comme il dormait, il lui sembla voir
» une échelle dont l'un des bouts posait sur terre, et
» l'autre touchait au ciel, et les anges de Dieu mon-
» taient et descendaient par cette échelle; Dieu était
» appuyé dessus, qui lui dit : Je suis le Dieu d'Abraham,

(1) Genès., 27, 1 et suiv.

» votre père, et le Dieu d'Isaac, ne craignez point.
» Je vous donnerai à vous et à votre postérité la terre
» où vous dormez, et le nombre de vos enfans égalera
» la poussière de la terre. Ils s'étendront depuis l'o-
» rient jusqu'à l'occident, et depuis le midi jusqu'au
» septentrion, et toutes les nations de la terre seront
» bénites en vous et en votre postérité. Je suis avec
» vous et vous garderai partout où vous irez, et je
» vous ramenerai en ce pays-ci, parce que je ne vous
» abandonnerai point que je n'aie accompli tout ce
» que je vous ai dit. Alors Jacob se réveilla, et dit :
» Le Seigneur est ici et je ne le savais pas. Et étant
» saisi de crainte : Que ce lieu-ci, dit-il, est terrible !
» ce ne peut être que la maison de Dieu et la porte
» du Ciel. Là-dessus il se leva, et prenant la pierre
» qu'il avait mise sous sa tête, il la dressa pour servir
» de monument, et l'oignit d'huile par en haut, et
» nomma ce lieu la maison de Dieu (1). » Ceci
contient une prophétie ; et il ne faut pas s'imaginer
que Jacob versa de l'huile sur cette pierre à la façon
des idolâtres, comme s'il en eût fait un dieu, car il
ne l'adora point ni ne lui offrit point de sacrifice ;
mais comme le nom de Christ vient d'un mot grec
qui signifie onction, sans doute que ceci figure quelque grand mystère. Pour l'échelle, notre Sauveur
lui-même semble l'expliquer dans l'Evangile, lorsqu'ayant dit de Nathanaël (2), que c'était un véritable
israélite en qui il n'y avait point de malice, parce

---

(1) Genèse, 28, 10 et suiv.
(2) Jean, 1, 47.

qu'Israël, qui est le même que Jacob, avait eu cette vision, il ajoute : « En vérité, en vérité, je vous dis. » que vous verrez le ciel ouvert, et les anges de Dieu » monter et descendre sur le fils de l'homme (1). »

Jacob continua donc son chemin en Mésopotamie, pour y prendre femme. Or, l'Ecriture nous apprend pourquoi il en eut quatre, dont il eut douze fils et une fille, lui qui n'en épousa pas une par volupté (2). Il était venu seulement pour en prendre une ; mais comme on lui en eût supposé une autre que celle qui lui était promise (3), il ne la voulut pas quitter, de peur qu'elle ne demeurât déshonorée; et comme en ce temps là il était permis d'avoir plusieurs femmes pour accroître sa postérité, il prit encore la première à qui il avait déjà donné sa foi. Cependant, celle-ci étant stérile, elle lui donna sa servante pour en avoir des enfans ; ce que son aînée fit aussi, quoiqu'elle en eût déjà. Jacob n'en demanda qu'une, et il ne se servit de plusieurs que pour en avoir des enfans, et à la prière de ses femmes, qui usaient en cela du pouvoir que les lois du mariage leur donnaient sur lui.

(1) Jean, 1, 51.
(2) Genès., 29.
(3) Ibid., 23.

CHAPITRE XXXIX.

Pourquoi Jacob fut appelé Israël.

On Jacob eut douze fils et une fille de quatre femmes. Ensuite, il vint en Egypte, à cause de son fils Joseph qui y avait été mené, et y était devenu puissant, après avoir été vendu par la jalousie de ses frères. Jacob, comme je viens de le dire, s'appelait aussi Israël, d'où le peuple descendu de lui a pris son nom ; et ce nom lui fut donné par l'ange qui lutta contre lui à son retour de Mésopotamie (1), et qui était la figure de Jésus-Christ. L'avantage qu'il voulut bien que Jacob remportât, signifie le pouvoir que Jésus-Christ donna sur lui aux Juifs au temps de sa passion. Toutefois, il demanda la bénédiction à celui qu'il avait surmonté ; et cette bénédiction fut l'imposition de ce nom. *Israël* signifie *voyant Dieu*, qui sera la récompense de tous les Saints à la fin du monde. L'ange le toucha à l'endroit le plus large de la cuisse, et le rendit boiteux. Ainsi le même Jacob fut bénit et boiteux ; bénit en ceux du peuple juif qui ont cru en Jésus-Christ, et boiteux en ceux qui n'y ont pas cru ; car l'endroit le plus large de la cuisse marque une postérité nombreuse. En effet, il y en a beaucoup plus parmi ses descendans en qui cette prophétie s'est ac-

(1) Genès., 32, 28.

complie : « Ils se sont égarés du droit chemin, et
» ont boité. (1) »

CHAPITRE XL.

Comment on doit entendre que Jacob entra, lui soixante et quinzième, en Egypte.

L'Ecriture dit (2) que soixante et quinze personnes entrèrent en Egypte avec Jacob, en l'y comprenant avec ses enfans; et dans ce nombre elle ne fait mention que de deux femmes, l'une fille, et l'autre petite-fille de ce patriarche. Mais à considérer la chose exactement, elle ne veut point dire que la maison de Jacob fût si grande le jour ni l'année qu'il y entra, puisqu'elle compte parmi ceux qui y entrèrent des arrière-petits-fils de Joseph, qui ne pouvaient pas être encore au monde. Jacob avait alors cent trente ans, et son fils Joseph trente-neuf. Or il est certain que Joseph n'avait que trente ans, ou un peu plus, quand il se maria. Comment donc aurait-il pu en l'espace de neuf ans avoir des arrière-petits fils ? A ce compte, quand Jacob entra en Egypte, Ephraïm et Manassé, enfans de Joseph, n'avaient pas encore neuf ans. Cependant, dans le dénombrement que l'Ecriture fait de ceux qui y entrèrent avec lui, elle parle de

(1) Ps. 17, 49.
(2) Genèse, 46, 17.

Machir, fils de Manassé et petit-fils de Joseph, et de Galaad, fils de Machir, c'est-à-dire arrière-petit-fils de Joseph. Elle parle aussi de Sutalaam, fils d'Ephraïm, et de Edem, fils de Sutalaam, c'est-à-dire d'un autre petit-fils et arrière-petit-fils de ce patriarche. L'Ecriture donc, par l'entrée de Jacob en Egypte, n'entend pas parler du jour ni de l'année qu'il y entra, mais de tout le temps auquel vécut Joseph qui fut cause de cette entrée. Voici comment elle parle de Joseph : « Joseph demeura en Egypte avec ses frères et toute » la maison de son père, et il vécut cent dix ans, et » il vit les enfans d'Ephraïm jusqu'à la troisième gé- » nération (1), » c'est-à-dire Edem, son arrière-petit-fils du côté d'Ephraïm. C'est là en effet ce que l'Ecriture appelle troisième génération. Puis elle ajoute : « Et les enfans de Machir, fils de Manassé, naquirent » sur les genoux de Joseph, » c'est-à-dire Galaad, son arrière-petit-fils du côté de Manassé, dont l'Ecriture à son ordinaire parle comme s'il y en avait plusieurs, ainsi que de la fille unique de Jacob qu'elle appelle *les filles de Jacob*. Il ne faut donc pas s'imaginer que ces enfans de Joseph fussent nés quand Jacob entra en Egypte, puisque l'Ecriture, pour relever la félicité de Joseph, dit qu'il les vit naître avant que de mourir; mais ce qui trompe ceux qui n'y regardent pas de si près, c'est que l'Ecriture dit : « Voici les noms des » enfans d'Israël qui entrèrent en Egypte avec Jacob, » leur père (2). » Elle ne parle de la sorte que parce

---

(1) Genès., 50, 22.
(2) Id., 46, 8.

qu'elle compte aussi toute la famille de Joseph, et qu'elle prend cette entrée pour toute la vie de ce patriarche, parce que c'est lui qui en fut cause.

CHAPITRE XLI.

Bénédiction de Juda.

Si donc, à cause du peuple chrétien en qui la Cité de Dieu est étrangère ici-bas, nous cherchons Jésus-Christ selon la chair dans la postérité d'Abraham, laissant les enfans des concubines, Isaac se présente à nous; dans celle d'Isaac, laissant Esaü ou Edom, se se présente Jacob ou Israël; dans celle d'Israël, les autres mis à part, se présente Juda, parce que Jésus-Christ est né de la tribu de Juda. Voyons pour cette raison la bénédiction prophétique que Jacob lui donna lorsque, proche de la mort, il bénit tous ses enfans : « Juda, dit-il, vos frères vous loueront; vous emme-
» nerez vos ennemis captifs; les enfans de votre père
» vous adoreront. Juda est un jeune lion; vous vous
» êtes élevé, mon fils, comme un arbre qui pousse
» avec vigueur; vous vous êtes couché pour dormir
» comme un lion et comme un lionceau; qui le ré-
» veillera? Le sceptre ne sera point ôté de la maison
» de Juda, et les princes ne manqueront point jusqu'à
» ce que tout ce qui lui a été promis soit accompli. Il
» sera l'attente des nations, et il attachera son poulain
» et l'ânon de son ânesse au cep de la vigne. Il lavera

» sa robe dans le vin, et son vêtement dans le sang
» de la grappe de raisin. Ses yeux sont rouges de vin,
» et ses dents plus blanches que le lait (1). » J'ai expliqué tout ceci contre Fauste le manichéen, et j'estime que cela suffit pour montrer la vérité de cette prophétie. La mort de Jésus-Christ y est prédite par le *sommeil;* et par *le lion*, le pouvoir qu'il avait de mourir ou de ne mourir pas. C'est ce pouvoir qu'il relève lui-même dans l'Evangile quand il dit : « J'ai
» pouvoir de quitter mon ame, et j'ai pouvoir de
» la reprendre. Personne ne me la peut ôter; mais c'est
» de moi-même que je la quitte et que je la reprends (2). »
C'est ainsi que le lion a rugi et qu'il a accompli ce qu'il a dit; c'est à cette même puissance qu'appartient ce qui est dit de sa résurrection : « Qui le réveillera? » c'est-à-dire que nul homme ne le peut que lui-même qui a dit aussi de son corps : « Détruisez ce temple,
» et je le relèverai en trois jours (3). » Le genre de sa mort, c'est-à-dire son élévation sur la croix, est compris en cette seule parole : « Vous vous êtes élevé. » Et ce que Jacob ajoute ensuite : « Vous vous êtes couché
» pour dormir, » l'évangéliste l'explique lorsqu'il dit :
« Et penchant la tête, il rendit l'esprit (4); » si l'on n'aime mieux l'entendre de son tombeau, où il s'est reposé et a dormi, et d'où aucun homme ne l'a ressuscité, comme les prophètes ou lui-même en

---

(1) Genèse, 49, 8 et suiv.
(2) Jean, 10, 18.
(3) Id., 2, 19.
(4) Id., 19, 30.

ressuscité quelques-uns, mais d'où il est sorti tout seul comme d'un doux sommeil. Pour sa robe qu'il lave dans le vin, c'est-à-dire qu'il purifie de tous péchés dans son sang, qu'est-ce autre chose que l'Eglise? Les baptisés savent quel est le sacrement de ce sang; d'où vient que l'Ecriture ajoute : « Et son vêtement » dans le sang de la grappe. Ses yeux sont rouges de » vin. » Qu'est-ce que cela signifie, sinon les personnes spirituelles enivrées de ce divin breuvage dont le psalmiste chante : « Que votre breuvage qui enivre » est excellent! « Ses dents sont plus blanches que le » lait (1), » que les petits boivent chez l'apôtre (2), c'est-à-dire les paroles qui nourrissent ceux qui ne sont pas encore capables d'une viande solide. C'est donc en lui que résidaient les promesses faites à Juda, avant l'accomplissement desquelles les princes, c'est-à-dire les rois d'Israël, n'ont point manqué dans cette race. Lui seul était l'attente des nations, et ce que nous en voyons maintenant est plus clair que tout ce que nous en pouvons dire.

CHAPITRE XLII.

Bénédiction des deux fils de Joseph par Jacob.

Or, comme les deux fils d'Isaac, Esaü et Jacob, ont été la figure de deux peuples, des Juifs et des

---

(1) Ps. 22, 7.
(2) I Cor., 3, 2.

Chrétiens ; quoique selon la chair les Juifs ne soient pas issus d'Esaü, mais les iduméens, non plus que les Chrétiens de Jacob, mais les Juifs, la figure consistant seulement en ceci : « L'aîné sera soumis au cadet »; le même est arrivé dans les deux fils de Joseph. L'aîné était dans le fait la figure des Juifs, et le cadet des Chrétiens. Aussi Jacob les bénissant, mit sa main droite sur le cadet qui était à sa gauche, et sa gauche sur l'aîné qui était à sa droite : et comme Joseph, leur père, fâché de cette méprise, voulut le faire changer, et lui montra quel était l'aîné : « Je le sais bien, » mon fils, répondit-il, je le sais bien. Celui-ci sera » père d'un peuple, et deviendra très puissant; mais » son cadet sera plus grand que lui, et de lui sorti- » ront plusieurs nations (1). » Voilà deux promesses clairement distinctes. « L'un, dit l'Ecriture, sera père » d'un peuple, et l'autre de plusieurs nations. » N'est-il pas de la dernière évidence que ces deux promesses contiennent le peuple Juif, et toutes les nations de la terre qui devaient également sortir d'Abraham ; l'un selon la chair, et les autres selon la foi ?

(1) Genèse, 48, 19.

LIVRE XVI.

CHAPITRE XLIII.

Des temps de Moïse, de Josué, des Juges et des Rois jusqu'à David.

Après la mort de Jacob et de Joseph, le peuple juif se multiplia prodigieusement pendant les cent quarante-quatre années qui restèrent jusqu'à la sortie d'Egypte, quoique les Egyptiens, effrayés de leur nombre, les persécutassent si cruellement, que même à la fin ils firent mourir tous les enfans mâles qui venaient au monde. Alors (1) Moïse, choisi de Dieu pour exécuter de grandes choses, fut dérobé à la fureur de ces meurtriers, et porté dans la maison royale, où il fut nourri et adopté par la fille de Pharaon, nom qui était commun à tous les rois d'Egypte. Là il devint si puissant, qu'il affranchit ce peuple si nombreux de la dure captivité où il gémissait depuis si long-temps; ou, pour mieux dire, Dieu, conformément à la promesse qu'il avait faite à Abraham, se servit du ministère de Moïse pour la dégager. Celui-ci fut obligé d'abord de s'enfuir en Madian (2), pour avoir tué un Egyptien qui outrageait un Juif. Ensuite, envoyé par un ordre exprès du ciel, il surmonta les mages de Pharaon (3) par la puissance de l'esprit de

(1) Exod., 2, 5.
(2) Ibid., 15.
(3) Ibid., 8, 9, 10 et 11.

Dieu. Après, comme les Egyptiens refusaient de laisser sortir le peuple de Dieu, il les frappa de ces dix plaies si fameuses, de l'eau changée en sang, des grenouilles, des moucherons, des mouches canines, de la mort des bestiaux, des ulcères, de la grêle, des sauterelles, des ténèbres et de la mort de leurs aînés. Enfin, les Egyptiens, vaincus par tant de misères, furent, pour dernier malheur, engloutis sous les flots, tandis qu'ils poursuivaient les Juifs, après leur avoir permis de s'en aller. La mer, qui s'était ouverte pour donner passage aux Hébreux, submergea leurs ennemis par le retour de ses ondes. Depuis, ce peuple passa quarante ans dans le désert sous la conduite de Moïse, et c'est là que fut fait le tabernacle appelé du témoignage, dans lequel Dieu était adoré par les sacrifices qui figuraient des choses à venir. La loi y fut aussi donnée sur la montagne au milieu des foudres, des tempêtes et de voix bruyantes qui attestaient la présence de la divinité. Ceci arriva aussitôt que le peuple fut sorti d'Egypte et entré dans le désert, cinquante jours après la Pâque et l'immolation de l'agneau, qui était tellement la figure de Jésus-Christ immolé sur la croix, et passant de ce monde à son père (car la Pâque en hébreu signifie *passage*), que lorsque le nouveau Testament fut découvert par le sacrifice de Jésus-Christ, qui est notre Pâque, cinquante jours après, le saint Esprit, appelé dans l'Evangile le doigt de Dieu (1), descendit du ciel afin de nous faire souvenir de l'ancienne figure, parce que la loi, au rapport de l'Ecri-

---

(1) Luc, 11, 20.

LIVRE XVI.

ture, fut aussi écrite sur les tables par le doigt de Dieu.

Après la mort de Moïse, Jésus, fils de Navé, prit la conduite du peuple, et le fit entrer dans la terre promise qu'il partagea. Ces deux grands et admirables conducteurs achevèrent heureusement et miraculeusement de grandes guerres, où Dieu montra clairement que les victoires signalées qu'il fit remporter aux Hébreux sur leurs ennemis, furent plutôt pour châtier les crimes de ceux-ci que pour récompenser le mérite des autres. Les juges succédèrent à ces deux chefs dans le temps où le peuple était déjà établi dans la terre promise, afin que la première promesse faite à Abraham, touchant un peuple et la terre de Chanaan, commençât, en attendant que l'avènement de Jésus-Christ accomplît celle de toutes les nations et de toute la terre. C'est en effet la foi de l'Evangile qui en devait faire l'accomplissement, et non pas les observations légales : ce qui fut figuré en ce que ce ne fut pas Moïse qui avait reçu pour le peuple la loi sur la montagne, mais Jésus à qui Dieu même donna ce nom, qui fit entrer les Hébreux dans la terre promise. Sous les juges, il y eut une vicissitude de prospérités et de malheurs, selon que la miséricorde de Dieu ou que les péchés du peuple en décidaient.

De là on passa au règne des rois, dont le premier fut Saül, qui, ayant été réprouvé avec toute sa race et tué dans une bataille, eut pour successeur David, de qui principalement Jésus-Christ est appelé fils dans l'Ecriture. C'est par David que commença en quelque sorte la *jeunesse* du peuple de Dieu, dont *l'adolescence* avait été depuis Abraham jusqu'à lui. L'Evangéliste saint Matthieu n'a pas marqué sans mystère dans la généalogie de Jésus-Christ quatorze générations depuis Abraham jusqu'à David. En effet, c'est depuis l'*adolescence* que l'homme commence à être capable d'engendrer, d'où vient que saint Matthieu commence cette généalogie à Abraham, qui fut père de plusieurs nations, quand son nom fut changé. Avant Abraham donc c'était en quelque sorte l'âge qui suivit l'enfance du peuple de Dieu, depuis Noé jusqu'à ce patriarche ; et ce fut pour cette raison qu'il commença en ce temps-là à parler la première langue, c'est-à-dire l'hébraïque. Véritablement, c'est au sortir de l'enfance (1) que l'homme commence à parler ; et de même que ce premier âge est enseveli dans l'oubli, le premier âge du genre humain fut aboli par les eaux du déluge. Ainsi dans le progrès de la Cité de Dieu, comme le livre précédent contient le premier âge du monde, celui-ci contient le second et le troisième. En ce troisième âge fut imposé le joug de la loi, qui est figuré par la génisse, la chèvre et le bélier de trois ans ; et l'on vit paraître une multitude effroyable de crimes, qui jetèrent les fondemens du royaume de la terre, où néanmoins se trouvèrent toujours des hommes spirituels figurés par la tourterelle et par la colombe.

(1) Qui est appelée *infantia*, parce que *homo fari non potest*.

REMARQUES

SUR

LE LIVRE XVI.

P<small>AGE</small> 7, l. 15. « Tandis que la chaleur inquiète des héré-
» tiques. » Je lis *calidâ inquietudine*, et non *callidâ*, que portent aussi les manuscrits. Saint Augustin continue de faire allusion à Cham, qui signifie *chaud*.

Page 10, l. 8. « Parce qu'elles surpassent tout ce qu'il y a
» de plus fort. » Tous les manuscrits ont, *quia fortius est*, pour *quod*.

Page 11, l. 13. « On y joint d'autres choses qui servent à
» nouer, etc. » *In compaginibus organorum*. Tous les manuscrits ont *compedibus*.

Page 17, l. 4. « Il est employé au dernier sens dans ce
» verset du pseaume. » Il faut ôter, avec tous les manuscrits, l'*etiam* qui est ici.

Page 21, l. 9. « Mais les peuples se sont bien plus multi-
» pliés que les langues. » Lisez au latin : *Auctus est autem numerus gentium*, en ôtant *et* avec tous les manuscrits.

Page 31, l. 3. « Aussi n'est-ce pas sans raison que cette
» langue a été celle d'Abraham. » Tous les manuscrits ont : *Nec frustra lingua hæc est quam tenuit Abraham*.

Page 33, l. 11. « Comme les Assyriens et les Hébreux. » Tous les manuscrits portent : *Sicut ex Assur Assyrii, et ex Heber Hebræi*.

Page 40, l. 25. « Saint Etienne place son établissement. » Tous les manuscrits ont *dicit* pour *dixit*.

Page 42, l. 7. « Qui ne le rend pas seulement père du » peuple d'Israël. » On lit dans les manuscrits, *per quod pater est non*, etc., pour *non est*.

Page 46, l. 16. « Nous avons dit beaucoup de choses à ce » sujet. » Tous les manuscrits ont *satis* au lieu de *multa*; cela n'est pas de conséquence.

Page 50, l. 10. « Et le délivra de leurs mains après les » avoir défaits. » Il faut lire avec les manuscrits : *et victoriam fecit regibus Sodomorum*, et ôter *de* qui fait un contre-sens.

Page 55, l. 10. « Et des héritiers du royaume et de la fé– » licité éternelle. » Tous les manuscrits, hors un, portent : *Et hæredes regni in æternâ felicitate mansuri.*

LA CITÉ DE DIEU.

LIVRE XVII.

CHAPITRE PREMIER.

Du temps des prophètes.

Le progrès de la Cité de Dieu, de siècle en siècle, nous a fait voir comment s'accomplissent les promesses de Dieu à Abraham, tant à l'égard du peuple juif que de toutes les nations de la terre. Puisque nous avons fini le livre précédent au règne de David, voyons ce qui s'est passé depuis ce règne, autant que le peut permettre le dessein que nous nous sommes proposé en cet ouvrage. Tout le temps, depuis que Samuël commença à prophétiser, et ensuite jusqu'à la captivité de Babylone et le rétablissement du temple, qui arriva soixante et dix ans après, ainsi que Jérémie l'avait prédit, tout ce temps, dis-je, est le temps des prophètes. Encore que nous puissions avec raison appeler prophètes Noé et quelques autres patriarches qui l'ont précédé ou suivi jusqu'aux rois, à cause de certaines choses qu'ils ont faites ou dites en esprit de prophétie touchant la Cité de Dieu, d'autant plus qu'il y en a quelques-uns parmi eux à qui l'Ecriture sainte donne ce nom, comme Abraham (1) et Moïse (2); néanmoins, à proprement parler, le temps des prophètes ne commence que depuis Samuël, qui, par le commandement de Dieu, sacra d'abord roi Saül, et ensuite David, après la réprobation de Saül. Mais nous ne finirions pas de rapporter tout ce que ces prophètes ont prédit de Jésus-Christ, tandis que la Cité de Dieu se continuait dans le cours des siècles. Si l'on voulait surtout considérer attentivement l'Ecriture sainte dans les choses même qu'elle semble ne rapporter qu'historiquement des rois, on trouverait qu'elle est plus, ou du moins aussi attentive à prédire l'avenir qu'à raconter le passé. Or, qui ne voit avec un peu de réflexion quel travail ce serait d'entreprendre cette sorte de recherche, et combien il faudrait de volumes pour s'en acquitter comme il faut? En second lieu, les choses même qu'on ne doute point être prophétiques sont en si grand nombre touchant Jésus-Christ et le royaume des cieux, qui est la Cité de Dieu, que cette explication passerait de beaucoup les bornes de cet ouvrage. Je tâcherai donc, avec l'aide de Dieu, de m'y modérer de telle sorte, que, sans omettre le nécessaire, je ne dirai rien qui soit superflu.

(1) Genès., 20, 7.
(2) Deutér., 34, 10.

LIVRE XVII.

CHAPITRE II.

Ce ne fut proprement que sous les rois que la promesse de Dieu, touchant la terre de Chanaan, fut accomplie.

Nous avons dit au livre précédent que Dieu promit deux choses à Abraham; l'une, que sa postérité posséderait la terre de Chanaan, ce qui est signifié par ces paroles : « Allez en la terre que je vous montrerai, » et je vous ferai père d'un grand peuple; » et l'autre, beaucoup plus excellente, et qui ne regarde pas une postérité charnelle, mais spirituelle, qui le rend père, non du seul peuple juif, mais de tous les peuples qui marchent sur les traces de sa foi. Celle-ci est exprimée en ces termes : « En vous seront bénites toutes les na- » tions de la terre. » Ces deux promesses lui ont été faites beaucoup d'autres fois, comme nous l'avons montré. La postérité charnelle d'Abraham, c'est-à-dire le peuple juif, était donc déjà établi dans la terre promise, et ne possédait pas seulement les villes ennemies, mais vivait sous la domination de ses rois. Ainsi, les promesses de Dieu commencèrent dès-lors à être accomplies en grande partie, non-seulement celles qu'il avait faites aux trois patriarches Abraham, Isaac et Jacob, mais encore celles qu'il fit à Moïse, par qui le même peuple fut délivré de la captivité d'Egypte, et à qui toutes les choses passées furent révélées lorsqu'il conduisait ce peuple par le désert. Toutefois, ce ne fut ni sous Jésus, fils de Navé, ce fameux capitaine qui fit entrer les Hébreux dans la terre promise, et qui la divisa, selon l'ordre de Dieu, entre les douze tribus, ni sous les juges, que s'accomplit la promesse que Dieu avait faite de donner aux israélites toute la terre de Chanaan, depuis le fleuve d'Egypte jusqu'au grand fleuve d'Euphrate. Elle ne fut accomplie que sous David et sous son fils Salomon, dont le royaume eut toute cette étendue. Ils subjuguèrent en effet et se rendirent tributaires tous ces peuples. Ce fut dès-lors sous ces princes que la postérité d'Abraham fut établie en la terre de Chanaan, de manière à ce qu'il ne manquait plus rien à l'entier accomplissement des promesses de Dieu à cet égard, sinon que les Juifs la possédassent jusqu'à la fin des siècles, s'ils fussent demeurés fidèles à leur Dieu. Mais comme Dieu savait qu'ils ne le seraient pas, il se servit des châtimens temporels dont il les affligea pour exercer le petit nombre de ses fidèles qui étaient parmi eux, afin qu'ils instruisissent ensuite tous ceux qui devaient se convertir à lui dans toutes les nations en qui il voulait accomplir l'autre promesse par l'incarnation de Jésus-Christ et la publication du nouveau Testament.

CHAPITRE III.

Les trois sortes de prophéties de l'ancien Testament se rapportent tantôt à la Jérusalem terrestre, tantôt à la Jérusalem céleste, et tantôt à l'une et à l'autre.

Ainsi, toutes les prophéties, tant celles qui ont précédé le règne des rois que celles qui l'ont suivi, regardent en partie la postérité charnelle d'Abraham, et en partie cette autre postérité en qui sont bénits tous les peuples cohéritiers de Jésus-Christ par le nouveau Testament, pour posséder la vie éternelle et le royaume des cieux. Elles se rapportent en partie à la servante qui engendre des esclaves, c'est-à-dire à la Jérusalem terrestre, qui est esclave avec ses enfans, et en partie à la Cité libre, qui est la vraie Jérusalem étrangère ici-bas en quelques-uns de ses enfans, et éternelle dans les cieux; mais il y en a qui se rapportent à l'une et à l'autre, proprement à la servante, et figurativement à la femme libre.

Il y a donc trois sortes de prophéties; les unes qui se rapportent à la Jérusalem terrestre, les autres à la céleste, et les autres à toutes les deux. Donnons en des exemples. Le prophète Nathan (1) fut envoyé à David pour lui reprocher son crime, et lui en annoncer le châtiment. Qui doute que ces avertissemens du

(1) II Rois, 12, 1.

ciel et autres semblables, qui concernaient l'utilité publique ou des particuliers, n'appartinssent à la Cité de la terre? Mais lorsqu'on voit dans Jérémie : « Voici
» venir le temps, dit le Seigneur, que je ferai une
» nouvelle alliance avec la maison d'Israël et la maison
» de Juda, mais une alliance qui ne sera pas sembla-
» ble à celle que je fis avec leurs pères, lorsque je les
» pris par la main pour les faire sortir d'Egypte; car
» ils ne l'ont pas gardée; et c'est pourquoi je les ai
» abandonnés, dit le Seigneur. Mais voici l'alliance
» que je veux faire avec la maison d'Israël. Après ce
» temps-là, dit le Seigneur, je mettrai mes lois dans
» leur esprit, et les écrirai dans leurs cœurs. Je les
» regarderai, et je serai leur Dieu, et ils seront mon
» peuple (1). » Il est certain que c'est une prophétie de la Jérusalem céleste, dont Dieu même fait la récompense, et dont l'unique et souverain bien est de le posséder et d'être à lui. Mais quand l'Ecriture appelle Jérusalem la Cité de Dieu, et qu'on y lit une prophétie qui prédit que la maison de Dieu y sera construite, cela se rapporte à l'une et à l'autre Cité; à la Jérusalem terrestre, parce que cela a été accompli selon la vérité de l'histoire dans le fameux temple de Salomon; et à la céleste, parce que c'en était une figure. Ce genre de prophétie, composé de l'un et de l'autre dans les livres historiques de l'ancien Testament, est fort considérable, et a exercé et exerce encore beaucoup de commentateurs de l'Ecriture pour trouver les allégories de ce qui doit s'accomplir en la

---

(1) Jérém., 31, 31 et suiv.

LIVRE XVII.

postérité spirituelle d'Abraham dans ce qui a été prédit et accompli dans sa postérité charnelle. Quelques-uns portent ce goût si loin, qu'ils prétendent qu'il n'y a rien en ces livres qui ait été prédit et qui soit arrivé, ou qui soit arrivé sans avoir été prédit, qui ne doive se rapporter allégoriquement à la Cité de Dieu et à ses enfans qui sont étrangers en cette vie. Si cela est, il n'y aura plus que deux sortes de prophéties dans tous les livres de l'ancien Testament, les unes qui se rapporteront à la Jérusalem céleste, et les autres qui concerneront toutes les deux, sans qu'aucune soit seulement pour la terrestre. Pourquoi, comme il me semble que ceux-là se trompent fort qui excluent toute allégorie des livres historiques de l'Ecriture, j'estime aussi que c'est beaucoup entreprendre que de vouloir en trouver partout. J'ai dit pour cette raison qu'il vaut mieux distinguer trois sortes de prophéties, sans blâmer toutefois ceux qui, conservant la vérité de l'histoire, en peuvent tirer quelque sens allégorique. Quant aux choses qui ne peuvent faire partie des actions des hommes ni de Dieu, il est évident que l'Ecriture n'en parle pas sans dessein, et il faut conséquemment tâcher de les rappeler à un sens spirituel.

CHAPITRE IV.

Figure du changement de l'empire et du sacerdoce d'Israël, et prophéties d'Anne, mère de Samuël, qui figurait l'Eglise.

La Cité de Dieu parvint donc, par la suite des temps, jusqu'à celui des rois, lorsque Saül ayant été réprouvé, David monta sur le trône, en sorte que ses descendans régnèrent encore long-temps après lui dans la Jérusalem terrestre. Ce changement, qui arriva en la personne de Saül et de David, en figurait un autre des deux Testamens, du vieux et du nouveau, où le sacerdoce et la royauté ont été changés par le prêtre et le roi nouveau et immortel, qui est Jésus-Christ. Le grand prêtre Héli réprouvé, et Samuël mis en sa place et exerçant ensemble les fonctions de prêtre et de juge, et d'autre part David sacré roi au lieu de Saül, figuraient ce que je dis. La mère de Samuël même, Anne, qui avait été stérile, et qui depuis eut tant de joie de sa fécondité, semble ne prophétiser autre chose quand, ravie de son bonheur, elle rendit grace à Dieu, et lui consacra son fils avec la même piété qu'elle le lui avait voué. Voici comme elle s'exprime : « Mon cœur
» a été affermi dans sa confiance au Seigneur, et mon
» Dieu a relevé ma force et ma gloire. Ma bouche a
» été ouverte contre mes ennemis, et je me suis ré-

» jouie de votre salut. Car il n'est point de saint
» comme le Seigneur, il n'est point de juste comme
» notre Dieu, il n'est de saint que vous. Ne vous glo-
» rifiez point, et ne parlez point hautement ; qu'au-
» cune parole fière et superbe ne sorte de votre bouche,
» puique c'est Dieu qui est le maître des sciences, et
» qu'il forme et conduit ses desseins. Il a affaibli l'arc
» des puissans, et les faibles ont été revêtus de force.
» Ceux qui ont du pain en abondance sont devenus
» languissans, et ceux qui étaient affamés se sont éle-
» vés au-dessus de la terre, parce que celle qui était
» stérile a accouché de sept enfans, et celle qui avait
» beaucoup d'enfans est demeurée sans vigueur. C'est
» Dieu qui donne la mort et qui redonne la vie; c'est
» lui qui mène aux enfers et qui en ramène. Le Sei-
» gneur rend pauvre ou riche, abaisse ou élève ceux
» qu'il lui plaît. Il relève de terre le pauvre, et tire le
» misérable du fumier, afin de le faire asseoir avec
» les princes de son peuple et de lui donner pour hé-
» ritage un trône de gloire. Il donne de quoi vouer à
» celui qui fait un vœu, et il a béni les années du
» juste, parce que l'homme n'est pas fort par sa pro-
» pre force. Le Seigneur désarmera son adversaire,
» le Seigneur qui est saint. Que le sage ne se glorifie
» point de sa sagesse, ni le puissant de sa puissance,
» ni le riche de ses richesses ; mais que celui qui veut
» se glorifier se glorifie de connaître Dieu et de rendre
» justice au milieu de la terre. Le Seigneur est monté
» aux cieux et a tonné ; il jugera les extrémités de la
» terre, parce qu'il est juste. C'est lui qui donne la

» force à nos rois, et qui relèvera la gloire et la puis-
» sance de son Christ (1). »

Croira-t-on que c'est là le discours d'une simple femme qui se réjouit de la naissance de son fils, et sera-t-on assez aveugle pour ne pas voir qu'il est beaucoup au-dessus de sa portée ? En un mot, quiconque fait attention à ce qui est déjà accompli de ces paroles, ne reconnaît-il pas clairement que le saint Esprit, par le ministère de cette femme, dont le nom même (2) annonce la grace, a prédit la Religion chrétienne, la Cité de Dieu dont Jésus-Christ est le roi et le fondateur, et enfin la grace même de Dieu dont les superbes s'éloignent et tombent par terre, et dont les humbles sont remplis pour se relever ; ce qui retentit surtout dans ce cantique ? Il ne resterait qu'à prétendre que cette femme n'a rien prédit, et que ce sont de simples actions de graces qu'elle rend à Dieu pour lui avoir donné un fils ; mais que signifie en ce cas ce qu'elle dit : « Il a affaibli l'arc des puissans, et les faibles
» ont été revêtus de force. Ceux qui ont du pain en
» abondance sont devenus languissans, et ceux qui
» étaient affamés se sont élevés au-dessus de la terre,
» parce que celle qui était stérile a accouché de sept
» enfans, et celle qui avait beaucoup d'enfans n'a plus
» de vigueur ? » Est-ce qu'Anne a eu sept enfans ? Elle n'en avait qu'un quand elle disait cela, et n'en eut en tout que cinq, trois garçons et deux filles. Bien plus, comme il n'y avait point encore de rois parmi

---

(1) I Rois, 2, 1 et suiv.
(2) Anne en hébreu signifie bienfaisante, miséricordieuse.

les Juifs, qui la porte à dire : « C'est lui qui donne
» la force à nos rois, et qui relèvera la gloire et la
» puissance de son Christ, » si ce n'est une prophétie ?

Que l'Eglise de Jésus-Christ, la Cité du grand Roi,
pleine de grace, féconde en enfans, répète donc ce
qu'elle reconnaît avoir été prophétisé d'elle il y a si
long-temps par la bouche de cette pieuse mère. Qu'elle
répète : « Mon cœur a été affermi dans sa confiance au
» Seigneur, et mon Dieu a relevé ma force et ma
» gloire. » Son cœur a été vraiment affermi et sa puissance augmentée, parce qu'elle ne l'a pas mise en
elle-même, mais dans le Seigneur son Dieu. « Ma
» bouche a été ouverte contre mes ennemis, » parce
que la parole de Dieu n'est point captive au milieu
des chaînes et de la captivité. « Je me suis réjoui de
» votre salut. » Ce *salut* c'est Jésus-Christ lui-même
que le vieillard Siméon, selon le témoignage de l'E-
vangile, embrassant tout petit et reconnaissant très-
grand : « Seigneur, dit-il, vous laisserez maintenant
aller votre serviteur en paix, puisque mes yeux ont
vu votre salut (1). » Que l'Eglise répète donc : « Je me
» suis réjouie de votre salut; car il n'est point de saint
» comme le Seigneur, il n'est point de juste comme
» notre Dieu, » parce qu'il n'est pas seulement saint
et juste, mais la source de la sainteté et de la justice.
« Il n'est de saint que vous, » parce que personne
n'est saint que par vous. « Ne vous glorifiez point, et
» ne parlez point hautement, qu'aucune parole fière
» et superbe ne sorte de votre bouche, puisque c'est

---

(1) Luc, 2, 29 et 30.

» Dieu qui est le maître des sciences, et personne ne sait ce qu'il sait, » parce que celui qui n'étant rien se croit quelque chose, se trompe soi-même (1). Ceci s'adresse aux ennemis de la Cité de Dieu, qui appartiennent à Babylone, qui présument trop de leurs forces, et se glorifient en eux-mêmes au lieu de se glorifier en Dieu. De ce nombre sont aussi les israélites charnels, citoyens de la Jérusalem terrestre, qui, comme dit l'apôtre, « ne connaissant point la justice » de Dieu (2), » c'est-à-dire la justice que Dieu donne aux hommes, lui qui seul est juste et rend juste, « et » voulant établir leur propre justice, » c'est-à-dire prétendant qu'ils l'ont acquise par leurs propres forces sans la tenir de lui, « ne sont point soumis à la justice » de Dieu, » parce qu'ils sont superbes et qu'ils croient pouvoir plaire à Dieu par leur propre mérite, et non par la grace de celui qui est le Dieu des sciences, et par conséquent l'arbitre des consciences, où il voit que toutes les pensées des hommes ne sont que vanité, à moins que lui-même ne les leur inspire. « Il forme » et conduit ses desseins. » Quels desseins, sinon ceux qui vont à abattre les superbes et à relever les humbles? C'est ces desseins qu'il exécute lorsqu'il dit : « L'arc » des puissans a été affaibli, et les faibles ont été revêtus de force. » L'arc a été affaibli, c'est-à-dire qu'il a confondu ceux qui se croyaient assez forts d'eux-mêmes pour accomplir les commandemens de Dieu, sans avoir besoin d'aucun secours de sa part.

(1) Galat., 6, 3.
(2) Rom., 10, 3.

Et ceux-là « sont revêtus de force » qui crient à Dieu dans le fond de leur cœur : « Ayez pitié de moi, Sei-
» gneur, parce que je suis faible (1). »

« Ceux qui ont du pain en abondance sont devenus
» languissans, et ceux qui étaient affamés se sont élevés
» au-dessus de la terre. » Qui sont ceux qui ont du pain en abondance, sinon ceux même qui se croient puissans, c'est-à-dire les Juifs, à qui les oracles de la parole de Dieu ont été confiés ? Mais parmi ce peuple les enfans de la servante sont devenus languissans, parce que dans ces pains, c'est-à-dire dans la parole de Dieu, que la seule nation juive avait reçue alors, ils ne goûtent que ce qu'il y a de terrestre ; au lieu que les gentils, à qui ces pains n'avaient pas été donnés, n'en ont pas eu plutôt mangé, que la faim dont ils étaient pressés les a fait élever au-dessus de la terre pour y savourer tout ce qu'ils renferment de céleste et de spirituel. Et comme si l'on demandait la cause d'un évènement si étrange, « parce
» que, dit-elle, celle qui était stérile a accouché de
» sept enfans, et que celle qui avait beaucoup d'en-
» fans est demeurée sans vigueur. » Cela montre que tout ceci n'est qu'une prophétie à ceux qui savent que la perfection de toute l'Eglise est marquée dans l'Ecriture par le nombre sept. C'est pourquoi l'apôtre saint Jean écrit à sept églises (2), c'est-à-dire à toute l'Eglise ; et que Salomon dit dans les proverbes que « la Sagesse s'est bâtie une maison, et l'a appuyée sur

(1) Ps., 6, 2.
(2) Apoc., 1, 4.

» sept colonnes (1). » La Cité de Dieu était réellement stérile par toutes les nations, avant la naissance de ces enfans qui l'ont rendue féconde. Nous voyons au contraire que la Jérusalem terrestre, qui avait un si grand nombre d'enfans, est devenue sans vigueur, parce que les enfans de la femme libre, qui étaient dans son enceinte, faisaient toute sa force, et qu'elle n'a plus que la lettre sans l'esprit.

« C'est Dieu qui donne la mort et qui redonne la » vie. » Il a donné la mort à celle qui avait beaucoup d'enfans, et redonné la vie à celle qui était stérile et qui a engendré sept enfans. On peut l'entendre aussi, et mieux, qu'il rend la vie à ceux même à qui il avait donné la mort, comme ces paroles qui suivent semblent le confirmer : « C'est lui qui mène aux enfers et » qui en ramène. » Ceux à qui l'apôtre dit : « Si vous » êtes mort avec Jésus-Christ, cherchez les choses du » ciel où Jésus-Christ est assis à la droite de Dieu (2); » ceux-là, dis-je, sont tués par le Seigneur pour leur salut, et c'est pour eux que l'apôtre ajoute : « Goûtez » les choses du ciel, et non pas celles de la terre; » afin qu'eux-mêmes soient ceux qui, « pressés de la faim, » se sont élevés au-dessus de la terre. Car vous êtes » morts, » dit encore saint Paul ; et voilà comment Dieu fait mourir ses fidèles pour leur salut : « Et votre » vie, ajoute cet apôtre, est cachée avec Jésus-Christ *en Dieu.* Voilà comment il leur redonne la vie. Mais sont-ce les mêmes qu'il mène aux enfers et qu'il en

---

(1) Prov., 9, 1.
(2) Coloss., 3, 1.

ramène ? L'un et l'autre a été accompli sans difficulté en celui qui est notre chef, avec qui l'apôtre dit que notre vie est cachée en Dieu. Car *celui qui n'a pas épargné son propre fils, mais l'a livré à la mort pour tout le monde* (1), l'a certainement fait mourir de cette façon ; et d'autre part comme il l'a ressuscité, il lui a redonné la vie. Il l'a aussi mené aux enfers, et l'en a ramené, puisque c'est lui-même qui dit dans le prophète : « Vous ne laisserez point mon ame » dans les enfers (2). » C'est cette pauvreté du Sauveur qui nous a enrichis. En effet « c'est le Seigneur qui » rend pauvre ou riche. » La suite nous apprendra ce que cela signifie.

« Il abaisse, dit-elle, et élève. » Il abaisse les superbes, et élève les humbles. Tout le discours de cette sainte femme, dont le nom signifie *grace*, ne respire autre chose que ce qui est dit dans cet autre endroit de l'Ecriture : « Dieu résiste aux superbes, et donne sa grace aux humbles. Il relève de terre le pauvre. » Je crois que ces paroles ne peuvent s'expliquer mieux que celui « qui, étant si riche, s'est rendu pauvre » pour l'amour de nous, afin, comme je viens de le » dire, que sa pauvreté nous enrichît (3). » Dieu ne l'a relevé sitôt de terre, qu'afin de garantir son corps de corruption (4). J'estime qu'on peut encore

(1) Rom., 4, 3.
(2) Ps. 15, 10.
(3) II Cor., 8, 9.
(4) Ps. 15, 10.

lui attribuer ce qui suit : « Et tire le misérable du
» fumier. » En effet, ce fumier d'où il a été tiré
s'entend fort bien des Juifs qui l'ont persécuté, au
nombre desquels se range saint Paul lui-même, dans
le temps où il persécutait l'Eglise : « Ce que je con-
» sidérais alors comme un gain, dit-il, je l'ai re-
» gardé depuis comme une perte, à cause de Jésus-
» Christ; et non-seulement comme une perte, mais
» comme du fumier, pour gagner Jésus-Christ (1) »
Ce pauvre a donc été relevé de terre au-dessus de tous
les riches, et ce misérable tiré du fumier au-dessus
des plus opulens, afin de tenir rang parmi les puissans
du peuple, à qui il dit : « Vous serez assis sur douze
» trônes (2), » et à qui, selon l'expression de notre
sainte prophétesse, « il donne pour héritage un trône
de gloire. » Ces puissans avaient dit : « Vous voyez que
» nous avons tout quitté pour vous suivre (3). « Il fallait
qu'ils fussent bien puissans pour avoir fait un tel vœu ;
mais de qui avaient-ils reçu la force de le faire, sinon
de celui dont il est dit ici : « Il donne de quoi vouer
» à celui qui fait un vœu ? » Autrement, ils seraient
de ces puissans dont l'arc a été affaibli. « Il donne,
» dit l'Ecriture, de quoi vouer à celui qui fait un vœu; »
parce que personne ne pourrait rien vouer à Dieu
comme il faut, si l'on ne recevait de lui ce qu'on lui
voue. « Et il a béni les années du juste, » afin sans

---

(1) Philipp., 3, 7 et 8.
(2) Matth., 19, 28.
(3) Ibid., 27.

doute qu'il vive sans fin avec lui ce à qui il est dit : « Vos
» années ne finiront point (1). » Là, les années demeurent fixes; au lieu qu'ici elles passent, ou plutôt elles périssent. Elles ne sont pas avant qu'elles viennent, et quand elles sont venues elles ne sont plus, parce qu'elles viennent en s'écoulant. Des deux choses exprimées en ces paroles : « Il donne de quoi vouer à
» celui qui fait un vœu, et il a béni les années du
» juste, » nous faisons l'une et nous recevons l'autre; mais on ne reçoit celle-ci de sa bonté que lorsqu'on a fait la première par sa grace, « attendu que l'homme
» n'est pas fort par sa propre force. » « Le Seigneur
» désarmera son adversaire, » c'est-à-dire l'envieux qui veut empêcher un homme d'accomplir son vœu. Comme l'expression est équivoque, l'on peut entendre par *son adversaire*, l'adversaire de Dieu. Véritablement, lorsque Dieu commence à nous posséder, notre adversaire devient le sien, et nous le surmontons, mais non pas par nos propres forces, vu que ce que l'homme a de forces ne vient pas de lui. « Le Seigneur
» donc désarmera son adversaire, le Seigneur qui est
» saint, » afin que cet adversaire soit vaincu par les Saints, que le Seigneur, qui est le Saint des Saints, a fait Saints.

Ainsi, « que le sage ne se glorifie point de sa sagesse;
» ni le puissant de sa puissance, ni le riche de ses ri-
» chesses; mais que celui qui veut se glorifier se glo-
» rifie de connaître Dieu et de faire justice au milieu
» de la terre. » Ce n'est pas peu connaître Dieu, que

---

(1) Ps. 101, 28.

de savoir que la connaissance qu'on en a est un don de sa grace. Dans le fait, « qu'avez-vous, dit l'apôtre, » que vous n'ayez point reçu ? Et si vous l'avez reçu, » pourquoi vous glorifiez-vous, comme si l'on ne vous » l'eût point donné (1) ? » c'est-à-dire comme si vous le teniez de vous-même. Or, celui-là *fait justice* qui vit bien ; et celui-là vit bien qui observe les commandemens de Dieu, « qui ont pour fin la charité qui naît » d'un cœur pur, d'une bonne conscience et d'une foi » sincère (2). » Cette charité vient de Dieu, comme le témoigne l'apôtre saint Jean (3); et par conséquent le pouvoir de faire justice vient aussi de lui. Mais qu'est-ce que cela veut dire : *Au milieu de la terre?* Est-ce que ceux qui habitent les extrémités de la terre ne doivent point faire justice ? J'estime que par le milieu de la terre l'Ecriture entend, tant que nous vivons dans ce corps, afin que personne ne s'imaginât qu'après cette vie il y eût encore du temps pour faire la justice qu'on n'a pas faite ici-bas, et pour éviter le jugement de Dieu. Chacun, dans cette vie, porte sa terre avec soi; et la terre commune reçoit cette terre particulière à la mort de chaque homme, pour la lui rendre au jour de la résurrection. Il faut donc pratiquer la vertu et la justice au milieu de la terre, c'est-à-dire tandis que notre ame est enfermée dans ce corps de terre, afin que cela nous serve pour l'avenir, « lors-» que chacun recevra la récompense du bien ou du

---

(1) I Cor., 4, 7.
(2) I Tim., 1, 5.
(3) I Jean, 4, 7.

« mal qu'il aura fait par le corps (1). » *Par le corps*, dit l'apôtre, c'est-à-dire pendant le temps qu'il a vécu dans le corps ; car les pensées de blasphême auxquelles on consent ne sont produites par aucun membre du corps ; et cependant on ne laisse pas d'en être coupable. On peut fort bien entendre de la même sorte cette parole du pseaume : « Dieu, qui est notre roi avant » tous les siècles, a accompli l'œuvre de notre salut au » milieu de la terre (2), » attendu que le Seigneur Jésus est notre Dieu, et il est avant les siècles, parce que les siècles ont été faits par lui. Il a accompli l'œuvre de notre salut au milieu de la terre, lorsque le Verbe s'est fait chair (3), et qu'il a habité dans un corps de terre.

« Le Seigneur est monté aux cieux, et il a tonné ; » il jugera les extrémités de la terre, parce qu'il est » juste. » Cette sainte femme observe dans ces paroles l'ordre de la profession de foi des fidèles. Notre Seigneur Jésus-Christ est monté au ciel, et il viendra de là juger les vivans et les morts. En effet, comme dit l'apôtre : « Qui est monté si ce n'est celui qui est des-» cendu jusqu'aux plus basses parties de la terre ? Ce-» lui qui est descendu est le même que celui qui est » monté au-dessus de tous les cieux, afin de remplir » toutes choses de la présence de sa majesté (4). » Il a donc tonné par ses nuées qu'il remplit du saint Esprit

(1) II Cor., 5, 10.
(2) Ps., 73, 13.
(3) Jean, 1, 14.
(4) Ephés., 4, 9.

quand il fut monté aux cieux. Et c'est de ces nuées qu'il parle dans le prophète Isaïe (1), quand il menace la Jérusalem esclave, c'est-à-dire sa vigne ingrate, d'empêcher qu'elles ne versent la pluie sur elle. « Il » jugera les extrémités de la terre, » c'est-à-dire, même les extrémités de la terre. Et ne jugera-t-il point aussi les autres parties de la terre, lui qui indubitablement doit juger tous les hommes? Mais il vaut mieux entendre par *les extrémités de la terre* l'extrémité de la vie de l'homme. L'homme en effet ne sera pas jugé sur l'état où il aura été au commencement ou au milieu de sa vie, mais sur celui où il se trouvera vers le temps de sa mort; d'où vient cette parole de l'Evangile, « qu'il n'y aura de sauvé que celui qui persévé- » rera jusqu'à la fin (2). » Celui donc qui persévère jusqu'à la fin à faire justice au milieu de la terre ne sera point condamné quand Dieu jugera les extrémités de la terre. « C'est lui qui donne la force à nos » rois, » afin de ne les pas condamner dans son jugement. Il leur donne la force de gouverner leur corps en rois, et de vaincre le monde par la grace de celui qui a répandu son sang pour eux. « Et il relèvera la » gloire et la puissance de son Christ. » Comment le Christ relèvera-t-il la gloire et la puissance de son Christ? Car celui dont il est dit auparavant : « Le » Seigneur est monté aux cieux et a tonné, » est celui-là même dont il est dit ici qu'il relèvera la gloire et la puissance de son Christ. Quel est donc le Christ de

---

(1) Isaïe, 5, 56.
(2) Matth., 10, 22.

son Christ? Est-ce qu'il relèvera la gloire et la puissance de chaque fidèle, comme notre sainte prophétesse le dit d'elle-même au commencement de ce cantique : « Mon Dieu a relevé ma force et ma gloire ? » Dans le fait, nous pouvons fort bien appeler des Christs tous ceux qui ont été oints du saint chrême, qui tous néanmoins, avec leur chef, ne sont qu'un même Christ. Voilà la prophétie d'Anne, mère du grand Samuël, en qui était figuré alors le changement de l'ancien sacerdoce; figure qui est accomplie maintenant que celle qui avait beaucoup d'enfans est devenue sans vigueur, afin que celle qui était stérile et qui en a engendré sept, eût un nouveau sacerdoce en Jésus-Christ.

CHAPITRE V.

Abolition du sacerdoce d'Aaron prédite à Héli.

L'homme de Dieu qui fut envoyé au grand prêtre Héli, et que l'Ecriture ne nomme pas, mais que son ministère doit faire indubitablement reconnaître pour prophète, parle de ceci plus clairement. Voici ce que porte le texte sacré : « Un homme de Dieu vint trouver Héli, et lui dit : Voici ce que dit le Seigneur :
» Je me suis fait connaître à la maison de votre père
» lorsqu'elle était captive de Pharaon en Egypte, et
» je l'ai choisie entre toutes les tribus d'Israël pour
» me faire des prêtres qui montassent à mon autel,
» qui m'offrissent de l'encens et qui portassent l'éphod;
» et j'ai donné à la maison de votre père, pour se
» nourrir, tout ce que les enfans d'Israël m'offrent

» en sacrifice. Pourquoi donc avez-vous foulé aux
» pieds mon encens et mes sacrifices, et pourquoi
» avez-vous fait plus de cas de vos enfans que de moi,
» en souffrant qu'ils emportassent les prémices de
» tous les sacrifices d'Israël? C'est pourquoi voici ce
» que dit le Seigneur et le Dieu d'Israël : J'avais
» résolu que votre maison et la maison de votre père
» passerait éternellement en ma présence. Mais je n'ai
» garde maintenant d'en user de la sorte. Car je glo-
» rifierai ceux qui me glorifient; et ceux qui me
» mépriseront deviendront méprisables. Voici venir
» le temps que j'exterminerai votre race et celle de
» votre père, de sorte qu'il n'en demeurera pas un
» seul qui exerce les fonctions de la prêtrise dans ma
» maison. Je les bannirai tous de mon autel, afin
» que ceux qui resteront de votre maison sèchent en
» voyant ce changement. Ils périront tous par l'épée;
» et pour marque de cela, c'est que vos enfans Ophni
» et Phinées, mourront tous deux en un même jour.
» Je me choisirai un prêtre fidèle qui fera tout ce que
» mon cœur et mon ame désirent, et je lui cons-
» truirai une maison durable qui passera éternelle-
» ment en la présence de mon Christ. Quiconque
» restera de votre maison viendra l'adorer avec une
» petite pièce d'argent, et lui dira : donnez-moi, je
» vous prie, quelque part en votre sacerdoce, afin
» que je mange du pain (1). »

On ne peut pas dire que cette prophétie, qui prédit si clairement le changement de l'ancien sacerdoce,

---

(1) I Rois, 2, 27 et suiv.

ait été accomplie en la personne de Samuël. Quoiqu'il ne fût pas d'une autre tribu que de celle que Dieu avait destinée pour servir à l'autel, il n'était pas pourtant de la famille d'Aaron (1), de laquelle seule on tirait les prêtres; et par conséquent tout ceci était la figure du changement qui devait se faire par Jésus-Christ, et appartenait proprement à l'ancien Testament, et figurativement au nouveau; je dis quant à l'évènement de la chose, et non quant aux paroles. Il y eut encore depuis des prêtres de la famille d'Aaron, comme Sadoch et Abiathar sous le règne de David, et plusieurs autres, long-temps avant que ce changement soit arrivé en la personne de Jésus-Christ. Mais à présent quel est celui qui contemple ces choses des yeux de la foi, et qui n'avoue qu'elles sont accomplies ? Il ne reste en effet aux Juifs ni tabernacle, ni temple, ni autel, ni sacrifice, ni par conséquent aucun prêtre, qui, selon la loi de Dieu, devrait être de la famille d'Aaron, comme ce prophète le fait entendre ici quand il dit : « Voici ce que dit le Seigneur et le Dieu » d'Israël : J'avais résolu que votre maison et la maison » de votre père passerait éternellement en ma pré- » sence ; mais je n'ai garde maintenant d'en user de » la sorte. Car je glorifierai ceux qui me glorifient ; » et ceux qui me méprisent deviendront méprisables. » Par la maison de son père, il n'entend pas parler de celui dont il avait pris immédiatement naisssance,

---

(1) Il était de la famille d'Aaron, mais il n'était pas fils de prêtre. (Voyez le 2.ᵉ livre des Rétractations, chap. 41, qui est à la tête de cet ouvrage.)

mais d'Aaron, le premier grand prêtre dont tous les autres sont descendus. Ce qui précède le montre clairement : « Je me suis fait connaître, dit-il, à la » maison de votre père, lorsqu'elle était captive de » Pharaon en Egypte, et je l'ai choisie entre toutes » les tribus d'Israël pour les fonctions du sacerdoce. » Qui était le père d'Héli dans la captivité d'Egypte, de la famille duquel les grands-prêtres furent choisis ensuite, sinon Aaron? C'est donc de cette race que Dieu dit ici qu'il n'y aura plus de prêtre à l'avenir; et c'est ce que nous voyons maintenant accompli. Que notre foi y fasse attention, les choses sont présentes; on les voit, on les touche, et elles sautent aux yeux malgré qu'on en ait. « Voici, dit-il, venir » le temps que j'exterminerai votre race et celle de » votre père, en sorte qu'il n'en demeurera pas un » seul qui exerce les fonctions de la prêtrise dans ma » maison. Je les bannirai tous de mon autel, afin que » ceux qui resteront de votre maison sèchent en voyant » ce changement. » Ce temps prédit est venu. Il n'y a plus de prêtres selon l'ordre d'Aaron; et quiconque reste de cette famille, lorsqu'il considère le sacrifice des chrétiens établis par toute la terre, et qu'il se voit dépouillé d'un si grand honneur, sèche de regret et d'envie.

Ce qui suit appartient proprement à la maison d'Héli : « Tous ceux qui resteront de votre maison pé- » riront par l'épée; et pour marque de cela, c'est que » vos enfans Ophni et Phinées mourront tous deux en » un même jour. » Le même signe donc qui marquait le changement de sacerdoce de sa maison, marquait aussi qu'il devait être transporté de la maison d'Aaron,

La mort des enfans d'Héli ne figurait la mort d'aucun homme, mais celle du sacerdoce même dans la famille d'Aaron. Quant à ce qui suit, il se rapporte au grand-prêtre dont Samuël devint la figure en succédant à Héli; et par conséquent ceci doit s'entendre de Jésus-Christ, le véritable grand-prêtre du nouveau Testament : « Et je me choisirai un prêtre fidèle qui » fera tout ce que mon cœur et mon ame désirent, » et je lui construirai une maison durable. » Cette maison est la céleste et éternelle Jérusalem. « Et elle » passera, dit-il, éternellement en la présence de » mon Christ; » c'est-à-dire, elle paraîtra devant lui; comme il a dit auparavant de la maison d'Aaron : « J'avais résolu que votre maison et la maison de votre » père passerait éternellement en ma présence. » On peut encore entendre qu'elle passera de la mort à la vie pendant tout le temps de notre mortalité, jusqu'à la fin des siècles. Quant à ce que Dieu dit : « Qui fera » tout ce que mon cœur et mon ame désirent; » ne pensons pas que Dieu ait une ame, lui qui est le créateur de l'ame; mais que c'est une expression figurée de l'Ecriture, comme quand elle lui donne des mains, des pieds, et les autres membres du corps. De peur qu'on ne s'imagine que c'est selon le corps qu'elle dit que l'homme a été fait à l'image de Dieu, elle donne aussi des ailes à Dieu, dont l'homme est privé, et lui dit : « Mettez-moi à l'ombre de vos ailes (1); » afin que les hommes reconnaissent que tout cela n'est dit que par métaphore de cette nature ineffable.

(1) Ps. 16, 10.

« Et quiconque restera de votre maison viendra » l'adorer. » Ceci ne doit pas s'entendre proprement de la maison d'Héli, mais de celle d'Aaron, qui a duré jusqu'à l'avènement de Jésus-Christ, et dont il en reste encore aujourd'hui quelques-uns. A l'égard de la maison d'Héli, Dieu avait déjà dit que tous ceux qui resteraient de cette maison périraient par l'épée. Comment donc ce qu'il dit ici peut-il être vrai : « Quiconque restera de votre maison viendra l'ado- » rer, » à moins qu'on ne l'entende de toute la famille sacerdotale d'Aaron? Si donc il existe de ces restes prédestinés dont un autre prophète dit « que les » restes seront sauvés (1), » et dont l'apôtre dit : « Ainsi » en ce temps-ci même les restes ont été sauvés selon » l'élection de la grace (2); » si, dis-je, il est de ces restes, indubitablement il croira en Jésus-Christ, comme du temps des apôtres plusieurs de cette nation crurent en lui; et encore aujourd'hui l'on en voit quelques-uns, quoique en petit nombre, qui embrassent la foi, et en qui s'accomplit ce que cet homme de Dieu ajoute : « Il viendra l'adorer avec une petite » pièce d'argent. » Qui viendra-t-il adorer, sinon ce souverain prêtre qui est Dieu aussi? Dans ce sacerdoce établi selon l'ordre d'Aaron, on ne venait pas au temple ni à l'autel pour adorer le grand-prêtre. Que veut dire cette petite pièce d'argent, si ce n'est cette parole abrégée de la foi dont l'apôtre fait mention après le prophète quand il dit : « Le Seigneur fera une parole

(1) Isaïe, 10, 22.
(2) Rom., 11, 15.

» courte et abrégée sur la terre (1) ? » Or, que l'argent se prenne pour la parole de Dieu, le psalmiste en fait foi lorsqu'il dit : « Les paroles du Seigneur sont pures, » c'est de l'argent qui a passé par le feu (2). »

Que dit donc celui qui vient adorer le prêtre de Dieu et le prêtre Dieu? « Donnez-moi, je vous prie, » quelque part en votre sacerdoce, afin que je mange » du pain. » Je ne prétends rien à la dignité de mes pères, puisqu'elle est abolie ; faites-moi seulement part de votre sacerdoce. « Car j'aime mieux être mé- » prisable dans la maison du Seigneur (3), » pourvu que je devienne un membre de votre sacerdoce, quel qu'il soit. Il appelle ici sacerdoce le peuple même dont est souverain prêtre le médiateur entre Dieu et les hommes, Jésus-Christ homme. C'est à ce peuple que l'apôtre saint Pierre dit : « Vous êtes le peuple saint » et le sacerdoce royal (4). » Il est vrai que quelques-uns, au lieu de *votre sacerdoce*, traduisent *de votre sacrifice*, mais cela signifie toujours le même peuple chrétien. De là vient cette parole de l'apôtre : « Nous ne » sommes tous ensemble qu'un seul pain et qu'un seul » corps en Jésus-Christ (5); » et encore : « Offrez vos » corps à Dieu comme une hostie vivante (6). » Ainsi, quand cet homme de Dieu ajoute : « Pour manger du

(1) Rom., 9, 28; et Isaïe, 10, 23.
(2) Ps. 11, 7.
(3) Ps. 83, 11.
(4) I Pierre, 2, 9.
(5) I Cor., 10, 17.
(6) Rom., 12, 1.

» pain, » il exprime élégamment le genre même du sacrifice dont le prêtre lui-même dit : « Le pain que » je donnerai pour la vie du monde, c'est ma chair (1). » C'est là le sacrifice qui n'est pas selon l'ordre d'Aaron, mais selon l'ordre de Melchisédec. Que celui qui lit ceci l'entende. Cette confession est en même temps courte, humble et salutaire : « Donnez-moi quelque » part en votre sacerdoce, afin que je mange du pain. » C'est là cette petite pièce d'argent, parce que la parole du Seigneur, qui habite dans le cœur de celui qui croit, est courte. Comme il avait dit auparavant qu'il avait donné pour nourriture à la maison d'Aaron les victimes du vieux Testament, il parle ici de manger du pain, qui est le sacrifice des chrétiens dans le nouveau.

CHAPITRE VI.

Eternité promise au sacerdoce et au royaume des Juifs, afin que, les voyant détruits, on reconnût que cette promesse ne tombait que sur un autre royaume et un autre sacerdoce dont ceux-là étaient la figure.

Encore que ces choses paraissent maintenant aussi claires qu'elles étaient obscures lorsqu'elles furent prédites, toutefois il semble qu'on pourrait faire cette objection avec quelque sorte de vraisemblance. Quelle as-

---

(1) Jean, 6, 52.

surance avons-nous que toutes les prédictions des prophètes arrivent, puisque cet oracle du ciel : « Votre » maison et la maison de votre père passera éternelle- » ment en ma présence, » n'a pu s'accomplir ? Nous voyons bien que ce sacerdoce a été changé, sans que cette maison puisse jamais espérer d'y rentrer, attendu qu'il a été aboli, et que cette promesse est plutôt pour l'autre sacerdoce qui a succédé à celui-là. Celui qui parle de la sorte ne comprend pas encore ou ne se souvient pas que le sacerdoce, même selon l'ordre d'Aaron, était comme l'ombre du sacerdoce à venir et éternel; et qu'ainsi, quand l'éternité lui a été promise, cette promesse ne lui appartenait pas, mais à celui dont il était l'ombre et la figure. Pour que l'on ne s'imaginât pas que l'ombre même dût demeurer, le changement en a dû être aussi prédit.

De même, le royaume de Saül, qui fut réprouvé et rejeté, était l'ombre du royaume à venir qui doit subsister éternellement; car il faut considérer comme un grand mystère cette huile dont il fut sacré, et ce chrême qui lui donna le nom de Christ. Aussi David lui-même le respectait si fort en Saül, qu'il frémit de crainte et se frappa la poitrine (1), lorsque ce prince étant entré dans une caverne obscure pour les nécessités de la nature, il lui coupa le bord de sa robe pour lui faire voir comment il l'avait épargné quand il pouvait s'en défaire, et dissiper par là les soupçons qu'il avait conçus contre lui, qui étaient cause qu'il le poursuivait avec une animosité furieuse. Il appréhenda donc de

---

(1) I Rois, 24, 6.

s'être rendu coupable du violement d'un si grand mystère, seulement pour avoir touché de la sorte au vêtement de Saül. Voici comment l'Ecriture en parle : « Et » David se frappa la poitrine, parce qu'il avait coupé » un pan de sa robe (1). » Ceux qui l'accompagnaient lui conseillaient de tuer Saül, puisque Dieu le livrait entre ses mains. « A Dieu ne plaise, dit-il, que je le » fasse, et que je mette la main sur lui, car c'est le » Christ du Seigneur (2). » Ce n'était donc pas proprement la figure qu'il respectait, mais la chose figurée. Ainsi, quand Samuël dit à Saül : « Parce que vous » n'avez pas fait ce que je vous avais dit, ou plutôt ce » que Dieu vous avait dit par moi, le trône d'Israël, » que Dieu vous avait préparé pour durer éternelle- » ment, ne subsistera point pour vous ; mais le Sei- » gneur cherchera un homme selon son cœur, qu'il » établira prince sur son peuple, à cause que vous » n'avez pas obéi à ses ordres (3); » ces paroles, dis-je, ne doivent pas s'entendre, comme si Dieu, après avoir promis un royaume éternel à Saül, ne voulût plus tenir sa promesse lorsqu'il eut péché ; car Dieu n'ignorait pas qu'il devait pécher, mais il avait préparé son royaume pour être la figure d'un royaume éternel. C'est pourquoi Samuël ajoute : « Votre royaume ne » subsistera point pour vous. » Celui qu'il figurait a subsisté et subsistera toujours, mais non pas pour Saül ni pour ses descendans. « Et le Seigneur, dit-il, cher-

---

(1) I Rois, 24, 6.
(2) Ibid., 7.
(3) Ibid., 13, 13 et suiv.

» chera un homme, » ou David, ou le médiateur même du nouveau Testament, qui était aussi figuré par le chrême dont David et sa postérité furent sacrés. Or, Dieu ne cherche pas un homme, comme s'il ignorait où il est; mais il s'accommode au langage des hommes, et nous cherche même par là. Nous étions dès-lors si bien connus, non-seulement à Dieu le père, mais à son fils unique, qui est venu chercher ce qui était perdu (1), qu'il nous avait élus en lui avant la création du monde (2). Lors donc que l'Ecriture dit qu'*il cherchera*, c'est comme si elle disait qu'il fera reconnaître aux autres pour son ami celui qu'il savait déjà lui appartenir.

CHAPITRE VII.

De la division du royaume d'Israël prédite par Samuël à Saül, et ce qu'elle figurait.

Saül pécha encore une fois en désobéissant à Dieu; et Samuël lui porta encore cette parole de sa part : « Parce » que vous avez rejeté le commandement de Dieu, » Dieu vous a rejeté, et vous ne serez plus roi d'Is- » raël (3). » Comme Saül, avouant son crime, priait Samuël de retourner avec lui, pour en obtenir de

---

(1) Luc, 19. 10.
(2) Ephés., 1. 4.
(3) I Rois, 15, 2

Dieu le pardon : « Je ne retournerai point avec vous, » dit-il, parce que vous n'avez tenu compte du com- » mandement de Dieu. Aussi le Seigneur ne tiendra » compte de vous, et vous ne serez plus roi d'Israël. » Là-dessus Samuël lui tourna le dos et s'en alla ; » mais Saül le retint par le bord de sa robe qu'il dé- » chira. Alors Samuël lui dit : Le Seigneur a ôté » aujourd'hui le royaume à Israël en vous l'ôtant, et » il le donnera à un de vos proches qui est bon au- » dessus de vous, et Israël sera divisé en deux, sans » que le Seigneur change ni se repente ; car il ne » ressemble pas à l'homme qui est sujet au repentir, » et qui fait des menaces et ne les exécute pas (1). » Celui à qui il est dit : « Le Seigneur vous rejètera, et » vous ne serez plus roi d'Israël, » et « le Seigneur a ôté » aujourd'hui le royaume à Israël en vous l'ôtant ; » celui-là, dis-je, régna encore quarante ans depuis, car cela lui fut dit dès le commencement de son règne. Mais Dieu entendait par là qu'aucun de sa famille ne devait lui succéder au royaume, et voulait nous faire jeter les yeux sur celle de David, de laquelle est né, selon la chair, le médiateur entre Dieu et les hommes, Jésus-Christ homme.

Or, le texte de l'Ecriture ne porte pas ce qui se trouve en beaucoup d'exemplaires latins : « Le Sei- » gneur vous a ôté le royaume d'Israël ; » mais comme nous l'avons traduit sur le grec : « Le Seigneur a ôté » aujourd'hui le royaume à Israël en vous l'ôtant, » pour montrer que Saül représentait le peuple d'Israël

---

(1) I Rois, 15, 23.

qui devait perdre le royaume, notre Seigneur Jésus-Christ devant régner spirituellement par le nouveau Testament. Ainsi, quand il est dit : « Et il le donnera » à un de vos proches, » cela s'entend d'une parenté selon la chair. En effet, selon la chair, Jésus-Christ a pris naissance d'Israël, aussi bien que Saül. Quant à ce qui suit : « Qui est bon au-dessus de vous, » cela peut s'entendre, « qui est meilleur que vous, » et quelques-uns l'ont traduit ainsi; mais il est mieux de le prendre par rapport à cette autre parole prophétique : « Jusqu'à ce que j'aie mis tous vos ennemis sous vos » pieds, (1) » du nombre desquels est Israël, à qui Jésus-Christ a ôté le royaume comme à son persécuteur. Il y avait toutefois parmi les Juifs un autre Israël en qui ne se trouvait aucune malice (2), comme du froment caché sous la paille. C'est de là que sont sortis les apôtres, et tant de martyrs, dont saint Etienne a été le premier. De là ont pris naissance tant d'Eglises dont parle l'apôtre saint Paul, et qu'il dit louer Dieu de sa conversion (3).

Je ne doute point que par ces mots : « Et Israël » sera divisé en deux, » il ne laisse entendre en Israël ennemi de Jésus-Christ, et Israël fidèle à Jésus-Christ; en Israël appartenant à la servante, et Israël appartenant à la femme libre. Ces deux Israël étaient d'abord mêlés ensemble, comme Abraham étant attaché à la servante, jusqu'à ce que celle qui était stérile

---

(1) Ps. 109, 2.
(2) Jean, 1, 47.
(3) Galat., 1, 24.

ayant été rendue féconde par la grace de Jésus-Christ, s'écriât : « Chassez la servante avec son fils (1). » Il est vrai qu'Israël fut partagé en deux à cause du péché de Salomon sous le règne de son fils Roboam (2), et qu'il demeura en cet état, chaque faction ayant ses rois à part, jusqu'à ce que toute la nation fût vaincue par les Chaldéens, et menée captive à Babylone. Mais qu'est-ce que cela fait à Saül ? Si cette menace était nécessaire, ne devait-on pas l'adresser plutôt à David dont Salomon était fils ? Maintenant même les Juifs ne sont pas divisés entre eux, mais dispersés par toute la terre dans la société d'une même erreur. Or, cette division dont Dieu menace ici ce peuple et ce royaume dans la personne de Saül qui le représentait, doit être éternelle et immuable, selon ces paroles qui suivent : « Et » Dieu ne changera ni ne se repentira point ; car il » ne ressemble pas à l'homme qui est sujet au repentir » et qui fait des menaces et ne les exécute pas. » Lorsque l'Ecriture dit qu'il se repent, cela ne marque que le changement des choses qu'il connaît par une prescience qui ne change point. Quand donc elle dit qu'il ne se repent point, c'est-à-dire qu'il ne change point.

Ainsi l'arrêt de cette division d'Israël est un arrêt perpétuel et irrévocable. Tous ceux qui dans tous les temps passent de la synagogue des Juifs à l'Eglise de Jésus-Christ, ne faisaient point partie de cette synagogue selon la prescience de Dieu. Aussi tous les is

---

(1) Genès., 21, 10.
(2) III Rois, 12.

raélites qui, s'attachant à Jésus-Christ, persévèrent dans cette union, ne seront jamais avec ces israélites qui s'opiniâtrent toute leur vie à être ses ennemis, mais demeureront toujours dans cette division qui a été prédite ici. Le vieux Testament donné sur la montagne de Sina, et qui n'engendre que des esclaves (1), ne sert qu'en ce qu'il rend témoignage au nouveau; et tous les Juifs maintenant qui lisent Moïse ont un voile sur le cœur (2) qui leur en dérobe l'intelligence. Mais lorsque quelqu'un d'eux passe à Jésus-Christ, ce voile est ôté. En effet, ceux qui font ce changement changent aussi d'intention et de désirs, et n'aspirent plus à une félicité charnelle, mais spirituelle. C'est pourquoi, dans cette fameuse journée des Juifs contre les Philistins (3), où le Ciel se déclara si ouvertement en faveur des premiers à la prière de Samuël, ce prophète prenant une pierre, la posa entre les deux Massephat, la neuve et l'ancienne, et l'appela Abennéser, c'est-à-dire *la pierre du secours*, parce que, dit-il, c'est jusqu'ici que Dieu nous a secourus. Or Massephat signifie *intention*; et *cette pierre du secours*, c'est la *médiation* du Sauveur, par qui il faut passer de la vieille Massephat à la nouvelle, c'est-à-dire de l'intention qui regardait une fausse et charnelle habitude dans un royaume charnel, à celle qui s'en propose une véritable et spirituelle dans le royaume des cieux par le moyen du nouveau Testament. Comme il n'est rien

---

(1) Galat., 4, 24.
(2) II Cor., 3, 15 et 16.
(3) I Rois, 7, 10 et 12.

de meilleur que cette félicité, c'est jusque là que Dieu nous aide.

CHAPITRE VIII.

Les promesses de Dieu à David touchant Salomon ne peuvent s'entendre que de Jésus-Christ.

Il faut voir maintenant, autant que cela peut servir à notre dessein, les promesses que Dieu a faites à David même, qui prit la place de Saül dont le changement figurait le dernier changement auquel se rapporte toute l'Ecriture. Toutes choses prospérant à David, il résolut de bâtir une maison à Dieu, ce fameux temple qui fut l'ouvrage de son fils Salomon. Comme il était dans cette pensée, Dieu parla au prophète Nathan, et, après lui avoir déclaré que David ne lui bâtirait pas une maison, et qu'il s'en était bien passé jusqu'alors : « Vous direz, ajouta-t-il, à mon serviteur
» David : Voici ce que dit le Seigneur tout-puissant :
» Je vous ai tiré de votre bergerie pour vous établir le
» conducteur de mon peuple. Je vous ai assisté dans
» toutes vos entreprises, j'ai dissipé tous vos ennemis,
» et j'ai égalé votre gloire à celle des plus grands rois.
» Je veux assigner un lieu à mon peuple et l'y éta-
» blir, afin qu'il y demeure séparé des autres nations,
» et que rien ne trouble son repos à l'avenir. Les mé-
» chans ne l'opprimeront plus comme autrefois, lors-
» que je lui donnai des juges pour le conduire. Je ferai

» que tous vos ennemis vous laisseront en paix, et
» vous me bâtirez une maison. Car lorsque vos jours
» seront accomplis, et que vous serez endormi avec
» vos pères, je ferai sortir un roi de votre race dont
» j'affermirai le trône. C'est lui qui me construira une
» maison, et je maintiendrai éternellement son em-
» pire. Je lui tiendrai lieu de père, et je l'aimerai
» comme mon fils. Que s'il vient à m'offenser, je lui
« ferai sentir les effets de ma colère, et le châtierai
» avec rigueur; mais je ne retirerai point de dessus
» lui ma miséricorde, comme j'ai fait à l'égard de ceux
» dont j'ai détourné ma face. Sa maison me sera fidèle
» et son royaume durera autant que les siècles (1). »

Quiconque s'imagine que cette promesse a été accomplie en Salomon se trompe bien fort; et son erreur vient de ce qu'il ne s'arrête qu'à ces paroles : « C'est
» lui qui me construira une maison, » et qu'en effet Salomon a élevé à Dieu un temple superbe, sans faire attention à celles-ci : « Sa maison me sera fidèle et son
» royaume durera autant que les siècles. » Qu'il regarde donc le palais de Salomon rempli de femmes étrangères et idolâtres, qui le portent à idolâtrer avec elles ; et qu'il ne soit pas si hardi que de penser que les promesses de Dieu sont vaines, ou qu'il n'a pu prévoir que ce prince et sa maison s'égareraient de la sorte. Lors même que nous ne les verrions point accomplies en la personne de notre Seigneur Jésus-Christ qui est né de David selon la chair, nous ne devrions point douter qu'elles ne le regardassent, à

(1) II Rois, 7, 8 et suiv.

moins que d'en vouloir attendre vainement un autre comme les Juifs. Il est si vrai que par ce fils qui est ici promis à David, ils n'entendent point Salomon, que, par un merveilleux aveuglement, ils en attendent encore un autre que celui qui s'est fait reconnaître pour tel par des marques si claires et si évidentes. A la vérité, on voit aussi en Salomon quelque image des choses à venir, en ce qu'il a bâti le temple, qu'il a eu paix avec tous ses voisins, comme le porte son nom; car Salomon signifie *pacifique;* et que les commencemens de son règne ont été admirables : mais il faut demeurer d'accord qu'il n'était pas Jésus-Christ lui-même, et qu'il n'en était que la figure. De là vient que l'Ecriture dit beaucoup de choses de lui, non-seulement dans les livres historiques, mais dans le pseaume soixante et onzième qui porte son nom en tête, lesquelles ne sauraient du tout lui convenir, et conviennent fort bien à Jésus-Christ, pour montrer que l'un n'était que la figure, et l'autre la vérité. Pour n'en citer qu'un exemple, on ignore quelles étaient les bornes du royaume de Salomon, et cependant on lit dans ce pseaume : « Il étendra son empire de l'une » à l'autre mer, et depuis le fleuve jusqu'aux extré- » mités de la terre (1); » ce que nous voyons accompli en la personne du Sauveur, qui a commencé son règne au fleuve où il fut baptisé par saint Jean et reconnu par les disciples, qui ne l'appelèrent pas seulement Maître, mais Seigneur.

Salomon ne commença à régner du vivant de son

---

(1) Ps. 71, 8.

père David, ce qui n'arriva à aucun autre des rois d'Israël, que pour nous apprendre que ce n'est pas de lui que Dieu parle ici quand il dit à David : « Lors- » que vos jours seront accomplis et que vous serez en- » dormi avec vos pères, je ferai sortir un roi de votre » race dont j'affermirai le trône. » Quelque intervalle de temps qu'il y ait eu entre Jésus-Christ et David, toujours est-il certain qu'il est venu depuis sa mort, et qu'il a bâti une maison à Dieu, non de bois et de pierre, mais d'hommes. C'est à cette maison, ou en d'autres termes, aux fidèles, que l'apôtre saint Paul dit : « Le temple de Dieu est saint, et c'est vous qui » êtes ce temple (1). »

CHAPITRE IX.

Prophétie du pseaume quatre-vingt-huitième, semblable à celle de Nathan dans le second livre des rois.

C'est pour cela qu'au pseaume quatre-vingt-huitième qui a pour titre : « Instruction pour Ethan, israélite, » il est fait mention des promesses de Dieu à David, et l'on y voit quelque chose de semblable à ce que nous venons de rapporter du second livre des rois. « J'ai » juré, dit Dieu, j'ai juré à David, mon serviteur, » que je ferai fleurir éternellement sa race. Vous » avez parlé en vision à vos enfans, et vous avez dit:

(1) I Cor., 3, 17.

» J'ai mis le secours que je destine dans un homme
» puissant, et j'ai élevé sur le trône celui que j'ai choisi
» parmi mon peuple. J'ai trouvé mon serviteur Da-
» vid, et je l'ai oint de mon huile sainte. Car ma main
» lui donnera secours, et mon bras le soutiendra. L'en-
» nemi n'aura point avantage sur lui, et l'enfant d'i-
» niquité ne lui pourra nuire. J'abattrai ses ennemis à
» ses pieds, et je mettrai en fuite ceux qui le haïssent.
» Ma vérité et ma miséricorde seront avec lui, et je
» releverai sa gloire et sa puissance. J'étendrai sa main
» sur la mer, et sa droite sur les fleuves. Il m'invo-
» quera et me dira : Vous êtes mon père, vous êtes
» mon Dieu et mon asile. Et je le ferai mon fils aîné,
» et l'éleverai au-dessus de tous les rois de la terre. Je
» lui conserverai toujours ma faveur, et l'alliance que
» je ferai avec lui sera inviolable. J'établirai sa race
» pour jamais, et son trône durera autant que les
» cieux (1). » Tout cela doit s'entendre de Jésus-Christ
sous la personne de David, à cause de la forme de serviteur qu'il a prise de David dans le sein de la Vierge.
Quelques lignes ensuite il est parlé des péchés de ses
enfans, presque dans les mêmes termes qu'au livre des
rois, de ceux de Salomon : « Si ses enfans, dit Dieu,
» abandonnent ma loi et ne marchent pas dans ma
» crainte, s'ils profanent mes ordonnances et ne gar-
» dent pas mes commandemens, je les châtirai la
» verge à la main, et je leur enverrai mes fléaux ; mais
» je ne retirerai point ma miséricorde de dessus lui (2). »

(1) Ps. 88, 4 et suiv.
(2) Ibid., 3c.

Il ne dit pas *de dessus eux*, quoiqu'il parle de ses enfans, mais *de dessus lui*, ce qui pourtant, à le bien prendre, est la même chose. On ne peut dans le fait trouver en Jésus-Christ même, qui est le chef de l'Eglise, aucun péché qui ait besoin d'indulgence ou de punition, mais bien dans son peuple, qui compose ses membres et son corps mystique. C'est pour cela qu'au livre des rois il est parlé de *son iniquité* (1), au lieu qu'ici il est parlé de celle de ses enfans, pour nous faire entendre que ce qui est dit de son corps est dit en quelque sorte de lui-même. Par la même raison, lorsque Saül persécutait son corps, c'est-à-dire ses fidèles, il lui cria du ciel : « Saül (2), Saül, pourquoi
» me persécutez-vous? » Le pseaume ajoute: « Je n'en-
» freindrai point mon serment, ni ne profanerai mon
» alliance; je ne démentirai point les paroles qui sor-
» tent de ma bouche ; j'ai une fois juré par ma sain-
» teté, je ne tromperai point David ; sa race durera
» éternellement ; son trône demeurera à jamais devant
» moi comme le soleil et la lune, et je veux qu'elle en
» soit un témoin irréprochable dans le ciel (3). »

(1) II Rois, 7, 14.
(2) Act., 9, 4.
(3) Ps. 88, 34, 35 et 36.

CHAPITRE X.

Différence entre ce qui s'est passé dans le royaume de la Jérusalem terrestre et les promesses de Dieu, pour montrer que ces promesses regardaient un autre royaume et un bien plus grand roi.

Après des assurances si certaines d'une si grande promesse, de peur qu'on ne la crût accomplie en Salomon, et qu'on ne l'y cherchât inutilement, le psalmiste s'écrie : « Pour vous, Seigneur, vous les avez » rejetés et anéantis (1). » Cela est arrivé à l'égard du royaume de Salomon en ses descendans, jusqu'à la ruine de la Jérusalem terrestre qui était le siége de son empire, et surtout du temple qu'il avait construit. Mais afin que l'on n'en tirât pas la conséquence que Dieu eût contrevenu à sa parole, David ajoute aussitôt : « Vous avez différé votre Christ. » Ce Christ n'est donc ni David, ni Salomon, puisqu'il est différé. Encore que tous les rois des Juifs fussent appelés Christ à cause du chrême dont on les oignait à leur sacre, et que David lui-même donne ce nom à Saül, il n'y avait toutefois qu'un seul Christ véritable dont tous ceux-là étaient la figure. Et ce Christ était différé pour long-temps, selon l'opinion de ceux qui croyaient que ce dût être David ou Salomon; mais il devait venir

---

(1) Ps. 88, 3̄₇.

en son temps selon l'ordre de la providence de Dieu. Cependant, le pseaume nous apprend ensuite ce qui nous arriva pendant ce délai dans la Jérusalem terrestre où l'on espérait qu'il régnerait : « Vous avez, dit-
» il, rompu l'alliance que vous aviez faite avec votre
» serviteur, vous avez profané son temple. Vous avez
» renversé tous ses boulevards, et ses citadelles n'ont
» pu le mettre en sûreté. Tous les passans l'ont pillé,
» il est devenu l'opprobre de ses voisins. Vous avez
» protégé ceux qui l'opprimaient, et donné des sujets
» de joie à ses ennemis. Vous avez émoussé la pointe
» de son épée, et ne l'avez point aidé dans le combat.
» Vous avez obscurci l'éclat de sa gloire et brisé son
» trône. Vous avez abrégé le temps de son règne, et
» l'avez couvert de confusion. » Tous ces malheurs sont tombés sur la Jérusalem esclave, où même quelques enfans de la libre ont régné, quoiqu'ils ne soupirassent qu'après la Jérusalem céleste dont ils étaient sortis, et où ils espéraient régner un jour par le moyen du Christ véritable. Mais si l'on veut savoir comment tous ces maux lui sont arrivés, il faut l'apprendre de l'histoire.

CHAPITRE XI.

De la substance du peuple de Dieu, laquelle se trouve en Jésus-Christ revêtu de chair, et qui seul a pu délivrer son ame de l'enfer.

LE prophète adresse ensuite une prière à Dieu ; mais sa prière même est une prophétie : « Jusques à quand, » Seigneur, dit-il, détournerez-vous jusqu'à la fin ? » il faut sous-entendre *votre face*, ou *votre miséricorde*. Par *la fin*, sont exprimés les derniers temps où cette nation même croira en Jésus-Christ. Mais avant cela, il faut que tous les malheurs que le prophète a déplorés arrivent. C'est pourquoi il ajoute : « Votre colère s'allu- » mera comme un feu. Souvenez-vous quelle est ma » substance. » Par cette substance, l'on ne peut rien concevoir de mieux que Jésus-Christ même, qui a tiré de ce peuple sa substance et sa nature humaine. « Car » ce n'est pas en vain, dit-il, que vous avez créé tous » les enfans des hommes. » En effet, sans ce fils de l'homme, sans cette substance d'Israël par qui sont sauvés plusieurs enfans des hommes, ce serait en vain que tous les enfans des hommes auraient été créés, tandis que maintenant il est vrai que toute la nature humaine est tombée de la vérité dans la vanité par le péché du premier homme, d'où vient cette parole d'un autre pseaume : « L'homme est devenu semblable à » une chose vaine et chimérique, ses jours s'évanouis-

» sent comme l'ombre (1); » mais ce n'est pas pourtant en vain que Dieu a créé tous les enfans des hommes, puisqu'il en délivre plusieurs de cette vanité par le médiateur Jésus, et que les autres qu'il a prévus ne devoir pas délivrer, il les a créés par un ordre très beau et très juste pour servir aux autres, et pour relever par l'opposition de ces deux Cités l'éclat et la gloire de la céleste. Le psalmiste ajoute: « Quel homme vivra » et ne mourra point, qui délivrera son ame de l'en- » fer (2)? » Quel est celui-là, sinon *cette substance* d'Israël tirée de David, c'est-à-dire Jésus-Christ, dont l'apôtre dit (3), qu'étant une fois ressuscité des morts, il ne meurt plus, et que la mort n'a plus d'empire sur lui? Bien qu'il vive maintenant et qu'il ne soit plus sujet à la mort, il n'a pas laissé de mourir; mais il a délivré son ame de l'enfer où il était descendu pour rompre les liens du péché qui en retenaient quelques-uns captifs. Or, il l'a délivrée par cette puissance dont il dit dans l'Evangile: « J'ai le pouvoir de quitter mon » ame, et le pouvoir de la reprendre (4). »

(1) Ps. 143, 5.
(2) Ps. 88, 47.
(3) Rom., 6, 9.
(4) Jean, 10, 18.

CHAPITRE XII.

Comment il faut entendre ces paroles du pseaume quatre-vingt-huit : « Où sont, Seigneur, les an- » *ciennes miséricordes, etc. »*

Pour le reste de ce pseaume qui est conçu ainsi : « Seigneur, où sont les anciennes miséricordes que » vous avez fait serment d'exercer envers David ? » Souvenez-vous, Seigneur, de l'opprobre de vos ser- » viteurs, et qu'il m'a fallu essuyer sans rien dire les » reproches de tant de nations; ces reproches inju- » rieux que vos ennemis m'ont fait du changement » de votre Christ; » quant à ces paroles, dis-je, il est permis de demander si elles s'appliquent aux israélites qui désiraient que Dieu accomplît la promesse qu'il avait faite à David, ou plutôt à la personne des chrétiens qui sont israélites selon l'esprit et non selon la chair. Véritablement elles ont été dites ou écrites du vivant d'Ethan, dont le nom est à la tête de ce pseaume, et sous le règne de David; et par conséquent il n'y a point d'apparence que l'on dît alors : « Seigneur, où sont » les anciennes miséricordes que vous avez fait ser- » ment d'exercer envers David ? » si le prophète ne se mettait à la place de ceux qui devaient venir long-temps après, et à l'égard de qui ces promesses faites à David étaient anciennes. On peut donc entendre que lorsque les gentils persécutaient les chré-

LIVRE XVII.

tiens, ils leur reprochaient la passion de Jésus-Christ, que l'Ecriture appelle un changement, parce qu'en mourant il est devenu immortel. On peut aussi entendre que le changement du Christ a été reproché aux Juifs, en ce qu'au lieu qu'ils l'attendaient comme leur sauveur, il est devenu le sauveur des gentils. C'est ce que plusieurs peuples, qui ont cru en lui par le nouveau Testament, leur reprochent encore maintenant ; de sorte que c'est en leur personne qu'il est dit : « Souvenez-vous, Seigneur, de l'opprobre de » vos serviteurs, » parce que Dieu ne les oubliant pas, mais ayant compassion de leur misère, doit les attirer un jour eux-mêmes à la grace de l'Evangile. Mais il me semble que le premier sens est meilleur. En effet, il ne semble pas à propos d'appeler serviteurs de Dieu les ennemis de Jésus-Christ, à qui l'on reproche que le Christ les a abandonnés pour passer aux gentils, et que cette qualité convient mieux à ceux qui, exposés à de rudes persécutions pour le nom de Jésus-Christ, se sont souvenus du royaume promis à la race de David, et touchés d'un ardent désir de le posséder, ont dit à Dieu : « Seigneur, où sont les » anciennes miséricordes que vous avez fait serment » d'exercer envers David ? Souvenez-vous, Seigneur, » de l'opprobre de vos serviteurs, et qu'il m'a fallu » essuyer sans rien dire les reproches de tant de na- » tions ; ces reproches injurieux que vos ennemis m'ont » fait du changement de votre Christ, » ne le prenant pas pour un changement, mais pour un anéantissement. Que veut dire, *souvenez-vous, Seigneur*, sinon ayez pitié de moi, et pour les humiliations que j'ai souffertes avec tant de patience, donnez-moi la gloire que vous avez promise à David avec serment. Que si nous attribuons ces paroles aux Juifs, ces serviteurs de Dieu qui furent emmenés captifs à Babylone après la prise de la Jérusalem terrestre et avant la naissance de Jésus-Christ, ont pu les dire aussi, en entendant par *le changement du Christ* qu'ils ne devaient pas attendre de lui une félicité temporelle telle que fut celle dont ils avaient joui quelques années auparavant sous le règne de Salomon, mais une félicité céleste et spirituelle ; et c'est là le changement que les nations idolâtres reprochaient, sans s'en douter, au peuple de Dieu, lorsqu'elles l'insultaient dans sa captivité. C'est aussi ce qui se trouve ensuite dans le même pseaume, et qui en fait la conclusion : « Que la bénédiction du » Seigneur demeure éternellement ; ainsi soit-il, ainsi » soit-il ; » vœu très convenable à tout le peuple de Dieu qui appartient à la Jérusalem céleste, soit à l'égard de ceux qui étaient cachés dans le vieux Testament avant que le nouveau fut découvert, soit pour ceux qui dans le nouveau sont manifestement à Jésus-Christ. La bénédiction du Seigneur promise à la race de David n'est pas circonscrite dans un aussi petit espace de temps que le règne de Salomon, mais elle ne doit avoir d'autres bornes que l'éternité. La certitude de l'espérance que nous en avons est marquée par la répétition de ces mots : « Ainsi soit-il, ainsi » soit-il. » David, instruit de cette circonstance, dit au second livre des Rois, qui a donné lieu à cette di-

gression du pseaume : « Vous avez parlé pour long-
» temps en faveur de la maison de David (1); » et un
peu après : « Commencez donc maintenant, et bénissez
» pour jamais la maison de votre serviteur, etc. (2) ; »
parce qu'il était prêt d'engendrer un fils dont la race
était destinée à donner naissance à Jésus-Christ qui
devait rendre éternelle sa maison, et en même temps
la maison de Dieu. Elle est la maison de David à
raison de sa race, et la maison de Dieu à cause de
son temple, mais d'un temple qui est fait d'hommes
et non de pierres, et où le peuple doit demeurer éternellement avec son Dieu et en son Dieu, et Dieu
avec son peuple et en son peuple, en sorte que Dieu
remplisse son peuple et que le peuple soit plein de
son Dieu, lorsque Dieu sera toutes choses en tous (3),
notre récompense dans la paix et notre force dans le
combat. Comme Nathan avait dit à David : « Le Sei-
» gneur vous avertit que vous lui bâtirez une maison (4); »
David dit ensuite à Dieu : « Seigneur tout-puissant,
» Dieu d'Israël, vous avez révélé à votre serviteur que
» vous lui bâtiriez une maison (5). » Dans le fait, nous
bâtissons cette maison en vivant bien, et Dieu la bâtit
aussi en nous aidant à bien vivre; « parce que si le
» Seigneur ne bâtit lui-même une maison, en vain

(1) II Rois, 7, 19.
(2) Ibid, 25.
(3) I Cor., 15, 28.
(4) II Rois, 7, 11.
(5) Ibid., 27.

travaillent ceux qui la bâtissent (1). » Lorsque le temps de la dernière dédicace de cette maison sera venu, alors s'accomplira ce que Dieu dit ici par Nathan : « J'as-
» signerai un lieu à mon peuple, et l'y établirai, afin
» qu'il y demeure séparé des autres nations, et que
» rien ne trouble son repos à l'avenir. Les méchans
» ne l'opprimeront plus comme autrefois, lorsque je
» lui donnai des juges pour le conduire (2). »

CHAPITRE XIII.

La paix promise à David par Nathan n'est point celle du règne de Salomon.

C'est une folie d'attendre ici-bas un si grand bien, ou de s'imaginer que ceci ait été accompli sous le règne de Salomon à cause de la paix dont on y jouit. L'Ecriture ne relève cette paix que parce qu'elle était la figure d'une autre ; et elle-même a eu soin de prévenir cette interprétation, lorsque, après avoir dit : « Les méchans ne l'opprimeront plus, » elle ajoute aussitôt : « comme autrefois lorsque je lui donnai des
» juges pour le conduire. » Ce peuple, avant d'être gouverné par des rois, fut gouverné par des juges, et *les méchans*, c'est-à-dire ses ennemis, l'opprimaient

(1) Ps. 126, 1.
(2) II Rois, 7, 10.

de temps en temps ; mais, avec tout cela, on trouve sous les juges de plus longues paix que celle du règne de Salomon, qui dura quarante ans. Il y en eut une de quatre-vingts ans sous Aod. Loin donc, loin de nous l'idée que cette promesse regarde le règne de Salomon, et beaucoup moins celui d'aucun autre roi, puisque pas un d'eux n'a joui d'une paix si longue que celle qui arriva sous le règne de ce prince, et que cette nation n'a jamais été si puissante qu'elle n'ait appréhendé le joug des rois, ses voisins. Par une suite nécessaire de l'inconstance des choses du monde, jamais aucun peuple n'a eu un empire si bien affermi, qu'il n'ait craint l'invasion des ennemis. Ainsi ce lieu d'une demeure si paisible et si assurée, qui est promis ici, est un lieu éternel et qui est dû à des éternels dans la Jérusalem libre où régnera véritablement le peuple d'Israël (1). Le désir d'une si haute récompense doit nous porter à tâcher, par le moyen de la foi, de mener une vie sainte et innocente dans ce triste et fâcheux pélerinage.

CHAPITRE XIV.

Des pseaumes de David.

La Cité de Dieu s'avançant donc dans le cours des temps, David régna d'abord sur la Jérusalem terres-

(1) Israël signifie *royant Dieu.*

tre, qui était une ombre et une figure de la Jérusalem à venir. Ce prince était savant dans la musique et aimait l'harmonie, non pour le plaisir de l'oreille, mais par une vue plus élevée, pour consacrer à son Dieu ses cantiques remplis de grands mystères. L'assemblage et l'accord de plusieurs tons différens marque en effet l'union des différentes parties d'une ville bien policée. Ajoutez à cela que toutes ses prophéties sont contenues dans ses cent cinquante pseaumes, que nous appelons le pseautier. De ces pseaumes, quelques-uns veulent que ceux-là seulement soient de lui qui portent son nom. D'autres ne lui attribuent que ceux qui ont pour titre, *de David*, et disent que ceux où on lit, *à David*, ont été faits par d'autres et appropriés à sa personne. Mais ce sentiment est réfuté par le Sauveur même dans l'Evangile, lorsqu'il dit (1) que David lui-même a appelé le Christ son Seigneur dans le pseaume cent neuf, en ces termes : « Le Seigneur a dit à mon » Seigneur : Asseyez-vous à ma droite, jusqu'à ce que » j'aie abattu vos ennemis sous vos pieds (2). » Or ce pseaume n'a pas pour titre, *de David*, mais *à David*. Il me semble donc que l'opinion la plus vraisemblable est celle qui attribue tous les pseaumes à David, et qu'il en a intitulé quelques-uns d'autres noms que du sien, qui figurent quelque chose de relatif au sujet, et qu'il en a laissé d'autres sans y mettre de nom, par une inspiration de Dieu, dont la raison à la vérité n'est pas évidente, mais n'est pas néanmoins sans

---

(1) Matth., 22, 42.
(2) Ps. 109, 1.

mystère. Il ne faut point s'arrêter à ce que quelques pseaumes portent en tête les noms de quelques prophètes qui ne sont venus que long-temps depuis David, et qui semblent toutefois y parler; puisque l'esprit prophétique qui inspirait ce prince a fort bien pu aussi lui révéler les noms de ces prophètes, et lui faire chanter des choses qui leur convenaient; comme nous voyons (1) qu'un certain prophète a parlé de Josias et de ses actions, plus de trois cents ans avant que ce prince naquît.

CHAPITRE XV.

S'il convient d'entrer ici dans l'explication des prophéties contenues dans les pseaumes touchant Jésus-Christ et son Eglise.

JE vois bien qu'on attend de moi que j'explique ici les prophéties de Jésus-Christ et de son Eglise, qui sont dans les pseaumes; mais ce qui m'empêche de le faire, quoique je l'aie déjà fait pour un de ces divins cantiques, c'est plutôt l'abondance que le défaut de la matière. Il serait trop long en effet de les expliquer toutes : et quand je restreinderais mon choix, j'aurais à craindre que les hommes versés en ces sortes de matières ne m'accusassent d'avoir omis les plus nécessaires. D'ailleurs, un témoignage qu'on produit d'un

(1) III Rois, 13.

pseaume doit être confirmé par toute la suite du pseau=
me, afin que si tout ne sert à l'appuyer, au moins
rien n'y soit contraire. En procédant de toute autre
manière, on ferait plutôt des centons que l'on appli-
querait à son sujet dans un sens tout différent de celui
que les pièces dont ils se composeraient ont à leur
place naturelle. Pour montrer ce rapport de toutes les
parties du pseaume avec le témoignage qu'on en tire-
rait, il serait besoin de l'expliquer tout entier. Or, quel
travail cette marche exigerait, il est aisé de se l'imaginer par ce que d'autres et nous-mêmes en avons écrit
ailleurs. Que celui qui en aura la volonté et le loisir, lise ces commentaires, et il y trouvera combien
de grandes choses David a prophétisées de Jésus-Christ
et de son Eglise, c'est-à-dire du roi et de la Cité qu'il
a fondée.

CHAPITRE XVI.

*Le pseaume quarante-quatre est une prophétie posi-
tive ou figurée de Jésus-Christ et de son Eglise.*

QUELQUE propres et manifestes que soient les façons
de parler prophétiques, il faut qu'il y en ait toujours
aussi de figurées ; et ce sont celles-là qui donnent de
l'exercice aux savans quand ils veulent les expliquer à
des esprits moins ouverts. Il en est toutefois qui désignent d'abord le Sauveur et son Eglise, quoiqu'il y
reste toujours quelque chose d'obscur qui demande

d'être expliqué à loisir, comme ce passage du pseaume quarante-quatre : « Mon cœur me presse de dire
» de grandes choses ; je veux consacrer mes ouvrages
» à la gloire de mon Roi. Ma langue est comme la
» plume d'un écrivain qui écrit très habilement. Vous
» êtes le plus beau des enfans des hommes, les graces
» sont répandues sur vos lèvres ; c'est pourquoi Dieu
» vous a comblé de ses bénédictions pour jamais. Très
» puissant, ceignez votre épée. Beau et gracieux comme vous l'êtes, vous ne sauriez manquer de réussir
» dans toutes vos entreprises et de vous rendre maître
» des cœurs. La vérité, la douceur et la justice accompagnent vos pas, et vous signalerez votre puissance
» par des actions miraculeuses. Dieu tout-puissant,
» que vos flèches sont aiguës ! vous en percerez le cœur
» de vos ennemis, et les peuples tomberont à vos
» pieds. Votre trône, mon Dieu, est un trône éternel,
» et le sceptre de votre empire est un sceptre de justice. Vous avez aimé la justice et haï l'iniquité ;
» aussi votre Dieu a rempli votre cœur de joie comme
» d'un baume exquis, dont il vous a sacré avec plus
» d'abondance que tous vos compagnons. Vos vêtemens sont imprégnés de myrrhe et d'aloës ; des essences de parfum s'exhalent de vos palais d'ivoire ;
» et c'est ce qui vous a gagné le cœur des jeunes filles
» au jour de votre triomphe. » Quel est l'esprit assez grossier pour ne pas reconnaître dans ces paroles Jésus-Christ que nous prêchons et en qui nous croyons, lorsque le prophète entend parler d'un Dieu dont le trône est éternel, et que Dieu sacre en Dieu, c'est-à-dire d'un chrême spirituel et invisible ? Est-il quel-

qu'un d'assez peu familiarisé avec cette religion et d'assez sourd au bruit qu'elle fait de toutes parts, pour ignorer que le Christ s'appelle ainsi de son sacre et de son onction ? Or, ce roi une fois connu, les autres choses qui sont dites ici par métaphore, comme qu'il est le plus beau des enfans des hommes, d'une beauté d'autant plus digne d'amour et d'admiration qu'elle est moins corporelle, quelle est son épée, quelles sont ses flèches, et quel est celui qui, lui étant assujéti, règne par la vérité, la douceur et la justice; tout cela, dis je, peut s'examiner à loisir.

Que l'on jète ensuite les yeux sur son Eglise, sur cette épouse unie à un si grand époux par un mariage spirituel et par les liens d'un amour divin ; par cette épouse dont il est dit peu après : « La reine s'est assise
» à votre droite avec un habit rehaussé d'or et de
» broderie. Ecoutez, ma fille, voyez et prêtez l'o-
» reille; oubliez votre pays et la maison de votre
» père; car le roi a été épris d'amour pour votre
» beauté, parce que c'est le Seigneur votre Dieu. Les
» habitans de Tyr l'adoreront avec des présens; les
» plus riches du peuple vous feront la cour. Toute la
» gloire de la fille du roi vient du dedans, et elle est
» vêtue d'une robe à franges d'or, toute couverte de
» de broderies. On amènera au roi les filles de sa
» suite, on vous offrira celles qui approchent de plus
» près de sa personne. On les amènera avec joie et al-
» légresse, on les fera entrer dans le palais du roi. Il
» vous est né des enfans à la place de vos pères; vous
» les établirez princes sur toute la terre. Il se souvien-
» dront de votre nom, Seigneur, dans la suite de tous

» les âges. C'est pourquoi tous les peuples vous loue-
» ront éternellement et dans tous les siècles. » Je ne
pense pas que quelqu'un soit assez fou pour s'imaginer
que ceci s'entende d'une simple femme, épouse de
celui à qui il est dit : « Votre trône, mon Dieu, est
» un trône éternel, et le sceptre de votre empire est
» un sceptre de justice. Vous avez aimé la justice et
» haï l'iniquité; aussi votre Dieu a rempli votre cœur
» de joie comme d'un baume exquis, dont il vous a
» sacré avec plus d'abondance que tous vos compa-
» gnons. » C'est Jésus-Christ qui a été ainsi sacré
d'une onction plus pleine que tout le reste des chrétiens ; et ceux-là sont les compagnons de sa gloire,
dont l'union et la concorde par tout l'univers fait cette
reine qui est appelée dans un autre pseaume, *la Cité
du grand Roi* (1). Voilà cette spirituelle Sion, dont
le nom signifie *spéculation*, parce qu'elle contemple
les grands biens de l'autre vie et y tourne toutes ses
pensées ; voilà cette Jérusalem céleste dont nous avons
dit tant de choses, et qui a pour ennemie la Cité du
diable, Babylone, c'est-à-dire *confusion*. Cette reine
néanmoins en est délivrée dans tout le monde par le
sacrement de baptême, et passe de la domination d'un
très méchant prince sous celle d'un très bon roi. On
lui dit pour cette raison : « Oubliez votre pays et la
» la maison de votre père. » Les israélites, qui ne
sont tels que selon la chair et non par la foi, font
partie de cette Cité impie, et sont ennemis du *grand
Roi* et de la reine, son épouse. Après qu'ils ont eu

(1) Ps. 47, 2.

mis à mort le Christ qui était venu vers eux, il a plutôt été le Sauveur de ceux qu'il n'a pas vus, lorsqu'il était sur la terre revêtu d'une chair mortelle. Aussi, dit-on à notre roi dans un pseaume : « Vous me déli-
» vrerez des révoltes de ce peuple, vous m'établirez
» chez des nations. Un peuple que je ne connaissais
» point m'a servi ; il m'a obéi aussitôt qu'il a entendu
» parler de moi (1). » Le peuple des gentils que le Christ n'a pas connu lorsqu'il était au monde, et qui néanmoins croit en lui sur ce qu'il en a appris, en sorte que c'est justement qu'il est écrit de lui : « Il
» m'a obéi aussitôt qu'il a entendu parler de moi, »
parce que « la foi vient de l'ouïe (2) ; » ce peuple, dis-je, joint aux vrais israélites selon la chair et selon la foi, compose la Cité de Dieu, qui a aussi engendré le Christ selon la chair, quand elle n'était qu'en ces seuls israélites. De là était la vierge Marie, dans le sein de laquelle le Christ a pris une chair pour devenir homme. C'est de cette Cité qu'un autre pseaume dit : « La
» mère Sion dira : Un homme et un homme par ex-
» cellence a été fait en elle, et c'est le Très-Haut lui-
» même qui l'a fondée (3). » Quel est ce Très-Haut, sinon Dieu ? Et par conséquent le Christ qui est Dieu et qui l'était avant que de devenir homme dans cette Cité par l'entremise de Marie, l'a fondée lui-même dans les patriarches et dans les prophètes. Puis donc qu'il a été prédit si long-temps auparavant à cette Cité

(1) Ps. 17, 47.
(2) Rom., 10, 17.
(3) Ps. 86, 5.

de Dieu, à cette reine, ce que nous voyons maintenant accompli : « Il vous est né des enfans à la place » de vos pères, que vous établirez princes sur toute » la terre (1); » certainement, quelque obscurité qu'il y ait ici dans les autres expressions figurées, et de quelque façon qu'on les explique, elles doivent s'accorder avec des choses qui sont si claires.

CHAPITRE XVII.

Sacerdoce et passion de Jésus-Christ prédits aux cent neuvième et vingt-unième pseaumes.

C'est ainsi que dans cet autre pseaume où le sacerdoce de Jésus-Christ est déclaré ouvertement, comme ici sa royauté, ces paroles pourraient sembler obscures : » Le Seigneur a dit à mon Seigneur : Asseyez-vous à » ma droite jusqu'à ce que j'abatte vos ennemis sous » vos pieds. » Nous ne voyons pas dans le fait Jésus-Christ assis à la droite de Dieu le père, nous le croyons; ni ses ennemis abattus sous ses pieds, ce qui ne se verra qu'à la fin du monde. Mais lorsque le psalmiste chante : « Le Seigneur fera sortir de Sion le » sceptre de votre empire, et vous régnerez souve-» rainement au milieu de vos ennemis; » cela est si clair, qu'il faudrait être aussi impudent qu'impie pour le nier. Nos adversaires même avouent que la loi de

---

(1) Ps. 44, 18.

Jésus-Christ, que nous appelons l'Evangile, et que nous reconnaissons pour le sceptre de son empire, est sortie de Sion. Quant au règne qu'il exerce au milieu de ses ennemis, ceux même sur qui il l'exerce le témoignent assez par leur rage et leur jalousie. A l'égard de ce qu'on lit un peu après : « Le Seigneur a juré, et il » ne s'en dédira point, que vous serez le prêtre éter-» nel selon l'ordre de Melchisédec; » puisqu'il n'y a plus maintenant nulle part de sacerdoce ni de sacrifice selon l'ordre d'Aaron, et qu'on offre partout sous le souverain pontife, Jésus-Christ, ce qu'offrit Melchisédec quand il bénit Abraham (1), qui peut douter de qui ceci est dit ? Il faut donc rapporter à ces choses claires et évidentes celles qui dans le même pseaume sont un peu plus obscures, et que nous avons déjà expliquées dans les sermons que nous en avons faits au peuple. Ainsi, ce que Jésus-Christ dit dans un autre pseaume où il parle des souffrances de sa passion : « Ils ont percé mes mains et mes pieds, et ont compté » mes os; ils m'ont considéré et regardé (2); » cela, dis-je, est clair; et l'on voit bien qu'il parle de son corps étendu sur la croix, pieds et mains cloués, et servant en cet état de spectacle à ses ennemis; d'autant plus qu'il ajoute : « Ils ont partagé entre eux mes vête-» mens et jeté ma robe au sort : » prophétie dont l'accomplissement se trouve marqué dans l'histoire de l'Evangile. Les traits aussi clairs qui sont dans ce pseaume doivent servir de lumière aux autres plus

(1) Genès., 14, 18.
(2) Ps. 21, 18.

obscurs; vu que des faits qui y sont évidemment prédits, il y en a qui s'accomplissent encore tous les jours à nos yeux, comme ce qui suit : « Toutes les » parties de la terre se souviendront du Seigneur, » et se convertiront à lui, et toutes les nations du » monde lui rendront leurs adorations et leurs hom- » mages, parce que l'empire appartient au Seigneur, » et il dominera sur les nations. »

CHAPITRE XVIII.

Mort et résurrection du Sauveur prédites dans les pseaumes trois, quarante, quinze et soixante-sept.

Les oracles des pseaumes ne se sont pas tus non plus de sa résurrection. Que signifient en effet ces paroles du troisième pseaume : « Je me suis endormi et j'ai » sommeillé, et je me suis éveillé parce que le Seigneur » m'a pris ? » Y a-t-il quelqu'un d'assez déraisonnable pour croire que le prophète nous ait voulu apprendre comme une grande chose qu'il s'est réveillé après s'être endormi, si ce sommeil n'était la mort, et ce réveil la résurrection de Jésus-Christ, qu'il devait prédire de la sorte ? Le pseaume quarante en parle encore plus clairement, lorsqu'en la personne du médiateur, le prophète, selon sa coutume, raconte comme passées des choses qu'il prophétise devoir arriver, parce que, dans la prescience de Dieu, les choses à venir sont en quelque sorte arrivées, à cause de la certitude de l'évé-

nement. « Mes ennemis, dit-il, ont fait des imprécа-
» tions contre moi : quand mourra-t-il, et quand sa
» mémoire sera-t-elle abolie ? S'il venait me voir, il
» me parlait avec déguisement, et se fortifiait dans sa
» malice; et il n'était pas plutôt sorti, qu'il s'attrou-
» pait avec les autres. Tous mes ennemis formaient
» des complots contre moi ; ils faisaient tous dessein
» de me perdre. Ils ont pris contre moi des résolutions
» injustes; mais celui qui dort ne se réveillera-t-il
» pas ? » C'est comme s'il disait : Celui qui meurt ne
ressuscitera-t-il pas ? Ce qui précède montre assez que
ses ennemis avaient conspiré sa mort, et que toute cette
trame fut conduite par celui qui entrait et sortait pour
le trahir. Or, à qui ne se présente ici le traître Judas,
devenu, de son disciple, le plus cruel de ses ennemis?
Pour leur faire sentir qu'ils l'immoleraient en vain,
puisqu'il devait ressusciter, il leur dit: « Celui qui
» dort ne se réveillera-t-il pas ? » ce qui revient à ceci :
Que faites-vous, pauvres insensés ? votre crime n'est
qu'un sommeil pour moi. Celui qui dort ne se réveillera-t-il pas? Et néanmoins, pour prouver qu'un crime
si énorme ne demeurerait pas impuni, il ajoute :
« Celui qui vivait avec moi dans une si grande union,
» en qui j'avais mis ma confiance, et qui mangeait
» de mon pain, m'a mis le pied sur la gorge. Mais
» vous, Seigneur, ayez pitié de moi, et me rendez la
» vie, et je me vengerai d'eux. » Ne voit-on pas cette
vengeance, lorsque l'on considère les Juifs exterminés
de leur pays après de sanglantes défaites, depuis la
mort et la passion de Jésus-Christ ? Après qu'il eut
été mis à mort par eux, il est ressuscité, et les a châ-

tiés de ces peines temporelles, en attendant celles qu'il leur réserve pour ne s'être pas convertis, lorsqu'il jugera les vivans et les morts. Le Sauveur même montrant son traître à ses apôtres en lui présentant un morceau de pain, fit mention de ce verset du pseaume (1), et dit qu'il devait s'accomplir en lui : « Celui qui man- » geait de mon pain m'a mis le pied sur la gorge. » Quant à ce qu'il ajoute : « En qui j'avais mis ma » confiance, » cela ne convient pas au chef, mais au corps (2). Jésus-Christ connaissait bien sans doute celui dont il avait dit auparavant : « L'un de vous est un » diable (2); » mais il a coutume d'attribuer à sa personne ce qui appartient à ses membres, parce que la tête et le corps ne font qu'un Christ : d'où vient cette parole de l'Evangile : « J'ai eu faim, et vous m'avez » donné à manger (3). » Ce que lui-même expliquant : « Quand (4) vous avez, dit-il, rendu ces services aux » plus petits de ceux qui sont à moi, c'est à moi que » vous les avez rendus. » S'il dit qu'il avait mis sa confiance en Judas, c'est que ses disciples avaient bien espéré de celui-ci quand il fut mis au nombre des apôtres.

Quant aux Juifs, ils ne croient pas que le Christ qu'ils attendent doive mourir. Aussi ne pensent-ils pas que celui que la loi et les prophètes ont annoncé soit pour nous; mais ils prétendent qu'il doit leur appartenir uniquement, et qu'il sera exempt de la mort.

(1) Jean, 13, 18.
(2) Jean, 6, 71.
(3) Matth., 25, 35.
(4) Ibid., 40.

Ainsi, ils soutiennent, par une folie et un aveuglement merveilleux, que les paroles que nous venons de rapporter ne doivent pas s'entendre de la mort et de la résurrection, mais du sommeil et du réveil. Mais le pseaume quinze leur crie aussi : « C'est pour cela » que mon cœur est plein de joie, que ma langue se » répand en des chants d'allégresse, et que mon corps » reposera en espérance, parce que vous ne laisserez » point mon ame en enfer, et que vous ne permettrez » pas que votre saint souffre aucune corruption. » Quel autre parlerait avec autant de confiance que celui qui est ressuscité le troisième jour ? Peuvent-ils l'entendre de David ? Le pseaume soixante-sept crie de son côté : « Notre Dieu est un Dieu qui sauve, et » le Seigneur même sortira par la mort. » Que peut-on dire de plus clair ? Le Seigneur Jésus n'est-il pas un Dieu qui sauve, lui dont le nom même signifie Sauveur ? En effet, c'est la raison qui en fut rendue quand l'ange dit à la Vierge : « Vous enfanterez un fils que » vous nommerez Jésus, parce qu'il sauvera son peu-» ple en le délivrant de ses péchés (1). » Comme il a versé son sang pour lui obtenir la rémission de ces péchés, il n'a pas dû autrement sortir de cette vie que par la mort. C'est pour cette raison que le prophète, après avoir dit : « Notre Dieu est un Dieu qui sauve, » ajoute aussitôt : « Et le Seigneur même sortira par » la mort, » pour montrer que c'était en mourant qu'il devait sauver. Or, il dit avec admiration : « Et » le Seigneur même, » comme s'il disait : Telle est la

---

(1) Luc, 1, 31 ; et Matth., 1, 21.

vie des hommes mortels, que le Seigneur même n'en a pu sortir que par la mort.

CHAPITRE XIX.

Le pseaume soixante-huit montre l'obstination des Juifs dans leur infidélité.

Certes, les Juifs ne résisteraient pas à des témoignages si évidens confirmés par l'évènement, si la prophétie du pseaume soixante-huit ne s'accomplissait en eux. Après que David a introduit Jésus-Christ, qui dit en parlant de sa passion, ce que nous voyons accompli dans l'Evangile : « Ils m'ont donné du fiel à » manger, et du vinaigre à boire quand j'ai eu soif (1), » il ajoute : « Qu'en récompense, leur table leur de- » vienne un piège et une pierre d'achoppement. Que » leurs yeux soient obscurcis, afin qu'ils ne voient » point, et chargez-les toujours de fardeaux qui les » fassent marcher tout courbés, » et les autres malheurs qu'il ne leur souhaite pas, mais qu'il leur prédit comme s'il les leur souhaitait. Quelle merveille donc qu'ils ne voient pas des choses si évidentes, puisque leurs yeux ne sont obscurcis qu'afin qu'ils ne les voient pas? Quelle merveille qu'ils ne comprennent pas les choses du ciel, eux qui sont toujours accablés de pesans

(1) Matth., 27, 34.
(2) Ps., 68, 26.

fardeaux qui les courbent contre terre ? Ces métaphores prises du corps marquent réellement les vices de l'esprit. Mais c'est assez parlé des pseaumes, c'est-à-dire de la prophétie de David, attendu qu'il faut mettre quelques bornes à ce discours. Que ceux qui savent toutes ces choses m'excusent et ne se plaignent pas de moi si j'ai peut-être omis d'autres témoignages qu'ils estiment encore plus forts.

CHAPITRE XX.

Du règne et des vertus de David, et des prophéties de Jésus-Christ, qui se trouvent dans les livres de Salomon.

David régna donc dans la Jérusalem terrestre, lui qui était enfant de la céleste, et dont l'Ecriture parle fort avantageusement, parce qu'il effaça tellement ses crimes par les humiliations d'une sainte pénitence, qu'il est sans doute du nombre de ceux dont il dit lui-même : « Heureux ceux dont les iniquités sont par-» données, et les péchés couverts(1) ! » A David succéda son fils Salomon, qui, comme nous l'avons dit ci-dessus, fut couronné du vivant de son père. La fin de son règne ne répondit pas aux espérances que les commencemens en avaient fait concevoir ; car la prospérité, qui corrompt d'ordinaire les plus sages, l'em-

(1) Ps. 31, 1.

porta sur cette haute sagesse dont le bruit s'est répandu dans tous les siècles. On trouve que ce prince a aussi prophétisé dans ses trois livres que l'Eglise reçoit au nombre des canoniques, et qui sont les proverbes, l'Ecclésiaste et le Cantique des cantiques. Pour les deux autres, intitulés la Sagesse et l'Ecclésiastique, on a coutume de les lui attribuer, à cause de quelque ressemblance de style ; mais les doctes tombent d'accord qu'ils ne sont pas de lui. Toutefois, il y a long-temps qu'ils ont autorité dans l'Eglise, surtout dans celle d'Occident. La passion du Sauveur est clairement prédite par celui qu'on appelle *la Sagesse*. Les infames meurtriers de Jésus-Christ y parlent de la sorte : « Opprimons le juste, il nous est incommode et il s'oppose sans cesse à nos desseins ; il nous reproche nos péchés, et publie partout nos crimes ; il se vante de connaître Dieu, et il se nomme insolemment son fils ; il contrôle jusqu'à nos pensées, et sa vue même nous est à charge ; car il mène une vie toute différente des autres, et sa conduite est toute extraordinaire. Il nous regarde comme des bagatelles, et fuit notre manière d'agir comme la peste ; il estime heureuse la mort des gens de bien, et se glorifie d'avoir Dieu pour père. Voyons donc si ce qu'il dit est vrai, et éprouvons quelle sera sa fin. S'il est vraiment fils Dieu, Dieu le protégera et le tirera des mains de ses ennemis. Faisons lui souffrir toute sorte d'affrons et de tourmens, pour voir jusqu'où va sa modération et sa patience. Condamnons-le à une mort ignominieuse, car nous jugerons de ses paroles par ses actions. Voilà quelles ont été leurs

» pensées; mais ils se sont trompés, parce que leur
» malice les a aveuglés. » Quant à l'*Ecclésiastique*, la
foi des gentils y est prédite ainsi : « Seigneur, qui êtes
» le maître de tous les hommes, ayez pitié de nous,
» et que tous les peuples vous craignent. Etendez votre
» main sur les nations étrangères, afin qu'elles recon-
» naissent votre puissance, afin que vous soyez glo-
» rifié en elles comme vous l'êtes en nous, et qu'elles
» apprennent avec nous qu'il n'y a point d'autre Dieu
» que vous, Seigneur. » Nous voyons cette prophétie
conçue en forme de souhait accomplie par Jésus-Christ;
mais comme ces Ecritures ne sont pas canoniques parmi les Juifs, elles n'ont pas tant de force contre les
opiniâtres.

Pour les trois autres livres, qui certainement sont de
Salomon, et que les Juifs reconnaissent pour canoniques, il serait trop long et très pénible de montrer
comment tout ce qui s'y trouve se rapporte à Jésus-
Christ et à l'Eglise. Toutefois, ce discours des impies
dans les proverbes : « Mettons le juste au tombeau, et
» dévorons-le tout vivant. Abolissons-en la mémoire
» de dessus la terre, emparons-nous de ce qu'il possède
» de plus précieux (1); » ce discours, dis-je, n'est pas
si obscur, qu'on ne le puisse aisément entendre de
Jésus-Christ, et de l'Eglise, qui est son plus précieux
héritage. Notre Seigneur lui-même, dans l'Evangile,
montre par une parabole que les mauvais vignerons
dirent quelque chose de semblable, lorsque voyant le
fils du père de famille : « Voici, dirent-ils, l'héritier;

(1) Prov., I, 11.

» allons, tuons-le, et nous serons maîtres de son hé-
» ritage (1). » Tous ceux qui savent que Jésus-Christ
est la sagesse de Dieu, n'entendent non plus que de
lui et de son Eglise cet autre endroit des proverbes que
nous avons touché plus haut, lorsque nous parlions
de la femme stérile qui a engendré sept enfans : « La
» Sagesse, dit Salomon, s'est bâtie une maison et l'a
« appuyée sur sept colonnes. Elle a immolé ses victi-
« mes, mêlé son vin dans une coupe, et dressé sa ta-
» ble ; elle a envoyé ses serviteurs pour convier haute-
» ment à venir boire du vin de sa coupe, et a dit : Que
» celui qui n'est pas sage vienne à moi, et elle dit à
» ceux qui manquent de bon sens : Venez, mangez
» de mes pains, et buvez le vin que je vous ai pré-
» paré (2). » Ces paroles nous font connaître clairement que la sagesse de Dieu, c'est-à-dire le Verbe
coéternel au Père, s'est bâti une maison dans le sein
d'une vierge en y prenant un corps, et qu'il s'est uni
l'Eglise comme les membres à la tête, qu'il a immolé
les martyrs comme des victimes, qu'il a couvert une
table de pain et de vin, où se voit même le sacerdoce
selon l'ordre de Melchisédec, qu'il y a invité les fous
et les insensés, parce que, comme dit l'apôtre : « Dieu
» a choisi les faibles selon le monde, pour confondre
» les puissans (3). » Néanmoins, c'est à ces faibles que
la Sagesse dit ensuite : « Quittez votre folie, afin de
» vivre, et cherchez la sagesse, afin d'acquérir la

---

(1) Matth., 21, 38.
(2) Prov., 9, 1 et suiv.
(3) I Cor., 1, 27.

» vie (1). » Or, avoir place à sa table, c'est commencer d'avoir la vie. Que peuvent mieux signifier ces autres paroles de l'Ecclésiaste : « L'homme n'a d'autre » bien que ce qu'il boit et mange (2), » qu'est-ce, dis-je, que ces paroles peuvent mieux signifier que la participation à cette table, où le souverain prêtre et médiateur du nouveau Testament nous donne son corps et son sang selon l'ordre de Melchisédec ? Ce sacrifice a succédé à tous les autres du vieux Testament, qui n'étaient que des ombres et des figures de celui-ci. Aussi reconnaissons-nous la voix de ce même médiateur dans la prophétie du pseaume trente-neuf : « Vous » n'avez point voulu de victime ni d'offrande, mais » vous m'avez disposé un corps (3), » parce que, pour tout sacrifice et oblation, son corps est offert et servi à ceux qui y participent. Que l'Ecclésiaste n'entende pas parler de viandes charnelles lorsqu'il nous porte si souvent à boire et à manger, cette parole le prouve clairement : « Il vaut mieux aller dans une maison de » deuil que dans celle où l'on fait bonne chère (4); » un peu après : « Les sages aiment à aller dans une » maison de deuil, et les fous dans une maison de fes– » tins et de débauches (5). » Mais il vaut mieux rapporter ici de ce livre ce qui regarde les deux Cités, celle du diable et celle de Jésus-Christ, et les rois de

---

(1) Prov., 9, 6.
(2) Ecclés., 5, 17.
(3) Ps. 39, 9.
(4) Ecclés., 7, 3.
(5) Ibid, 5.

l'une et de l'autre : « Malheur à vous, terre dont le
» roi est jeune et dont les princes mangent dès le ma-
» tin ! Mais bénite soyez-vous, terre dont le roi est
» fils des libres, et dont les princes mangent dans le
» temps convenable, sans impatience et sans confu-
» sion (1). » Ce jeune roi est le diable, que Salomon
appelle ainsi à cause de sa folie, de son orgueil, de sa
témérité, de son insolence et des autres vices auxquels
les jeunes gens sont sujets. Jésus-Christ, au contraire,
est ce fils des libres, c'est-à-dire des saints patriarches
appartenant à la Cité libre dont il est issu selon la chair.
Les princes de cette Cité qui mangent dès le matin,
c'est-à-dire avant le temps, désignent ceux qui se hâ-
tent de goûter la fausse félicité de ce monde, sans vouloir attendre celle de l'autre, qui est la seule véritable :
au lieu que les princes de la Cité de Jésus-Christ attendent en patience le temps d'une félicité qui ne
trompe point. C'est ce qu'il veut dire par ces paroles,
« sans impatience et sans confusion ; » parce qu'ils ne
se repaissent point d'une espérance, suivant cette parole de l'apôtre : « L'espérance ne confond point (2), »
et cette autre du pseaume : « Tous ceux qui vous at-
» tendent en patience ne seront point confus (3). »
Quant au cantique des cantiques, c'est une réjouissance
spirituelle des saintes ames aux noces du roi et de la
reine de cette Cité, c'est-à-dire de Jésus-Christ et de
l'Eglise ; mais cette joie est cachée sous le voile de l'al-

(1) Ecclés., 10, 16
(2) Rom., 5, 5.
(3) Ps. 24, 2.

légorie, afin qu'on ait plus d'envie de la connaître, et plus de plaisir à la découvrir, et d'y voir cet époux à qui on dit au même cantique : « Ceux qui sont justes » vous aiment (1), » et cette épouse à qui l'on dit aussi : « La charité fait vos délices (2). » Nous passons sous silence plusieurs autres choses pour ne pas excéder les bornes de cet ouvrage.

CHAPITRE XXI.

Des rois de Juda et d'Israël après Salomon.

Peu de paroles ou d'actions des autres rois qui vinrent après Salomon, soit dans Juda, soit dans Israël, peuvent se rapporter à Jésus-Christ et à son Eglise. Je dis dans Juda ou dans Israël, parce que ce furent les noms que portèrent ces deux parties du peuple, depuis que Dieu l'eut divisé pour le crime de Salomon sous son fils Roboam qui lui succéda. Les dix tribus (3) dont Jéroboam, esclave de Salomon, fut établi roi, et dont Samarie était la capitale, retinrent le nom d'Israël, qui était celui de tout le peuple. Les deux autres tribus, Juda et Benjamin, qui étaient demeurées à Roboam en considération de David dont Dieu ne voulait pas entièrement détruire le royaume, et qui avaient Jérusalem pour capitale,

---

(1) Cantic., 1, 3.
(2) Id., 6, 7.
(3) III Rois, 12.

s'appelèrent le royaume de Juda, parce que Juda était la tribu d'où David était issu. La tribu de Benjamin, dont était sorti Saül, prédécesseur de David, faisait aussi partie du royaume de Juda, qui s'appelait ainsi pour le distinguer du royaume d'Israël qui comprenait dix tribus. Celle de Lévi comme sacerdotale et consacrée au service de Dieu, ne faisait partie ni de l'un ni de l'autre royaume, et était comptée pour la treizième. Or, ce nombre impair des tribus venait de ce que, des douze enfans de Jacob qui en avaient établi chacun une, Joseph en avait fondé deux, Ephraïm et Manassé. Toutefois, on peut dire que la tribu de Lévi appartenait plutôt au royaume de Juda, à cause du temple de Jérusalem où elle exerçait son ministère. Après ce partage du peuple, Roboam, fils de Salomon, fut le premier roi de Juda, et établit le siége de son empire à Jérusalem; et Jéroboam, son serviteur, fut le premier roi d'Israël, et fixa sa résidence à Samarie. Comme Roboam voulait faire la guerre à Israël sous prétexte de rejoindre à son empire cette partie que la violence d'un usurpateur en avait démembrée, Dieu l'en empêcha et lui fit dire par son prophète que lui-même avait conduit tout cela : ce qui montra que ni Israël ni Jéroboam n'étaient coupables de cette division, mais qu'elle était arrivée par la seule volonté de Dieu, qui avait ainsi vengé le crime de Salomon. Lors donc que les deux partis eurent reconnu que c'était un coup du ciel, ils demeurèrent en paix; d'autant plus que ce n'était qu'une division de royaumes, et non pas de religion.

CHAPITRE XXII.

Idolâtrie de Jéroboam.

Mais Jéroboam, roi d'Israël, assez malheureux pour se défier de la bonté de Dieu, bien qu'il l'eût éprouvé fidèle et reçu de sa main la couronne qu'il lui avait promise, appréhenda que Roboam ne débauchât ses sujets lorsqu'ils iraient au temple de Jérusalem, où tout le peuple juif était obligé par la loi de se rendre tous les ans pour sacrifier, et que les siens ne se remissent sous l'obéissance de la lignée royale de David. Pour l'empêcher, il introduisit l'idolâtrie dans son royaume, et fut cause que son peuple sacrifia aux idoles avec lui. Toutefois, Dieu ne laissa pas de reprendre par ses prophètes, non-seulement ce prince, mais ses successeurs imitateurs de son impiété, et tout le peuple. Parmi eux s'élevèrent ces deux fameux prophètes Elie et Elisée, qui firent même beaucoup de miracles; et comme Elie disait à Dieu : « Seigneur, ils ont égorgé » vos prophètes, ils ont renversé vos autels, je suis » resté seul, et ils me cherchent pour me faire mou- » rir (1); » il lui fut répondu qu'il y avait encore sept mille hommes qui n'avaient point plié le genou devant Baal.

(1) III Rois, 19, 10.

CHAPITRE XXIII.

De la captivité de Babylone, et du retour des Juifs.

Le royaume de Juda, dont Jérusalem était la capitale, ne manqua pas non plus de prophètes qui parurent de temps en temps, selon qu'il plaisait à Dieu de les envoyer, ou pour annoncer ce qui était nécessaire, ou pour reprendre les crimes et recommander la justice. Là se trouvèrent aussi des rois, quoiqu'en moins grand nombre que dans Israël, qui commirent contre Dieu d'énormes péchés qui attirèrent le courroux du ciel sur eux et sur leur peuple qui les imitait; mais en récompense il y en eut d'autres d'une vertu signalée : au lieu que tous les rois d'Israël ont été méchans, les uns plus, les autres moins. L'un et l'autre parti éprouvait donc diversement la bonne ou la mauvaise fortune, ainsi que la divine providence l'ordonnait ou le permettait ; et ils étaient affligés non-seulement de guerres étrangères, mais de civiles, où l'on voyait éclater tantôt la justice et tantôt la miséricorde de Dieu, jusqu'à ce que sa colère, s'allumant de plus en plus, toute cette nation fût entièrement vaincue par les Chaldéens, et emmenée captive en Assyrie, d'abord le peuple d'Israël, et ensuite celui de Juda, après la ruine de Jérusalem et de son temple fameux. Ils demeurèrent dans cette captivité l'espace de soixante et dix années; après ils furent renvoyés dans leur pays, où ils rebâtirent le temple ; et bien que plusieurs d'entre eux demeurassent en des régions étrangères et reculées, ils ne furent plus depuis divisés en deux partis, mais ils n'eurent qu'un roi qui résidait à Jérusalem ; et tous les Juifs, quelqu'éloignés qu'ils fussent, se rendaient au temple à certain temps de l'année. Mais ils ne manquèrent pas non plus alors d'ennemis qui leur firent la guerre ; et quand le Messie vint au monde, il les trouva déjà tributaires des Romains.

CHAPITRE XXIV.

Des derniers prophètes des Juifs.

Tout le temps qui s'écoula depuis leur retour jusqu'à l'avènement du Sauveur, c'est-à-dire depuis Malachie, Aggée, Zacharie et Esdras, ils n'eurent point de prophètes parmi eux. Zacharie, père de saint Jean-Baptiste, et Elisabeth, sa femme, prophétisèrent au temps de la naissance du Messie avec Siméon et Anne. On peut y joindre saint Jean, qui fut le dernier des prophètes, et qui montra Jésus-Christ s'il ne le prédit ; ce qui a fait dire à notre Seigneur que « la loi et les » prophètes ont duré jusqu'à Jean (1). » L'Evangile nous apprend aussi que la vierge même prophétisa avant saint Jean ; mais les Juifs infidèles ne reçoivent point ces prophéties, quoique reçues par tous ceux

(1) Matth., 11, 13.

d'entre eux qui ont embrassé notre religion. C'est véritablement à cette époque qu'Israël a été divisé en deux, de cette division immuable prédite par Samuël à Saül. Pour Malachie, Aggée, Zacharie et Esdras, tous les Juifs les mettent au nombre des livres canoniques; et il ne sera pas hors de propos d'en rapporter ici quelques témoignages qui concernent Jésus-Christ et son Eglise. Mais cela se fera plus commodément au livre suivant; il est temps de finir celui-ci qui est assez long.

REMARQUES

SUR

LE LIVRE XVII.

Page 108, ligne 14. « Et Samuël mis en sa place. » Il faut lire au latin : *substitutus in Dei ministerium*, et non *substitutus est*; car ce dernier mot rompt la construction, et tous les manuscrits le suppriment.

Page 112, l. 16. « Parce qu'ils sont superbes. » Lisez avec tous les manuscrits : *utique quia superbi*.

Page 113, l. 10. « Les enfans de la servante sont deve-
» nus languissans. » Ou moindres, *minorati sunt*, mot, dit le texte, qui, bien que peu latin, exprime bien néanmoins que de plus grands ils sont devenus moindres ou plus petits.

Page 124, l. 21. « Le sacrifice des chrétiens établis par
» toute la terre. » Tous les manuscrits portent avec raison *toto orbe* pour *de toto orbe*.

Page 128, l. 9. « Parce que la parole du Seigneur, qui ha-
» bite dans le cœur de celui qui croit, est courte. » Je lis : *quia et breve est eloquium Domini habitantis in corde credentis*. La leçon *breve* est conforme à tous les manuscrits; et j'ôte le second *est* comme inutile.

Page 132, l. 21. « De laquelle est né selon la chair, etc. » Lisez avec tous les manuscrits : *unde exortus est*, pour *unde et exortus est*.

Page 137, l. 14. « Quiconque s'imagine que cette pro-

» messe, etc. » *Hanc ergo*, etc. Tous les manuscrits suppriment *ergo* avec raison.

Page 150, l. 20. « Avant d'être gouverné par des rois. » Il faut lire avec tous les manuscrits : *priusquam reges ibi esse cœpissent*, et non *sibi esse cœpissent*.

Page 165, l. 7. « Si la prophétie du pseaume soixante-huit » ne s'accomplissait en eux. » Tous les manuscrits portent : *profectò in eis illud impletur*, pour *impleretur*.

Page 175, l. 11. « Et sur leur peuple qui les imitait. » Je lis *cum populo simili* avec tous les manuscrits, au lieu de *cum populo simul*.

LA CITÉ DE DIEU.

LIVRE XVIII.

CHAPITRE PREMIER.

Récapitulation de ce qui a été traité dans les livres précédens, jusqu'au temps du Sauveur.

J'ai promis de parler de la naissance, du progrès et de la fin des deux Cités, après avoir réfuté dans les dix premiers livres de cet ouvrage les ennemis de la Cité de Dieu, qui préfèrent leurs dieux à Jésus-Christ son fondateur, et ont conçu une cruelle inimitié contre les chrétiens. J'ai fait voir en quatre livres, depuis le dixième jusqu'au quatorzième, la naissance de l'une et de l'autre. Le quinzième en a montré le progrès, depuis le premier homme jusqu'au déluge, et depuis le déluge jusqu'à Abraham. Mais depuis Abraham jusqu'aux rois des Juifs, ce qui comprend le seizième livre, et de là jusqu'à la naissance du Sauveur, ce qu'embrasse le dix-septième, il semble qu'on n'y voie que le progrès de la Cité de Dieu, encore que celle du monde n'ait pas toujours laissé de continuer son cours. Mais j'en ai usé ainsi, afin que la Cité de Dieu parût plus distinctement depuis que les promesses de l'avènement du Messie ont commencé à être plus claires, jusqu'à sa naissance, qui en a été l'accomplissement; quoique, jusqu'à la publication du nouveau Testament, elle ne se soit montrée qu'à travers des ombres. Il faut donc reprendre maintenant le cours de la Cité du monde, depuis Abraham, afin qu'on puisse comparer ensemble ces deux Cités.

CHAPITRE II.

De l'état et des rois de la Cité de la terre au temps d'Abraham.

Tandis que les hommes répandus par toute la terre cherchent chacun à satisfaire ou ses besoins ou sa convoitise, et que ce qu'ils désirent n'est pas capable de les contenter tous, il arriva souvent qu'ils s'armèrent l'un contre l'autre, et que le parti le plus puissant opprima le plus faible. Le vaincu, accablé par le vainqueur, acheta la paix aux dépens de l'empire, et même de la liberté; tellement qu'il est fort extraordinaire d'en voir qui aient mieux aimé périr que se soumettre. En effet, la nature crie en quelque sorte à l'homme qu'il vaut mieux se soumettre au vainqueur, que de s'exposer aux dernières fureurs de la guerre. De là vient que, par un ordre de la providence de Dieu qui règle le sort des batailles, quelques peuples ont été les maîtres des autres. Mais, entre tous les empires que les divers intérêts de la Cité de la terre ont établis, il s'en présente à nous deux beaucoup plus puissans que les autres; celui des Assyriens et celui des Romains, tous deux séparés de temps et de lieu. Celui des Assyriens, situé en Orient, a fleuri le premier; et celui des Romains, qui n'est venu qu'après, s'est étendu en Occident : la fin de l'un a été le commencement de l'autre. On peut dire que les autres royaumes n'ont été que comme de petits rejetons de ceux-ci.

Ninus, second roi des Assyriens, qui avait succédé à son père Bélus, tenait l'empire, quand Abraham naquit en Chaldée. En ce temps-là florissait aussi le petit royaume des Sicyoniens, par où Varron, cet homme si docte, commence son histoire romaine. Des rois des Sicyoniens, il descend aux Athéniens, de ceux-ci aux Latins, et des Latins aux Romains. Mais, comme je l'ai dit, tous ces empires qui ont précédé la fondation de Rome étaient peu de chose en comparaison de celui des Assyriens; et quoique Salluste reconnaisse que les Athéniens ont été célèbres dans la Grèce, il croit pourtant que la renommée les a fait plus puissans qu'ils n'étaient en effet. Voici comment il en parle : « Les faits d'armes des Athéniens » ont été grands et glorieux, et je n'en disconviens » pas ; mais toutefois un peu au-dessous de ce qu'on » en publie. L'éloquence de leurs historiens a beaucoup contribué à leur éclat. » Ajoutez à cela qu'Athènes a été comme l'école des arts et des sciences, ce qui ne lui a pas peu donné de réputation. Quant à l'empire, il n'y en avait point en ce temps-là de plus grand ni de plus étendu que l'empire d'Assyrie. En effet, on dit que Ninus subjugua toute l'Asie, c'est-à-dire la moitié du monde, et porta ses conquêtes jusqu'aux confins de la Lybie. Les Indiens furent les seuls de tous les peuples d'Orient qui demeurèrent libres de sa domination; encore, après sa mort, furent-ils dominés par sa femme Sémiramis. Abraham donc naquit chez les Chaldéens, sous le règne de Ninus; mais comme les affaires des Grecs nous sont bien plus connues que celles des Assyriens, et qu'elles ont passé jusqu'à nous par le moyen des Latins, et, après ceux-ci, des Romains qui en sont descendus; j'estime qu'il ne sera pas hors de propos de marquer les rois des Assyriens dans la rencontre, afin qu'on voie comment Babylone, ainsi que l'ancienne Rome, s'avance dans le cours des siècles avec la Cité de Dieu, qui est étrangère ici-bas. Relativement à ce qui peut servir au parallèle de ces deux Cités, il faut plutôt l'emprunter des Grecs et des Latins où se trouve aussi Rome, comme une seconde Babylone.

Lors donc qu'Abraham vint au monde, Ninus était le second roi des Assyriens, et Europs des Sicyoniens; l'un avait succédé à Bélus, et l'autre à Egialeus. Quand Dieu promit à Abraham une postérité nombreuse, après qu'il fut sorti de Babylone, les Assyriens en étaient à leur quatrième roi, et les Sicyoniens à leur cinquième. Alors le fils de Ninus régnait chez les Assyriens après sa mère Sémiramis, qu'on dit qu'il tua pour avoir voulu commettre un inceste avec lui. Quelques-uns croient quelle fonda Babylone, peut-être parce qu'elle la rebâtit ; car nous avons montré au seizième livre quand et comment elle fut fondée. Pour le fils de Sémiramis, les uns le nomment Ninus comme son père, les autres Ninias. Télexion tenait alors le sceptre des Sicyoniens, et son règne fut si tranquille que ses sujets, après sa mort, en firent un dieu, et lui décernèrent des jeux et des sacrifices.

CHAPITRE III.

Sous quels rois des Assyriens et des Sicyoniens, Isaac naquit à Abraham alors âgé de cent ans, et Rebecca donna au même Isaac, âgé de soixante ans, deux fils, Esaü et Jacob.

Ce fut de son temps que naquit Isaac, selon la promesse que Dieu en avait faite à son père Abraham, qui l'eut à l'âge de cent ans de sa femme Sara, à qui la stérilité et le grand âge avaient ôté l'espérance d'avoir des enfans. Aralius, cinquième roi des Assyriens, régnait alors. Isaac, âgé de soixante ans, eut deux enfans jumeaux de sa femme Rebecca, Esaü et Jacob; Abraham étant encore vivant, et ayant cent soixante ans ; mais il mourut quinze ans après sous le règne de l'ancien Xercès, roi des Assyriens, surnommé Baleus, et de Thuriaque ou Thurimaque, roi des Sicyoniens, tous deux septièmes souverains de leurs peuples. Le royaume des Argiens prit naissance sous les petits fils d'Abraham, et Inachus en fut le premier roi. Il ne faut pas oublier, qu'au rapport de Varron, les Sicyoniens avaient coutume de sacrifier sur le sépulcre de Thurimaque. Sous les règnes d'Armamitre et de Leucippe, huitièmes rois des Assyriens et des Sicyoniens, et sous celui d'Inachus, premier roi des Argiens, Dieu parla à Isaac et lui fit les mêmes promesses qu'à son père, qu'il donnerait la terre de Chanaan à sa postérité, et qu'en elle toutes les nations seraient bénites. Il promit la même chose à son fils Jacob, appelé depuis Israël, sous le règne de Béloc, neuvième roi des Assyriens, et de Phoronée, fils d'Inachus, deuxième roi des Argiens; car Leucippe, huitième roi des Sicyoniens, vivait encore. Ce fut sous ce Phoronée, roi d'Argos, que la Grèce commença à devenir célèbre par ses lois et ses réglemens. Phegoüs, cadet de Phoronée, fut honoré comme un Dieu après sa mort, et on lui bâtit un temple sur son tombeau. J'estime qu'ils lui déférèrent cet honneur, parce que, dans la partie du royaume que son père lui avait laissée, il avait élevé des chapelles aux Dieux, et divisé les temps par mois et par années. Cela fut cause que les hommes encore grossiers, surpris de ces nouveautés, crurent qu'il était devenu Dieu après sa mort, ou le voulurent ainsi. On dit qu'Io, fille d'Inachus, appelée depuis Isis, fut honorée en Egypte comme une grande déesse; quoique d'autres écrivent qu'elle vint d'Ethiopie en Egypte, où elle gouverna avec tant de courage et de justice, outre l'invention des lettres et plusieurs autres choses utiles qu'elle y apporta, qu'après sa mort les Egyptiens la révérèrent comme une divinité, et défendirent, sous peine de la vie, de dire qu'elle avait été une simple mortelle.

CHAPITRE IV.

Des temps de Jacob et de son fils Joseph.

Lorsque Balée, dixième roi des Assyriens, occupait le trône, sous le règne de Mésappus, surnommé Céphise, neuvième roi des Sicyoniens, si néanmoins ce ne sont point deux hommes différens, et sous celui d'Apis, troisième roi des Argiens, Isaac mourut âgé de cent quatre-vingts ans, et laissa ses deux jumeaux qui en avaient cent-vingt. Le plus jeune des deux, Jacob, qui appartenait à la Cité de Dieu, à l'exclusion de l'aîné, avait douze fils. Joseph, l'un d'eux, ayant été vendu par ses frères du vivant d'Isaac, leur aïeul, à des marchands qui trafiquaient en Egypte, fut tiré de la prison où l'amour de la chasteté l'avait mis, et présenté à l'âge de trente ans à Pharaon, roi d'Egypte, qui le combla d'honneurs et de biens, parce qu'il lui avait expliqué ses songes et prédit les sept années d'abondance, qui devaient être suivies des sept autres années de stérilité. La seconde année de la stérilité, Jacob vint en Egypte avec toute sa famille, âgé de cent trente ans, comme il le dit lui-même au roi Pharaon qui le lui demandait. Joseph en avait alors trente-neuf, attendu que les sept années d'abondance et deux de la stérilité s'étaient écoulées depuis qu'il avait commencé à être en faveur.

CHAPITRE V.

D'Apis, troisième roi des Argiens, dont les Egyptiens firent leur Dieu Sérapis.

En ce temps Apis, roi des Argiens, qui avait navigué en Egypte et y était mort, devint ce fameux Sérapis, le plus grand de tous les dieux des Egyptiens. Pourquoi ne fut-il pas nommé Apis après sa mort, mais Sérapis? Varron en rend une raison fort claire, qui est que les Grecs appelant *Soros* un cercueil, et celui d'Apis ayant été honoré avant qu'on lui eût bâti un temple, on le nomma d'abord Sorosapis ou Sorapis, et puis, en changeant une lettre, comme cela arrive souvent, Sérapis. Il fut aussi ordonné que quiconque l'appellerait homme serait puni du dernier supplice; et Varron dit que c'était pour signifier cette défense que les statues d'Isis et de Sérapis avaient toutes un doigt sur les lèvres. Quant à ce bœuf que l'Egypte, par une merveilleuse superstition, nourrissait si délicatement en son honneur, comme ils l'adoraient vivant et non pas dans le cercueil, ils l'appelèrent Apis et non Sérapis. A la mort de ce bœuf, on en mettait un autre à sa place, taché pareillement de blanc; ce qui passait pour un grand miracle. Mais il n'était pas difficile aux démons, qui prenaient plaisir à tromper ces peuples, de représenter à une vache en chaleur un bœuf de même que celui-là; comme Jacob (1) avait des chèvres et des brebis de la même couleur que les baguettes bigarrées qu'il mettait devant les yeux de leurs mères. Ce que les hommes font avec des couleurs véritables, les démons le peuvent faire très aisément par le moyen de couleurs fausses et fantastiques.

CHAPITRE VI.

Sous les règnes de quels rois argien et assyrien Jacob mourut en Egypte.

Apis, roi des Argiens et non des Egyptiens, mourut donc en Egypte, et son fils Argus lui succéda. C'est de lui que les Argiens prirent leur nom; car on ne les nommait pas ainsi auparavant. Sous le règne de celui-ci, et d'Erato chez les Sicyoniens, et sous celui de Balée, roi des Assyriens, qui vivait encore, Jacob mourut en Egypte âgé de cent quarante-sept ans, après avoir bénit ses enfans et les enfans de son fils Joseph, et annoncé clairement le Messie, lorsque, bénissant Juda, il dit : « Les princes de la race de Juda ne man- » queront point, jusqu'à ce que ce qui lui a été pro- » mis soit accompli; et il sera l'attente des nations (2). » Sous le règne d'Argus, la Grèce commença à cultiver

---

(1) Genès., 30, 39.
(2) Id., 49, 10.

ses terres et à semer des bleds. Argus, après sa mort, fut aussi adoré comme un Dieu, et on lui décerna des temples et des sacrifices : culte qui avait été rendu avant lui à un particulier nommé Homogyre, qui fut tué d'un coup de foudre, et qui le premier attela des bœufs à la charrue ; ce qui lui valut les honneurs divins.

CHAPITRE VII.

Sous quels rois mourut Joseph en Egypte.

Sous le règne de Mamitus, douzième roi des Assyriens, et de Plemnée, le onzième des Sicyoniens, temps où Argus était encore roi des Argiens, Joseph mourut en Egypte âgé de cent dix ans. Après sa mort, le peuple de Dieu multipliant prodigieusement demeura en Egypte l'espace de cent quarante-cinq ans, assez tranquillement d'abord, tant que vécurent ceux de la cour de Pharaon qui avaient vu Joseph. Mais depuis, comme le grand nombre des Hébreux devenait suspect aux Egyptiens, ceux-ci les affligèrent cruellement et leur firent souffrir mille maux ; ce qui néanmoins ne les empêchait pas de multiplier de plus en plus.

CHAPITRE VIII.

Sous quels rois naquit Moïse et le culte de quels dieux commença en ce temps à s'introduire.

Ainsi, au temps de Saphrus, quatorzième roi des Assyriens, et d'Orthopolis, le douzième des Sicyoniens, lorsque les Argiens comptaient Criasus pour leur cinquième roi, naquit en Egypte (1), ce Moïse qui délivra le peuple de Dieu de la captivité sous laquelle il gémissait, et où Dieu le laissait languir pour lui faire désirer l'assistance de son Créateur. Quelques-uns croient que Prométhée vivait alors ; et comme il faisait profession de sagesse, on feint qu'il forma les hommes de boue. On ne sait pas néanmoins quels étaient les sages de son temps. On rapporte que son frère Atlas était grand astrologue ; ce qui a donné lieu de dire qu'il portait le ciel sur ses épaules ; quoiqu'il existe une haute montagne de ce nom d'où ce conte a bien pu tirer son origine. En ce temps-là beaucoup de fables commencèrent à avoir cours dans la Grèce ; et sous le règne de Cécrops, roi des Athéniens, la superstition des Grecs mit plusieurs morts au rang des dieux. Mélantonice, femme de Criasus, et Phorbas, leur fils, sixième roi des Argiens, furent de ce nombre, aussi bien que Jasus et Sténélas, ou Sténéleus,

---

(1) Exod., 2.

ou Sténélus ; car les historiens ne conviennent pas de son nom, l'un fils de Triopas, septième roi, et l'autre de Jasus, et neuvième roi des Argiens. Alors vivait Mercure, petit-fils d'Atlas par Maïa, suivant le témoignage de presque tous les historiens. Celui-ci apprit aux hommes beaucoup d'arts utiles à la vie, ce qui fut cause qu'ils en firent un Dieu après sa mort. Vers le même temps, mais après lui, vint Hercule, que quelques-uns néanmoins mettent auparavant, en quoi je pense qu'ils se trompent. Mais quoiqu'il en soit du temps, les plus graves historiens tombent d'accord que tous deux furent des hommes qui reçurent des honneurs divins pour avoir trouvé quantité de choses commodes à la vie. Pour Minerve, elle est bien plus ancienne qu'eux, puisqu'on la vit, dit-on, jeune fille du temps d'Ogygès auprès du lac Triton, d'où elle fut surnommée Tritonienne. On lui doit beaucoup d'inventions rares et utiles ; et l'on se porta d'autant plus à la croire une déesse, que son origine n'était pas connue. Quant à ce que l'on prétend qu'elle sortit de la tête de Jupiter, c'est plutôt une fiction de poètes qu'une vérité historique. Toutefois, les historiens ne sont pas d'accord quand vivait Ogygès, du temps duquel arriva un grand déluge, non celui qui submergea toute la terre, excepté ceux qui furent sauvés dans l'arche, car l'histoire grecque ni l'histoire latine n'ont point connu celui-là, mais un autre plus grand que celui de Deucalion. Varron n'a rien trouvé de plus ancien que le déluge d'Ogygès, et c'est de ce temps qu'il commence son livre des antiquités romaines. Eusèbe et Jérôme après lui disent que le déluge d'Ogygès arriva plus de trois cents ans depuis, sous Phoronée, second roi des Argiens. Quoiqu'il en soit, Minerve était déjà adorée comme une déesse du temps de Cécrops, roi des Athéniens, sous le règne duquel Athènes fut fondée ou rebâtie.

CHAPITRE IX.

Origine du nom de la ville d'Athènes, fondée ou rebâtie sous Cécrops.

Voici, selon Varron, la raison pour laquelle cette ville fut nommée Athènes, qui est un nom tiré de celui de Minerve, que les Grecs appellent Athéna. Un olivier étant tout-à-coup sorti de terre en cet endroit, et une source d'eau en un autre, ces prodiges étonnèrent le roi qui députa vers Apollon de Delphes pour savoir ce que cela signifiait, et ce qu'il fallait faire. L'oracle répondit que l'olivier signifiait Minerve, et l'eau Neptune, et que c'était à eux à voir de laquelle de ces deux divinités ils donneraient le nom à leur ville. Là-dessus Cécrops assemble tous les citoyens, tant hommes que femmes; car les femmes parmi eux avaient alors voix dans les délibérations. Comme il eut pris les suffrages, tous les hommes furent pour Neptune, et toutes les femmes pour Minerve; et parce qu'il y avait une femme de plus, Minerve l'emporta. Alors Neptune irrité ravagea de ses flots les terres des Athéniens, ce qui n'est pas difficile aux démons. Pour l'apaiser, les femmes, à ce que dit le même auteur, furent punies de trois sortes de peines : la première, que désormais elles n'auraient plus voix dans les assemblées; la seconde, qu'aucun de leurs enfans ne porterait leur nom; et enfin, qu'on ne les appellerait point Athéniennes. Ainsi, cette Cité, mère et nourrice de tant d'arts et de tant de célèbres philosophes, à qui la Grèce n'a jamais rien eu de comparable, fut appelée Athènes par un jeu des démons qui se moquèrent de sa crédulité, et fut obligée de punir le vainqueur pour calmer le vaincu, redoutant plus les eaux de Neptune que les armes de Minerve. Cependant, Minerve, qui était demeurée victorieuse, fut vaincue dans ces femmes ainsi châtiées, et elle n'eut pas seulement le pouvoir de faire porter son nom à celles à qui elle était redevable de sa victoire. On voit assez ce qu'on pourrait dire là-dessus, si je ne me hâtais de passer à d'autres choses.

CHAPITRE X.

Origine du nom de l'aréopage selon Varron, et déluge de Deucalion sous Cécrops.

Cependant, Varron refuse d'ajouter foi aux fables qui sont au désavantage des dieux, de peur d'avoir quelque sentiment indigne de leur majesté. C'est pour cela qu'il ne veut pas que l'aréopage ait été ainsi nommé de ce que Mars, que les Grecs appellent *Arès*, étant accusé d'homicide devant douze dieux qui le jugèrent en ce *village*, fut renvoyé absous, ayant eu six voix pour lui, et le partage parmi eux étant toujours favorable à l'accusé. Il rejète donc cette opinion commune et tâche d'établir une autre origine de ce nom qu'il va déterrer dans de vieilles histoires surannées, sous prétexte qu'il est injurieux aux divinités de leur attribuer des querelles ou des procès; et il soutient que cette histoire de Mars n'est pas moins fabuleuse que ce qu'on dit de ces trois déesses, Junon, Minerve et Vénus, qui disputèrent de beauté devant Pâris pour la pomme d'or. Mais Varron, qui fait tant ici l'homme religieux, rendant une raison historique et non fabuleuse du nom d'Athènes, nous raconte qu'il survint un si grand différend entre Neptune et Minerve sur ce sujet, qu'Apollon n'osa s'en rendre l'arbitre, mais en remit la décision au jugement des hommes, comme Jupiter fit de celui des trois déesses qu'il renvoya à Pâris, et ajoute que Minerve l'emporta par le nombre des suffrages, mais qu'elle fut vaincue en la personne de celles qui l'avaient fait vaincre, et n'eut pas le pouvoir de leur faire porter son nom. En ce temps-là, sous le règne de Cranaüs, successeur de Cécrops, selon Varron, ou selon Eusèbe et Jérôme, sous celui de Cécrops même, arriva le déluge de Deucalion, appelé ainsi à cause que le pays où Deucalion commandait en fut principalement inondé; mais ce déluge ne s'étendit point jusqu'en Egypte, ni jusqu'aux lieux circonvoisins.

LIVRE XVIII.

CHAPITRE XI.

Sous quels rois arrivèrent la sortie d'Egypte commandée par Moïse, et la mort de Josué, son successeur.

Moïse tira d'Egypte le peuple de Dieu sur la fin du règne de Cécrops, roi d'Athènes, Ascatade étant roi des Assyriens, Marathus des Sicyoniens, et Triopas des Argiens. Il lui donna ensuite la loi qu'il avait reçue de Dieu sur le mont Sina, et qui s'appelle le vieux Testament, parce qu'il ne contient que des promesses temporelles, au lieu que Jésus-Christ promet le royaume des cieux dans le nouveau. Il était nécessaire de garder cet ordre qui, selon l'apôtre, s'observe en tout homme qui s'avance dans la vertu, et qui consiste en ce que la partie corporelle précède la spirituelle. « Le premier homme, dit-il avec raison, le » premier homme est le terrestre formé de la terre, » et le second homme est le céleste descendu du » ciel (1). » Or Moïse gouverna le peuple dans le désert l'espace de quarante années, et mourut âgé de cent vingt ans, après avoir aussi prophétisé le Messie par les figures des observations légales, par le tabernacle, le sacerdoce, les sacrifices et autres cérémonies mystérieuses. A Moïse succéda Jésus, fils de Navé,

(1) I Cor., 15, 47.

qui établit le peuple dans la terre promise, après avoir exterminé, par l'ordre de Dieu, les peuples qui habitaient ces lieux-là. Il mourut après vingt-sept années de commandement, sous les règnes d'Amyntas, dix-huitième roi des Assyriens; de Corax, le seizième des Sicyoniens; de Danaüs, le dixième des Argiens; et d'Erichthon, le quatrième des Athéniens.

CHAPITRE XII.

Superstitions du paganisme, depuis la sortie d'Egypte jusqu'à la mort de Josué.

Durant ce temps, c'est-à-dire, depuis que le peuple juif fut sorti d'Egypte jusqu'à la mort de Josué, les rois de la Grèce instituèrent en l'honneur des faux dieux plusieurs solennités qui rappelaient le souvenir du déluge et de ces temps misérables où les hommes passaient tantôt au sommet des montagnes et tantôt descendaient dans les pleines. Telle est l'explication que l'on donne des Lupercales, qui sont des fêtes où l'on monte et l'on descend. C'est en ce même temps que Dionysius, autrement Bacchus, se trouvant dans l'Attique, apprit, dit-on, à son hôte l'invention de planter la vigne, et fut honoré comme un dieu après sa mort. Alors, des jeux de musique furent dédiés à Apollon de Delphes suivant son ordre, pour l'apaiser; parce qu'ils attribuaient la stérilité de la Grèce à ce qu'ils n'avaient pas garanti son temple du feu, lorsque

Danaüs fit une irruption dans leur pays. Erichthon fut le premier qui institua en Attique des jeux à son honneur, aussi bien qu'à Minerve, dont le prix était une branche d'olivier, attendu que Minerve avait enseigné la culture de cet arbre, comme Bacchus celle de la vigne. Xantus, roi de Crète, que d'autres nomment autrement, enleva en ce temps-là Europe, dont il eut Rhadamante, Sarpédon et Minos, que l'on fait communément fils de Jupiter. Mais les adorateurs de ces dieux prennent ce que nous avons rapporté du Roi de Crète pour l'histoire, et ce qu'on dit de Jupiter et qu'on représente sur les théâtres pour la fable, et pour des fictions dont on se sert afin d'apaiser des dieux qui se plaisent à la représentation de leurs faux crimes. C'était aussi alors qu'Hercule florissait à Tyrinthe, ville de Péloponnèse (1), mais un autre que celui dont nous avons parlé ci-dessus. Les plus savans dans l'histoire comptent en effet plusieurs Bacchus et plusieurs Hercules. Cet Hercule dont nous parlons, et à qui l'on attribue les douze fameux travaux, n'est pas celui qui tua Antée, mais celui qui se brûla lui-même sur le mont Œta; lorsque cette vertu qui lui avait fait dompter tant de monstres succomba sous l'effort d'une légère douleur. C'est vers ce temps que le roi, ou plutôt le tyran Busiris, immolait ses hôtes à ses dieux. Il était fils de Neptune, et avait pour mère Libya, fille d'Epaphus; mais je veux que ce soit une fable qu'on ait inventée pour désarmer les dieux, et que Neptune

---

(1) Proche Argos; car c'est l'Hercule argien qui se brûla sur le mont Œta. (*Note de Vivès.*)

n'ait point commis ce crime. On dit qu'Erichthon, roi d'Athènes, était fils de Vulcain et de Minerve. Toutefois, comme ils veulent que Minerve soit vierge, ils disent que Vulcain, voulant user du droit que Jupiter lui avait donné sur elle, et celle-ci le repoussant, il s'échauffa pendant cette contestation, et que de la violence de son amour naquit un enfant qui, à cause de cela, fut nommé Erichthon ; vu qu'en grec *eris* signifie querelle, et *chthon* la terre. Il est vrai que les plus savans rejètent ceci, et disent que ce qui a donné lieu à la fable, c'est que dans le temple de Vulcain et de Minerve, car il n'y en avait qu'un pour tous deux à Athènes, on trouva un enfant entortillé d'un serpent ; et comme on ne savait à qui il était, on l'attribua à Vulcain et à Minerve. Cependant, la fable rend bien mieux la raison de son nom que cette histoire. Mais que nous importe cela, puisque l'histoire est approuvée de ces personnes religieuses, et que la fable plaît aux démons impurs, qu'ils adorent néanmoins comme des dieux ? Ainsi, bien qu'ils ne veuillent pas avouer d'eux ces sortes de choses, ils ne les justifient pas tout-à-fait, attendu que c'est par leur ordre qu'ils célèbrent des jeux où on les représente, et que leurs dieux s'apaisent par ces infamies. Pour être fausses, ils n'en sont guère moins coupables, puisque c'est toujours un crime véritable que de prendre plaisir à de faux crimes.

CHAPITRE XIII.

Fables inventées du temps des juges.

Après la mort de Josué, le peuple de Dieu fut gouverné par des juges, et éprouva une vicissitude d'adversités et de prospérités, selon qu'ils étaient dignes de graces ou de la colère de Dieu. C'est en ce temps qu'on inventa les fables de Triptolème, qui, porté sur des serpens aîlés, distribua du bled par l'ordre de Cérès dans les pays affligés de famine; du Minotaure, qui était un monstre enfermé dans un labyrinte d'où l'on ne pouvait sortir lorsqu'on y était une fois entré; des Centaures, moitié hommes et moitié chevaux; de Cerbère, chien à trois têtes qui garde l'entrée des enfers; de Phryxus et Hellé sa sœur, qui traversèrent les airs sur un bélier; de la Gorgone aux crins de serpens, qui changeait en pierres ceux qui la regardaient; de Bellérophon, qui était porté sur un cheval aîlé; d'Amphion, qui faisait mouvoir les arbres et les rochers au son de sa lyre; de Dédale et de son fils Icare, qui se fabriquèrent des aîles et s'envolèrent; d'Œdipe, qui contraignit le Sphinx, monstre à quatre pieds et à visage humain, de se jeter dans son propre précipice, pour avoir résolu une question que le monstre lui avait proposée; d'Antée, qu'Hercule étouffa en le soulevant de terre, parce que, comme la Terre était sa mère, Antée se relevait plus fort toutes les fois qu'il ombait. Ces fables, et autres semblables, jusqu'à la guerre de Troye, où Varron finit son second livre des Antiquités romaines, ont été inventées à l'occasion de quelques évènemens véritables, et ne sont point honteuses aux dieux. Mais quant à ceux qui ont feint que Jupiter enleva Ganimède, crime qui est celui de Tantale, et qu'il abusa de Danaé en se changeant en pluie d'or, par où l'on a voulu marquer quelque femme qui se laissa corrompre pour de l'argent ; il faut qu'ils aient eu bien mauvaise opinion des hommes pour les avoir cru capables d'ajouter foi à ces rêveries. Cependant, ceux qui honorent le plus Jupiter sont les premiers à les soutenir ; et, bien loin de se mettre en colère contre ceux qui en ont été les auteurs, ils appréhenderaient la colère des dieux si l'on ne les représentait sur les théâtres. En ce même temps Latone accoucha d'Apollon, non de celui dont on consultait les oracles, mais de cet autre qui fut berger d'Admète avec Hercule ; et qui néanmoins a tellement passé pour un dieu, que presque tout le monde le confond avec l'autre. Ce fut aussi alors que Bacchus fit la guerre aux Indiens, accompagné d'une troupe de femmes appelées Bacchantes, plus célèbres par leur fureur que par leur courage. Quelques-uns écrivent qu'il fut vaincu et fait prisonnier ; et d'autres qu'il fut même tué dans le combat par Persée, sans oublier le lieu où il fut enseveli ; et toutefois les démons ont fait instituer des fêtes en son honneur, qu'on appelle Bacchanales, dont le Sénat a eu tant de honte après plusieurs siècles, qu'il les a bannies de Rome. Persée et sa femme Andromède vivaient vers le même temps ; et après leur mort ils furent si constamment réputés pour dieux, qu'on ne rougit point d'appeler quelques étoiles de leur nom.

CHAPITRE XIV.

Des poètes théologiens.

En ce même temps il y eut des poètes qu'on appelait aussi théologiens, parce qu'ils faisaient des vers en l'honneur des dieux, mais de dieux qui, bien que grands hommes, ont été pourtant des hommes; ou bien même sont les élémens du monde qui est l'ouvrage du vrai Dieu ; ou sont des anges élevés à ce haut degré, non par leurs mérites, mais par la volonté du Créateur. Que si parmi tant de fables ils ont dit quelque chose du vrai Dieu, comme ils en adoraient d'autres avec lui, ils ne lui ont pas rendu le culte qui n'est dû qu'à lui seul; outre qu'ils n'ont pu se défendre de déshonorer ces dieux même par des contes ridules. De ce nombre ont été Orphée, Musée et Linus. Mais ces théologiens ont adoré les dieux et n'ont pas été adorés comme des dieux, encore que la Cité des impies fasse présider Orphée aux sacrifices d'enfer. Ino, femme du roi Athamas, se jeta dans la mer avec son fils Mélicerte, et ils furent tous deux mis au rang des dieux, comme beaucoup d'autres hommes de ce temps-là, et entre autres Castor et Pollux. Les Grecs appellent Leucothée la mère de Mélicerte, et les Latins Matuta ; mais les uns et les autres la prennent pour une déesse.

CHAPITRE XV.

Fin du royaume des Argiens, et naissance de celui des Laurentins.

Vers le même temps, le royaume des Argiens prit fin et fut transféré à Mycènes, dont Agamemnon fut roi ; et celui des Laurentins commença à s'établir : ils eurent pour premier roi Picus, fils de Saturne, lorsque Débora était juge des Hébreux. Cette femme fut élevée à cet honneur par un ordre exprès de Dieu, car elle était prophétesse ; mais comme ses prophéties sont obscures, il faudrait trop nous étendre pour faire voir le rapport qu'elles ont à Jésus-Christ. Les Laurentins régnaient donc déjà en Italie, et c'est d'eux que sont sortis les Romains, comme les autres sont venus des Grecs. Cependant la monarchie des Assyriens subsistait toujours, et ils comptaient Lamparès pour leur vingt-troisième roi, quand Picus fut le premier des Laurentins. C'est aux adorateurs de ces dieux à voir ce qu'ils veulent qu'ait été Saturne, père de ce Picus ; car ils disent que ce n'était pas un homme. D'autres ont écrit qu'il avait régné en Italie avant Picus ; et Virgile en parle ainsi : « C'est lui qui ras-
» sembla ces hommes sauvages et vagabonds, qui leur

» donna des lois, et qui appela cette contrée Latium,
» parce qu'il s'y était caché pour éviter la fureur de
» son fils. C'est sous son règne que l'on place le siècle
» d'or (1). » Mais qu'ils traitent ceci de fictions poétiques, et qu'ils disent s'ils veulent que le père de
Picus s'appelait Stercé, et qu'il fut ainsi nommé à
cause qu'étant fort bon laboureur, il apprit aux hommes à amender la terre avec du fumier; d'où vient que
quelques-uns l'appellent Stercutius. Quoi qu'il en soit,
ils en ont fait pour cette raison le dieu de l'agriculture. Ils ont mis aussi Picus parmi les dieux, à cause
qu'il était excellent augure et grand capitaine. Picus
engendra Faunus, second roi des Laurentins, qu'ils
ont aussi déifié. Avant la guerre de Troye ces apothéoses étaient fréquentes.

CHAPITRE XVI.

De Diomède et de ses compagnons, changés en oiseaux après la ruine de Troye.

Après la fameuse ruine de Troye, qui est connue des
petits enfans, tant elle a été de fois rebattue, et qui
arriva sous le règne de Latinus, fils de Faunus, dont
ces peuples tirèrent leur nom, et ne s'appelèrent plus
Laurentins, mais Latins; les Grecs victorieux retournèrent dans leur pays et souffrirent une infinité de

(1) Enéïd., 8.

maux dans cette retraite. Mais ils en prirent sujet d'augmenter le nombre de leurs divinités. En effet ils firent un Dieu de Diomède, quoiqu'ils rapportent, non comme une fable, mais comme une vérité historique, que les dieux empêchèrent son retour pour châtiment de ses crimes, et que ses compagnons furent changés en oiseaux, sans qu'il leur pût rendre leur première forme après qu'il fut devenu dieu, ni obtenir cette grace de Jupiter pour sa bienvenue. Ils assurent même qu'il y a un temple qui lui est consacré dans l'île Diomédée, peu distante du mont Gargan, situé dans la Pouille, et qu'autour de ce temple volent ces oiseaux autrefois ses compagnons, qui l'honorent encore tellement qu'ils remplissent leur bec d'eau et l'en arrosent. Ils ajoutent que lorsque des Grecs viennent en cette île, non-seulement ils ne s'en effarouchent point, mais les caressent ; au lieu que, quand ils voient des étrangers, ils volent contre eux en furie, et souvent les tuent avec leur bec qui est extrêmement fort et long.

CHAPITRE XVII.

Sentiment de Varron sur certaines métamorphoses.

VARRON, pour confirmer ceci, rapporte d'autres choses qui ne sont pas moins incroyables, de Circé, cette fameuse sorcière, qui changea en bêtes les compagnons d'Ulysse ; et des Arcades, qui passaient à la nage un étang après avoir été tirés au sort, et, transformés en loups, vivaient dans les forêts avec les animaux de leur espèce. Il ajoute que, s'ils s'abstenaient de chair humaine, ils repassaient l'étang au bout de neuf ans, et reprenaient leur première forme. Il parle en outre d'un certain Deménète qui, ayant goûté du sacrifice d'un petit enfant que les Arcades font à leur dieu Lycée, fut changé en loup; et que dix ans après il retourna en sa première forme, et remporta le prix aux jeux olympiques. Le même auteur estime qu'en Arcadie on ne donne le nom de Lycée à Pan et à Jupiter qu'à cause de ces changemens d'hommes en loups, que ces peuples s'imaginent arriver par la volonté de ces dieux; car les Grecs appellent un loup *lycos*, d'où le nom de *Lycée* est dérivé. Varron ajoute encore que les Lupercales de Rome tirent leur origine de ces mystères.

CHAPITRE XVIII.

Ce qu'il faut croire des métamorphoses.

Ceux qui lisent ceci attendent peut-être mon sentiment là-dessus; mais qu'en pourrais-je dire autre chose, sinon qu'il faut fuir du milieu de Babylone, c'est-à-dire sortir de la Cité du monde qui est la société des anges et des hommes impies, et nous retirer à grands pas vers le Dieu vivant par le moyen de la foi opérante par la charité? Plus nous voyons que la puissance des démons est grande ici-bas, plus nous devons nous attacher au médiateur qui nous retire des choses basses pour nous élever aux hautes et sublimes. En effet, si nous disons qu'il ne faut point ajouter foi à ces sortes de choses, nous ne manquerons pas même aujourd'hui de gens qui assureront en avoir appris ou expérimenté de semblables. Comme nous étions en Italie, nous apprîmes que certaines hôtelières d'alentour se vantaient de donner aux passans d'un fromage qui les changeait sur le champ en chevaux, dont elles se servaient pour porter ce dont elles avaient besoin, après quoi elles leur rendaient leur première forme, et que néanmoins ils conservaient toujours la raison en cet état, comme Apulée le rapporte ou le feint de lui-même dans son âne d'or.

Cependant ces choses sont tellement rares, qu'on a raison de n'y pas ajouter foi. Il faut pourtant croire fermement que comme Dieu est tout-puissant, il peut faire tout ce qu'il veut, soit pour faire grace ou pour punir; et que les démons qui sont des anges, mais corrompus, ne peuvent rien que ce que leur permet celui dont les jugemens sont quelquefois secrets, mais jamais injustes. Il est donc constant que quand ils font de semblables choses, ils ne créent pas de nouvelles natures, mais changent celles que le vrai Dieu a créées, et les font paraître autres qu'elles ne sont. Ainsi, non-seulement je ne crois pas que les démons puissent en aucune sorte changer l'ame d'un homme en celle d'une bête, mais qu'ils ne peuvent pas même faire ce changement en son corps. Ce qu'ils font donc à mon avis, c'est d'assoupir les sens de l'homme d'un assoupissement bien plus profond que celui du sommeil ; et cependant comme sa fantaisie, quoique incorporelle, est susceptible de mille impressions différentes des corps, de l'en revêtir d'un imaginaire et de le faire paraître ainsi aux yeux des autres hommes. Ils peuvent même faire que celui dont ils se jouent de la sorte se croie tel qu'il paraît, comme il lui pourrait sembler en dormant qu'il est un cheval, et qu'il porte quelque charge sur son dos. Si ces charges sont de vrais corps, ce sont les démons qui les portent afin de surprendre les hommes par cette illusion, et leur faire croire que la bête qu'ils voient est aussi réelle que la charge qu'elle porte. Un certain Prestantius racontait que son père, ayant par hasard mangé de ce fromage, demeura comme endormi sur son lit sans qu'on le pût éveiller ; que quelques jours après il se réveilla comme d'un profond sommeil, et disait qu'il lui avait semblé en dormant qu'il était devenu cheval, et qu'il avait porté des vivres à l'armée avec les autres chevaux ; ce qui se trouva comme il le disait, bien qu'il prit tout cela pour un songe. Un autre rapportait qu'une nuit, avant de s'endormir, il avait vu venir à lui un philosophe platonicien de sa connaissance, qui lui avait expliqué certains sentimens de Platon qu'il ne lui avait pas voulu découvrir auparavant. Comme on demandait à ce philosophe pourquoi il avait accordé à cet homme, dans sa maison, ce qu'il lui avait refusé chez soi : Je ne l'ai pas fait, dit-il, mais j'ai songé que je l'avais fait. Et ainsi, l'un vit en veillant, par le moyen d'une image fantastique, ce que l'autre avait rêvé.

Au reste, ces choses nous ont été transmises par des

personnes dignes de foi, et que nous aurions peiné à démentir. Si donc ce que l'on rapporte des Arcades et des compagnons d'Ulysse est vrai, je pense que cela s'est fait comme je viens de le dire. Pour les oiseaux de Diomède, comme on dit que la race en subsiste encore, je pense que ses compagnons ne furent pas métamorphosés en ces oiseaux, mais que ces oiseaux furent supposés en leur place, comme la biche au lieu d'Iphigénie. Il était facile aux démons, avec la permission de Dieu, d'opérer de semblables prestiges. Mais comme Iphigénie fut trouvée vivante après le sacrifice, on jugea aisément que la biche avait été supposée à sa place; tandis que les compagnons de Diomède n'ayant point été trouvés depuis, parce que les mauvais anges les exterminèrent par l'ordre de Dieu, on a cru qu'ils avaient été changés en ces oiseaux que les démons supposèrent pour eux. Quant à ce que ces oiseaux arrosent d'eau le temple de Diomède, caressent les Grecs et persécutent les étrangers, c'est un stratagême des mêmes démons auxquels il importe de faire croire que Diomède est devenu Dieu, afin de tromper les simples, et de leur faire rendre des honneurs divins à des hommes morts qui n'ont pas même vécu en hommes.

LIVRE XVIII.

CHAPITRE XIX.

Enée est venu en Italie au temps où Labdon était juge des Hébreux.

Après la ruine de Troye, Enée aborda en Italie avec vingt navires qui portaient les restes des Troyens. Latinus était roi de cette contrée, comme Mnesthée des Athéniens, Polyphide des Sicyoniens, Tautane des Assyriens, et Labdon juge des Hébreux. Après la mort de Latinus, Enée régna trois ans en Italie, tous les rois dont nous venons de parler étant encore vivans, à la réserve de Polyphide, roi des Sicyoniens, à qui Pélasgus avait succédé. Samson était aussi juge des Hébreux à la place de Labdon, et comme il était extraordinairement fort, on le prit pour Hercule. Comme Enée était disparu après sa mort, les Latins s'en firent un Dieu. Les Sabins mirent aussi au rang des dieux Sangus ou Sanctus, leur premier roi. Environ vers le même temps, Codrus, roi des Athéniens, se déguisa pour se faire tuer par les Péloponésiens, leurs ennemis, et de cette façon sauva son pays. Ceux du Péloponèse avaient reçu réponse de l'oracle qu'ils déferaient les Athéniens s'ils ne tuaient point leur roi : Codrus les trompa en changeant d'habit, et leur disant des injures pour les provoquer à le tuer; d'où vient ce mot de Virgile : « La querelle de Codrus (1). »

(1) Eclog., 5.

Cela fut cause que les Athéniens l'honorèrent comme un dieu. Sous le règne de Sylvius, quatrième roi des Latins et fils d'Enée, non de Creüse, de laquelle il eut Ascagne, troisième roi de ces peuples, mais de Lavinie, fille de Latinus, qui accoucha de Sylvius après la mort d'Enée, Oneus étant le vingt-neuvième roi des Assyriens, Melanthus, le seizième d'Athènes, et le grand prêtre Héli jugeant le peuple Hébreu, la monarchie des Sicyoniens fut éteinte, après avoir duré l'espace de neuf cent cinquante-neuf ans.

CHAPITRE XX.

Succession des rois des Juifs après le temps des Juges.

Ce fut vers ce temps-là que le gouvernement des Juges étant fini parmi les Juifs, ils élurent pour leur premier roi Saül, sous lequel vivait le prophète Samuël. Les rois latins commencèrent alors à s'appeler Sylviens, de Sylvius, fils d'Enée, comme depuis on appela Césars tous les empereurs romains qui succédèrent à Auguste. Après la mort de Saül qui régna quarante ans, David monta sur le trône des Juifs. Depuis que Codrus fut mort, les Athéniens n'eurent plus de rois, mais élurent des magistrats pour gouverner leur république. A David, dont le règne dura aussi quarante ans, succéda son fils Salomon, qui bâtit ce fameux temple de Jérusalem. De son temps, les Latins fondèrent Albe, qui donna son nom à leurs rois. Salomon laissa son royaume à son fils Roboam, sous qui la Judée fut divisée en deux royaumes.

CHAPITRE XXI.

Des rois du Latium, dont le premier et le douzième, c'est-à-dire, Enée et Aventin, furent mis au rang des dieux.

Les Latins eurent onze rois après Enée, qu'ils ne mirent point comme lui au nombre des dieux; mais Aventin, qui fut le douzième, ayant été tué dans un combat et enseveli sur le mont qui porte encore aujourd'hui son nom, eut rang parmi ces belles divinités. D'autres historiens ne veulent pas qu'il soit mort dans la bataille, mais qu'il n'ait plus paru depuis; ni que ce mont ait pris son nom de lui, mais des oiseaux qui vinrent s'abattre dessus (1). Après Aventin, les Latins ne firent plus de dieux que Romulus, fondateur de Rome, qui fut troisième roi depuis lui. Il eut pour successeur immédiat Procas, *la gloire des Troyens*, comme l'appelle Virgile (2). Et ce fut sous le de règne celui-ci que Rome s'enfantant déjà en quelque façon, la grande monarchie des Assyriens prit fin, et passa aux Mèdes, après avoir duré plus de treize cents ans, en la com-

---

(1) Aventin, *ab adventu avium*.
(2) Énéid., 6.

mençant à Bélus, père de Ninus. Amulius succéda à Procas. Ils disent que Rhéa ou Ilia, fille de son frère Numitor et mère de Romulus, qu'il avait fait vestale, conçut deux jumeaux du dieu Mars ; honorant ainsi ou excusant sa débauche ; et, pour le prouver, ils ajoutent que ces deux enfans ayant été exposés par ordre d'Amulius, une louve les alaita. Ils veulent que cet animal soit consacré à Mars, et qu'il ait reconnu les enfans de son maître ; quoiqu'il ne manque pas de gens qui prétendent que ce fut une femme publique qui les recueillit et en prit soin, et les mit ensuite entre les mains de Faustule, l'un des bergers du roi, qui les donna à sa femme Acca pour les nourrir. En effet, ils appelaient ces sortes de femmes des *Louves ;* d'où vient qu'encore aujourd'hui ils appellent de leur nom (1) les lieux de débauche. Mais quand Dieu aurait permis que des bêtes farouches eussent nourri ces enfans qui devaient fonder un si grand empire, pour faire plus de honte à ce roi cruel qui les avait fait jeter dans la rivière, qu'y aurait-il en cela de si merveilleux ? Numitor, grand-père de Romulus, succéda à son frère Amulius, et Rome fut bâtie la première année de son règne. Ainsi il gouverna depuis conjointement avec son petit-fils Romulus.

(1) *Lupanaria.*

LIVRE XVIII.

CHAPITRE XXII.

Fondation de Rome dans le temps que l'empire d'Assyrie prit fin, et qu'Ezéchias était roi de Juda.

Pour le dire en un mot, Rome fut bâtie comme une autre Babylone et comme la fille de la première, dont il a plu à Dieu de se servir pour dompter l'univers, et rassembler toutes ses nations sous un même corps de république. Il y avait alors des peuples puissans et aguerris, qui ne se soumettaient pas aisément, et ne pouvaient être vaincus sans qu'il en coutât beaucoup de peine et de sang aux vainqueurs. Véritablement, lorsque les Assyriens conquirent presque toute l'Asie, les peuples n'étaient ni en si grand nombre ni si exercés aux armes, de sorte qu'ils en eurent bien meilleur marché. Depuis ce grand déluge, dont il ne se sauva que huit personnes, jusqu'à Ninus qui se rendit maître de toute l'Asie, il ne s'était écoulé qu'environ mille ans. Mais Rome ne vint pas si aisément à bout de l'Orient et de l'Occident, et de tant de nations que nous voyons aujourd'hui soumises à son empire; parce qu'elle trouva de toutes parts des ennemis puissans et belliqueux. Lors donc qu'elle fut fondée, il y avait déjà sept cent dix-huit ans que les Juifs demeuraient dans la terre promise, Josué ayant gouverné ce peuple vingt-sept ans, les juges trois cent vingt-neuf ans, et les rois trois cent soixante-deux. Achaz régnait alors en Juda, ou, selon d'autres, son successeur Ezéchias, prince très vertueux qui vivait du temps de Romulus; et Osée tenait le sceptre d'Israël.

CHAPITRE XXIII.

La sibylle Erythrée prophétisa touchant Jésus-Christ.

Quelques-uns tiennent que ce fut en ce temps que parut la sibyle Erythrée. Varron écrit qu'il y en a eu plusieurs. Pour celle-ci, elle a fait quelques prédictions assez claires de Jésus-Christ en vers, qui ont été mal traduits en latin, comme nous l'avons reconnu par un exemplaire grec que le proconsul Flaccien, homme d'un éminent savoir et très éloquent, nous montra; et il nous fit remarquer que les premières lettres de ces vers, jointes ensemble, faisaient en grec : *Jésus-Christ, fils de Dieu, Sauveur;* ce que l'interprète n'a pas pu observer. Or, voici le sens de ces vers selon la version latine : « Aux approches du jugement, la terre » sera glacée de crainte. Le Roi immortel viendra du » ciel juger l'univers ; et alors les bons et les méchans » verront le Dieu tout-puissant accompagné de ses » saints. Il jugera les ames revêtues de leurs corps, » et la terre n'aura plus ni beauté ni verdure. Les » hommes effrayés laisseront à l'abandon leurs trésors » et ce qu'ils avaient de plus précieux. Le feu brûlera » la terre, la mer et le ciel, et ouvrira les portes de » l'enfer. Les bienheureux jouiront d'une lumière

» pure et brillante, et les coupables seront la proie
» des flammes éternelles. Les crimes les plus cachés
» seront découverts et les consciences mises à nu. Le
» soleil perdra sa lumière, et les étoiles seront éteintes.
» La lune s'obscurcira, les cieux seront ébranlés sur
» leurs pôles, et les plus hautes montagnes abattues
» et égalées aux vallons. Toute la machine de l'uni-
» vers sera détruite, et le feu consumera l'eau des
» fleuves et des fontaines. Alors, on entendra sonner
» la trompette, et tout retentira de cris et de plaintes.
» La terre s'ouvrira jusque dans ses abîmes ; les rois
» paraîtront tous devant le tribunal du souverain Juge,
» et les cieux verseront un fleuve de feu et de soufre. »
Au reste, il y a au grec vingt-sept vers, nombre qui
compose le cube de trois. Ajoutez à cela que, si l'on
joint ensemble les premières lettres de ces cinq mots
grecs que nous avons dit signifier *Jésus-Christ, fils
de Dieu, Sauveur*, on trouvera *Ichthus*, qui veut
dire un poisson, nom qui signifie mystiquement le
Sauveur, parce que lui seul a pu demeurer vivant,
c'est-à-dire exempt de péché, au milieu des abîmes
de notre mortalité.

D'ailleurs, que ce poême, dont je n'ai rapporté que
quelques vers, soit de la sibylle Érythrée, ou de celle
de Cumes, car on n'est pas d'accord là-dessus, toujours est-il certain qu'il ne contient rien qui favorise le
culte des faux dieux ; au contraire, il parle en certains
endroits si fortement contre eux et contre leurs adorateurs, qu'il me semble qu'on peut mettre cette sybille
au nombre de ceux qui composent la Cité de Dieu.
Lactance insère aussi dans ses œuvres quelques pré-

dictions de la sibylle touchant Jésus-Christ ; mais il ne dit point de laquelle. J'ai jugé à propos de rapporter ici tout de suite quelques allégations qui se trouvent éparses en divers endroits de son livre. « Ensuite, dit-elle, il tombera entre les mains des méchans, qui lui donneront des soufflets et lui couvriront le visage de crachats. Pour lui, il présentera sans résistance son dos innocent aux coups de fouet, et il se laissera souffleter sans rien dire, afin que personne ne connaisse qui il est, ni d'où il vient, et qu'il parle aux enfers et soit couronné d'épines. Par une inhumanité barbare, ils lui ont donné du fiel à manger et du vinaigre à boire. Car, folle nation que tu es, tu n'as pas reconnu ton Dieu qui se moquait de toute la sagesse des hommes, mais tu l'as couronné d'épines et nourri de fiel. Le voile du temple se rompra, et il y aura de grandes ténèbres en plein jour pendant trois heures. Il mourra et s'endormira durant trois jours. Et puis retournant à la lumière, il sera les prémices de la résurrection. » Voilà ce que Lactance rapporte en plusieurs lieux de ses ouvrages, et que nous avons réuni en marquant toujours néanmoins les premières lettres de chaque vers. Quelques auteurs écrivent que la sibylle Erythrée n'était pas du temps de Romulus, mais de la guerre de Troye.

CHAPITRE XXIV.

Les sept Sages ont fleuri sous le règne de Romulus; dans le temps où les dix tribus d'Israël furent menées captives en Chaldée.

Sous le règne de ce même Romulus vivait Thalès le Milésien, l'un des sept Sages, qui succédèrent aux poètes. Environ le même temps, les dix tribus d'Israël furent vaincues par les Chaldéens et emmenées captives, les deux autres n'ayant point eu de part à ce malheur. Romulus ne paraissant point après sa mort, les Romains le mirent au rang des dieux, ce qui ne se pratiquait plus depuis long-temps, et ne se fit dans la suite à l'égard des Césars que par flatterie. Cicéron prend de là occasion de louer extraordinairement Romulus, d'avoir mérité cet honneur dans un siècle aussi poli que celui-là, bien qu'il n'y eût point encore de philosophes. Mais quoique les siècles suivans n'aient plus fait de nouvelles divinités, ils n'ont pas laissé d'adorer les anciennes, et même d'augmenter la superstition par des statues, chose inconnue aux anciens. Les démons les portèrent même à représenter sur les théâtres les crimes supposés des dieux, et à consacrer des jeux en leur honneur, pour renouveler ainsi ces fables, parce que le monde était trop civilisé pour en introduire de nouvelles. Numa succéda à Romulus; et bien qu'il eût peuplé Rome d'une infinité de dieux, il n'eut pas le bonheur, après sa mort, d'être de ce nombre ; peut-être parce qu'on crut que le ciel en était si plein, qu'il n'y restait pas de place pour lui. On dit que la sibyle Samienne était de son temps, vers le commencement du règne de Manassé, roi des Juifs, qui fit mourir cruellement le prophète Isaïe.

CHAPITRE XXV.

Philosophes qui se sont signalés sous le règne de Sédéchias, roi des Juifs, et de Tarquin l'Ancien, roi des Romains, au temps de la prise de Jérusalem et de la ruine du temple.

Sous le règne de Sédéchias, roi des Juifs, et de Tarquin l'Ancien, roi des Romains, qui avait succédé à Ancus Martius, le peuple juif fut mené captif en Babylone, après la ruine de Jérusalem et du temple de Salomon. Ce malheur leur avait été prédit par les prophètes, et particulièrement par Jérémie, qui même en avait marqué l'année. Pittacus, Mitilénien, l'un des sept Sages, vivait en ce temps-là, et Eusèbe y joint les cinq autres, car Thalès vivait dès auparavant ; savoir : Solon, Chilon, Périandre, Cléobule et Bias. Ils furent nommés Sages, parce que leur genre de vie avait quelque chose au-dessus du commun, et qu'ils ont donné quelques préceptes courts et utiles pour les mœurs. Du reste, ils n'ont point laissé d'autres écrits à la postérité, si ce n'est quelques lois qu'on dit que

Solon donna aux Athéniens. Thalès a aussi laissé quelques livres de physique, qui contiennent sa doctrine. D'autres physiciens parurent encore en ce temps, comme Anaximandre, Anaximène et Xénophane. Pythagore florissait aussi alors, et c'est lui qui porta le premier le nom de philosophe.

CHAPITRE XXVI.

Fin de la captivité de Babylone, et du règne des rois de Rome.

En ce temps-là, Cirus, roi de Perse, qui commandait aussi aux Chaldéens et aux Assyriens, relâchant un peu de la captivité des Juifs, en renvoya cinquante mille pour rebâtir le temple. Mais ils en jetèrent seulement les fondemens et dressèrent un autel, à cause des courses continuelles des ennemis ; de sorte que l'ouvrage fut différé jusqu'au règne de Darius. Ce fut alors qu'arriva ce qui est rapporté dans l'histoire de Judith, que les Juifs ne reçoivent point parmi les livres canoniques. Sous le règne donc de Darius, roi des Perses, les soixante et dix années prédites par Jérémie étant accomplies, la liberté fut rendue aux Juifs du temps de Tarquin le Superbe, roi des Romains, qui le chassèrent et s'affranchirent de la domination de leurs rois. Jusque là il y eut toujours des prophètes parmi les Juifs; mais vu leur grand nombre, il y en a peu dont les écrits soient reçus comme canoniques, tant par les Juifs que par nous. Sur la fin du livre précédent j'ai promis d'en dire quelque chose, et il est temps de m'acquitter de ma promesse.

CHAPITRE XXVII.

Prophètes qui s'élevèrent parmi les Juifs au commencement de l'empire romain.

Afin que nous puissions bien voir en quel temps ils vivaient, remontons un peu plus haut. Le livre d'Osée, qui est le premier des douze petits prophètes, porte en tête : « Voici ce que le Seigneur a dit à Osée du temps » d'Ozias, de Joathan, d'Achas et d'Ezéchias, rois Juda (1). » Amos de même dit (2) qu'il prophétisa sous Ozias ; il ajoute aussi sous Jéroboam, roi d'Israël, qui vivait vers ce temps-là. Isaïe, fils d'Amos, soit du prophète ou d'un autre qui ne l'était pas, indique au commencement de son ouvrage (3) les quatre rois dont parle Osée au début du sien, et déclare comme lui qu'il prophétisa sous leur règne. Michée marque aussi le temps de sa prophétie après Ozias (4), sous Joachan, Achas et Ezéchias. Il faudrait y joindre Jonas et Johel, dont l'un prophétisa sous Ozias, et l'autre sous Joa-

---

(1) Osée, I, 1.
(2) Amos, I, 1.
(3) Isaïe, 1, 1.
(4) Michée, 1, 1.

than, au moins selon les chronologistes, car eux-mêmes n'en disent rien. Or, tout cet espace de temps s'étend depuis Procas, roi des Latins, ou Aventin son prédécesseur, jusqu'à Romulus, roi des Romains, ou même jusqu'au commencement du règne de son successeur Numa Pompilius : jusqu'où s'étend celui d'Ezéchias. Ainsi, ce fut en cet espace de temps que parurent comme ces sources de prophéties, sur la fin de l'empire des Assyriens, et au commencement de celui des Romains ; afin que, comme à la naissance de la monarchie des Assyriens, les promesses du Messie furent faites à Abraham, elles fussent renouvelées à ces prophètes au commencement de celle des Romains et de la Babylone d'Occident, sous le règne de laquelle elles devaient s'accomplir par l'avènement de Jésus-Christ. Ces dernières prophéties sont encore plus claires que les autres, comme ne devant pas seulement servir aux juifs, mais aux payens.

CHAPITRE XXVIII.

Vocation des gentils prédite par Osée et par Amos.

Il est vrai qu'Osée est quelquefois profond et difficile ; mais il faut en rapporter ici quelque chose pour m'acquitter de ma promesse : « Et il arrivera, dit-il, qu'au
» même lieu où il est écrit : Vous n'êtes point mon
» peuple, ils seront aussi appelés les enfans du dieu

» vivant (1). » Les apôtres même ont entendu cette prophétie de la vocation des gentils. Et comme les gentils sont aussi spirituellement les enfans d'Abraham, et qu'ainsi on a raison de les appeler le peuple d'Israël; le prophète ajoute : « Et les enfans de Juda » et d'Israël seront rassemblés en un même corps et » n'auront plus qu'un chef, et ils s'élèveront sur la » terre (2). » Ce serait ôter la grace à cette prophétie que de la vouloir expliquer davantage. Qu'on se souvienne seulement de la pierre angulaire et de ces deux murailles, l'une composée des Juifs, et l'autre des gentils; celle-là sous le nom de Juda, et celle-ci sous le nom d'Israël, s'appuyant toutes deux sur un même chef, et toutes deux s'élevant sur la terre. A l'égard de ces israélites charnels, qui ne veulent pas croire en Jésus-Christ, le même prophète témoigne qu'ils croiront un jour en lui, c'est-à-dire à leurs enfans, lorsqu'il dit : « Les enfans d'Israël demeureront long- » temps sans roi, sans prince, sans sacrifice, sans » autel, sans sacerdoce, sans prophéties (3). » Qui ne voit que c'est l'état où sont maintenant les Juifs? Mais écoutons ce qu'il ajoute : « Et après cela, les enfans » d'Israël reviendront et chercheront le Seigneur leur » dieu, et leur roi David; et ils s'étonneront de leur » aveuglement et de la grace de Dieu dans les der- » niers temps (4). » Il n'y a rien de plus clair que

(1) Osée, 1, 10.
(2) Ibid., 11.
(3) Id., 3, 4.
(4) Ibid, 5.

cette prophétie, où Jésus-Christ est marqué par David, parce que, comme dit l'apôtre : « Il est né selon la chair de la race de David (1). » Ce même prophète a prédit la résurrection du Sauveur au troisième jour, mais d'une manière mystérieuse et prophétique, lorsqu'il a dit : « Il nous guérira après deux jours, et nous ressusciterons le troisième (2). » C'est d'après cela que l'apôtre nous dit : « Si vous êtes ressuscités avec Jésus-Christ, cherchez les choses du ciel (3). » Voici encore une prophétie d'Amos sur ce sujet : « Israël, dit-il, préparez-vous pour invoquer votre Dieu ; car c'est moi qui fait gronder le tonnerre, qui forme les tourbillons, et qui annonce aux hommes leur Sauveur (4). » Et ailleurs : « En ce jour là, dit-il, je releverai le pavillon de David qui est tombé, et je rétablirai tout ce qui est détruit, je le remettrai au même état qu'il était le premier jour ; en sorte que tout le reste des hommes me chercheront, et toutes les nations qui deviendront mon peuple, dit le Seigneur qui fait ces merveilles (5).

(1) Rom., 8, 32.
(2) Osée, 6, 1.
(3) Coloss., 3, 1.
(4) Amos, 4, 12.
(5) Id., 9, 11.

CHAPITRE XXIX.

Prophéties d'Isaïe touchant Jésus-Christ et son Eglise.

Isaïe n'est pas du nombre des douze petits prophètes, qu'on nomme ainsi parce qu'ils ont écrit peu de chose au prix de ceux qu'on appelle les grands prophètes. Parmi ceux-là est Isaïe, que je joins à Osée et à Amos, parce qu'il était du même temps. Ce prophète donc, entre les instructions qu'il donne au peuple et les menaces qu'il lui fait de la part de Dieu, a prédit beaucoup plus de choses que tous les autres, de Jésus-Christ et de son Eglise, c'est-à-dire du roi de gloire et de la Cité qu'il a bâtie, tellement qu'il y en a qui disent que c'est plutôt un évangéliste qu'un prophète. Mais, pour abréger, je n'en rapporterai ici qu'un seul endroit. Il dit en la personne de Dieu le Père : « Mon
» fils sera rempli de science et de sagesse ; il sera com-
» blé d'honneur et de gloire. Comme il servira d'un
» spectacle d'horreur à plusieurs qui le verront désho-
» noré et défiguré, il sera un sujet d'admiration à une
» infinité de peuples, et les rois pleins d'étonnement
» demeureront dans un profond silence, parce que
» ceux à qui il n'a point été annoncé le verront, et
» ceux qui n'ont point entendu parler de lui sauront
» qui il est. Seigneur, qui a cru à ce qu'il nous a ouï
» dire, et à qui le bras de Dieu a-t-il été révélé ? Nous

» bégaierons devant lui comme un enfant, et notre
» langue sera sèche comme une racine dans une terre
» sans eau. Il n'a ni gloire ni beauté. Nous l'avons vu
» qu'il n'avait ni grace ni majesté, et que le dernier
» des hommes était moins difforme que lui. C'est un
» homme en butte aux coups et accablé de faiblesse.
» Il a caché sa gloire, c'est pourquoi il a été méprisé
» et déshonoré. Il porte nos péchés, et c'est pour nous
» qu'il souffre ; et nous croyons que c'était pour ses
» crimes. Cependant c'est pour nos iniquités qu'il a
» été couvert de blessures, et c'est nos péchés qui l'ont
» réduit en cet état de faiblesse. Il nous a procuré la
» paix par ses souffrances, et ses plaies ont été notre
» guérison. Nous étions tous comme des brebis égarées ;
» tous les hommes s'étaient écartés du droit chemin,
» et le Seigneur l'a livré pour nos péchés, et il n'a
» pas ouvert la bouche pour se plaindre. Il a été mené
» comme une brebis à la boucherie, et il est demeuré
» muet comme un agneau qu'on tond. Son abaisse-
» ment lui a servi d'un degré pour monter à la gloire ;
» qui pourra raconter sa génération ? Il sera enlevé
» du monde, et les péchés de mon peuple le condui-
» ront au supplice. Sa sépulture coûtera la vie aux
» méchans, et les riches porteront la vengeance de sa
» mort ; parce qu'il n'a fait aucun mal, qu'il n'y a
» en lui ni artifice ni déguisement, et que le Seigneur
» veut le guérir de ses blessures. Si vous souffrez la
» mort pour vos péchés, vous verrez une longue pos-
» térité. Le Seigneur veut le délivrer de toute douleur,
» lui rendre le jour, remplir son esprit de lumière,
» justifier le juste qui s'est sacrifié pour plusieurs, et

» qui s'est chargé de leurs péchés. Aussi s'acquerra-t-il
» un domaine sur plusieurs, et il partagera les dé-
» pouilles des puissans ; parce qu'il a été livré à la
» mort et mis au rang des scélérats, qu'il a porté les
» péchés de plusieurs, et qu'il est mort pour leurs
» péchés (1). » Voilà ce qu'il dit de Jésus-Christ.

Voyons ce qu'il ajoute de l'Eglise: « Rejouissez-vous,
» stérile qui n'enfantez point ; éclatez en cris de joie,
» vous qui ne concevez point ; car celle qui est aban-
» donnée aura plus d'enfans que celle qui a un mari.
» Etendez le lieu de votre demeure, et dressez vos
» pavillons. Ne ménagez point le terrain, prenez de
» grands allignemens, et enfoncez de bons pieux en
» terre. Etendez-vous à droite et à gauche, car votre
» postérité possédera les nations comme son héritage,
» et vous peuplerez les cités désertes. Vous êtes main-
» tenant honteuse à cause des reproches qu'on vous
» fait ; mais ne craignez rien, cette honte sera ense-
» velie dans un éternel oubli, et vous ne vous sou-
» viendrez plus de l'opprobre de votre veuvage, parce
» que le Seigneur qui vous a créée s'appelle le Dieu
» des armées ; et celui qui vous a délivrée est le Dieu
» d'Israël et de toute la terre (2). » En voilà assez ; et
bien qu'il se trouve certaines choses dans ces passages
qui auraient besoin d'explication, il en est d'autres
qui sont si claires, que nos ennemis même les entendent malgré qu'ils en aient.

(1) Isaïe, 52, 13 et suiv.
(2) Id., 54, 1.

LIVRE XVIII.

CHAPITRE XXX.

Prophéties de Michée, Jonas et Joël qui regardent Jésus-Christ.

Le prophète Michée, parlant de Jésus-Christ sous la figure d'une haute montagne, dit ceci : « Dans les
» derniers temps, la montagne du Seigneur paraîtra
» élevée au-dessus des plus hautes montagnes, et les
» peuples s'y rendront en foule de toutes parts, et di-
» ront : Venez, montons sur la montagne du Sei-
» gneur, et allons en la maison du Dieu de Jacob, et
» il nous enseignera le chemin qui mène à lui, et
» nous marcherons dans ses sentiers. Car la loi sortira
» de Sion, et la parole du Seigneur de Jérusalem. Il
» jugera plusieurs peuples, et s'assujétira des nations
» puissantes pour long-temps (1). » Le même prophète dit du lieu de la naissance du Sauveur: « Et toi,
» Bethléem, maison d'Ephrata, tu es trop petite pour
» être mise au rang de ces villes de Juda qui fournis-
» sent des milliers d'hommes, et cependant c'est de
» toi que sortira le prince d'Israël. Sa sortie est dès le
» commencement et de toute éternité. C'est pourquoi
» il les abandonnera jusqu'au temps où celle qui est
» en travail d'enfant doit accoucher, et le reste de ses
» frères se rangeront avec les enfans d'Israël. Il s'arrê-

(1) Mich., 4, 1 et suiv.

» tera, il contemplera et il paîtra son troupeau par
» l'autorité et le pouvoir qu'il en a reçu du Seigneur;
» et ils rendront leurs hommages au Seigneur leur
» Dieu, parce qu'il sera glorifié jusqu'aux extrémités
» de la terre (1). »

Le prophète Jonas n'a pas tant annoncé le Sauveur par ses discours que par ses travaux. Pourquoi a-t-il été englouti par une baleine (2) et vomi le troisième jour, sinon pour signifier la résurrection de Jésus-Christ ?

Pour Joël, il faudrait s'engager dans un long discours pour expliquer toutes les prophéties qu'il a faites de Jésus-Christ et de l'Eglise. Toutefois, j'en rapporterai un passage que les apôtres même alléguèrent (3) quand le saint Esprit descendit sur les fidèles assemblés, comme Jésus-Christ l'avait promis. « Après cela,
» dit-il, je répandrai mon esprit sur toute chair. Vos
» fils et vos filles prophétiseront, vos vieillards auront
» des songes, et vos jeunes gens des visions. En ce
» temps-là, je répandrai mon esprit sur mes servi-
» teurs et sur mes servantes (4). »

(1) Mich., 5, 2 et suiv.
(2) Jonas, 2, 1.
(3) Act., 2, 17.
(4) Joël, 2, 28 et 29.

LIVRE XVIII.

CHAPITRE XXXI.

Salut du monde par Jésus-Christ, prédit par Abdias, Nahum et Abacuc.

Trois des petits prophètes, Abdias, Nahum et Abacuc, ne disent rien du temps où ils ont prophétisé, et l'on n'en trouve rien non plus dans la chronologie d'Eusèbe et de Jérôme. Il est vrai qu'ils joignent Abdias à Michée; mais je pense que c'est une faute de copiste, car ils mettent Abdias sous Josaphat, et il est certain que Michée n'est venu que beaucoup depuis. Pour les deux autres, ils n'en parlent point du tout. Toutefois, comme ils sont reçus parmi les livres canoniques, il ne faut pas que nous les omettions. Abdias, le plus court de tous les prophètes, parle contre le peuple d'Idumée, c'est-à-dire contre Esaü, l'aîné des deux enfans d'Isaac, qui fut réprouvé. Que si par l'Idumée nous entendons toutes les nations, en prenant la partie pour le tout, comme cela est assez ordinaire dans le langage des hommes, nous pouvons fort bien expliquer de Jésus-Christ ce qu'il dit entre autres choses : « Le salut et la sainteté seront sur la » montagne de Sion (1) ; » et un peu après, sur la fin de cette prophétie : « Ceux qui ont été rachetés de la » montagne de Sion s'élèveront pour défendre la mon-

___
(1) Abd., v. 17.

» tagne d'Esaü et y faire régner le Seigneur. » Il est évident que ceci a été accompli lorsque ceux qui ont été rachetés de la montagne de Sion, c'est-à-dire les fidèles de la Judée, et surtout les apôtres, se sont élevés pour défendre la montagne d'Esaü. Comment l'ont-ils défendue, si ce n'est par la prédication de l'Evangile, en sauvant ceux qui ont cru, et les tirant de la puissance des ténèbres pour les faire passer au royaume de Dieu? C'est ce qui est ensuite exprimé par ces paroles : « Afin d'y faire régner le Seigneur. » En effet, la montagne de Sion signifie la Judée, où devait commencer le salut et paraître la sainteté, qui est Jésus-Christ; et la montagne d'Esaü est l'Idumée, figure de l'Eglise des gentils, que ceux qui ont été rachetés de la montagne de Sion ont défendue, comme je viens de le dire, pour y faire régner le Seigneur. Cela était obscur avant d'arriver; mais qui ne le comprend depuis l'évènement?

Pour le prophète Nahum, voici comme il parle, ou plutôt comme Dieu parle par lui : « Je briserai, dit-
» il, les idoles taillées, et celles qui sont de fonte, et
» les ensevelirai, parce que voici sur les montagnes
» les pieds légers de ceux qui portent et annoncent la
» paix. Juda, solennisez vos fêtes, et rendez vos vœux;
» car vos jours de fêtes ne vieilliront plus désormais.
» Tout est consommé, tout est accompli. Celui qui
» souffle contre votre face, et qui délivre de l'afflic-
» tion, va monter (1). » Qui est monté des enfers, et qui a soufflé contre la face de Juda, c'est-à-dire des

---

(1) Nahum., 1, 14.

Juifs ses disciples, sinon celui qui leur a communiqué son esprit après sa résurrection? Ceux dont les fêtes se renouvellent de telle sorte qu'elles ne peuvent plus vieillir, appartiennent au nouveau Testament. Du reste, nous voyons les idoles des faux dieux détruites par l'Evangile, et comme ensevelies dans l'oubli; et nous reconnaissons cette prophétie encore accomplie en ce point. Quant à Abacuc, de quel autre avènement que de celui du Sauveur peut-il parler quand il dit: « Le Seigneur me répondit: Ecrivez nettement cette » vision dans le buis, afin que celui qui la lira l'en- » tende. Car cette vision s'accomplira sans faute à la » fin, quoique l'accomplissement n'en soit pas encore » si proche. S'il tarde à venir, attendez-le en patience, » car il va venir sans délai (1). »

CHAPITRE XXXII.

Prophéties du cantique d'Abacuc.

Et dans sa prière ou son cantique, à quel autre qu'au Sauveur, dit-il: « Seigneur, j'ai entendu ce que vous » m'avez fait entendre, et j'ai été saisi de frayeur; » j'ai contemplé vos ouvrages, et j'en ai été épou- » vanté (2). » Qu'est-ce que cela qu'une surprise extraordinaire à la vue du salut des hommes que Dieu

---

(1) Abacuc., 2, 2 et 3.
(2) Id., 3, 1.

lui avait fait connaître : « Vous serez reconnu au milieu
» de deux animaux. » Qu'est-ce, sinon, ou au milieu
des deux Testamens, ou au milieu des deux larrons,
ou au milieu de Moïse et d'Elie, qui parlaient avec
lui sur la montagne où il se transfigura ? « Vous serez
» connu dans la suite des temps. » Cela est trop clair
pour avoir besoin qu'on l'explique. « Lorsque mon
» ame sera troublée, au plus fort de votre colère vous
» vous souviendrez de votre miséricorde. » Il dit ceci
en la personne des Juifs ; parce que, dans le temps
qu'ils crucifiaient Jésus-Christ transportés de fureur,
Jésus se souvenant de sa miséricorde, dit : « Mon père,
» pardonnez-leur, car ils ne savent ce qu'ils font.
» Dieu viendra de Théman, et le Saint viendra de
» la montagne couverte d'une ombre épaisse (1). D'autres, au lieu de Théman, traduisent du côté du Midi ;
ce qui marque l'ardeur de la charité et l'éclat de la vérité. Pour la montagne couverte d'une ombre épaisse,
on peut l'expliquer de différentes façons ; mais il me
paraît mieux de l'entendre de la profondeur des écritures qui contiennent les prophéties de Jésus-Christ.
Il y a dans le fait beaucoup de choses obscures et
cachées qui exercent ceux qui les veulent pénétrer.
Or, Jésus-Christ sort de ces ténèbres, quand celui
qui les développe l'y trouve. « Il a fait éclater son
» pouvoir dans les cieux, et la terre est pleine de ses
» merveilles. » C'est ce que le psalmiste dit quelque
part : « Mon Dieu, montez au-dessus des cieux et
» faites éclater votre gloire par toute la terre. Sa

(1) Luc, 23, 34.

» splendeur sera aussi vive que la plus vive lumière (1); » c'est-à-dire que le bruit de son nom fera ouvrir les yeux aux fidèles. « Il tiendra des cornes en ses mains : » c'est le trophée de la croix. « Il a mis sa force dans la » charité : » cela n'a point besoin d'explication. « La » parole marchera devant lui et le suivra; » c'est-à-dire qu'il a été prédit avant qu'il vînt, et annoncé depuis qu'il s'en est allé. « Il s'est arrêté et la terre a » été ébranlée : » il s'est arrêté pour nous secourir, et la terre a été mue à croire. « Il a tourné les yeux sur » les nations, et elles ont séché : » il a eu pitié d'elles, et elles ont été touchées de repentir. « Les montagnes » ont été mises en poudre par un grand effort; » c'est-à-dire que l'orgueil des superbes a cédé à la force des miracles. « Les collines éternelles ont été abais- » sées : » elles ont été humiliées pour un temps, afin d'être élevées pour l'éternité. « J'ai vu ses entrées éter- » nelles et triomphantes, le prix de ses travaux, » c'est-à-dire : J'ai reconnu que les travaux de la charité recevront une récompense éternelle. « Les Ethiopiens » et les Madianites seront remplis d'étonnement : » les peuples surpris de tant de merveilles, ceux même qui ne sont pas sous l'empire romain seront sous celui de Jésus-Christ. « Vous mettrez-vous en colère, » Seigneur, contre les fleuves, et déchargerez-vous » votre fureur sur la mer ? » C'est qu'il ne vient pas maintenant pour juger le monde, mais pour le sauver. « Vous monterez sur vos chevaux, et vos courses pro-

---

(1) Ps., 56, 7.

» duiront le salut ; » c'est-à-dire : Vos évangélistes vous porteront, parce que vous les conduisez ; et votre Evangile procure le salut à ceux qui croient en vous. « Vous banderez votre arc contre les sceptres, dit le » Seigneur ; » vous menacerez de votre jugement, même les rois de la terre. « La terre s'ouvrira pour » recevoir les fleuves dans son sein. » Les cœurs des hommes, à qui il est dit : « Déchirez vos cœurs et » non pas vos vêtemens (1), » s'ouvriront pour recevoir la parole des prédicateurs, et confesser le nom de Jésus-Christ. « Les peuples vous verront et s'affligeront ; » c'est-à-dire qu'ils pleureront, afin d'être bienheureux (2). « En marchant, vous ferez rejaillir » de l'eau de toutes parts : » vous répandrez de tous côtés des torrens de doctrine en marchant dans vos prédicateurs. « Une voix est sortie du creux de l'a- » bîme ; » c'est-à-dire que le cœur de l'homme, qui est un abîme, n'a pu retenir ce qu'il pensait de vous, et a publié votre gloire partout. « La profondeur de » son imagination ; » c'est une explication de ce qui précède ; et il faut sous-entendre, a fait entendre sa voix et a publié ce qu'elle voyait. « Le soleil s'est levé » et la lune a gardé son rang : » Jésus-Christ est monté au ciel, et l'Eglise a été ordonnée sous son roi. « Vous » lancerez vos flèches en plein jour, » parce que votre parole sera prêchée publiquement. « Et elles brilleront » à la lueur de vos armes. » Il avait dit à ses disciples :

(1) Joël., 2, 13.
(2) Matth., 5, 5.

« Dites en plein jour ce que je vous dis dans les ténè-
» bres (1). » « Vos menaces abaisseront la terre; » c'est-
a-dire humilieront les hommes. « Et vous abattrez les
» nations dans votre fureur; » parce que vous dompte-
rez les superbes, et ferez tomber vos vengeances sur
leur tête. « Vous êtes sorti dans l'intention de sauver
» votre peuple, pour sauver vos Christs, et vous avez
» donné les méchans en proie à la mort : » cela est
clair. » Vous les avez chargés de chaînes : » par ces
chaînes on peut aussi entendre la sagesse. « Vous avez
» mis des entraves à leurs pieds, et un carcan à leur
» cou. Vous les avez rompues avec étonnement : » il
faut sous-entendre les chaînes. De même qu'il a noué
celles qui sont bonnes, il a brisé les mauvaises; d'où
vient cette parole du pseaume : « Vous avez rompu
» mes chaînes (2) avec étonnement; » c'est-à-dire avec
l'admiration de tous ceux qui ont été témoins de cette
merveille. « Les plus grands en seront touchés; ils
» seront affamés comme un pauvre qui mange en
» cachette : » c'est que quelques-uns des premiers des
Juifs, touchés des paroles et des miracles du Sauveur,
le venaient trouver, et, pressés de faim, mangeaient
en secret le pain de sa doctrine, à cause qu'ils craignaient les Juifs, comme le remarque l'Evangile (3).
« Vous avez poussé vos chevaux dans la mer, et troublé
» ses eaux; » c'est-à-dire les peuples. Les uns ne se
convertiraient pas par crainte, et les autres ne persé-

(1) Matth., 10, 27.
(2) Ps. 115, 7.
(3) Jean, 17, 38.

cuteraient pas avec fureur, si tous n'étaient troublés: « J'ai contemplé ces choses, et mes entrailles en ont » été émues. La frayeur a pénétré jusque dans mes » os, et toute ma constitution en a été changée. » Faisant réflexion sur ce qu'il disait, il en a été lui-même épouvanté. Il prévoyait ce tumulte des peuples, suivi de grandes persécutions contre l'Eglise, et aussitôt s'en reconnaissant un membre : « Je me reposerai, » dit-il, au temps de l'affliction, » comme étant de ceux qui, comme dit l'apôtre (1), se réjouissent en espérance, et souffrent constamment l'affliction. « Afin » d'aller trouver le peuple qui a été étranger ici-bas » comme moi, » en s'éloignant de ce peuple méchant qui lui était uni selon la chair, et qui n'était point étranger en ce monde, et ne cherchait point la céleste patrie. « Car le figuier ne portera point de fruit, ni » la vigne de raisin. Les oliviers tromperont l'attente » du laboureur, et la campagne ne produira rien. » Les brebis mourront faute de pâturage, et il n'y » aura plus de bœufs dans les étables. » Il voyait que cette nation, qui devait mettre à mort Jésus-Christ, perdrait les biens spirituels qu'il a prophétiquement figuré par les temporels; et parce que la colère du ciel est tombée sur ce peuple, à cause qu'ignorant la justice de Dieu (2), il a voulu établir la sienne à sa place, il ajoute aussitôt: « Mais moi je me réjouirai au Seigneur, » je me réjouirai en mon Sauveur et mon Dieu. Le » Seigneur mon Dieu est ma force, il affermira mes

(1) Rom., 12, 12.
(2) Id., 10, 3.

» pas jusqu'à la fin. Il me retirera en un lieu fort d'as-
» siette, afin que je vainque par son cantique; » c'est-
à-dire par ce cantique dont le psalmiste dit quelque
chose de pareil en ces termes: « Il a affermi mes pieds
» sur la pierre, et il a conduit mes pas. Il m'a mis en
» la bouche un nouveau cantique, un hymne à la
» louange de notre Dieu (1). » Celui-là donc triomphe
par le cantique du Seigneur, qui se plaît à entendre
les louanges de Dieu, et non pas les siennes, « afin
» que celui qui se glorifie, ne se glorifie que dans le
» Seigneur (2). » Au reste, quelques exemplaires portent : « Je me réjouirai en Dieu mon Jésus; » ce qui
me paraît meilleur que « en Dieu mon Sauveur, »
parce que Jésus est un nom plein de douceur et de
confiance.

CHAPITRE XXXIII.

Prophéties de Jérémie et de Sophonias touchant Jésus-Christ et la vocation des gentils.

Jérémie est du nombre des grands prophètes, aussi
bien qu'Isaïe. Il prophétisa sous Josias, roi de Jérusalem, et sous Ancus Martius, roi des Romains, la captivité des Juifs étant proche; et sa prophétie alla jusqu'au
cinquième mois de cette captivité, comme il le dit

---

(1) Ps. 39, 3.
(2) I Cor., 1, 31.

lui-même. On lui joint Sophonias, l'un des petits prophètes, parce qu'il prophétisa aussi sous Josias, comme lui-même le témoigne; mais il ne dit point combien de temps. Jérémie prophétisa donc non-seulement du temps d'Ancus Martius, mais de Tarquin l'Ancien, cinquième roi des romains, qui l'était déjà lorsque les Juifs furent emmenés captifs. Jérémie dit donc de Jésus-Christ : « Le Seigneur, le Christ par
» qui nous respirons, a été pris pour nos péchés (1); »
marquant ainsi en peu de paroles et que Jésus-Christ est notre Seigneur, et qu'il a souffert pour nous. Et dans un autre endroit : « Celui-ci est mon Dieu, et
» nul autre n'est comparable à lui. Il est l'auteur de
» toute sagesse, et il l'a donnée à Jacob son serviteur,
» et à Israël son bien-aimé. Après cela il a été vu sur
» terre, et il a conversé parmi les hommes (2). »
Quelques-uns n'attribuent pas ce témoignage à Jérémie, mais à Baruch, son secrétaire, quoiqu'ordinairement on le donne au premier. Le même prophète parlant encore du Messie : « Voici venir le temps, dit
» le Seigneur, que je ferai sortir du tronc de David
» un germe glorieux. Il régnera et sera rempli de sa-
» gesse, et fera justice sur la terre. Alors Juda sera
» sauvé, et Israël demeurera en sureté, et ils l'ap-
» pelleront le Seigneur notre justice (3). » Voici comme il parle de la vocation des gentils, qui devait arriver, et que nous voyons maintenant accomplie :

(1) Lament., 4, 20.
(2) Baruch, 3, 5.
(3) Jérém., 23, 5.

« Seigneur, mon Dieu et mon refuge au temps de
» l'affliction, les nations viendront à vous des extré-
» mités de la terre, et diront : Il est vrai que nos pères
» ont adoré de vaines statues qui ne sont bonnes à
» rien (1). » Et parce que les Juifs ne devaient pas le
connaître, et qu'il fallait qu'ils le fissent mourir, le
même prophète en parle de la sorte : « Leur esprit est
» extrêmement pesant : c'est un homme ; qui le con-
» naîtra (2) ? » Ce passage que j'ai rapporté au dix-
septième livre touchant le nouveau Testament, dont
Jésus-Christ est le médiateur, est encore de Jérémie :
« Voici venir le temps, dit le Seigneur, que je con-
» tracterai une nouvelle alliance avec la maison de
» Jacob, etc. (3).

Pour Sophonias, qui prophétisait du même temps
que Jérémie, je suis bien aise d'en mettre toujours ici
quelque chose au sujet de Jésus-Christ. Voici donc
comme il en parle : « Attendez que je ressuscite, dit
» le Seigneur, car j'ai résolu d'assembler les nations
» et les royaumes (4); » et encore : « Le Seigneur leur
» sera redoutable ; il exterminera tous les dieux de la
» terre, et toutes nations l'adoreront, chacune en son
» pays (5); » et un peu après : « Je ferai que tous les
» peuples parleront comme ils doivent ; ils invoque-
» ront tous le nom du Seigneur, et lui seront assu-

(1) Jérém., 16, 19.
(2) Id., 17, 9.
(3) Id., 31, 31.
(4) Sophon., 3, 8.
(5) Id., 2, 11.

» jétis. Ils m'apporteront des victimes des bords des
» fleuves d'Ethiopie. Alors vous n'aurez plus de con-
» fusion de toutes les impiétés que vous avez commises
» contre moi, car j'effacerai toute la malice de vos
» offenses, et il ne vous arrivera plus de vous enor-
» gueillir sur ma montagne sainte. Je rendrai votre
» peuple doux et modeste, et les restes d'Israël crain-
» dront le Seigneur (1). » C'est de ces restes dont l'a-
pôtre (2) a dit après un autre prophète (3) : « Quand
» le nombre des enfans d'Israël égalerait le sable de la
» mer, il n'y aura que les restes qui seront sauvés ; »
car les restes de cette nation ont cru au Messie.

CHAPITRE XXXIV.

Prédictions de Daniel et d'Ezéchiel sur le même sujet.

Daniel et Ezéchiel, deux des grands prophètes, prophétisèrent pendant la captivité même de Babylone ;
et le premier a été jusqu'à marquer le nombre des
années jusqu'à l'avènement et à la passion du Sauveur.
Cela serait long à supputer, et a déjà été fait par d'autres avant nous ; mais voici comme il parle de sa puissance et de sa gloire : « J'eus une vision en dormant,

---

(1) Sophon., 3, 9.
(2) Rom., 9, 27.
(3) Isaïe, 10, 22.

» où je voyais le fils de l'homme environné de nuées,
» qui vint jusqu'à l'ancien des jours. Comme on le lui
» eût présenté, il lui donna puissance, honneur et
» empire, avec ordre à tous les peuples, à toutes les
» tribus et à toutes les langues de lui rendre leurs hom-
» mages. Son pouvoir est un pouvoir éternel qui ne
» finira jamais, et son empire sera toujours floris-
» sant (1). »

Ezéchiel de même, figurant Jésus-Christ par David, à cause qu'il est né de lui selon la chair, d'où vient qu'il est appelé serviteur de Dieu, quoiqu'il soit son fils, en parle ainsi en la personne de Dieu le Père : « Je susciterai, dit-il, un pasteur pour paître mes
» troupeaux, mon serviteur David ; et il les fera
» paître, et il sera leur pasteur. Pour moi, je serai
» leur Dieu, et mon serviteur David régnera au mi-
» lieu d'eux. C'est le Seigneur qui l'a dit (2) ; » Et dans un autre endroit : « Ils n'auront plus qu'un roi
» et ne formeront plus deux peuples ni deux royau-
» mes séparés. Ils ne se souilleront plus d'idolâtrie et
» d'autres abominations ; et je les tirerai de tous les
» lieux où ils m'ont offensé, et les purifierai de leurs
» crimes. Ils seront mon peuple, et je serai leur Dieu;
» et mon serviteur David sera à tous leur roi et leur
» pasteur (3). »

(1) Dan., 7, 13.
(2) Ezéh., 34, 23 et 24.
(3) Id., 37, 22 et suiv.

CHAPITRE XXXV.

Prédictions d'Aggée, de Zacharie et de Malachie, touchant Jésus-Christ.

Restent trois petits prophètes qui ont prophétisé sur la fin de la captivité de Babylone, Aggée, Zacharie et Malachie. Aggée prédit en peu de mots Jésus-Christ et l'Eglise en ces termes : « Voici ce que dit le Sei- » gneur des armées : Encore un peu de temps, et j'é- » branlerai le ciel et la terre, la mer et le continent, » et j'émouverai toutes les nations ; et celui qui est dé- » siré de tous les peuples viendra (1). » Cette prophétie est déjà accomplie en partie, et le reste s'accomplira à la fin du monde. Dieu ébranla le ciel quand Jésus-Christ s'incarna, par le témoignage que les astres et les anges rendirent à son incarnation. Il émut la terre par le grand miracle de l'enfantement d'une vierge. Il émut la mer et le continent, lorsque le Sauveur fut annoncé dans les îles et par tout le monde. Ainsi nous voyons que toutes les nations sont mues à embrasser la foi. Mais pour ce qui suit : « Et celui qui » est désiré de tous les peuples viendra, » cela doit s'entendre de son dernier avènement ; car avant que de souhaiter qu'il vînt, il fallait l'aimer et croire en lui.

Zacharie parle ainsi de Jésus-Christ et de l'Eglise :

---

(1) Aggée, 2, 7.

» Réjouissez-vous, dit-il, fille de Sion, sautez de joie,
» fille de Jérusalem ; car voici venir votre roi pour
» vous justifier et pour vous sauver. Il est pauvre, et
» vient monté sur une ânesse et sur le poulain d'une
» ânesse ; mais son pouvoir s'étend d'une mer à l'au-
» tre, et depuis les fleuves jusqu'aux confins de la
» terre (1). » L'Evangile nous apprend quand notre
Seigneur se servit de cette monture (2), et fait même
mention de cette prophétie. Et un peu après, parlant à Jésus-Christ même de la rémission des péchés
qui devait se faire par son sang : « Et vous aussi,
» dit-il, vous avez tiré vos captifs de la citerne sans
» eau, par le sang de votre Testament (3). » On peut
expliquer diversement et selon la foi cette citerne sans
eau ; mais, pour moi, je pense qu'on ne le peut mieux
entendre que de la misère humaine, qui est comme
une citerne sèche et stérile, où les eaux de la justice
ne coulent jamais, et qui est pleine de la boue et de
la fange du péché. C'est de cette citerne que le psalmiste dit : « Il m'a tiré d'une malheureuse citerne et
» d'un abîme de boue (4). »

Malachie, annonçant l'Eglise que nous voyons déjà
fleurir par Jésus-Christ, dit clairement aux Juifs en
la personne de Dieu : « Vous ne m'agréez point, et
» je ne veux point de vos présens. Car depuis le soleil
» levant jusqu'au couchant mon nom est grand parmi

(1) Zach., 9, 9.
(2) Jean, 12, 14.
(3) Zach., 9, 11.
(4) Ps. 39, 2.

« les nations. On me fera des sacrifices par-tout ; et
« l'on m'offrira une oblation pure, parce que mon
« nom est grand parmi les nations, dit le Seigneur (1). »
Ce sacrifice est celui du sacerdoce de Jésus-Christ selon
l'ordre de Melchisédech, que nous voyons s'offrir depuis le soleil levant jusqu'au couchant, tandis qu'on
ne peut nier que le sacrifice des Juifs à qui Dieu dit :
« Vous ne m'agréez point et je ne veux point de
« de vos présens, » ne soit aboli. Pourquoi donc attendent-ils encore un autre Christ, puisque cette prophétie qu'ils voient accomplie n'a pu s'accomplir que
par lui ? Un peu après, le même prophète, parlant
encore en la personne de Dieu, dit de lui : « J'ai fait
« avec lui une alliance de vie et de paix ; je lui ai
« donné ma crainte, et il m'a craint et respecté. La
« loi de la vérité était en sa bouche ; il marchera en
« paix avec moi, et il en retirera plusieurs de leur ini-
« quité. Car les lèvres du grand-prêtre seront les dé-
« positaires de la science ; et ils l'iront consulter sur la
« loi, parce que c'est l'ange du Seigneur tout-puis-
« sant (2). » Il ne faut pas s'étonner que Jésus-Christ
soit appelé l'ange de Dieu ; de même qu'il est serviteur à cause de la forme de serviteur en laquelle il est
venu parmi les hommes ; il est aussi ange à cause de
l'Evangile qu'il leur a annoncé ; car *Evangile* en grec
signifie *bonne nouvelle*, et *ange*, *messager*. Aussi le
même prophète dit encore de lui : « Je m'en vais en-
« voyer mon ange pour préparer la voie devant moi,

(1) Malach., 1, 10.
(2) Id., 2, 5.

« et aussitôt viendra dans son temple le Seigneur que
» vous cherchez, et l'ange du Testament que vous de-
» mandez. Le voici qui vient, dit le Seigneur et le
» Dieu tout-puissant ; et qui pourra supporter l'éclat
» de sa gloire et soutenir ses regards (1) ? » Il a prédit en cet endroit le premier et le second avènement
de Jésus-Christ ; son premier avènement lorsqu'il dit :
« Et aussitôt le Seigneur viendra dans son temple, »
c'est-à-dire dans sa chair, dont il dit dans l'Evangile,
« Détruisez ce temple, et je le rétablirai en trois
» jours (2) ; » et le second en ces termes : « Le voici
» qui vient, dit le Seigneur tout-puissant, et qui
» pourra supporter l'éclat de sa gloire et soutenir ses
» regards ? » Quant à ce qu'il dit : « Le Seigneur que
» vous cherchez et l'ange du Testament que vous de-
» mandez, » il marque que les Juifs même cherchent
le Christ dans les Ecritures, et désirent l'y trouver.
Mais plusieurs d'entre eux, aveuglés par leurs péchés,
ne voient pas que celui qu'ils cherchent et qu'ils désirent est déjà venu. Par *le Testament*, il entend parler du nouveau qui contient des promesses éternelles,
et non de l'ancien qui n'en a que de temporelles ; mais
ces temporelles ne laissent pas de troubler beaucoup
de personnes faibles qui en font cas et qui ne servent
Dieu que pour cela, quand ils voient les méchans
comblés de ces sortes de biens. C'est pourquoi le même
prophète, pour distinguer la béatitude éternelle du
nouveau Testament, qui ne sera donnée qu'aux bons,

(1) Malach., 3, 1.
(2) Jean, 2, 19.

de la félicité temporelle de l'ancien, qui pour l'ordinaire est commune aux bons et aux méchans, dit :
« Vous avez tenu des discours qui me sont injurieux,
» dit le Seigneur. Et vous dites : En quoi avons-nous
» mal parlé de vous ? Vous avez dit : C'est une folie
» de servir Dieu ; que nous revient-il d'avoir observé
» ses commandemens, et de nous être humiliés en la
» présence du Seigneur tout-puissant ? N'avons-nous
» donc pas raison d'estimer heureux les méchans et
» les ennemis de Dieu, puisqu'ils triomphent dans la
» gloire et dans l'opulence ? Voilà ce que ceux qui
» craignaient Dieu ont murmuré tout bas ensemble.
» Et le Seigneur a vu tout cela et entendu leurs plain-
» tes ; et il a fait un registre en faveur de ceux qui le
» craignent et qui le révèrent (1). » Ce registre signifie
le nouveau Testament. Mais écoutons ce qui suit : « Et
» ils seront mon héritage, dit le Seigneur tout-puis-
» sant, au jour que j'agirai ; et je les épargnerai com-
» me un père épargne un fils obéissant. Alors vous
» parlerez un autre langage, et vous verrez la diffé-
» rence qu'il y a entre le juste et l'injuste, entre celui
» qui sert Dieu et celui qui ne le sert pas. Car voici
» venir le jour allumé comme une fournaise ardente,
» et il les consumera. Tous les étrangers et tous les
» pécheurs seront comme du chaume, et ce jour qui
» s'approche les brûlera tous, dit le Seigneur, sans
» qu'il reste d'eux ni branches ni racines. Mais pour
» vous qui craignez mon nom, le soleil de justice se
» lèvera pour vous, et vous trouverez une abondance

(1) Malach., 3, 13.

» de tous biens à l'ombre de ses ailes. Vous bondirez
» comme de jeunes taureaux échappés, et vous foule-
» rez aux pieds les méchans, et ils deviendront cendre
» sous vos pas au jour que j'agirai, dit le Seigneur
» tout-puissant. » Ce jour est le jour du jugement,
dont nous parlerons plus amplement en son lieu, si
Dieu nous en fait la grace.

CHAPITRE XXXVI.

D'Esdras et des livres des Machabées.

EsDRAS vint après, lorsque le peuple fut délivré de
la captivité de Babylone. Mais il passe plutôt pour
historien que pour prophète, aussi bien que l'auteur
du livre d'Esther, où sont rapportées les actions glorieuses de cette princesse, qui arrivèrent vers ce temps-
là. On peut dire néanmoins qu'Esdras a prophétisé
Jésus-Christ dans cette dispute qui s'éleva entre quelques jeunes gens pour savoir quelle était la chose du
monde la plus puissante (1). L'un ayant dit que c'était
les rois, l'autre le vin, et le troisieme les femmes qui
souvent commandent aux rois, celui-ci néanmoins
montra après que la vérité l'emportait par dessus tout.
Or l'Evangile nous apprend que Jésus-Christ est la
vérité. Depuis le temps que le temple fut rétabli jusqu'à
Aristobule, les Juifs ne furent plus gouvernés par des

(1) Esdr., 3.

rois, mais par des princes. La supputation de ces temps ne se trouve pas dans les Ecritures canoniques, mais ailleurs, comme dans les Machabées, que les Juifs rejètent comme apocriphes. Mais l'Eglise est d'un autre sentiment, à cause des souffrances admirables de quelques martyrs qui, avant l'incarnation de Jésus-Christ, ont combattu pour la loi de Dieu jusqu'au dernier soupir, et enduré des maux étranges et inouïs.

CHAPITRE XXXVII.

Nos prophètes sont plus anciens que les philosophes.

Du temps de nos prophètes, dont les écrits sont maintenant connus de tout le monde, il n'y avait point encore de philosophes parmi les gentils, du moins qui portassent ce nom. C'est Pythagore qui l'a porté le premier; et il n'a commencé à fleurir que sur la fin de la captivité de Babylone. A plus forte raison les autres philosophes ont ils été après les prophètes. En effet, Socrate lui-même, le maître de tous ceux qui étaient alors en vogue et le premier pour la morale, ne se trouve qu'après Esdras dans l'ordre des temps; peu après vint Platon, qui a surpassé de beaucoup tous les autres disciples de Socrate. Les sept Sages même qui ne s'appelaient pas encore philosophes, et les physiciens qui succédèrent à Thalès dans la recherche des choses naturelles, comme Anaximandre, Anaximène, Anaxagore, et quelques autres qui ont été avant Pythagore, n'ont pas été avant tous nos prophètes. Thalès qui les a tous précédés ne parut que sous le règne de Romulus, lorsque les torrens de prophétie qui devaient inonder toute la terre sortirent des sources d'Israël. Il n'y a donc que les poètes théologiens, Orphée, Linus et Musée qui soient plus anciens que nos prophètes. Encore n'ont-ils pas devancé Moïse, ce grand théologien, qui a annoncé le Dieu unique et véritable, et dont les écrits tiennent le premier rang parmi les livres canoniques. Ainsi, quant aux Grecs, dont la langue a donné beaucoup d'éclat aux lettres humaines, ils n'ont pas sujet de se glorifier de leur sagesse comme plus ancienne que notre Religion, en qui seule se trouve la sagesse véritable. Il est vrai que parmi les Barbares, comme en Egypte, il y avait déjà quelques semences de doctrine avant Moïse ; autrement l'Ecriture sainte ne dirait pas qu'il avait été instruit dans toutes les sciences des Egyptiens à la cour de Pharaon ; mais la science même des Egyptiens n'a pas précédé celle de tous nos prophètes, puisque Abraham a eu aussi cette qualité. Et quelle science pouvait-il y avoir en Egypte, avant qu'Isis, qu'ils adorèrent après sa mort comme une grande déesse, leur eût donné l'invention des lettres et des caractères ? Or Isis était fille d'Inachus qui régna le premier sur les Argiens, au temps des descendans d'Abraham.

CHAPITRE XXXVIII.

Pourquoi l'Eglise rejète les écrits de quelques prophètes.

Si nous remontons plus haut avant le déluge universel, nous trouverons le patriarche Noé, que je puis aussi justement appeler prophète, puisque l'arche même qu'il fit, et dans laquelle il se sauva avec sa famille, était une prophétie de notre temps. Que dirai-je d'Enoch, le septième des descendans d'Adam? L'apôtre saint Jude ne dit-il pas dans son épître canonique qu'il a prophétisé? Que si leurs écrits ne sont pas reçus comme canoniques par les Juifs, non plus que par nous, cela ne vient que de leur trop grande antiquité qui les a rendus suspects. Ce n'est pas qu'on ne produise quelques ouvrages que ceux qui croient vrai tout ce qui leur plait soutiennent être d'eux, mais l'Eglise ne les reçoit pas, non qu'elle rejète l'autorité de ces grands hommes qui ont été si agréables à Dieu, mais parce qu'elle ne croit pas que ces ouvrages soient d'eux. Il ne faut pas trouver étrange que des écrits si anciens soient suspects, puisque, dans l'histoire des rois de Juda et d'Israël que nous recevons, il est fait mention de plusieurs choses qui ne s'y trouvent pas. D'ailleurs, il y a même des choses dans cette histoire sacrée qui se trouvent en d'autres prophètes dont l'Ecriture parle comme en ayant aussi écrit, et cependant ces ouvrages n'ont point été reçus au nombre des livres canoniques. J'avoue que j'en ignore la raison, si ce n'est que ces prophètes ont pu écrire certaines choses comme hommes et sans l'inspiration du saint Esprit, et que c'est celles-là que l'Eglise ne reçoit point dans son canon pour faire partie de la Religion, bien qu'elles puissent être d'ailleurs utiles et véritables. Quant aux ouvrages qu'on attribue aux prophètes, et qui contiennent quelque chose de contraire aux Ecritures canoniques, cela seul suffit pour les convaincre de fausseté.

CHAPITRE XXXIX.

La langue hébraïque a toujours eu des caractères.

Il ne faut donc pas s'imaginer, comme font quelques-uns, qu'il n'y ait que la langue hébraïque qui ait été conservée par Héber, qui a donné son nom aux Hébreux, et qu'elle soit passée de lui à Abraham, et que les caractères hébreux n'aient commencé qu'à la loi qui fut donnée à Moïse. Il est bien plus croyable que cette langue a été conservée par tradition avec ses caractères. En effet, Moïse établit des personnes pour enseigner les lettres, avant que la loi eut été donnée. L'Ecriture les appelle des *introducteurs aux lettres*, à cause qu'ils y conduisaient en quelque sorte ceux à qui ils les montraient. Aucune nation n'a donc droit de se vanter de sa science, comme plus ancienne que nos patriarches et nos prophètes, puisque l'Egypte même, qui a coutume de se glorifier de l'antiquité de la sienne, ne peut prétendre à cet avantage. Personne n'oserait dire que les Egyptiens aient été bien savans avant que d'avoir reçu l'invention des caractères, c'est-à-dire avant Isis. D'ailleurs, qu'était-ce que cette science dont on a fait tant de bruit et qu'ils appelaient sagesse, que l'astronomie et autres semblables curiosités, qui sont ordinairement plus propres à exercer l'esprit qu'à lui donner la teinture d'une véritable sagesse ? Pour cette philosophie qui se vante d'apprendre aux hommes le moyen de devenir heureux, elle n'a fleuri en ce pays que vers le temps de Mercure Trismégiste; long-temps véritablement avant les sages ou les philosophes de la Grèce, mais toutefois après Abraham, Isaac, Jacob, Joseph, et même après Moïse. Atlas, ce grand astrologue, frère de Prométhée, et aïeul maternel du grand Mercure, de qui Mercure Trismégiste fut petit-fils, vivait lorsque Moïse naquit.

CHAPITRE XL.

Folie et vanité des Egyptiens, qui font leur science ancienne de cent mille ans.

C'est donc en vain que certains discoureurs, enflés d'une sotte présomption, disent qu'il y a plus de cent mille ans que l'astrologie est connue en Egypte. Et de

quel livre ont-ils tiré ce grand nombre d'années, eux
qui n'ont appris à lire de leur Isis il n'y a guères plus
de deux mille ans? Au moins Varron, dont l'autorité
n'est pas peu considérable, l'assure ainsi ; et cela s'accorde
assez bien avec l'Ecriture sainte. Dès-lors qu'on
ne compte pas encore six mille ans depuis la création
du premier homme, ceux qui avancent des choses si
contraires à une vérité si certaine ne méritent-ils pas
plutôt d'être moqués que réfutés? En effet, à qui nous
en pouvons-nous mieux rapporter, pour les choses
passées, qu'à celui qui a prédit des choses à venir que
nous voyons maintenant accomplies ? La diversité
même qui se trouve entre les historiens sur ce sujet,
ne nous donne-t-elle pas lieu d'en croire plutôt ceux
qui ne sont pas contraires à notre Histoire sacrée ?
Quand les citoyens de la Cité du monde qui sont répandus
par toute la terre, voient des hommes très-
savans à peu près d'une égale autorité qui ne conviennent
pas en des choses de fait fort éloignées de notre
temps, ils ne savent à qui ils doivent plutôt donner
créance. Mais pour nous, qui sommes appuyés sur
une autorité divine en ce qui concerne l'histoire de
notre Religion, nous ne doutons point que tout ce
qui y est contraire ne soit très faux, sans nous mettre
en peine si les autres choses qui se trouvent dans
les histoires profanes sont de même, puisque, soit
qu'elles soient vraies ou fausses, elles ne servent de
rien pour nous rendre meilleurs ni plus heureux.

CHAPITRE XLI.

Les écrivains canoniques sont autant d'accord entre eux que les philosophes le sont peu.

Mais, pour ne point parler de l'histoire, pourquoi les philosophes, qui semblent n'avoir eu d'autre but dans leurs études que de trouver le moyen d'arriver à la félicité, ont-ils eu tant d'opinions différentes, sinon parce qu'ils ont agi dans cette recherche comme des hommes et par des raisonnemens humains? Je veux que la vaine gloire en ayant porté plusieurs à se départir de l'opinion des autres afin d'être les auteurs de leur doctrine, quelques-uns néanmoins ne l'aient fait que par l'amour de la vérité ; que peut la misérable prévoyance des hommes pour parvenir à la béatitude, si elle n'y est conduite par une autorité divine ? Pour nos auteurs, à qui l'on attribue justement une autorité canonique, il n'y a pas la moindre différence de sentiment entre eux. C'est pourquoi il ne faut pas s'étonner qu'on ait cru qu'ils ont été inspirés du ciel pour écrire ce qu'ils ont écrit, et que cette créance n'ait pas été renfermée dans un petit nombre de personnes chicanant dans une classe, mais se soit répandue parmi tant de peuples, dans les champs et dans les villes, parmi les savans et les ignorans. Quant aux prophètes, il ne fallait pas qu'il y en eût beaucoup, de peur que ce que la Religion devait rendre précieux ne fût avili par leur multitude; et toutefois ils devaient être en assez grand nombre pour faire admirer leur parfaite conformité. Dans la multitude des philosophes dont nous avons les ouvrages, je ne crois pas qu'on en puisse trouver deux qui soient d'accord en toutes choses.

Cependant, jamais cette Cité abandonnée au culte des démons a-t-elle tellement embrassé les sentimens de l'auteur de quelque secte que ce soit, qu'elle ait condamné tous les autres qui avaient des opinions contraires? N'a-t-on pas vu en vogue dans la même ville d'Athènes, et les épicuriens qui soutenaient que les dieux ne prenaient aucun soin des choses d'ici-bas, et les stoïciens qui voulaient qu'ils gouvernassent le monde? C'est pourquoi je m'étonne qu'Anaxagoras ait été condamné pour avoir dit que le soleil était un caillou ardent, et nié que ce fût un dieu, vu qu'Epicure a fleuri et vécu en assurance dans la même ville, quoiqu'il ne niât pas seulement la divinité du soleil et des autres astres, mais qu'il soutînt qu'il n'y avait ni Jupiter ni autre puissance dans le monde à qui les hommes dussent adresser leurs vœux. N'est-ce pas à Athènes qu'Aristippe mettait le souverain bien dans la volupté du corps, et Antisthène dans la vertu, tous deux philosophes célèbres et disciples de Socrate, et qui pourtant établissaient la souveraine félicité en des choses si opposées? De plus, le premier disait que le sage doit fuir le gouvernement de la république; et le second, qu'il doit s'en entremettre, et tous deux avaient des sectateurs. Ils combattaient chacun pour leur opinion, tant en public qu'en particulier. Les uns soutenaient qu'il n'y a qu'un monde, les autres qu'il y en a plusieurs. Des premiers, les uns disaient qu'il a commencé, les autres qu'il est sans commencement ; les uns qu'il doit finir, les autres qu'il durera toujours ; ceux-ci qu'il est conduit par une providence, ceux-là par la fortune et le hasard. Quelques-uns voulaient que l'ame de l'homme fût immortelle, d'autres mortelle ; et de ceux qui la soutenaient immortelle, les uns disaient qu'elle passe dans le corps des bêtes par certaines révolutions, et les autres rejetaient ce sentiment ; de ceux qui la faisaient mortelle, les uns prétendaient qu'elle meurt avec le corps, les autres qu'elle vit même après, plus ou moins de temps, mais qu'à la fin elle meurt. Les uns mettaient le souverain bien dans le corps, les autres dans l'esprit, les autres dans tous les deux ; les autres y ajoutaient les biens de la fortune. Quelques-uns disaient qu'il faut toujours croire le rapport des sens, les autres pas toujours, les autres jamais.

Quel peuple, quel sénat, quelle autorité publique de la Cité de la terre s'est jamais mise en peine de juger de tant d'opinions différentes des philosophes, pour approuver les unes et condamner les autres ? Ne les a-t-elles pas toutes indifféremment reçues, quoiqu'il ne fût pas question entre eux de quelque morceau de terre ou de quelque somme d'argent, mais des choses les plus importantes qui décident du malheur ou de la félicité des hommes ? Car bien qu'on y dit quelque chose de vrai, la fausseté s'y débitait avec la même licence ; de sorte que ce n'est pas sans raison que cette Cité se nomme Babylone, c'est-à-dire confusion. Et il importe peu au Diable, qui en est le roi,

LIVRE XVIII. 257

qu'ils soient dans des erreurs contraires, puisque leur impiété les rend tous également ses esclaves. Mais pour ce peuple et cette Cité, ces israélites à qui la parole de Dieu a été confiée, ils n'ont jamais confondu les faux prophètes avec les véritables; mais ils reconnaissaient pour les auteurs des écritures sacrées ceux qui étaient parfaitement d'accord en tout. Ceux-là étaient leurs philosophes, leurs sages, leurs théologiens, leurs prophètes, leurs docteurs. Quiconque a vécu selon leurs maximes, n'a pas vécu selon l'homme, mais selon Dieu qui parlait en eux. S'ils défendent l'impiété (1), c'est Dieu qui la défend. S'ils commandent d'honorer son père et sa mère (2), c'est Dieu qui le commande. S'ils disent : « Vous (3) ne serez point adul- » tère, ni homicide, ni voleur, » ce sont autant d'oracles du ciel. Tout ce que quelques philosophes ont dit de vrai parmi tant de faussetés, et qu'ils ont tâché de persuader avec tant de peine, par exemple, que c'est Dieu qui a créé le monde et qui le gouverne par sa providence, de la beauté de la vertu, de l'amour de la patrie, de l'amitié, des bonnes œuvres, et de toutes les choses qui concernent les bonnes mœurs, quoiqu'ils ignorassent à quelle fin elles doivent être rapportées, tout cela a été prêché aux citoyens de la Cité du ciel par la bouche des prophètes sans chicane et sans contention; afin que quiconque connaîtrait ces choses,

(1) Exod., 20, 3.
(2) Ibid., 12.
(3) Ibid., 13.

ne les regardât pas comme des inventions de l'esprit humain, mais comme la parole de Dieu même.

CHAPITRE XLII.

Ptolémée Philadelphe, roi d'Egypte, fait traduire la Bible en grec.

Un des Ptolémées, roi d'Egypte, souhaita de connaître ces écritures sacrées. Car après la mort d'Alexandre le Grand, qui avait subjugué toute l'Asie et presque toute la terre, et conquis même la Judée, ses capitaines ayant démembré son empire, l'Egypte commença à avoir des Ptolémées pour rois. Le premier de tous fut le fils de Lagus, qui emmena captifs en Egypte beaucoup de Juifs. Mais Ptolémée Philadelphe, son successeur, les renvoya tous en leur pays, avec des présens pour le temple; et pria le grand-prêtre Eléazar de lui donner l'Ecriture sainte pour la placer dans sa fameuse bibliothèque. Eléazar la lui ayant envoyée, Ptolémée lui demanda des interprètes pour la traduire en grec, de sorte qu'on lui donna Septante et deux personnes, six de chaque tribu, qui entendaient parfaitement l'une et l'autre langue, c'est-à-dire le grec et l'hébreu. Mais la coutume l'a emporté qu'on appelât cette version la version des Septante. On dit qu'ils s'accordèrent tellement dans cette traduction, que l'ayant faite chacun à part, selon l'ordre de Ptolémée, qui voulait éprouver par-là leur fidélité, ils se rencontrèrent absolument en tout, tant pour le sens que pour l'arrangement des paroles; si bien qu'il semblait qu'un seul l'eût faite. Et il ne le faut pas trouver étrange, puisqu'en effet ils étaient tous inspirés d'un même esprit, Dieu ayant voulu par une si grande merveille rendre vénérable aux gentils l'autorité de ces écritures.

CHAPITRE XLIII.

Prééminence de la version des Septante sur toutes les autres.

Bien que d'autres aient traduit en grec l'Ecriture sainte, comme Aquila, Symmaque, Théodotion, et un auteur inconnu, dont la traduction, à cause de cela, s'appelle la cinquième version, l'Eglise a reçu la version des Septante comme si elle était seule, en sorte que la plupart des Grecs chrétiens ne savent pas même s'il y en a d'autres. C'est sur cette version qu'a été faite celles dont les Eglises latines se servent, quoique de notre temps le prêtre Jérôme, homme très versé dans ces trois langues, l'ait traduite en latin sur l'hébreu. Mais quoique les Juifs reconnaissent qu'elle est très fidèle, et soutiennent au contraire que les Septante se sont trompés en beaucoup de choses, néanmoins les églises de Jésus-Christ préfèrent celle-ci; parce qu'encore qu'elle n'eût pas été faite par miracle, l'autorité de tant de savans hommes qui l'auraient faite de concert entre eux, serait toujours préférable à celle d'un particulier. Mais la façon si extraordinaire dont elle a été traduite portant des marques visibles d'une assistance divine, quelqu'autre version qu'on en fasse sur l'hébreu, elle doit être conforme aux Septante, ou si elle paraît différente en certaines choses, il faut croire qu'en ces endroits il y a quelque grand mystère caché en celle des Septante. Le même esprit qui était dans les prophètes lorsqu'ils composaient l'Ecriture, animait les Septante quand ils l'interprétaient. Ainsi, il a fort bien pu les faire parler différemment, quoique ceux qui l'entendent comme il faut y trouvent toujours le même sens. Il a pu même passer ou ajouter quelque chose, pour montrer que tout cela s'est fait par une autorité divine, et que ces interprètes ont plutôt suivi l'esprit qui les guidait, qu'ils ne se sont assujétis à la lettre qu'ils voyaient. Quelques-uns ont cru qu'il fallait corriger la version grecque des Septante sur les exemplaires hébreux : toutefois, ils n'ont osé retrancher ce que les Septante avaient de plus que l'hébreu ; ils ont seulement ajouté ce qui était de moins dans les Septante, et l'ont marqué avec des étoiles au commencement des versets. Ils ont marqué de même avec de petites broches ce qui n'est pas dans l'hébreu et se trouve dans les Septante, et l'on voit encore aujourd'hui beaucoup de ces exemplaires, tant grecs que latins, marqués de la sorte. Pour les choses qui ne sont ni omises ni ajoutées dans la version des Septante, mais qui sont seulement dites d'une autre façon, soit qu'elles fassent un même sens ou un sens différent en apparence, mais qui se concilie fort bien en effet, on ne les peut trouver qu'on ne confère le grec avec l'hébreu. Si donc nous ne considérons les hommes qui ont travaillé à ces écritures que comme les organes de l'esprit de Dieu, nous dirons pour les choses qui sont dans l'hébreu et qui ne se trouvent pas dans les Septante, que le saint Esprit ne les a pas voulu dire par ces prophètes-ci, mais par les autres; et pour celles au contraire qui sont dans les Septante et qui ne sont pas dans l'hébreu, que le même saint Esprit a mieux aimé les dire par ces derniers prophètes que par les premiers; mais nous les regarderons tous comme des prophètes. C'est de cette sorte qu'il a dit une chose par Isaïe, et une autre par Jérémie, ou la même chose autrement par celui-ci et par celui-là. Et pour les choses qui se trouvent également dans l'hébreu et dans les Septante, c'est que le saint Esprit s'est voulu servir des uns et des autres pour les dire; car, comme il a assisté les premiers pour les empêcher de rien dire qui fût contraire l'un à l'autre, il a conduit la plume des seconds pour les rendre parfaitement conformes.

CHAPITRE XLIV.

Conformité de la version des Septante et de l'Hébreu.

Mais quelqu'un dira : Comment saurai-je ce que Jonas dit aux Ninivites, s'il leur dit : « Encore trois » jours, » ou « encore quarante jours, et Ninive sera

» détruite (1)? » Qui ne voit que ce prophète envoyé pour menacer cette ville de sa ruine n'a pu dire l'un et l'autre? Si donc l'on me demande lequel des deux il a dit, je crois que c'est plutôt quarante jours, comme le porte l'hébreu. Car les Septante, qui sont venus long-temps après, ont pu dire autre chose, qui fait néanmoins au sujet et revient au même sens, quoique exprimé en d'autres termes, afin d'avertir par là le lecteur de s'élever au-dessus de l'histoire pour chercher ce qu'elle signifie, sans mépriser l'autorité ni des Septante ni de l'hébreu. Ces choses sont effectivement arrivées dans Ninive, mais elles en signifiaient d'autres qui ne convenaient pas à cette ville; comme ce prophète fut effectivement trois jours dans le ventre de la baleine, et néanmoins il en figurait un autre qui devait demeurer dans l'enfer pendant ce temps, et qui est le Seigneur de tous les prophètes. C'est pourquoi si, par cette ville, était figurée l'église des gentils, qui a été détruite en quelque façon par la pénitence, en ce qu'elle n'est plus ce qu'elle était; comme c'est Jésus-Christ qui a opéré en elle ce changement, c'est lui-même qui est signifié soit par les trois jours, soit par les quarante; par les quarante, parce qu'il demeura autant de temps avec ses disciples après sa résurrection, avant que de monter au ciel; et par les trois jours, parce qu'il ressuscita le troisième jour. Ainsi il semble que les Septante aient voulu réveiller le lecteur qui ne s'arrêtait qu'au récit de l'histoire, pour le porter à approfondir la prophétie qu'elle contient, et lui aient

---

(1) Jonas, 3, 4.

dit en quelque sorte : Cherchez dans les quarante jours celui-là même en qui vous pourrez aussi trouver les trois jours ; et vous trouverez que l'un s'est accompli dans son ascension, et l'autre dans sa résurrection. Il a donc fort bien pu être désigné par l'un et par l'autre nombre, dans le prophète Jonas d'une façon, dans la prophétie des Septante de l'autre, mais toujours par un seul et même esprit. J'abrège, et ne veux pas rapporter beaucoup d'autres exemples où l'on croirait que les Septante se sont éloignés de la vérité hébraïque, quoique, bien entendus, on les y trouve parfaitement conformes. Aussi les apôtres se sont servis indifféremment de l'hébreu et de la version des Septante ; en quoi j'ai cru devoir les imiter, parce que ce n'est qu'une même autorité divine. Mais achevons ce qui nous reste.

CHAPITRE XLV.

Décadence des Juifs depuis la captivité de Babylone.

Depuis que les Juifs n'eurent plus de prophètes, c'est-à-dire après la captivité de Babylone et le rétablissement du temple, ils devinrent plus méchans qu'ils n'étaient, bien que ce fût le temps où ils croyaient devenir meilleurs. C'est ainsi que ce peuple charnel entendait cette prophétie d'Aggée : « La gloire de cette » dernière maison sera plus grande que celle de la pre- » mière (1). » Mais ce qui précède fait bien voir qu'il

(1) Aggée, 2, 10.

parle ici du nouveau Testament, lorsque, promettant clairement le Christ, il dit : « J'ébranlerai toutes les » nations, et celui que tous les peuples désirent vien- » dra (1). » Les Septante, par une autorité de prophètes, ont rendu ces paroles dans un autre sens qui convient mieux au corps qu'à la tête, c'est-à-dire à l'Eglise qu'à Jésus-Christ. « Ceux, disent-ils, que le Sei- » gneur a élus parmi toutes les nations, viendront; » suivant cette parole du Sauveur dans l'Évangile : « Il » y en a beaucoup d'appelés, mais peu d'élus (2). » En effet, c'est de ces gentils élus, comme de pierres vivantes, que la maison de Dieu est bâtie par le nouveau Testament, maison bien plus illustre que le temple construit par Salomon et rétabli après la captivité de Babylone. Les Juifs n'eurent donc plus de prophètes depuis ce temps-là, et souffrirent même beaucoup des rois étrangers et des Romains, afin qu'on ne crût pas que cette prophétie d'Aggée eût été accomplie dans le rétablissement du temple.

Peu de temps après ils furent assujétis à l'empire d'Alexandre; et quoique ce prince ne ravageât pas leur pays, parce qu'ils n'osèrent lui résister, toutefois la gloire de cette maison n'était pas si grande que sous la libre domination de leurs rois. Il est vrai qu'Alexandre immola des victimes dans le temple de Dieu, mais ce fut moins par une véritable piété que par une vaine superstition, croyant qu'il devait aussi l'adorer avec les autres dieux. Après la mort d'Alexandre, Ptolémée,

(1) Aggée, 2, 8.
(2) Matth., 22, 14.

LIVRE XVIII.

fils de Lagus, emmena les Juifs captifs en Egypte, et ils ne retournèrent en Judée que sous Ptolémée Philadelphe, son successeur, celui qui fit traduire l'Ecriture par les Septante. Ensuite ils eurent sur les bras les guerres rapportées aux livres des Machabées. Après ils furent vaincus par Ptolémée Epiphane, roi d'Alexandrie; et, contraints cruellement par Antiochus, roi de Syrie, d'adorer les idoles, et le temple souillé de toutes sortes d'abominations, jusqu'à ce qu'il fût purifié de toute cette idolâtrie par la valeur de Judas Machabée, grand capitaine, qui défit les chefs de l'armée d'Antiochus.

A peu de temps de là, un certain Alcimus usurpa la souveraine sacrificature, quoiqu'il ne fût pas de la lignée sacerdotale; ce qui était un attentat. Environ cinquante ans après, pendant lesquels même ils ne furent pas en paix, bien qu'ils eussent quelques succès favorables, Aristobule prit le diadême et fut ensemble roi et grand-prêtre. C'est le premier roi qu'ils eurent après la captivité de Babylone, tous les autres depuis ce temps-là n'ayant porté que la qualité de capitaines ou de princes. Alexandra succéda à Aristobule dans le sacerdoce et la royauté, et l'on dit qu'il maltraita fort ses sujets. Sa femme Alexandra fut après lui reine des Juifs; et depuis, leurs maux augmentèrent toujours. Comme ses deux fils Aristobule et Hircan se disputaient l'empire, ils attirèrent les forces romaines contre les Juifs, parce qu'Hircan leur demanda secours contre son frère. Rome alors avait déjà dompté l'Afrique et la Grèce, et porté ses armes victorieuses en beaucoup d'autres parties du monde; en sorte qu'elle était comme accablée du poids de sa propre grandeur. Elle avait été tourmentée de furieuses séditions qui furent suivies de la révolte des alliés et ensuite des guerres civiles ; et les forces de la république étaient tellement abattues qu'elle ne pouvait encore subsister long-temps. Pompée, l'un des plus grands capitaines du peuple romain, étant entré en Judée, prit la ville de Jérusalem, ouvrit le temple comme vainqueur, et entra dans le Saint des Saints ; ce qui n'était permis qu'au grand-prêtre. Après avoir confirmé le pontificat d'Hircan et établi Antipater gouverneur de la Judée, il emmena Aristobule prisonnier avec lui. Depuis ce temps les Juifs devinrent tributaires des Romains ; ensuite Cassius pilla le temple, et quelques années après les Juifs eurent même pour roi un étranger qui fut Hérode, sous le règne duquel naquit le Messie. Le temps prédit par le patriarche Jacob en ces termes : « Les » princes ne manqueront point dans la race de Juda, » jusqu'à ce que vienne celui à qui la promesse est faite ; » et il sera l'attente des nations (1) ; » ce temps, dis-je, était déjà accompli. Les Juifs ne manquèrent donc point de rois de leur nation jusqu'à cet Hérode ; et ainsi il était temps que celui pour qui les promesses du nouveau Testament étaient réservées, afin qu'il fût l'attente des nations, vînt au monde. Or les nations ne pourraient pas attendre comme elles font son avènement glorieux, où il doit exercer ses jugemens sur les hommes, si elles ne croyaient en cet autre avènement où il a souffert d'être jugé par les hommes.

(1) Genès., 49, 10.

LIVRE XVIII.

CHAPITRE XLVI.

Naissance du Sauveur, et dispersion des Juifs par toute la terre.

Sous le règne d'Hérode en Judée, et l'empereur Auguste ayant donné la paix au monde, après que toute l'autorité de la république romaine fut passée en sa personne, le Messie naquit selon la prophétie (1) en Béthléem, ville de Juda, et naquit visiblement d'une vierge comme homme, quoiqu'invisiblement il fût Dieu et fils de Dieu. Le prophète l'avait ainsi prédit en ces termes : « Voici venir le temps qu'une » vierge concevra et enfantera un fils qui sera appelé » Emmanuël, c'est-à-dire Dieu avec nous (2). » Il fit plusieurs miracles pour faire connaître sa divinité, dont l'Evangile rapporte quelques-uns qu'elle croit être suffisans pour la prouver. Le premier est celui de sa résurrection et de son ascension au ciel. Pour les Juifs qui l'ont fait mourir, et qui n'ont pas voulu croire en lui parce qu'il fallait qu'il mourût et qu'il ressuscitât, ils ont été exterminés de leur pays par les Romains, et dispersés par toute la terre. Ainsi, ils nous rendent témoignage par leurs Ecritures, que nous

---

(1) Mich., 5, 2.
(2) Isaïe, 7, 14.

n'avons pas inventé les prophéties qui parlent de Jésus-Christ. Plusieurs même d'entre eux les ayant considérées avant la passion, mais surtout après la résurrection, ont cru en lui, et c'est d'eux qu'il est dit : « Quand
» le nombre des enfans d'Israël égalerait le sable de
» la mer, il n'y en aura qu'un petit reste de sau-
» vés (1). » Les autres ont été aveuglés suivant cette prédiction : « Qu'en récompense, leur table devienne
» pour eux un piège et une pierre d'achoppement ;
» que leurs yeux soient obscurcis afin qu'ils ne voient
» point, et faites que leur dos soit toujours courbé (2). »
Ainsi, en cela même qu'ils n'ajoutent point foi à ces Ecritures, les leurs s'accomplissent en eux, encore qu'ils soient assez aveugles pour ne le pas voir ; si ce n'est peut-être que quelqu'un voulût dire que les chrétiens ont supposé les prophéties des Sibylles touchant Jésus-Christ. Mais sans nous arrêter à celles-là, nous nous contentons de celles que nos ennemis nous fournissent malgré eux, et dont ils sont eux-mêmes les dépositaires ; et nous les recevons d'autant plus, qu'elles prédisent aussi cet évènement. Dans les pseaumes qu'ils lisent tous les jours, il y a une prophétie en ces termes :
« C'est mon Dieu, il me préviendra par sa miséri-
» corde. Mon Dieu m'a dit en me parlant de mes
» ennemis : Ne les tuez pas, de peur qu'ils n'oublient
» votre loi. Mais dispersez-les par votre puissance (3). »

(1) Isaïe, 10, 22.
(2) Ps. 68, 27.
(3) Ps. 58, 10.

Dieu donc a fait voir sa miséricorde à l'Eglise dans les Juifs ses ennemis, parce que, comme dit l'apôtre : « Leur crime est le salut des gentils (1). » Et il ne les a pas tués, c'est-à-dire qu'il n'a pas entièrement détruit le judaïsme, de peur qu'ayant oublié la loi de Dieu, ils ne nous pussent rendre le témoignage dont nous parlons. Aussi, ne s'est-il pas contenté de dire : « Ne les tuez pas, de peur qu'ils n'oublient votre loi; » mais il ajoute : « Dispersez-les. » Si avec ce témoignage des Ecritures ils demeuraient dans leur pays, sans être dispersés partout, l'Eglise, qui est répandue partout le monde, ne les pourrait pas avoir de tous côtés pour témoins des prophéties qui regardent Jésus-Christ.

CHAPITRE XLVII.

Si avant l'incarnation de Jésus-Christ, d'autres que les Juifs ont appartenu à la Jérusalem céleste.

Si d'autres que le peuple juif ont prophétisé quelque chose du Messie, c'est pour nous une accumulation de preuves; mais nous n'avons pas autrement besoin de leur témoignage. En effet, nous ne l'alléguons que pour montrer qu'il est assez croyable qu'il y en a eu aussi parmi les autres peuples à qui ce mystère a été révélé, et qui ont été poussés à le prédire, soit qu'ils aient été faits eux-mêmes participans de cette grace, ou

(1) Rom., 11, 11.

qu'ils en aient été instruits par les démons, que nous savons avoir confessé Jésus-Christ présent, tandis que les Juifs ne le connaissaient pas. Aussi, ne crois-je pas que les Juifs même osent soutenir que personne qu'eux n'ait servi le vrai Dieu depuis l'élection de Jacob et la réprobation d'Esaü. A la vérité, il n'y a point eu d'autre peuple que celui-là qui ait été proprement appelé le peuple de Dieu; mais ils ne peuvent nier qu'il n'y ait eu quelques personnes parmi les autres nations qui aient été de véritables israélites, en tant que citoyens de la céleste patrie. S'ils le nient, il est aisé de les convaincre par l'exemple de Job, cet homme saint et admirable, qui n'était ni Juif ni prophète, mais un étranger originaire d'Idumée, que l'Ecriture néanmoins loue si hautement, qu'elle déclare (1) que nul homme de son temps ne lui était comparable pour la piété. Bien que l'histoire ne dise pas en quel temps il vivait, nous conjecturons par son livre que les Juifs, pour son excellence, mettent entre les canoniques, qu'il est venu au monde environ trois générations après le patriarche Jacob. Or, je ne doute point que ce ne soit un effet de la providence de Dieu, que nous ayons appris par l'exemple de celui-ci qu'il y en a pu avoir parmi les autres peuples qui aient appartenu à la Jérusalem spirituelle. Mais il faut croire que cette grace n'a été faite qu'à ceux à qui l'unique médiateur entre Dieu et les hommes, Jésus-Christ homme, a été révélé; et que son incarnation leur était prédite avant qu'elle arrivât, comme elle nous

(1) Job, 1.

a été annoncée depuis qu'elle est arrivée ; en sorte qu'une seule et même foi conduise par lui à Dieu tous ceux qui sont prédestinés pour être sa Cité, sa maison et son temple. Pour toutes les autres prophéties de Jésus-Christ qu'on produit d'ailleurs, on peut penser que les chrétiens les ont inventées. C'est pourquoi il n'est rien de plus fort contre tous ceux qui voudraient révoquer en doute notre foi, ni de plus propre pour nous y affermir, si nous prenons les choses comme il faut, que les prophéties de Jésus-Christ tirées des livres des Juifs, qui, ayant été arrachés de leur pays et dispersés par tout le monde pour servir de témoignage à la foi de l'Eglise, sont cause qu'elle fleurit partout.

CHAPITRE XLVIII.

La prophétie d'Aggée touchant la seconde maison de Dieu, qui doit être plus illustre que la première, ne s'entend pas du temple de Jérusalem, mais de l'Eglise.

CETTE maison de Dieu est bien plus auguste que la première bâtie de bois précieux et toute couverte d'or. La prophétie d'Aggée n'a donc pas été accomplie dans le rétablissement de ce temple ; attendu que depuis qu'il fut rebâti, il ne fut pas si fameux qu'il était du temps de Salomon. On peut dire même qu'il perdit beaucoup de sa gloire, d'abord par les prophéties qui vinrent à cesser, et ensuite par les diverses calamités qui affligèrent les Juifs jusqu'à leur entière désolation. Au lieu que pour cette nouvelle maison qui appartient au nouveau Testament, elle est d'autant plus illustre, qu'elle est composée de pierres vivantes, c'est-à-dire des fidèles renouvelés par le baptême. Mais elle a été figurée par le rétablissement du temple de Salomon, parce qu'en langage prophétique ce rétablissement signifie le nouveau Testament. Ainsi, lorsque Dieu a dit par le prophète dont nous parlons : « Je donnerai » la paix en ce lieu-ci (1); » comme ce lieu désignait l'Eglise qui devait être bâtie par Jésus-Christ, on ne doit entendre autre chose par là, sinon : Je donnerai la paix; au lieu que celui-ci signifie : Parce que toutes les choses qui sont figures d'autres semblent en quelque sorte en tenir la place; comme l'apôtre a dit : « La pierre » était Jésus-Christ (2), » par la raison que celle dont il parle en était la figure. La gloire de cette maison du nouveau Testament est donc plus grande que celle de l'ancien; et elle paraîtra telle quand on en fera la dédicace. C'est alors que « viendra celui que tous les peu- » ples désirent (3), » comme le porte le texte hébreu; parce que son premier avènement ne pouvait pas être désiré de tous les peuples qui ne connaissaient pas celui qu'ils devaient désirer, et par conséquent ne croyaient point en lui. C'est aussi alors que, selon la version des Septante dont le sens est pareillement prophétique, « les élus du Seigneur viendront de tous les

---

(1) Aggée, 2, 10.
(2) 1 Cor., 10, 4.
(3) Aggée, 2, 8.

» endroits de l'univers. » A partir de cette époque, il ne viendra rien que ce qui a été élu, et dont l'apôtre dit : « Il nous a élus en lui avant la création du » monde (1). » Le grand architecte qui a dit : « Il y » en a beaucoup d'appelés, mais peu d'élus (2), » n'entendait pas que ceux qui, ayant été appelés au festin, avaient mérité qu'on les en chassât, dussent entrer dans l'édifice de cette maison, dont la durée sera éternelle, mais seulement les élus. Or, maintenant que ceux qui doivent être séparés de l'aire à l'aide du van, remplissent l'église, la gloire de cette maison ne paraît pas si grande qu'elle semblera lorsque chacun sera toujours où il sera une fois.

CHAPITRE XLIX.

Elus et réprouvés mêlés ensemble ici-bas.

Durant ce siècle pervers, en ces tristes jours où l'Eglise par des humiliations passagères s'acquiert une grandeur immortelle pour l'avenir, et est exercée par une infinité de craintes, de douleurs, de travaux et de tentations, sans avoir d'autre joie que l'espérance, si elle se réjouit comme il faut ; beaucoup de réprouvés sont mêlés avec les élus, et les uns et les autres sont renfermés comme dans ce filet de l'Evan-

---

(1) Ephés., 1, 4.
(2) Matth., 22, 14.

gile (1), où ils nagent pêle-mêle dans la mer de ce monde, jusqu'à ce que tous arrivent au rivage, où les méchans seront séparés des bons, et Dieu habitera dans les bons comme dans son temple pour être toutes choses en tous (2). Ainsi, nous voyons maintenant s'accomplir cette parole de celui qui disait dans le pseaume : « J'ai publié et annoncé partout, et ils se » sont multipliés sans nombre (3). » Cela se fait maintenant, depuis qu'il a publié et annoncé d'abord par la bouche de Jean-Baptiste son précurseur (4), et en second lieu par la sienne propre : « Faites pénitence, » car le royaume des cieux est proche (5). » Il a choisi des disciples qu'il a aussi nommés apôtres, nés de bas lieu, méprisables, sans lettres, afin d'être et de faire en eux tout ce qu'ils seraient et feraient de grand. Il y en eut un d'eux qui ne valut rien ; mais usant bien d'une mauvaise chose, il s'en servit pour accomplir ce qui était ordonné touchant sa passion, et pour apprendre, par son exemple, à son église à supporter les méchans. Ensuite, après avoir jeté les semences de l'Évangile, il souffrit, mourut et ressuscita ; montrant par sa passion ce que nous devons endurer pour la vérité, et par sa résurrection ce que nous devons espérer pour l'éternité, sans parler du profond mystère de son sang répandu pour la rémission des péchés. Il

---

(1) Matth., 13, 47.
(2) I Cor., 15, 28.
(3) Ps. 39, 8.
(4) Matth., 3, 2.
(5) Id., 4, 17.

conversa quarante jours sur terre avec ses disciples, et monta au ciel à leur vue; et dix jours après, il leur envoya le saint Esprit de son père qu'il leur avait promis, dont le grand signe et le signe extrêmement nécessaire était alors, en ceux qui l'avaient reçu, qu'ils parlaient toute sorte de langues (1), pour montrer l'unité de l'Eglise catholique qui devait se répandre parmi toutes les nations, et ainsi parler toute sorte de langues.

CHAPITRE L.

Prédication de l'Evangile devenue plus célèbre et plus efficace par la passion de ceux qui l'annonçaient.

Dans la suite, selon cette prophétie : « La loi sortira » de Sion, et la parole du Seigneur de Jérusalem, » et suivant la prédiction du Sauveur même, lorsque après sa résurrection il ouvrit l'esprit à ses disciples étonnés, pour leur faire entendre les Ecritures, et leur dit : « Il fallait, selon qu'il est écrit, que le Christ » souffrit, et qu'il ressuscitât le troisième jour, et » qu'on prêchât en son nom la pénitence et la rémis- » sion des péchés dans toutes les nations, en com- » mençant par Jérusalem; » et lorsque, comme ils s'enquéraient de son dernier avènement, il leur répondit : « Ce n'est pas à vous à savoir les temps ou les

(1) Act., 2, 6.

» momens, dont mon Père s'est réservé la disposi-
» tion ; mais vous recevrez la vertu du saint Esprit qui
» viendra en vous, et vous me rendrez témoignage à
» Jérusalem, et dans toute la Judée et la Samarie, et
» jusqu'aux extrémités de la terre ; » suivant, dis-je,
toutes ces choses, l'Eglise se répandit d'abord à Jérusalem, et de là en Judée et en Samarie ; et l'Evangile
fut ensuite porté aux gentils par le ministère de ceux
que Jésus-Christ avait lui-même allumés comme des
flambeaux pour éclairer toute la terre, et embrasés du
saint Esprit. Il leur avait dit : « Ne craignez point ceux
» qui tuent le corps, mais qui ne peuvent tuer l'ame ; »
et le feu de la charité qui brûlait leur cœur étouffait
en eux toute crainte. Il ne s'est pas seulement servi
pour la prédication de l'Evangile de ceux qui l'avaient
vu et entendu avant et après sa passion et sa résurrection ; ceux qui leur ont succédé ont aussi porté sa parole par tout le monde, parmi de sanglantes persécutions, Dieu se déclarant en leur faveur par plusieurs
prodiges et par divers dons du saint Esprit ; afin que
les gentils, croyant en celui qui a été crucifié pour
les racheter, révérassent avec un amour digne de chrétiens le sang des martyrs qu'ils avaient répandu par
une fureur de démons, et que les rois même dont les
édits ravageaient l'Eglise, se soumissent humblement
à ce nom que leur cruauté s'était efforcée d'exterminer, et qu'ils commençassent à persécuter les faux
dieux pour l'amour desquels ils avaient auparavant
persécuté les adorateurs du vrai Dieu.

LIVRE XVIII.

CHAPITRE LI.

Les hérétiques utiles à l'Eglise.

Mais le diable voyant qu'on abandonnait les temples des démons, et que tout le monde courait au nom du Sauveur et du Médiateur, suscita les hérétiques pour combattre la doctrine chrétienne sous le nom de chrétiens, comme s'il pouvait y avoir dans la Cité de Dieu des personnes de sentimens contraires, comme on a vu des philosophes dans la Cité de confusion en avoir d'entièrement opposés. Si donc ceux qui dans l'Eglise de Jésus-Christ ont des opinions mauvaises et dangereuses, après en avoir été repris, y persistent opiniâtrement, et refusent de se retracter de leurs dogmes pernicieux, ils deviennent hérétiques, et une fois sortis de l'Eglise, elle les regarde comme des ennemis qui servent à l'exercer. Tout hérétiques qu'ils sont, ils ne laissent pas d'être utiles aux vrais catholiques qui sont les membres de Jésus-Christ, Dieu se servant bien des méchans même, et toutes choses contribuant à l'avantage de ceux qui l'aiment (1). En effet tous les ennemis de l'Eglise, quelque erreur qui les aveugle, ou quelque passion qui les anime, s'ils reçoivent le pouvoir de l'affliger corporellement, ils exercent sa patience; et, s'ils la combattent seulement par leurs

(1) Rom., 8, 28.

mauvais sentimens, ils exercent sa sagesse ; mais, de quelque façon que ce soit, ils lui donnent toujours sujet de pratiquer la bienveillance ou la générosité envers ses ennemis, soit qu'elle agisse avec eux dans des conférences paisibles, ou par des châtimens redoutables. C'est pourquoi le diable, qui est le prince de la Cité des impies, a beau soulever ses suppôts contre la Cité de Dieu étrangère en ce monde, il ne lui saurait nuire. Dieu ne la laisse point sans consolation dans l'adversité, de peur qu'elle ne s'abatte, ni sans exercice dans la prospérité, de crainte qu'elle ne s'élève, tempérant ainsi l'un par l'autre, suivant cette parole du pseaume : « Vos consolations ont rempli » mon ame de joie, à proportion des douleurs qui » affligent mon cœur (1) ; » et suivant ce que dit l'apôtre : « Réjouissez-vous en espérance, et portez cons- » tamment les afflictions (2). »

Quant à ce que dit le même docteur, que « tous » ceux qui veulent vivre saintement en Jésus - Christ » seront persécutés (3), » il ne faut pas s'imaginer que cela puisse manquer en aucun temps, puisque, lors même que l'Eglise est à couvert de la violence de ceux de dehors, ce qui n'est pas une petite consolation pour les faibles, il y en a toujours beaucoup au dedans qui affligent cruellement le cœur des gens de bien par leur mauvaise conduite, en ce qu'ils sont cause qu'on blasphème la Religion chrétienne et catholique ; et cette

(1) Ps. 93, 19.
(2) Rom., 12, 12.
(3) II Tim., 3, 12.

injure qu'il lui font leur est d'autant plus sensible, qu'ils l'aiment davantage, et qu'ils voient qu'on l'en aime moins. Ils ne sont pas non plus peu touchés lorsqu'ils considèrent que les hérétiques qui se disent aussi chrétiens et ont les mêmes sacremens et les mêmes Ecritures, en jettent dans le doute plusieurs qui veulent embrasser le christianisme, et donnent lieu de calomnier notre Religion. Ce sont ces déréglemens des hommes qui font souffrir persécution à ceux qui veulent vivre saintement en Jésus-Christ, lors même que personne ne les tourmente en leur corps. Aussi le psalmiste marque que cette persécution est intérieure, quand il dit : « A proportion des douleurs qui affligent » mon cœur. » Mais d'ailleurs, comme on sait que les promesses de Dieu sont immuables, et que l'apôtre dit « que Dieu connaît ceux qui sont à lui (1), » et qu'ainsi nul ne peut périr de ceux « qu'il a connus » par sa prescience, et prédestinés pour être confor- » mes à l'image de son fils (2), » le psalmiste ajoute : « Vos consolations ont rempli mon ame de joie (3). » Or cette douleur qui afflige le cœur des gens de bien à cause des mœurs des mauvais ou des faux chrétiens, est utile à ceux qui la ressentent, parce qu'elle naît de la charité, qui fait qu'ils ne sont pas bien aises qu'ils se perdent, ni qu'ils empêchent les autres de se sauver. Ils reçoivent aussi beaucoup de consolation quand ils s'amendent; et leur conversion leur donne

(1) II Tim., 2, 19.
(2) Rom., 8, 29.
(3) Ps. 93, 19.

autant de joie que leur perte leur causait de douleur: C'est ainsi que dans ce siècle, pendant ces malheureux jours, non-seulement depuis Jésus-Christ et les apôtres, mais depuis Abel, le premier juste égorgé par son frère, jusqu'à la fin des siècles, l'Eglise voyage parmi les persécutions du monde et les consolations de Dieu.

CHAPITRE LII.

S'il n'y aura point de persécution contre l'Eglise jusqu'à l'Antechrist.

C'est pourquoi je ne pense pas qu'on doive croire légèrement ce que quelques-uns avancent, que l'Eglise ne souffrira plus d'autre persécution jusqu'à l'Antechrist que les dix qu'elle a souffertes, et que c'est lui qui ouvrira la onzième. Ils comptent la première sous Néron, la seconde sous Domitien, la troisième sous Trajan, la quatrième sous Antonin, la cinquième sous Sévère, la sixième sous Maximin, la septième sous Décius, la huitième sous Valérien, la neuvième sous Aurélien, et la dixième sous Dioclétien et Maximien. Ils disent que les dix plaies d'Egypte qui précédèrent la sortie du peuple de Dieu, sont les figures de ces dix persécutions, et que la dernière qui arrivera sous l'Antechrist a été figurée par la onzième plaie d'Egypte, qui arriva lorsque les Egyptiens, poursuivant les Hébreux jusque dans la Mer Rouge qu'ils passèrent à pied sec, furent engloutis par le retour de ses flots. Mais je ne pense pas que ce qui se passe en Egypte fût une figure des persécutions de l'Eglise, quoique ceux qui sont de ce sentiment y trouvent des rapports fort ingénieux, mais qui ne sont fondés néanmoins que sur des conjectures de l'esprit humain qui se trompe souvent.

Que diront-ils de la persécution où le Sauveur même fut crucifié? en quel ordre la mettront-ils? Que s'ils disent qu'il ne faut compter que celles qui concernent le corps, et non celle qui a attaqué et fait mourir la tête, que diront-ils de celle qui s'éleva à Jérusalem après que Jésus-Christ fut monté au ciel, et où saint Etienne fut lapidé, où saint Jacques, frère de saint Jean, eut la tête tranchée, où l'apôtre saint Pierre fut mis en prison, et délivré par un ange, où les fidèles furent chassés de Jérusalem, où saint Paul ravageait l'Eglise et souffrit après pour elle ce qu'il lui avait fait souffrir, soit dans la Judée ou dans les autres nations où son zèle lui faisait prêcher Jésus-Christ? Pourquoi donc veulent-ils commencer à Néron les persécutions de l'Eglise, puisque ce n'est que par d'horribles souffrances, qu'il serait trop long de déduire ici, qu'elle est arrivée au règne de ce prince? S'ils croient que l'on doit mettre au nombre des persécutions de l'Eglise toutes celles qui lui ont été suscitées par des rois, Hérode était roi, et il lui en fit une cruelle après l'ascension du Sauveur. D'ailleurs que deviendra celle de Julien, qu'ils ne mettent pas entre les dix? Dira-t-on qu'il n'a point persécuté l'Eglise, lui qui défendit aux chrétiens d'apprendre ou d'enseigner les lettres humaines, sous qui Valentinien, qui fut depuis empereur, perdit la charge qu'il avait dans l'armée pour avoir confessé la foi chrétienne, pour ne rien dire de qu'il avait commencé de faire à Antioche, s'il n'eût été effrayé par la constance admirable d'un jeune homme qui chanta tout le jour des pseaumes au milieu des plus cruels tourmens, parmi les ongles de fer et les chevalets? Enfin Valens, arien, frère de ce Valentinien, n'a-t-il pas allumé de notre temps en Orient une sanglante persécution contre l'Eglise? Comme elle est répandue par tout le monde, elle peut être persécutée dans un lieu sans qu'elle le soit en l'autre. A moins qu'on ne veuille pas compter au nombre de ses persécutions celle que le roi des Goths fit en son pays aux catholiques, durant laquelle plusieurs souffrirent le martyre, ainsi que nous l'avons appris de quelques-uns de nos frères qui se souvenaient de l'avoir vue lorsqu'ils étaient encore enfans. Que dirai-je de celle qui vient de s'élever en Perse et qui n'est pas encore bien éteinte? n'a-t-elle pas été si grande, que quelques-uns ont été contraints de se retirer dans les villes romaines? Quand je fais réflexion sur ces choses et autres semblables, il me semble qu'on ne doit pas déterminer le nombre des persécutions de l'Eglise. Mais aussi il n'y aurait pas moins de témérité à assurer qu'elle en doit souffrir d'autres avant celle de l'Antechrist, dont aucun chrétien ne doute. Nous laisserons donc cela indécis, le parti le plus sage et le plus sûr étant de n'en rien assurer positivement.

CHAPITRE LII.

On ne sait point quand la dernière persécution du monde arrivera.

Pour cette dernière persécution de l'Antechrist, le Sauveur lui-même la fera cesser par sa présence. Il est écrit « qu'il le tuera du souffle de sa bouche, et qu'il » l'anéantira par l'éclat de sa présence (1). » On demande ordinairement ici quand cela arrivera, mais mal à propos : car s'il nous était utile de le savoir, qui nous l'aurait pu mieux apprendre que Jésus-Christ, notre Dieu et notre maître, quand ses disciples l'interrogèrent là-dessus ? Ils ne s'en turent pas, mais le lui demandèrent lorsqu'il était encore ici-bas, et lui dirent : « Seigneur, sera-ce en ce temps que » vous rétablirez le royaume d'Israël (2) ? » Mais il leur répondit : « Ce n'est pas à vous à savoir les temps » dont mon père s'est réservé la disposition. » Ils ne demandaient pas l'heure, ni le jour, ni l'année, mais le temps ; et toutefois Jésus-Christ leur fit cette réponse. C'est donc en vain que nous tâchons de déterminer les années qui restent jusqu'à la fin du monde, puisque nous apprenons de la vérité qu'il ne nous appartient pas de le savoir. Cependant, les uns en comptent

---

(1) I Thess., 2, 8.
(2) Act., 1, 6.

quatre cents, d'autres cinq cents, et d'autres mille ; depuis l'ascension du Sauveur jusqu'à son dernier avènement. Or, de dire maintenant sur quoi chacun d'eux appuie son opinion, cela serait trop long et même inutile. Ils ne se fondent que sur des conjectures humaines, sans alléguer rien de certain des Ecritures canoniques. Mais celui qui a dit : « Il ne vous appar- » tient pas de savoir les temps dont mon père s'est ré- » servé la disposition, » a tranché court toutes ces supputations, et nous commande de nous tenir en repos là-dessus.

Comme néanmoins cette parole est de l'Evangile, il n'est pas surprenant qu'elle n'ait pas empêché les idolâtres de feindre des réponses des démons touchant la durée de la Religion chrétienne. Voyant que tant de cruelles persécutions n'avaient servi qu'à l'accroître au lieu de la détruire, ils ont inventé je ne sais quels vers grecs, comme si c'était un oracle, qui portent que saint Pierre s'est servi de certains sortilèges pour faire adorer le nom de Jésus-Christ pendant trois cent soixante et cinq ans, et qu'après ce temps son culte sera aboli. O la belle imagination pour des gens qui se piquent de doctrine ! O qu'il est digne de ces grands esprits qui ne veulent point croire en Jésus-Christ, de croire de lui de semblables rêveries ! de dire que Pierre, son disciple, n'a pas appris de lui la magie, et que néanmoins il a été magicien, et qu'il a mieux aimé faire adorer le nom de son maître que le sien, s'exposant pour cela à une infinité de périls et à la mort même. Si Pierre, magicien, a fait que le monde aimât tant Jésus, qu'a fait Jésus innocent pour être tant aimé de Pierre? Qu'ils se répondent à eux-mêmes là-dessus, et qu'ils comprennent s'ils peuvent que la même grace de Dieu qui a fait aimer Jésus-Christ au monde pour la vie éternelle, l'a fait aimer à saint Pierre pour la même vie éternelle, jusqu'à souffrir la mort temporelle pour l'amour de lui. Quels sont d'ailleurs les dieux qui peuvent prédire ces choses et ne les sauraient empêcher, et sont obligés de céder aux enchantemens d'un magicien et d'un scélérat qui a tué, à ce qu'ils disent, un enfant d'un an, l'a mis en pièces, et l'a enseveli avec des cérémonies sacrilèges, et de permettre qu'une secte qui leur est contraire ait subsisté si long-temps, surmonté tant d'horribles persécutions, non pas en leur résistant, mais en les souffrant, et détruit leurs idoles, leurs temples, leurs sacrifices et leurs oracles? En un mot, quel est le dieu qu'un si grand crime a pu porter ou contraindre à souffrir tout cela? Ce n'est pas à un démon, mais à un dieu que ces vers disent que Pierre a imposé cette loi par son art magique. Certes, ce dieu est digne de ceux qui ne veulent pas reconnaître Jésus-Christ pour leur Dieu.

CHAPITRE LIV.

Rêverie des payens, que le christianisme ne devait durer que trois cent soixante et cinq ans.

VOILA une partie de ce que j'alléguerais contre eux, si cette année vainement promise et sottement crue n'était pas encore écoulée. Mais puisqu'il y a déjà quelque temps que ces trois cent soixante et cinq ans depuis l'établissement du culte de Jésus-Christ par son incarnation et par la prédication des apôtres sont accomplis, que faut-il davantage pour réfuter cette fausseté? Qu'on ne les prenne pas si l'on veut à la naissance du Sauveur, parce qu'il n'avait pas encore alors de disciples, au moins ne peut-on nier que la Religion chrétienne n'ait commencé à paraître quand il commença à en avoir, c'est-à-dire après qu'il eût été baptisé par saint Jean dans le fleuve du Jourdain. En effet, c'est ce que marquait cette prophétie : « Il étendra sa domination » d'une mer à l'autre, et depuis le fleuve jusqu'aux » extrémités de la terre (1). » Mais parce que la foi n'avait pas encore été annoncée à tous avant sa passion et sa résurrection, comme l'apôtre saint Paul le dit aux Athéniens en ces termes : « Il avertit maintenant » tous les hommes, en quelque lieu qu'ils soient, de » faire pénitence, parce qu'il a arrêté un jour pour » juger le monde selon la justice, par celui en qui il » a voulu que tous crussent en le ressuscitant des » morts (2) ; » il vaut mieux, pour résoudre cette question, commencer là à compter, surtout parce que c'est alors que le saint Esprit fut donné dans cette ville où devait commencer la seconde loi, c'est-à-dire le nouveau Testament. La première, qui est le vieux Testament, fut donnée par Moïse sur le mont Sina; mais pour celle-ci, qui devait être donnée par le

---

(1) Ps. 71, 8.
(2) Act., 17, 30.

Messie, voici ce qui en avait été prédit : « La loi » sortira de Sion, et la parole du Seigneur de Jéru- » salem ; » d'où vient que lui-même a dit qu'il fallait qu'on prêchât en son nom la pénitence à toutes les nations, mais en commençant par Jérusalem. C'est donc là que le culte de ce nom a commencé, et qu'on a, pour la première fois, cru en Jésus-Christ crucifié et ressuscité. C'est là que la foi fut d'abord si fervente, que des milliers d'hommes, s'étant miraculeusement convertis, vendirent tous leurs biens et les distribuèrent aux pauvres pour embrasser la sainte pauvreté et être plus prêts à combattre jusqu'à la mort pour la défense de la vérité au milieu des Juifs frémissans et altérés de sang. Si cela ne s'est point fait par magie, pourquoi font-ils difficulté de croire que la même vertu divine qui a opéré une si grande merveille en ce lieu, ait pu faire la même chose partout le monde ? Et si ce furent les maléfices de Pierre qui causèrent ce prodigieux changement dans Jérusalem, et firent qu'une si grande multitude d'hommes, qui avaient crucifié le Sauveur, ou qui lui avaient insulté sur la croix, furent tout d'un coup portés à l'adorer, il faut voir, par l'année où cela est arrivé, quand les trois cent soixante et cinq ans ont été accomplis. Jésus-Christ est mort le vingt-cinq mars sous le consulat des deux Géminus. Il ressuscita le troisième jour, suivant le témoignage des apôtres, qui en furent témoins oculaires. Quarante jours après il monta au ciel, et envoya le saint Esprit le dixième jour suivant. Ce fut alors que mille hommes crurent en lui sur la prédication des apôtres. Ce fut donc alors que commença le culte de son nom par la vertu du saint Esprit, comme nous le croyons, et comme il est vrai; ou, comme l'impiété le feint ou le pense follement, par les enchantemens de Pierre. Peu de temps après, cinq mille hommes se convertirent à la guérison miraculeuse d'un boiteux de naissance, qui était si impotent qu'on le portait tous les jours à la porte du temple pour demander l'aumône, et qui marcha droit à la parole de Pierre et au nom de Jésus-Christ. Ensuite, l'Eglise s'augmenta de plus en plus et fit de nouvelles conquêtes. De là il est aisé de calculer le jour même auquel cette année a commencé. Ce fut quand le saint Esprit fut envoyé, c'est-à-dire le quatorze de mai. Or, en comptant les consuls, l'on trouve que ces trois cent soixante et cinq ans ont été accomplis, le quatorze de mai, sous le consulat d'Honorius et d'Eutichien. Cependant l'année d'après, sous le consulat de Manlius Théodore, lorsque, selon l'oracle des démons, ou la fiction des hommes, il ne devait plus y avoir de christianisme; sans parler de ce qui se passa ailleurs, Gaudence et Jovius, intendans de l'empereur Honorius, ruinèrent à Carthage, le dix-neuf mars, les temples des faux dieux, et brisèrent leurs idoles. Depuis ce temps jusqu'à cette heure, c'est-à-dire pendant l'espace d'environ trente années, qui ne voit combien le culte du nom de Jésus-Christ s'est augmenté, particulièrement depuis que plusieurs de ceux qui étaient retenus par cette vaine prophétie, se sont fait chrétiens, voyant cette année chimérique écoulée. Nous donc qui sommes chrétiens et qui en portons le nom, nous ne croyons pas en Pierre, mais en celui en qui Pierre a cru, et nous n'avons pas été charmés par ses sortilèges, mais édifiés par ses prédications. Jésus-Christ, qui est le maître de Pierre, est aussi notre maître, et il nous enseigne la doctrine qui conduit à la vie éternelle. Mais il est temps de finir ce livre, attendu que nous avons suffisamment fait voir, ce me semble, le progrès des deux Cités qui sont mêlées ici-bas depuis le commencement jusqu'à la fin. Celle de la terre s'est fait tels dieux qu'il lui a plu, pour leur offrir des sacrifices; mais celle du ciel, étrangère sur la terre, ne se fait point de dieux, mais est faite elle-même par le vrai Dieu pour être son véritable sacrifice. Toutes deux néanmoins ont part également aux biens et aux maux de cette vie, mais leur foi, leur espérance et leur charité sont différentes, jusqu'à ce que le dernier jugement les sépare, et que chacune d'elles arrive à sa fin, qui n'aura point de fin. C'est de cette fin de l'une et de l'autre qu'il nous faudra parler dans la suite.

REMARQUES

SUR

LE LIVRE XVIII.

Page 180, ligne 19. « Il semble qu'on n'y voie que le pro-
» grès, etc. » Tous les manuscrits portent, *in meo stylo*,
pour *in medio stylo*.

Page 181, l. 5. « Jusqu'à sa naissance qui en a été l'ac-
» complissement. » Les manuscrits ont, *in quo fuerant*,
pour *in qua*. Cela ne change pas le sens, bien que *in quo*
vaille mieux.

Page 191, l. 19. « Son origine n'était pas connue. » Tous
les manuscrits ont *origo ejus*.

Page 193, l. 22. « Cependant Varron refuse. « Tous les
manuscrits ont *et tamen* pour *attamen*.

Page 208, l. 2. « Si donc ce que l'on rapporte des Arca-
» des. » On lit dans tous les manuscrits *Arcadibus*; je ne
l'entends pas. Je pense qu'*Arcades* vaut mieux, et qu'il faut,
homines dicunt, pour *dicuntur*.

Page 245, l. 16. « Il marque que les Juifs même, etc. »
Tous les manuscrits ont : *significavit utique etiam Judæos*.

Page 245, l. 22. « Mais ces temporelles ne laissent pas
» que de troubler beaucoup de personnes qui sont en ce cas. »
Les manuscrits portent tous, *quæ pro magno habentes*, et
suppriment *hîc*.

Page 253, l. 11. « Qu'à celui qui a prédit des choses à ve-

» nir. » Lisez avec tous les manuscrits *prædixit* pour *præ-dixerit*.

Page 258, l. 6. « Un des Ptolémées. » Tous les manuscrits portent *Ptolomœorum* pour *Ptolemœorum*.

Page 267, l. 22. « Ils nous rendent témoignage par leurs » écritures. » *Per scripturas suas*. Les manuscrits suppriment l'*et* qui est avant *per*.

Page 272, l. 13. « Parce que toutes les choses qui sont » figures d'autres semblent en quelque sorte en tenir la » place. » Les manuscrits portent : *quoniam omnia signi-ficantia videntur quodam modo earum rerum*, etc. » où *quodam modo* est à sa place.

LA CITÉ DE DIEU.

LIVRE XIX.

CHAPITRE PREMIER.

Varron compte deux cent quatre-vingt-huit sectes de philosophes touchant le souverain bien.

Puisque j'ai désormais à traiter des fins de l'une et de l'autre Cité, il faut auparavant que je rapporte en peu de mots les raisonnemens par lesquels les hommes ont tâché de se faire une béatitude parmi les misères de cette vie, afin de montrer, non-seulement par l'autorité divine, mais encore par la raison, combien il y a de différence entre les chimères des philosophes et l'espérance que Dieu nous donne ici-bas et qui doit être suivie de la véritable félicité. Les philosophes ont parlé fort diversement de la fin des biens et des maux, et se sont donné beaucoup de peine pour trouver ce qui peut rendre l'homme heureux. La fin de notre bien est dans le fait le motif qui doit nous porter à rechercher tout le reste et ce qui doit être recherché pour lui-même ; de même que la fin du mal est ce qui nous engage à fuir toute autre chose, et ce qui doit être fui pour lui-même. Ainsi, par la fin du bien, nous n'entendons pas parler d'une fin qui consume le bien pour n'être plus, mais qui le perfectionne pour être plus entier ; et nous ne prenons pas aussi la fin du mal pour ce qui détruit le mal, mais pour ce qui le porte à son dernier période. Ces deux fins sont donc le souverain bien et le souverain mal ; et c'est pour les trouver que se sont beaucoup tourmentés, comme je l'ai dit, ceux qui ont fait profession dans le siècle de l'étude de la sagesse. Mais quoiqu'ils aient erré de plus d'une manière, la lumière naturelle néanmoins ne leur a pas permis de s'éloigner tellement de la vérité, qu'ils n'aient mis le souverain bien et le souverain mal, les uns dans l'ame, les autres dans le corps, et les autres dans tous les deux. De cette triple division, Varron, dans son livre de la philosophie, tire une si grande diversité de sentimens, qu'en y ajoutant quelques légères différences, il compte jusqu'à deux cent quatre-vingt-huit sectes possibles.

Voici comment il procède. Il y a, dit-il, quatre choses que les hommes cherchent naturellement sans avoir besoin pour cela de maître ni d'instruction ; la volupté, qui est un mouvement agréable des sens ; le repos, qui exclut tout ce qui pourrait incommoder le corps : deux choses qu'Epicure confond et appelle volupté ; les premiers biens de la nature, qui comprennent tout ce que nous venons de dire, et encore d'autres choses, comme la santé du corps et l'intégrité de ses membres, avec les avantages de l'esprit. Or, ces quatre choses sont tellement en nous, qu'on doit rechercher la vertu pour elles, ou les rechercher elles-mêmes pour la vertu, ou qu'elles doivent être recherchées pour elles-mêmes ; et de là naissent douze sectes. Véritablement, de cette façon, chacune est triplée : ce que je vais faire voir en une, après quoi il ne sera pas difficile de le reconnaître en toutes. Lorsque la volupté du corps est soumise à la vertu, ou lui est préférée, ou lui est jointe, cela fait trois sectes. Or, elle est soumise à la vertu quand on s'en sert pour l'acquérir ; puisqu'il est du devoir de la vertu de vivre pour la patrie, et de lui engendrer des enfans, deux choses qui ne peuvent se faire sans volupté. Mais lorsqu'on la préfère à la vertu, on la recherche pour elle-même ; et en ce cas, la vertu n'est qu'un moyen pour acquérir ou pour conserver la volupté, et elle en devient l'esclave, dernier degré de la honte, si pour lors néanmoins on la peut appeler vertu. Cette infamie toutefois a trouvé des défenseurs et des apologistes parmi les philosophes. Enfin, la volupté est jointe à la vertu, quand on ne les recherche point l'une pour l'autre, mais chacune pour elle-même. De même donc que la volupté ou soumise, ou préférée, ou jointe à la vertu, fait trois sectes, de même le repos ou les deux ensemble, ou les premiers biens de la nature, en font chacun trois, parce que ces choses, selon la diversité des opinions, sont ou jointes, ou soumises, ou préférées à la vertu, et ainsi, composent douze sectes. Mais ce nombre double en y ajoutant une différence, qui est la société. En effet, quiconque embrasse quelqu'une de ces sectes, ou le fait seulement pour soi, ou le fait aussi pour quelqu'un avec qui il s'associe et à qui il doit souhaiter le même avantage. Dès-lors, il y a douze sectes de philosophes qui tiennent qu'ils ne doivent philosopher que pour eux-mêmes; et il y en a douze autres qui estiment qu'ils le doivent faire aussi en faveur de ceux à qui ils veulent procurer le même bien. Or, ces vingt-quatre sectes se doublent encore et montent jusqu'à quarante-huit, en y ajoutant une différence prise de la nouvelle académie. De ces vingt-quatre sectes, chacune peut être soutenue comme certaine, et c'est ainsi que les stoïciens ont prétendu qu'il est certain que le souverain bien de l'homme ne consiste que dans la vertu; ou comme incertaine, mais vraisemblable, comme ont fait les nouveaux académiciens. Voilà donc vingt-quatre sectes de philosophes qui défendent leur opinion comme assurée, et vingt-quatre autres qui la soutiennent comme douteuse. Bien plus, chacune de ces quarante-huit sectes pouvant être tenue, ou en suivant la manière de vivre des autres philosophes, ou en suivant celle des cyniques; cette différence les double encore et en fait quatre-vingt-seize. Ajoutez à cela que comme on peut embrasser chacune d'elles, ou en menant une vie tranquille, ce qu'ont fait ceux qui n'ont pu ou voulu s'appliquer qu'aux sciences; ou une vie active, à la manière de ceux qui ont joint l'étude de la philosophie au gouvernement de l'état; ou une mêlée des deux, tels que ceux qui ont donné une partie de leur loisir à la contemplation, et l'autre à l'action; ces différences peuvent tripler ce nombre des sectes, et en faire jusqu'à deux cent quatre-vingt-huit.

Voilà ce que j'ai recueilli du livre de Varron le plus succinctement et le plus clairement que j'ai pu, en lui prêtant mes paroles. Or, de dire maintenant comment cet auteur, après avoir réfuté les autres sectes, en choisit une qu'il prétend être celle des anciens académiciens, et avoir eu Platon pour maître, et tenu des dogmes certains jusqu'à Polémon, à la différence des nouveaux académiciens qui révoquent tout en doute, et qui commencèrent à Arcésilas, successeur de Polémon ; de rapporter, dis-je, toutes ces choses en détail, aussi bien que les preuves qu'il allègue pour montrer que les anciens académiciens ont été exempts d'erreur comme de doute, cela serait infiniment long, et néanmoins il ne le faut pas omettre tout-à-fait. Il rejète donc dès l'abord toutes les différences qui ont multiplié ces sectes; et il les rejète parce qu'elles ne renferment pas le souverain bien, et qu'ainsi elles ne peuvent constituer un genre particulier de philosophie, l'homme ne philosophant que pour être heureux. C'est ce qui rend heureux que l'on appelle exclusivement le souverain bien. Lors donc qu'on demande si le sage doit mener une vie civile et sociable, et procurer à son ami tout le bien qu'il se procure à lui-même, ou s'il ne doit rechercher la béatitude que pour soi, il n'est pas question du souverain bien, mais s'il y faut associer quelqu'autre avec soi. De même, quand on demande s'il faut révoquer toutes choses en doute comme les nouveaux académiciens, ou si l'on doit les tenir pour certaines avec les autres philosophes, on ne demande pas quel est le bien qu'on doit chercher, mais s'il faut douter ou non de la vérité du bien que l'on cherche. La manière de vivre des cyniques, différente de celle des autres philosophes, ne concerne pas non plus la question du souverain bien ; mais le supposant véritable, on demande seulement s'il faut vivre comme eux. Il s'en est trouvé qui, tout en plaçant le souverain bien en différentes choses, les uns dans la vertu et les autres dans la volupté, ne laissaient pas de vivre tous comme les cyniques.

CHAPITRE II.

Varron réduit toutes ces sectes à trois, dont, en dernière analyse, il faut bien s'arrêter à une.

DE même, lorsqu'on demande si l'on doit embrasser la vie active ou la vie contemplative, ou celle qui est mêlée des deux, il ne s'agit pas du souverain bien, mais du genre de vie qui en facilite davantage l'acquisition. Du moment que l'on est en effet parvenu au souverain bien, on est heureux ; et cependant on ne l'est pas toujours pour suivre l'un de ces trois genres de vie, puisqu'en le suivant on peut errer touchant le souverain bien. Ce sont donc des questions entièrement différentes, celle du souverain bien qui constitue chaque secte de philosophes, et celles de la vie civile, de l'incertitude des académiciens, du genre de vie et du vêtement des cyniques, et des trois sortes de vie, l'active, la contemplative, et l'autre tempérée des deux. C'est pourquoi Varron, rejetant ces quatre différences qui faisaient monter les sectes jusqu'au nombre de deux cent quatre-vingt-huit, revient aux douze, où il s'agit de savoir quel est le souverain bien de l'homme, et examine qu'elle est la véritable. Or, pour trouver ces douze sectes, l'on triple comme j'ai dit ces quatre choses, la volupté, le repos, tous les deux ensemble, et les premiers biens de la nature, attendu que chacune d'elles sont ou soumises, ou préférées, ou jointes à la vertu, et ainsi composent ensemble douze sectes. De ces quatre choses, Varron en ôte trois, la volupté, le repos, et tous les deux, non qu'il les improuve, mais parce qu'elles sont comprises et au-delà dans les premiers biens de la nature. Ainsi, il croit qu'il n'y a que trois sectes à examiner pour voir quelle est la véritable, ne pouvant y en avoir plus d'une qui soit telle ; et ces trois sectes naissent de ce que l'on recherche les premiers biens de la nature pour la vertu, ou la vertu pour eux, ou l'un et l'autre pour soi-même.

CHAPITRE III.

Opinion de Varron touchant le souverain bien.

Voici comme il procède dans cet examen. Comme le souverain bien que cherche la philosophie n'est pas le bien de la plante, ni de la bête, ni de Dieu, mais de l'homme, il estime qu'il faut voir d'abord ce que c'est que l'homme. Il croit qu'il y a deux parties en lui, le corps et l'ame, et il ne doute point que l'ame ne soit beaucoup plus excellente que le corps. Quant à la question de savoir si l'ame seule est l'homme, en sorte que le corps soit pour elle ce que le cheval est au cavalier, c'est ce qu'il prétend qu'on doit examiner : le cavalier, dans le fait, n'est pas l'homme et le cheval, mais l'homme seul, qui pourtant s'appelle ainsi pour quelque rapport qu'il a au cheval ; ou si le corps seul est l'homme avec quelque rapport à l'ame, comme la coupe au breuvage ; car le breuvage n'est pas la coupe qui le contient ; et quand on dit : Buvez cette coupe, cela comprend l'un et l'autre, comme si la coupe était le breuvage même, parce qu'elle y a quelque rapport ; ou enfin si l'homme n'est ni l'ame seule, ni le corps seul, mais un composé des deux ; comme un attelage de chevaux n'est aucun des chevaux attelés ensemble. Varron s'arrête à ce parti, et par conséquent conclut que le souverain bien de l'homme consiste dans la félicité de l'ame et du corps. Il croit donc que les premiers biens de la nature sont désirables pour eux-mêmes, et que la vertu, qui s'acquiert par l'étude, et qui est comme l'art de bien vivre, est un bien de l'ame très excellent ; qu'ainsi la vertu recherche pour elle-même les premiers biens de la nature, et en jouit plus ou moins selon qu'ils sont plus ou moins grands, méprisant les moindres lorsque cela est nécessaire pour acquérir ou conserver les autres. Or, elle ne préfère à elle-même aucun des biens de l'ame ou du corps, parce qu'elle use comme il faut de soi-même et des autres biens qui rendent l'homme heureux. Mais quand elle n'est pas quelque part, quelqu'abondance de biens qui s'y trouve, ils ne sont pas pour le bien de celui qui les possède, parce qu'il en use mal. Lors donc qu'un homme jouit de la vertu et des autres biens de l'ame et du corps, sans lesquels elle ne peut subsister, sa vie est heureuse. Elle est encore plus heureuse lorsqu'il en possède d'autres dont la vertu n'a pas absolument besoin; mais elle est très heureuse lorsqu'il ne lui en manque aucun, soit du corps ou de l'ame. La vie n'est pas la même chose que la vertu; puisque toute sorte de vie n'est pas vertu, mais celle-là seulement qui est sage et réglée : et cependant, quelque vie que ce soit peut être sans la vertu, au lieu que la vertu ne peut être sans la vie. On peut en dire autant de la mémoire et de la raison : elles sont en l'homme avant la doctrine, et la doctrine ne saurait être sans elles, ni par conséquent la vertu, puisqu'elle est un fruit de l'étude. Quant aux perfections du corps, comme la vitesse, la beauté, la force, et autres semblables avantages, bien que la vertu s'en puisse passer, et qu'ils soient indépendamment d'elle, toutefois ce sont des biens; et selon ces philosophes, elle les aime pour l'amour d'elle-même, et s'en sert ou en jouit avec bienséance.

Ils disent que cette vie bienheureuse est aussi une vie sociable, qui aime le bien de ses amis comme le sien propre, et leur souhaite les mêmes avantages qu'à elle-même; soit qu'ils soient dans la même maison, comme une femme, des enfans, des domestiques; ou dans la même ville, comme des citoyens; ou dans toute la terre, comme toutes les nations; ou dans le monde, ce qui comprend le ciel et la terre, comme les dieux, que nous appelons plus proprement anges, et qu'ils veulent être amis du sage. Mais ils soutiennent qu'il ne faut point douter du souverain bien et du souverain mal, et prétendent que c'est en cela qu'ils diffèrent des nouveaux académiciens, sans se mettre en peine quelle sorte de vie on suive, celle des cyniques, ou quelqu'autre que soit. Pour les trois genres de vie dont nous avons parlé, l'active, la contemplative, et celle qui est mêlée des deux, la dernière leur plaît davantage. Varron assure que c'est là la doctrine de la vieille académie, au sentiment d'Antiochus, le maître de Cicéron et le sien; quoique Cicéron le veuille plutôt faire passer pour stoïcien que pour académicien. Mais cela nous importe peu, puisque nous devons juger des opinions de ces philosophes, sans nous mettre en peine quelle est celle qu'ils ont suivie.

CHAPITRE IV.

Opinion des chrétiens touchant le souverain bien.

Si l'on nous demande quel est le sentiment de la Cité de Dieu sur tous ces points, et d'abord touchant les fins des biens et des maux, elle-même répondra que la vie éternelle est le souverain bien, et la mort éternelle le souverain mal; et qu'ainsi, nous devons tâcher de bien vivre, afin d'acquérir celle-là et d'éviter celle-ci. Il est écrit que « le juste vit de la foi (1) ; » parce que nous ne voyons point encore notre bien, de sorte qu'il faut que nous le cherchions par la foi, et que nous n'avons pas de nous-mêmes le pouvoir de bien vivre, mais qu'il faut que celui qui nous a donné la foi de son assistance nous aide à croire et à prier. Pour ceux qui ont cru que le souverain bien est en cette vie, ou dans le corps, ou dans l'ame, ou dans tous les deux ensemble, c'est une étrange vanité d'avoir placé leur béatitude ici-bas, et surtout de l'avoir fait dépendre d'eux-mêmes. La vérité se moque bien d'eux quand elle dit par un prophète : « Le Seigneur sait que » les pensées des hommes sont vaines (2), » ou selon que le lit l'apôtre saint Paul : « Le Seigneur connaît » la vanité des pensées des sages (3). »

Quel fleuve d'éloquence peut suffire pour exprimer toutes les misères de cette vie ? Cicéron les a déplorées comme il a pu dans la consolation de la mort de sa fille ; mais que ce qu'il a pu est peu de chose ! A l'égard de ce qu'on nomme les premiers biens de la nature, les peut-on posséder en cette vie, qu'ils ne soient sujets à une infinité de révolutions ? En effet, à quelle douleur et à quelle inquiétude, deux sentimens si opposés à la vérité et au repos, le corps du sage n'est il point exposé ? Le retranchement ou la débilité des membres est contraire à l'intégrité des parties du corps, la laideur à sa beauté, la maladie à sa

---

(1) Abacuc, 2, 4.
(2) Ps. 93, 11.
(3) I Cor., 3, 20.

santé, la lassitude à ses forces, la langueur ou la pesanteur à son agilité; et cependant, qu'y a-t-il de tout cela dont le sage soit exempt? L'assiette et les mouvemens du corps, quand ils sont dans la juste mesure, sont aussi mis au rang des premiers biens de la nature. Mais que sera-ce, si quelqu'indisposition fait trembler les membres? Que sera-ce, si l'épine du dos se courbe de sorte qu'un homme soit obligé de marcher à quatre pattes comme une bête? Cela ne détruira-t-il pas l'assiette ferme et droite du corps, et ne rompra-t-il pas la beauté et la mesure de ses mouvemens? Que dirai-je des premiers biens naturels de l'ame, le sens et l'entendement, dont l'un lui est donné pour apercevoir la vérité, et l'autre pour la comprendre? Que deviendra le premier, si un homme devient sourd et aveugle; et le second, lorsque la raison est troublée ou assoupie? Combien les frénétiques font-ils d'extravagances qui nous tirent les larmes des yeux quand nous les considérons sérieusement? Parlerai-je de ceux qui sont possédés des démons? Où leur raison est-elle ensevelie, quand le malin esprit abuse de leur ame et de leur corps à sa volonté? Et qui peut s'assurer que cet accident n'arrivera point au sage pendant cette vie? Il y a plus: combien défectueuse est la connaissance de la vérité ici-bas, où, selon cette parole de la Sagesse, « ce corps mortel et corruptible appe-
» santit l'ame, et cette demeure de terre et de boue
» émousse la vigueur de l'esprit (1)? » Ces désirs irréfléchis que l'on met également au nombre des pre-

---

(1) Sag., 9, 15.

miers biens de la nature, ne sont-ils pas dans les furieux la cause de ces mouvemens et de ces actions qui nous font horreur?

Enfin, la vertu même, qui s'attribue le premier rang parmi les biens de l'homme, que fait-elle sur terre qu'une guerre continuelle avec les vices, et avec des vices qui ne sont pas hors de nous, mais dans nous; qui ne sont pas étrangers, mais qui nous appartiennent? Quelle guerre soutient toujours la tempérance, qui réprime les appétits désordonnés de la chair, de peur qu'ils ne fassent consentir l'esprit à des actions criminelles? Et ne nous imaginons pas qu'il n'y ait point de vice en nous lorsque « la chair, » comme dit l'apôtre, convoite contre l'esprit; » puisqu'il existe une vertu qui y est contraire, lorsque, selon le même apôtre, « l'esprit convoite contre la » chair. Car, dit-il, ces choses sont contraires l'une » à l'autre, tellement que vous ne faites pas ce que » vous voudriez. » Or, que voulons-nous faire quand nous voulons que le souverain bien soit en nous sans aucun défaut, sinon que la chair s'accorde avec l'esprit, et qu'il n'y ait plus de divorce entre eux? Mais puisque nous ne le saurions faire en cette vie, quelque désir que nous en ayions; tâchons au moins, avec le secours de Dieu, de ne point consentir aux convoitises déréglées de la chair. Dieu nous garde donc de croire, tandis que nous avons sur les bras cette guerre intestine, que nous possédions déjà la béatitude qui doit être le fruit de notre victoire. Quel homme est parvenu à un si haut degré de sagesse, qu'il n'ait plus du tout à combattre contre ses passions?

Que dirai-je de cette vertu qu'on appelle prudence? Toute sa vigilance n'est-elle pas occupée à discerner le bien d'avec le mal, pour rechercher l'un et fuir l'autre? Cela même ne prouve-t-il pas que le mal est en nous ou parmi nous? Nous apprenons par elle que c'est un mal de consentir à nos mauvaises inclinations, et que c'est un bien d'y résister; et cependant ce mal à qui la prudence nous apprend à ne pas consentir, et que la tempérance nous fait combattre, n'est détruit ni par la prudence ni par la tempérance. La justice de même, dont l'emploi est de rendre à chacun ce qui lui appartient, et qui maintient en l'homme cet ordre équitable de la nature, que l'ame soit soumise à Dieu et le corps à l'ame, et qu'ainsi l'ame et le corps lui soient soumis, ne fait-elle pas bien voir, par la peine qu'elle a à s'acquitter de cette fonction, qu'elle n'est pas encore à la fin de son travail? L'ame est en effet d'autant moins soumise à Dieu qu'elle pense moins à lui; et la chair est d'autant moins soumise à l'esprit qu'elle a plus de désirs qui lui sont contraires. Ainsi, tant que nous sommes sujets à ces faiblesses et à ces langueurs, comment osons-nous dire que nous sommes déjà sauvés? Et si nous ne sommes pas encore sauvés, de quel front pouvons-nous prétendre que nous sommes bienheureux? Quant à la force, quelque sagesse qui l'accompagne, n'est-elle pas un témoin irréprochable des maux qui accablent les hommes, et que la patience est contrainte de supporter? Véritablement je m'étonne que les stoïciens aient la hardiesse de nier que ce soient des maux, en même temps qu'ils avouent que, s'ils sont si grands que le sage ne puisse ou ne doive les souffrir, il faut qu'il se fasse mourir et qu'il sorte de la vie. Cependant la vanité de ces philosophes les rend si stupides, qu'ils n'ont point de honte de dire que leur sage est heureux quand il deviendrait aveugle, sourd, muet, impotent, affligé des plus cruelles douleurs, et même de celles qui l'obligent à se faire mourir. O vie heureuse, qui cherche la mort afin de n'être plus ! Si elle est bienheureuse, que n'y demeure-t-on ? et si on la fuit à cause des maux qui l'affligent, comment est-elle bienheureuse ? ou comment n'appeler point maux des choses qui mettent la force à bout, et qui ne l'obligent pas seulement à se rendre, mais qui la font devenir folle, jusqu'à dire qu'une vie est heureuse et que néanmoins on doit la fuir ? Qui est assez aveugle pour ne pas voir qu'on ne la devrait pas fuir si elle était heureuse ? Que s'ils avouent qu'on la doit fuir à cause des faiblesses qui l'accablent, que ne quittent-ils leur fierté pour avouer aussi modestement qu'elle est misérable ? N'est-ce pas plutôt par impatience que par courage que ce fameux Caton s'est donné la mort, et pour n'avoir pu souffrir César victorieux ? Où est la force de cet homme tant vanté ? Elle a cédé, elle a succombé, elle a été tellement surmontée, qu'il a fui et abandonné une vie bienheureuse. Est-ce qu'elle ne l'était pas encore ? elle était donc malheureuse ? Comment dès-lors des choses qui rendaient une vie infortunée et odieuse n'étaient-elles pas des maux ?

Aussi les péripatéticiens et ceux de la vieille académie l'avouent-ils (en quoi ils sont plus raisonnables); mais il y a lieu de s'étonner de ce qu'ils soutiennent en même temps que, nonobstant tout cela, on ne laisse pas d'être heureux. Les tourmens et les douleurs du corps sont des maux, dit Varron qui professe ce sentiment, et des maux d'autant pires qu'ils sont plus grands ; c'est pourquoi, ajoute-t-il, vous devez sortir de cette vie pour vous en délivrer. De quelle vie ? De cette vie, dit-il, qui est attaquée de tant de maux. Elle est donc bienheureuse parmi les maux pour lesquels vous dites qu'il en faut sortir. Ne serait-ce point que vous l'appelez heureuse parce qu'il vous est permis de vous délivrer de ces maux par la mort ? Que serait-ce donc si quelque secret jugement de Dieu vous retenait parmi ces maux sans vous permettre d'en être jamais délivré par la mort ? Du moins seriez-vous obligés alors d'avouer qu'une vie de cette sorte est misérable. Ce n'est donc pas parce qu'on la quitte bientôt qu'elle n'est pas misérable, puisque vous la jugez telle vous-même si elle était éternelle. Ce n'est pas, je le répète, parce qu'elle est courte qu'elle n'est pas malheureuse, à moins que de vouloir appeler félicité une courte misère. Il faut que des maux soient bien violens, pour obliger un homme, et un homme sage, à cesser d'être homme pour s'en délivrer. Ils disent, et avec raison, que c'est comme la première voix de la nature, que l'homme s'aime soi-même, et conséquemment qu'il a une aversion naturelle pour la mort, et qu'il cherche tout ce qui peut entretenir l'union de l'ame et du corps. Il faut que des maux soient bien violens, pour éteindre ce sentiment de la nature qui nous porte à faire tous nos efforts pour éviter la mort ; et l'éteindre de telle sorte que nous la désirions et tournions nos propres mains contre nous-mêmes, si personne ne consent à nous la donner. Il est nécessaire que des maux soient bien violens, pour rendre la force homicide, si néanmoins elle mérite encore ce nom, puisqu'elle succombe tellement sous ces maux, que non-seulement elle ne peut conserver par la patience un homme dont elle avait pris le soin et la protection, mais qu'elle est même contrainte de le tuer. Le sage à la vérité doit souffrir la mort en patience, mais c'est celle qui lui vient d'ailleurs que de lui-même. Mais si, selon eux, il est obligé de se la donner, certainement il faut qu'ils tombent d'accord que les choses qui l'y obligent ne sont pas seulement des maux, mais des maux insupportables. Une vie donc sujète à tant de malheurs ne s'appelerait point heureuse, si ceux qui la soutiennent telle cédaient aussi bien à la vérité qu'à la douleur, et ne prétendaient point jouir du souverain bien dans un lieu où les vertus même, qui est ce que l'homme a de plus excellent ici-bas, sont des témoins d'autant plus fidèles de nos misères qu'elles travaillent davantage à nous en garantir. Si ce sont de vraies vertus, ce qui ne peut être qu'en ceux qui ont une véritable piété, elles ne promettent à personne de le délivrer de toutes sortes de maux: il faudrait qu'elles mentissent pour cela; mais tout ce qu'elles peuvent faire, c'est de nous promettre que, pourvu que nous espérions le siècle à venir, cette vie qui est nécessairement misérable à cause de tant d'accidens fâcheux qui l'environnent, deviendra un jour bienheureuse. Mais comment serait-elle heureuse maintenant que nous ne sommes pas encore sauvés? Aussi l'apôtre saint Paul, ne parlant point des hommes imprudens et vicieux,

mais de ceux qui ont une véritable piété, et par conséquent de véritables vertus, dit : « Nous sommes
» sauvés en espérance. Or, quand on voit ce qu'on avait
» espéré de voir, ce n'est plus espérance ; car qui es-
» père voir ce qu'il voit déjà ? Mais c'est la patience
» qui fait que nous espérons voir ce que nous ne
» voyons pas encore (1). » De la même manière que
nous sommes sauvés en espérance, nous sommes aussi
bienheureux en espérance ; notre bonheur, non plus
que notre salut, n'est pas encore présent, mais à venir ; et nous l'attendons par la patience, parce que
nous sommes au milieu des maux qu'il faut supporter
patiemment, jusqu'à ce que nous arrivions à la jouissance de ces biens ineffables qui ne seront traversés
d'aucun déplaisir. C'est ce salut de l'autre vie qui sera
aussi la béatitude finale : béatitude que ces philosophes
ne veulent pas croire, parce qu'ils ne la voient point,
et au lieu de laquelle ils s'en forment en ce monde
une très vaine, qu'ils fondent sur une vertu d'autant
plus fière qu'elle est plus fausse.

CHAPITRE V.

Maux auxquels est sujète la vie civile.

Quant à ce qu'ils veulent que la vie du sage soit une
vie de société, nous sommes bien plus d'accord avec

(1) Rom., 8, 24 et 25.

eux en ce point. Comment la Cité de Dieu dont nous parlons aurait-elle pris naissance, ou comment se serait-elle avancée dans le cours des temps, ou parviendrait-elle à sa fin, si la vie des saints n'était sociable ? Mais qui peut rapporter tous les maux auxquels cette vie-là est sujète? qui peut même les imaginer? Qu'ils écoutent, dans leurs poètes comiques, ce qu'un homme dit avec l'approbation de tous les hommes : « J'ai
» épousé une femme, quelle misère! j'ai eu des en-
» fans, autre embarras (1). » Que dirai-je des peines qui se rencontrent dans l'amour, et que le même Térence décrit ailleurs : « les injures, les soupçons, les
» inimitiés, la guerre et la paix (2)? » Tout le monde n'est-il pas plein de ces désordres ? n'arrivent-ils pas même souvent dans les plus honnêtes liaisons? Ne voyons-nous pas qu'il n'y a partout que querelles, jalousies, inimitiés, guerre? Ce sont des maux certains et que nous sentons ; mais, pour la paix, c'est un bien incertain, parce que nous ne connaissons pas la disposition intérieure de ceux avec qui nous la voudrions bien entretenir ; et quand nous la connaîtrions aujourd'hui, nous ne savons pas s'ils ne changeront point demain. En effet, qui doivent être plus amis que ceux qui demeurent dans une même maison ? Cependant, qui peut s'assurer là-dessus, puisque nous en voyons tous les jours de la sorte qui se trahissent l'un l'autre, et dont la haine devient d'autant plus irréconciliable que leur liaison paraissait plus étroite ? C'est ce qui a

(1) Térence, Adelph., act. 5, scène 4.
(2) Eunuch., act. 1, scène 1.

fait dire à Cicéron ce mot qu'on ne saurait rappeler sans gémir, tant il est vrai : « Il n'y a point de tra-
» hisons plus dangereuses que celles qui se couvrent
» du masque d'amitié ou de parenté. Car il est aisé de
» se garder d'un ennemi déclaré ; mais le moyen de
» se parer d'un mal secret et domestique qui vous op-
» prime avant que vous puissiez le prévoir ? » De là
vient aussi cet oracle de l'Ecriture : « Les ennemis de
» l'homme sont ceux de sa maison (1) ; » oracle qu'il
est impossible d'entendre sans être touché d'une vive
douleur. Quand quelqu'un aurait assez de force pour
supporter patiemment une trahison, ou assez de vigilance pour en détourner l'effet, il ne se peut faire
néanmoins, s'il est homme de bien, qu'il ne s'afflige
beaucoup de l'état malheureux de celui qui s'en sert.
Si donc une maison n'est pas un asile assuré contre ces
sortes de maux, que sera-ce d'une ville, qui est d'autant plus remplie de procès et de différends, qu'elle est
plus grande, et qui peut bien à la vérité n'être point
troublée de séditions et de guerres civiles, mais qui
ne saurait ne les point craindre ?

(1) Matth., 10, 36.

CHAPITRE VI.

Erreur des jugemens humains, lorsque la vérité est cachée.

Que dirons-nous des jugemens que les hommes font des hommes, et qui ne peuvent manquer de se faire dans les villes les plus paisibles? Combien sont-ils pitoyables, puisque ceux qui jugent ne peuvent lire dans la conscience de ceux qu'ils jugent; d'où vient qu'ils sont souvent obligés de mettre à la question des témoins innocens, pour tirer d'eux une vérité qui ne les regarde point! Que dirai-je de celle même qu'on donne à chacun pour son propre fait? N'est-ce pas une étrange chose de torturer une personne pour savoir si elle est coupable, et de faire souvent souffrir à un innocent une peine certaine pour un crime incertain; non parce qu'on a découvert s'il l'a commis, mais parce qu'on l'ignore? Ainsi, l'ignorance d'un juge est souvent la cause du malheur d'un innocent. Ce qu'il y a de plus odieux, et ce qui mériterait une source de larmes pour le pleurer, c'est que le juge tourmentant un accusé de peur de faire mourir un innocent par ignorance, il se trouve qu'il tue l'innocent qu'il avait tourmenté pour ne point le faire mourir. Si, d'après la doctrine des philosophes dont nous venons de parler, il aime mieux sortir de cette vie que de souffrir davantage la question, il avoue qu'il a commis le crime qu'il n'a pas commis. Cependant sur cela le juge le condamne et le fait mourir, sans savoir encore s'il a tué un coupable ou un innocent, la question ayant été inutile pour découvrir son innocence, et n'ayant même servi qu'à le faire passer pour coupable. Parmi ces ténèbres de la vie civile, un juge qui est sage montera-t-il sur le tribunal ou non ? sans doute qu'il y montera ; car la société civile qu'il croit ne pouvoir abandonner sans crime, l'y oblige ; et il ne pense pas que ce soit un crime de torturer des innocens pour le fait d'autrui, ou de les contraindre souvent par la violence des tourmens à se déclarer faussement coupables, et de les faire mourir là-dessus ; bien que pour l'ordinaire ils meurent dans la torture même, ou peu après. Que dirai-je de ce qu'il arrive quelquefois qu'un accusateur, qui n'a entrepris son accusation que pour le bien public, et afin que les crimes ne demeurent pas impunis, est envoyé lui-même au supplice faute de preuves, parce que l'accusé a corrompu les témoins, et qu'il ne confesse rien dans la question ? Un juge ne croit pas errer en faisant tous ces maux, parce qu'il ne les fait pas à dessein, mais par une ignorance invincible et par une obligation indispensable de la société civile. Mais, encore qu'on ne puisse l'accuser de malice, c'est toujours une grande misère que cela ; et si la nécessité l'exempte de crime en condamnant des innocens et sauvant des coupables, osera-t-on l'appeler bienheureux ? Combien fera-t-il plus sagement de reconnaître et de haïr la misère dans laquelle cette nécessité l'engage ; et s'il a quelque sentiment de piété, de crier à Dieu : « Délivrez-moi de mes nécessités (1) ! »

CHAPITRE VII.

De la diversité des langues qui rompt la société des hommes, et de la misère des guerres qui passent même pour les plus justes.

Après la ville vient le monde, qu'ils mettent le troisième en ordre dans la société civile; car ils commencent par la maison. Or, comme il est plus grand, aussi est-il plus plein de périls. En premier lieu, la diversité des langues y rend l'homme en quelque façon étranger à l'homme; attendu que deux hommes, dont l'un ignore la langue de l'autre, se rencontrent, et qu'ils soient obligés de demeurer ensemble, deux animaux muets, même d'espèce différente, s'associeront plutôt que ces deux voyageurs, quelque ressemblance de nature qu'il y ait entre eux ; et un homme aimera mieux être avec son chien qu'avec un étranger. Mais, dira-t-on, une Cité puissante et victorieuse (2), en donnant la loi aux vaincus, leur a aussi donné sa langue, ou pour le moins a pourvu à ce que l'on ne manquât point d'interprètes. Cela est vrai ; mais combien a-t-il fallu répandre de sang pour cela ? Et encore

(1) Ps. 24, 18.
(2) Rome.

ne sommes-nous pas au bout de nos maux. Sans parler des nations étrangères qu'on a toujours eu de temps en temps sur les bras, cette vaste étendue de l'empire n'a-t-elle pas produit quelque chose de plus fâcheux, les guerres civiles et celle des alliés, qui affligent beaucoup plus cruellement l'univers, et dont la crainte seule est un grand mal ? Que si j'entreprenais de représenter ces horribles calamités, quoique je ne le puisse faire avec toute la force qu'il le faudrait, quand verrait-on la fin d'un si long ouvrage ? Mais le sage, disent-ils, n'entreprendra que des guerres justes. Comme si ce n'était pas cela même qui doit l'affliger, s'il se souvient qu'il est homme ? Il ne peut faire une guerre juste, que ce ne soit pour punir l'injustice de ses adversaires; et c'est cette injustice des hommes qu'un homme doit déplorer, quand elle ne serait suivie d'aucune guerre. Quiconque considère des maux si grands et si étranges, ne peut s'empêcher d'avouer que ce ne soit une misère. S'il s'en trouve quelqu'un qui les souffre ou qui les envisage sans aucune douleur, il est d'autant plus misérable de se croire heureux, qu'il ne se croit tel que parce qu'il a perdu tout sentiment humain.

CHAPITRE VIII.

Misères qui accompagnent l'amitié.

Mais quand nous ne nous tromperions point dans le choix de nos amis, et que nous n'en aurions que de bons et de véritables, n'est-il pas vrai que plus nous en avons de cette sorte, plus nous appréhendons pour eux les accidens de cette malheureuse vie ? Nous ne craignons pas seulement qu'ils soient affligés par la faim, les guerres, les maladies, la captivité avec tous les malheurs qu'elle entraîne à sa suite ; mais encore bien plus, qu'ils ne deviennent perfides et méchans. Lorsque cela arrive, qui peut concevoir l'excès de douleur que nous en ressentons, à moins que de l'avoir éprouvé soi-même ? Nous aimerions mieux véritablement apprendre leur mort, bien que nous ne le puissions faire encore sans un sensible déplaisir. En effet, comment se pourrait-il que nous ne fussions point affligés de la mort de ceux dont la vie nous était si agréable ? Pour ne l'être pas, il faudrait ne prendre point de plaisir à leur conversation et à leur compagnie, être insensible à tous les témoignages de l'amitié, rompre les liens les plus doux de la société humaine, en un mot devenir stupide. Que si cela est impossible, comment ne serons-nous point touchés de la mort de personnes si chères ? De là viennent ces plaies de l'ame que nous cause leur perte, et qui ne se peuvent guérir que par le moyen des consolations; car il ne s'ensuit pas qu'il n'y ait rien à guérir dans l'ame, sous prétexte que ses blessures se referment d'autant plutôt qu'elle est plus grande et plus forte. Et cela étant, ne peut-on pas dire que la terre est toute pleine de misères; ce qui a donné lieu à cette parole de l'Ecriture : « La vie de l'homme n'est-elle pas une conti- » nuelle tentation (1)? » et à celle-ci de notre Seigneur: « Malheur au monde à cause des scandales (2)! » et encore : « Comme l'injustice sera triomphante, la » charité de plusieurs se refroidira (3). » Aussi, nous nous consolons de la mort de nos amis qui sont gens de bien, en ce qu'elle les délivre des maux qui d'ordinaire accablent ou corrompent ici-bas les plus vertueux.

CHAPITRE IX.

L'amitié des saints anges est sujète à illusion.

Quant aux saints anges, c'est-à-dire à la quatrième société qu'établissent ces philosophes qui veulent que nous ayons les dieux pour amis, nous ne craignons pas pour eux ni qu'ils meurent, ni qu'ils deviennent méchans. Mais comme nous ne conversons pas avec

---

(1) Job, 7, 1.
(2) Matth., 18, 7.
(3) Matth., 24, 12.

eux aussi familièrement qu'avec les hommes, et que quelquefois, ainsi que nous l'apprend l'Ecriture (1), Satan se transforme en ange de lumière pour tenter ceux qui ont besoin d'être exercés de la sorte, ou qui méritent d'être trompés; la miséricorde de Dieu nous est bien nécessaire pour nous empêcher de prendre pour amis les démons, au lieu des saints anges. N'est-ce pas encore là une des grandes misères de cette vie, que d'être sujets à cette méprise? Il est certain que ces philosophes, qui ont cru avoir les dieux pour amis, sont tombés dans cette illusion; et cela paraît assez par les sacrifices impies qu'ils leur offraient, et par les jeux infames qu'ils représentaient en leur honneur et à leur sollicitation.

CHAPITRE X.

Quelle récompense est préparée aux saints qui ont surmonté les tentations.

Les saints même et les fidèles adorateurs du seul vrai Dieu ne sont pas à couvert de leurs tromperies et de leurs tentations. Cela ne leur est pas inutile pour exciter leur vigilance, et leur faire désirer avec plus d'ardeur le lieu où l'on jouit d'une paix et d'une félicité parfaites. C'est là en effet que le corps et l'ame recevront du Créateur de toutes les natures toutes les

---

(1) II Cor., 11, 14.

perfections dont la leur est capable; l'ame étant guérie par la sagesse, et le corps renouvelé par la résurrection. C'est là que les vertus n'auront plus de vices à combattre, ni de maux à supporter, mais qu'elles posséderont, pour le prix de leur victoire, une paix éternelle qu'aucun adversaire ne troublera. Telle est la béatitude finale, la fin de la perfection qui ne finira jamais. Le monde nous appelle heureux quand nous jouissons de la paix, telle qu'elle peut être en ce monde, accompagnée d'une bonne vie; mais cette béatitude, comparée à celle dont nous parlons, est une véritable misère. La vraie vertu consiste donc à faire un bon usage des biens et des maux de cette vie, alors surtout qu'elle les rapporte et qu'elle se rapporte elle-même à cette fin qui nous doit mettre en possession d'une paix souveraine.

CHAPITRE XI.

La paix doit faire le souverain bien de l'autre vie.

Nous pouvons dire de la paix ce que nous avons dit de la vie éternelle, qu'elle est la fin de nos biens; d'autant mieux qu'il est dit, dans le pseaume, à la Cité de Dieu, qui fait le sujet de ce pénible ouvrage: « Jérusalem, louez le Seigneur; Sion, louez votre » Dieu de ce qu'il a renforcé vos portes et béni vos » enfans. C'est lui qui a établi la paix comme votre

« fin (1). » Lorsque ses portes seront munies et renforcées, personne n'y entrera ni n'en sortira plus ; et ainsi, par cette fin dont parle le pseaume, il faut entendre cette paix finale dont nous parlons. Le nom même de cette Cité, c'est-à-dire Jérusalem, est un nom mystérieux qui signifie *vision de paix*. Mais parce que nous nous servons du nom de paix, même dès cette vie, nous avons mieux aimé appeler vie éternelle la fin de cette Cité, où elle doit trouver son souverain bien. C'est de cette fin que l'apôtre dit : « Mais » maintenant, affranchis du péché et devenus les es- » claves de Dieu, vous avez pour fruit votre sanctifi- » cation, et pour fin la vie éternelle (2). » D'un autre côté, par la raison que ceux qui ne sont pas versés dans l'Ecriture sainte peuvent aussi entendre par la vie éternelle celle des méchans, tant à cause de l'immortalité de l'ame établie même par quelques philosophes, qu'à cause qu'ils ne pourraient pas être tourmentés éternellement, comme la foi nous l'enseigne, s'ils ne vivaient éternellement ; il vaut mieux appeler la fin de cette Cité, qui doit faire son souverain bien, la paix dans la vie éternelle, ou la vie éternelle dans la paix. La paix est un si grand bien, que même dans les choses mortelles et passagères, on ne saurait rien trouver de meilleur. Il ne sera donc pas, ce me semble, hors de propos d'en dire ici quelque chose à l'occasion de cette paix souveraine qui doit faire le bonheur de la Cité dont nous parlons ; et la paix est une chose si

(1) Ps., 147, 1.
(2) Rom., 6, 22.

douce et si chère à tout le monde, que j'espère que ce que j'en dirai ne sera désagréable à personne.

CHAPITRE XII.

Toutes choses, les guerres même, tendent à la paix.

Tous ceux qui considèrent avec moi la nature des choses reconnaissent que comme il n'y a personne qui ne soit bien aise d'avoir de la joie, il n'y a personne non plus qui ne désire la paix. En effet, ceux même qui font la guerre ne la font que pour vaincre, et par conséquent pour parvenir à la paix. Qu'est-ce que la victoire, que l'assujétissement des rebelles qui ne se soumettent pas sans que l'on jouisse aussitôt de la paix? Les guerres se font donc en vue de la paix, même par ceux qui prennent plaisir à exercer leur valeur dans les combats; ce qui fait voir clairement que la paix est la fin et le but de la guerre. Tous ceux qui font la guerre cherchent la paix, au lieu que personne ne fait la paix pour avoir la guerre. Aussi ceux même qui rompent la paix ne la rompent pas parce qu'ils la haïssent, mais pour en obtenir une à leur gré. Ils ne veulent donc pas qu'il n'y ait point de paix, mais qu'elle soit telle qu'ils la veulent; et lors même qu'ils se séparent des autres et élèvent une sédition, ils ne sauraient venir à bout de leurs desseins, s'ils n'entretiennent une espèce de paix avec ceux de leur parti. De là vient que les voleurs même conservent la paix avec leurs compagnons, afin de la pouvoir troubler plus impunément parmi les autres. Que s'il s'en trouve quelqu'un si puissant et si ennemi de toute société, qu'il ne s'associe avec personne et qu'il exécute seul ses meurtres et ses brigandages, pour le moins conserve-t-il toujours quelque ombre de paix avec ceux qu'il ne peut tuer et à qui il veut cacher ce qu'il fait. D'ailleurs il est certain que dans son interieur il a soin de vivre en paix avec sa femme, avec ses enfans et avec ses domestiques, parce qu'il est bien aise qu'ils lui obéissent. Autrement il se fâche contre eux, et même, s'il est besoin, il a recours à la cruauté pour maintenir la paix dans sa maison, parce qu'il sait bien qu'il ne peut le faire, qu'il n'y ait quelqu'un à qui tous les autres soient soumis. C'est pourquoi si une ville ou tout un peuple voulait se soumettre à lui comme il désire que ceux de sa maison lui soient soumis, il ne se cacherait plus dans une caverne comme un brigand, mais il monterait sur le trône comme un roi. Tous souhaitent donc d'avoir la paix avec ceux qu'ils veulent se soumettre à leur gré ; ils s'efforcent même d'assujétir ceux à qui ils font la guerre, afin de leur dicter la loi et d'être les arbitres de la paix.

Supposons un homme comme celui de la fable, si farouche et si sauvage, qu'il n'ait aucun commerce avec personne. Quoique pour royaume il eût un antre désert et affreux, et qu'il fût si méchant qu'on lui a donné un nom tiré de la méchanceté (1); qu'il n'eût point de femme avec qui il pût s'entretenir

(1) *Cacos* en grec signifie méchant.

agréablement, point d'enfans qu'il pût caresser, point
d'amis avec qui il pût converser, non pas même avec
son père Vulcain, bien que plus heureux que lui en
ce qu'il n'engendra point un semblable monstre ;
qu'enfin il ne donnât rien à personne, mais enlevât
aux autres tout ce qu'il pouvait ; toutefois, dans cette
caverne même qui était toujours trempée de quelque
nouveau massacre, il ne cherchait qu'à conserver la
paix et que personne ne vînt l'importuner ni troubler
son repos. Enfin, il voulait avoir la paix avec son
corps, et n'avait de bien qu'autant qu'il jouissait de
cette paix. Il commandait à ses membres, et ils lui
obéissaient ; mais afin d'apaiser cette guerre intestine
que lui faisait la faim, et d'empêcher qu'elle ne chassât son ame de son corps, il ravissait, tuait, dévorait,
et n'usait de cette cruauté barbare que pour maintenir la paix entre les deux parties dont il était composé : de sorte que, s'il eût voulu entretenir avec les
autres la paix qu'il tâchait de se procurer à lui-même
dans sa caverne, on ne l'eût appelé ni méchant ni
monstre. Si l'étrange figure de son corps et les flammes
qu'il vomissait par la bouche l'empêchaient d'avoir
commerce avec les hommes; peut-être n'était-il ainsi
cruel que par la nécessité de vivre. Mais disons plutôt
qu'un tel homme n'a jamais existé que dans l'imagination des poètes, qui ne l'ont dépeint de la sorte
qu'afin de relever davantage Hercule. En effet, les
animaux même les plus sauvages, tels que les lions,
les vautours, les hiboux, s'accouplent, et ont des
petits qu'ils nourrissent et qu'ils élèvent. Un tigre
devient doux pour ses petits et les caresse. Un milan

quelque solitaire et carnassier qu'il soit, s'apparie, fait son nid, couve ses œufs, nourrit ses poussins, et se maintient en paix dans sa maison avec sa femelle comme avec une petite mère de famille. Combien plus donc plus l'homme, par les lois de sa nature, est-il porté à faire société avec les autres hommes et à vivre en paix avec tout le monde; vu même que les méchans combattent pour maintenir celle des personnes qui leur appartiennent, et voudraient, si cela se pouvait, que tous les hommes leur fussent soumis, afin que toutes choses obéissent à un seul, c'est-à-dire conservassent la paix avec lui, ou par crainte, ou par amour? C'est ainsi que l'orgueil imite malheureusement Dieu. Il ne veut point avoir de compagnons sous lui, mais il veut être maître au lieu de lui. Il hait donc la juste paix de Dieu, et aime la sienne qui est injuste, attendu qu'il faut qu'il en aime une, quelle qu'elle soit, n'y ayant point de vice si contraire à la nature, qu'il en efface jusqu'aux dernières traces.

Celui donc qui sait préférer ce qui est droit à ce qui est dépravé, et ce qui est selon l'ordre à ce qui est contre l'ordre, voit que la paix des méchans ne mérite pas d'être appelée paix en comparaison de celle des gens de bien. Or, il faut nécessairement que ce qui est contre l'ordre et qui le renverse, entretienne la paix avec quelqu'une des parties dont il est composé; autrement il ne serait rien du tout. Si quelqu'un était pendu par les pieds la tête en bas, l'ordre et la situation de ses membres seraient renversés, ce qui doit être naturellement au-dessus étant au-dessous. Ce désordre trouble donc la paix du corps, et c'est en cela qu'il est fâcheux. Cependant, l'ame est en paix avec son corps et travaille pour sa conservation, d'où vient la douleur qu'elle ressent ; que si, succombant sous les maux qu'il endure, elle vient à s'en séparer ; tant que l'union des membres subsiste, il y a toujours quelque sorte de paix entre eux ; ce qui fait qu'on peut dire toujours que quelqu'un est pendu. Quant à ce que le corps terrestre tend vers la terre et se débat contre le lien qui le tient ainsi suspendu, c'est qu'il veut jouir de la paix qui lui est propre en cet état : son poids est comme la voix par laquelle il demande qu'on le mette dans le lieu de son repos ; et, quoique privé d'ame et de sentiment, il ne s'éloigne point pourtant de la paix qui lui est propre, soit qu'il la possède, soit qu'il y tende. Si on l'embaume pour l'empêcher de se dissoudre, il y a encore une sorte de paix entre ses parties, qui les tient unies les unes aux autres, et qui fait que le corps tout entier demeure dans le lieu qui lui est convenable, et conséquemment dans un lieu paisible. Mais si on ne l'embaume point, il se fait un combat des vapeurs qui sont en lui, ce qui produit la putréfaction jusqu'à ce qu'il soit d'accord avec les élémens qui le composent, et qu'il retourne pièce à pièce dans chacun d'eux. Néanmoins, cela ne fait aucun tort aux lois du souverain Créateur, qui maintient l'ordre et la paix de l'univers ; car, bien que plusieurs petits animaux soient engendrés du cadavre d'un plus grand, par la loi du même Créateur chacun d'eux a soin d'entretenir avec soi-même la paix qui est nécessaire pour sa conservation. Et quand le corps mort d'un animal serait mangé par d'autres, il rencontrerait toujours ces mêmes lois répandues partout, qui savent unir chaque chose à celle qui lui est propre, quelque désunion et quelque changement qu'elle ait souffert.

CHAPITRE XIII.

De la paix universelle que, d'après les lois de la nature, les passions même ne peuvent troubler indéfiniment.

Ainsi, la paix du corps réside dans le juste tempérament de ses parties, et celle de l'ame sensible dans le repos réglé de ses appétits. La paix de l'ame raisonnable est le parfait accord de la connaissance et de l'action; celle du corps et de l'ame, la vie et la santé de l'animal bien ordonnées. La paix entre l'homme mortel et Dieu immortel est une obéissance réglée par la foi et soumise à la loi éternelle; celle des hommes entre eux, une concorde raisonnable. La paix d'une maison, c'est une juste correspondance entre ceux qui y commandent et ceux qui y obéissent : la paix d'une ville, c'est la même correspondance entre des citoyens. La paix de la Cité céleste consiste dans une union très réglée et très parfaite pour jouir de Dieu, et pour jouir les uns des autres en Dieu ; et celle de toutes choses, c'est un ordre tranquille. L'ordre est ce qui assigne sa place à quelque chose. Ainsi, parce que ceux qui sont malheureux, en tant que tels, ne sont point en paix, il est vrai qu'ils ne sont point non plus dans cet ordre tranquille que rien ne trouble ; mais, d'autre part, comme ils sont justement malheureux, ils ne peuvent pas être tout-à-fait hors de l'ordre. A la vérité, ils ne sont pas avec les bienheureux, mais au moins est-ce par la loi de l'ordre qu'ils en sont séparés. Ils sont troublés et inquiétés, et toutefois ils ne laissent pas d'avoir quelque convenance avec leur état. Ils ont dès-lors quelqu'ombre de tranquillité dans leur ordre ; ils ont donc aussi quelque paix. Mais ils sont malheureux, parce qu'encore qu'ils soient dans le lieu où ils doivent être, ils ne sont pas dans le lieu où ils ne devraient rien souffrir ; quoiqu'il soit vrai qu'ils seraient encore plus malheureux s'ils n'avaient point de convenance avec le lieu où ils sont. Or, quand ils souffrent, la paix est troublée à cet égard ; mais elle subsiste encore dans leur nature qui n'est pas détruite ; et à cet autre égard ils ne souffrent point. De même qu'il y a quelque vie sans douleur, et qu'il ne peut y avoir de douleur sans quelque vie ; ainsi, il a quelque paix sans guerre, mais il ne peut y avoir de guerre sans quelque paix, puisque la guerre suppose toujours quelque nature qui l'entretient ; et une nature ne saurait subsister sans quelque sorte de paix.

Ainsi, il y a une nature où il ne se trouve point de mal, et où il ne peut pas même s'en trouver ; mais il ne saurait en exister où il ne se trouve aucun bien. C'est pourquoi la nature du diable même n'est pas mauvaise en tant que nature, mais c'est la malice qui la rend telle. C'est pour cela qu'il n'est pas demeuré dans la vérité, mais il n'a pu se soustraire au jugement de la vérité. Il n'est pas demeuré dans un ordre tranquille, mais il n'a pas toutefois évité la puissance du souverain ordonnateur. Le bien de Dieu, qui est inséparable de sa nature, ne le met pas à couvert de la justice de Dieu, qui conserve un ordre dans sa peine même; et Dieu ne punit pas en lui ce qu'il a créé, mais le mal que lui-même a commis. Dieu ne lui ôte pas tout ce qu'il lui a donné, mais il lui ôte quelque chose, et lui laisse le reste, afin qu'il subsiste toujours pour ressentir ce qu'on lui a ôté. La douleur même qu'il ressent est un témoignage du bien qu'on lui a ôté et de celui qu'on lui a laissé, puisque, s'il ne lui était encore demeuré quelque bien, il ne pourrait pas s'affliger de celui qu'il a perdu. Celui qui pèche est encore pire, s'il se réjouit de la perte qu'il fait de l'équité. Mais celui qui est tourmenté, si cela ne lui produit aucun bien, au moins s'afflige-t-il de la perte de son salut. Comme l'équité et le salut sont deux biens, et qu'il faut plutôt s'affliger que se réjouir de la perte d'un bien, à moins que cette perte ne soit récompensée d'ailleurs, les méchans ont sans doute plus de raison de s'affliger de leurs supplices, qu'ils n'en ont eu de se réjouir de leurs crimes. De même que se réjouir lorsqu'on pèche, est une marque que la volonté est mauvaise; s'affliger lorsqu'on souffre, c'est aussi une preuve que la nature est bonne. Dans le fait, celui qui s'afflige d'avoir perdu la paix de sa nature, ne s'afflige que par certains restes de paix qui font qu'il aime sa nature. Or, c'est très justement que dans le dernier supplice les méchans déplorent, au milieu de leurs tortures, la perte qu'ils ont faite des biens naturels, et qu'ils sentent que celui qui les leur ôte est ce Dieu très juste envers qui ils en ont été ingrats. Dieu donc qui a créé toutes les natures avec une sagesse admirable, et qui les ordonne avec une souveraine justice, et qui a mis l'homme sur la terre comme son plus grand ornement, nous a donné certains biens convenables à cette vie ; c'est-à-dire la paix temporelle telle qu'on peut l'avoir ici-bas, tant avec nous-mêmes qu'avec les autres hommes, et toutes les choses nécessaires pour la conserver, ou pour la recouvrer, comme la lumière, l'air, l'eau, et tout ce qui sert à nourir, couvrir, guérir ou parer le corps ; mais sous cette condition très équitable, que ceux qui feront bon usage de ces biens en recevront de plus grands et de meilleurs, c'est-à-dire une paix immortelle accompagnée d'une gloire pareillement sans fin et de la jouissance de Dieu, et du prochain en Dieu ; et que ceux qui en feront mauvais usage perdront même ces biens-là, et n'auront pas les autres.

CHAPITRE XIV.

Les lois divines et humaines obligent indistinctement tous les hommes au maintien de la paix dans l'ordre social.

Tout l'usage des choses temporelles se rapporte dans la Cité de la terre à la paix terrestre, et dans la Cité de Dieu à la paix éternelle. C'est pour cela que, si nous étions des animaux sans raison, nous ne désirerions rien que le juste tempérament des parties du corps, et la satisfaction de nos appétits; et la paix du corps servirait à la paix de l'ame; car celle-ci ne peut subsister sans l'autre, mais elles s'aident mutuellement pour la conservation de tout le composé. De même en effet que les animaux font voir qu'ils aiment la paix du corps en fuyant la douleur, et celle de l'ame, lorsqu'ils cherchent les voluptés pour remplir les besoins de leurs appétits, ils montrent aussi, en fuyant la mort, combien ils aiment la paix, qui entretient l'union du corps et de l'ame. Mais parce que l'homme a une ame raisonnable, il fait servir à la paix de cette ame tout ce qu'il a de commun avec les bêtes, afin de contempler et d'agir, c'est-à-dire afin d'entretenir une bonne intelligence entre la connaissance et l'action, en quoi nous avons fait consister la paix de l'ame raisonnable. Il doit, pour cette raison, souhaiter de n'avoir ni douleur qui le tourmente, ni désir qui l'inquiète, et que la mort ne sépare point les deux parties qui le composent, afin de connaître quelque chose d'utile, et de régler sa vie et ses mœurs sur cette connaissance. Mais afin que, comme son esprit est faible, le désir même de connaître ne l'engage point dans quelqu'erreur, il a besoin de l'instruction de Dieu pour être assuré, et de son secours pour être libre; et parce que, tant qu'il est dans ce corps mortel, il est en quelque sorte étranger à l'égard de Dieu, il marche par la foi, comme dit l'apôtre (1), et non

---

(1) II Cor., 5, 7.

par la claire vision ; tellement qu'il rapporte toute la paix du corps, ou de l'ame, ou de tous les deux ensemble, à cette paix qui est entre l'homme mortel et Dieu immortel, afin que son obéissance soit réglée par la foi et soumise à la loi éternelle. Mais d'autant que ce divin maître enseigne deux préceptes principaux, l'amour de Dieu et l'amour du prochain, où l'homme trouve aussi l'amour de soi-même, et que celui qui aime Dieu ne se trompe point dans ce dernier amour, il s'ensuit qu'il faut qu'il porte aussi le prochain à aimer Dieu, puisque Dieu lui commande de l'aimer comme il s'aime lui-même. Il doit donc rendre cet office de charité à sa femme, à ses enfans, à ses domestiques et à tous les hommes, autant qu'il le pourra, comme il doit vouloir que les autres le lui rendent s'il en a besoin ; et ainsi il aura la paix avec tout le monde, autant que cela dépendra de lui ; j'entends une paix humaine, c'est-à-dire une concorde bien réglée. L'ordre de cette concorde consiste en premier lieu à ne faire tort à personne, et en second lieu à faire même du bien à tous ceux que l'on peut. Son premier devoir est donc d'avoir soin des siens, car la nature et la société lui donnent plus de moyen et de commodité de prendre garde à ceux-là qu'aux autres. C'est ce qui fait dire à l'apôtre, que « quiconque n'a pas soin des » siens, et particulièrement de ceux de sa maison, est » apostat et pire qu'un infidèle (1). » Voilà aussi d'où naît la paix domestique, c'est-à-dire une bonne intelligence entre ceux qui commandent et qui obéissent

---

(1) I Tim., 5, 8.

dans une même maison. Les uns y commandent qui ont soin des autres, comme le mari commande à la femme, le père et la mère aux enfans, et les maîtres aux serviteurs ; et les autres y obéissent de qui l'on prend soin, comme les femmes obéissent à leurs maris, les enfans à leurs pères et à leurs mères, et les serviteurs à leurs maîtres. Mais dans la maison d'un homme de bien qui vit de la foi, et qui est étranger ici-bas, ceux qui commandent servent ceux à qui ils semblent commander ; car ils ne commandent pas par un esprit de domination, mais parce qu'ils sont bien aises d'aider ceux qui leur sont soumis, et de leur faire du bien.

CHAPITRE XV.

La servitude est une peine du péché, et l'homme, naturellement libre, est moins l'esclave d'un autre homme que de ses propres égaremens.

L'ordre naturel le demande ainsi, et c'est ainsi que Dieu a créé l'homme. « Qu'il domine, dit-il, sur » les poissons de la mer, sur les oiseaux du ciel, et » sur tous les animaux de la terre (1). » Après avoir créé l'homme raisonnable et l'avoir fait à son image, il n'a pas voulu qu'il dominât sur les hommes, mais sur les bêtes. Voilà pourquoi les premiers justes ont

(1) Genès., 1, 26.

plutôt été bergers que rois, Dieu voulant nous apprendre par là l'ordre de la nature qui a été renversé par le désordre du péché. C'est donc avec justice que le joug de la servitude a été imposé au pécheur. Aussi ne voyons-nous point que l'Ecriture sainte parle d'esclaves avant que le patriarche Noé eût puni le péché de son fils de ce titre honteux. Ainsi le péché seul a mérité ce nom, et non pas la nature. Or, on croit que le mot de *serf* (1), en latin, vient de ce que les vainqueurs faisaient prisonniers et *conservaient* ceux qu'ils pouvaient tuer par le droit de la guerre : cela même est une peine du péché. On ne saurait faire une guerre juste que les ennemis n'en fassent une injuste; et toute victoire, même celle que remportent les méchans, est un effet des justes jugemens de Dieu, qui humilie par là les vaincus ou châtie leurs péchés. Témoin ce grand serviteur de Dieu, Daniel, qui dans la captivité confesse les siens et ceux de son peuple, et reconnaît avec une juste douleur qu'elle n'a point d'autre cause que leurs crimes. La première cause de la servitude est donc le péché, qui assujétit un homme à un homme ; ce qui n'arrive que par le jugement de Dieu, qui n'est point capable d'injustice et qui sait imposer des peines différentes selon la différence des coupables. Notre Seigneur dit : « Quiconque pèche est » esclave du péché (2); » et ainsi il y a plusieurs esclaves qui, parce qu'ils sont gens de bien, sont plus libres que les méchans maîtres qu'ils servent. L'em-

---

(1) *Servus, à servando.*
(2) Jean, 8, 34.

pire des passions est en effet bien autrement redoutable que celui des hommes, puisque, sans parler des autres, celle de dominer exerce elle-même une cruelle domination sur l'esprit de ceux qu'elle possède. Mais, dans cet ordre qui soumet quelques hommes à d'autres hommes, comme l'humilité est avantageuse à ceux qui sont assujétis, l'orgueil nuit beaucoup aux autres. Pour l'ordre naturel dans lequel Dieu a créé l'homme, nul n'est esclave de l'homme ou du péché; mais la servitude même qui est une peine est ordonnée par cette loi qui commande de conserver l'ordre naturel et qui défend de le troubler; puisque, si l'on n'avait rien fait contre cette loi, la servitude n'aurait rien à punir. C'est pourquoi l'apôtre avertit (1) les esclaves même d'être soumis à leurs maîtres, et de leur être affectionnés, pour rendre en quelque sorte leur servitude libre, en ne les servant pas par la crainte de la peine, mais par l'amour de leur devoir, jusqu'à ce que l'iniquité passe et que toute domination humaine soit anéantie, lorsque Dieu sera tout en tous.

CHAPITRE XVI.

De la juste domination.

Aussi nous voyons que les patriarches ne mettaient de différence entre leurs enfans et leurs esclaves que

---

(1) Ephés., 6, 5.

pour ce qui concernait leurs biens temporels ; car ils les aimaient tous également en Dieu, de qui nous attendons les biens éternels : ce qui est tellement conforme à l'ordre naturel, que le nom de père de famille est venu de là, et s'est si bien établi dans le monde que les méchans maîtres même l'affectent. Mais ceux qui sont vrais pères de famille ont un soin égal que tous ceux de leur maison, valets aussi bien qu'enfans servent et honorent Dieu, et désirent d'arriver à cette maison céleste où il ne sera plus nécessaire de commander aux hommes, parce qu'ils n'auront plus de besoins auxquels il faille pourvoir ; mais jusque là les bons maîtres ont plus à souffrir de ce qu'ils commandent que les serviteurs de ce qu'ils obéissent. Or, si quelqu'un vient à troubler la paix domestique, il faut le châtier pour son utilité, autant que cela peut se faire justement, afin de le ramener à la paix dont il s'était écarté. Comme ce n'est pas être bienfaisant que d'aider une personne pour perdre un plus grand bien, ce n'est pas non plus être innocent que de la laisser tomber dans un plus grand mal sous prétexte de lui en épargner un petit. L'innocence demande non-seulement qu'on ne nuise à personne, mais encore qu'on empêche son prochain de mal faire, ou qu'on le châtie quand il a mal fait, ou afin de le corriger lui-même, ou au moins pour retenir les autres par cet exemple. Du moment que la maison est le commencement et la partie d'une ville, et que tout commencement se rapporte à sa fin, et toute partie à son tout, il est visible que la paix de la maison doit se rapporter à celle de la Cité. De là vient que le père de famille doit prendre de la loi de la Cité la conduite de sa maison, afin qu'elle puisse en entretenir la paix.

CHAPITRE XVII.

Comment la Cité du ciel se gouverne ici-bas avec celle de la terre.

Mais ceux qui ne vivent pas de la foi cherchent la paix de leur maison dans les biens et les commodités de cette vie, au lieu que ceux qui vivent de la foi attendent les biens éternels de l'autre vie qui leur ont été promis, et se servent des temporels comme des voyageurs et des étrangers, non pour y mettre leur cœur et se détourner de Dieu auquel ils tendent, mais pour en être soulagés et se rendre en quelque façon plus supportable le poids de ce corps corruptible qui appesantit l'ame. Ainsi il est vrai que l'usage des choses nécessaires à la vie est commun aux uns et aux autres dans le gouvernement de leur maison, mais la fin à laquelle ils rapportent cet usage est bien différente. Il en est de même de la Cité de la terre qui ne vit pas de la foi. Elle recherche la paix temporelle, et l'unique but qu'elle se propose dans la concorde qu'elle tâche d'établir parmi ses citoyens, est qu'il y ait entre eux une union de volonté pour pouvoir jouir plus aisément du repos et des plaisirs. Mais la Cité céleste, ou plutôt la partie de cette Cité qui est étrangère ici-bas et qui vit de la foi, ne se sert de cette paix que par nécessité, en attendant que tout ce qu'il y a de mortel en elle passe. Cela est cause que, tandis qu'elle est comme captive dans la Cité de la terre, où toutefois elle a déjà reçu les promesses de sa rédemption et le don spirituel comme un gage de ces promesses, elle ne fait point de difficulté d'obéir aux lois de cette Cité qui servent à régler les choses nécessaires à la vie, afin que, comme elle lui est commune avec elle, il y ait sous ce rapport une concorde réciproque entre les deux Cités. De ce que la Cité de la terre a eu certains sages dont la sagesse est condamnée dans l'Ecriture, qui, sur de fausses imaginations ou trompés par les démons, croyaient qu'il fallait se rendre favorables plusieurs dieux, comme présidant chacun sur diverses choses, l'un sur le corps, l'autre sur l'ame; et dans le corps même, celui-ci sur la tête, celui-là sur le cou, et ainsi des autres membres; et dans l'ame aussi, l'un sur l'esprit, l'autre sur la doctrine, ou sur la colère, ou sur l'amour; pareillement dans les choses qui servent à la vie, celui-ci sur les troupeaux, cet autre sur les bleds ou sur les vignes, et ainsi du reste; et que, d'autre côté, la Cité céleste ne reconnaissait qu'un seul Dieu, et croyait qu'à lui seul était dû le culte de latrie; elle n'a pu, par ces raisons, avoir une religion commune avec la Cité de la terre, et elle s'est trouvée obligée de différer d'elle à cet égard; de sorte qu'elle aurait été en danger d'être toujours exposée à la haine et aux persécutions de ses ennemis, s'ils n'eussent enfin été effrayés du nombre de ceux qui embrassaient son parti, et de la protection visible du Ciel. Tandis donc que cette Cité céleste voyage sur la terre, elle attire à elle des citoyens de toutes les nations, et ramasse de tous les endroits du monde une société qui, comme elle, voyage sur la terre, sans se mettre en peine de la diversité des mœurs, du langage et des coutumes de ceux qui la composent, pourvu que cela ne les empêche point de servir le même Dieu. La Cité céleste use aussi pendant son pélerinage de la paix temporelle et des choses qui sont nécessairement attachées à notre nature mortelle ; elle est bien aise que les hommes vivent en bonne intelligence autant que la piété et la Religion le peut permettre ; et elle rapporte la paix terrestre à la céleste, qui est tellement la vraie paix, que la créature raisonnable n'en peut justement avoir d'autre, et qui consiste dans une union très réglée et très parfaite pour jouir de Dieu et pour jouir les uns des autres en Dieu. Lorsque nous en serons venus là, notre vie ne sera plus mortelle ni notre corps animal ; mais nous posséderons une vie immortelle et un corps spirituel sans aucune indigence et complètement soumis à la volonté. Elle a cette paix ici-bas par la foi ; et elle vit de cette foi lorsqu'elle rapporte à l'acquisition de cette paix tout ce qu'elle fait de bonnes œuvres en ce monde, tant à l'égard de Dieu que du prochain, d'autant que la vie de la Cité est une vie de société.

CHAPITRE XVIII.

La Cité de Dieu rejète l'incertitude de la nouvelle académie.

Quant à cette différence que Varron tire de la nouvelle académie qui révoque toutes choses en doute, la Cité de Dieu déteste cette incertitude comme une folie. Elle n'hésite point sur la connaissance des choses qu'elle comprend par la raison, bien que cette connaissance soit fort limitée à cause du corps corruptible qui appesantit l'ame, et que, comme dit l'apôtre, » nous ne connaissons qu'en partie (1) ; » ce qui n'empêche pas que notre connaissance ne soit très certaine. Elle croit aussi au rapport des sens dans les choses qui paraissent évidentes ; parce qu'encore qu'on se trompe quelquefois en les croyant, on se trompe bien davantage en ne les croyant jamais. Elle ajoute encore foi aux Ecritures saintes anciennes et nouvelles, que nous appelons canoniques, qui sont comme la source de la foi dont le juste vit, et qui nous fait marcher avec assurance dans le lieu de notre pélerinage. Cette foi demeurant certaine et inviolable, nous pouvons douter sans crainte de certaines choses qui ne nous sont connues ni par les sens ni par la raison, et sur lesquelles l'Ecriture ne s'explique point, et qui ne nous ont

(1) I Cor., 13, 9.

point été confirmées par des témoignages incontestables.

CHAPITRE XIX.

De la vie et des mœurs du peuple chrétien.

CETTE Cité ne se soucie pas du genre de vie que l'on mène lorsqu'on embrasse la foi qui conduit à Dieu, pourvu qu'il ne soit pas contraire à ses commandemens. C'est pourquoi, quand les philosophes même se font chrétiens, elle ne les oblige point de quitter leur manière de vivre, à moins quelle ne choque sa religion, mais seulement à abandonner leurs mauvais dogmes. Ainsi elle néglige cette différence que Varron a tirée des cyniques, s'ils ne font rien après tout qui soit contre l'honnêteté et la tempérance. Quant à ces trois genres de vie, l'actif, le contemplatif, et celui qui est mêlé des deux, quoique chacun en conservant la foi puisse vivre dans lequel des trois il lui plaira, sans que cela l'empêche de parvenir aux promesses éternelles, il importe toutefois de considérer ce qu'on embrasse par l'amour de la vérité, et ce qu'on suit par le devoir de la charité. On ne doit point tellement s'adonner au repos de la contemplation, qu'on ne songe aussi à être utile au prochain, ni s'abandonner à l'action de telle sorte qu'on en oublie la contemplation. Dans le repos on ne doit pas aimer l'oisiveté, mais s'occuper à la recherche de la vérité, afin de profiter soi-même de cette connaissance et de ne la pas envier aux autres ; et dans l'action il ne faut pas aimer l'honneur ni la puissance, parce que tout cela n'est que vanité, mais le travail qui l'accompagne, lorsqu'il contribue au salut de ceux qui nous sont soumis. C'est ce qui a fait dire à l'apôtre que « celui qui désire l'é-» piscopat désire une bonne œuvre (1). » L'épiscopat est en effet un nom de charge, et non pas de dignité, *episcopein* en grec signifiant veiller sur quelqu'un et en avoir soin, pour montrer que celui-là n'est pas évêque qui aime à commander, sans se soucier d'être utile à ceux à qui il commande. Tout le monde peut s'appliquer à la recherche de la vérité, en quoi consiste le repos louable de la vie contemplative ; mais, pour les dignités de l'Eglise, quand on s'y gouvernerait comme il faut, il est toujours honteux de les désirer. Il ne faut qu'aimer la vérité pour embrasser le saint repos de la contemplation ; mais ce doit être la charité et la nécessité qui nous engagent dans l'action ; tellement que si personne ne nous impose ce fardeau, il faut vaquer à la recherche et à la contemplation de la vérité ; et si on nous l'impose, il faut s'y soumettre par charité et par nécessité. Mais alors même il ne faut pas abandonner tout-à-fait les douceurs de la contemplation, de peur que, privés de cet appui, nous ne soyons accablés de la pesanteur de notre charge.

(1) I Tim., 3, 1.

CHAPITRE XX.

Les citoyens de la Cité de Dieu ne sont heureux ici-bas qu'en espérance.

Puis donc que le souverain bien de la Cité de Dieu consiste dans cette paix, non par laquelle passent les hommes mortels en naissant et en mourant, mais dans laquelle, étant immortels, ils demeurent sans souffrir aucun mal, qui peut nier que cette vie ne soit très heureuse, et que celle que nous menons ici-bas, quelques biens temporels qui l'accompagnent, ne soit en comparaison très misérable ? Cependant, quelle qu'elle soit, quiconque s'y conduit de telle sorte qu'il en rapporte l'usage à celle qu'il aime ardemment et qu'il espère fermement, on peut avec raison l'appeler heureux, même dès ce monde, mais plutôt parce qu'il espère cette vie là, que parce qu'il possède celle-ci. La possession de qu'il y a de meilleur en cette vie, sans l'espérance de l'autre, est au fond une fausse béatitude et une grande misère. En effet on n'y jouit pas des vrais biens de l'ame, puisque cette sagesse-là n'est pas véritable, qui, dans les choses qu'elle discerne avec prudence, qu'elle fait avec force, qu'elle réprime avec tempérance, et qu'elle distribue avec justice, ne se propose pas cette fin où Dieu sera tout en tous par une éternité assurée et par une paix parfaite.

LIVRE XIX.

CHAPITRE XXI.

Selon les définitions de Cicéron dans ses livres de la république, il n'y a jamais eu de république parmi les Romains.

Il s'agit maintenant de m'acquitter en peu de mots de la promesse que j'ai faite au second livre de cet ouvrage, de montrer que, selon les définitions dont Scipion se sert dans les livres de la république de Cicéron, il n'y a jamais eu de république parmi les Romains. Il définit la république *le bien du peuple*; et il dit que le peuple est une multitude de personnes assemblées pour vivre ensemble sous un droit dont elles conviennent pour l'utilité générale. Or, il explique ensuite ce qu'il entend par ce droit, lorsqu'il dit qu'une république ne peut être gouvernée sans justice. Là donc où il n'y a point de justice il n'y a point de droit. Comme on fait justement ce qu'on a droit de faire, il est impossible qu'on ne soit pas injuste quand on agit sans droit. En effet, il ne faut pas appeler droits les établissemens injustes des hommes, puisqu'eux-mêmes ne nomment droit que ce qui vient de la source de la justice, et rejètent comme fausse cette maxime de quelques-uns, que le droit du plus fort consiste dans ce qui lui est utile. Ainsi, où il n'y a point de vraie justice il ne peut y avoir de multitude d'hommes assemblés pour se gouverner par un droit dont ils conviennent, et par conséquent il ne peut y avoir de peuple. S'il n'y a point de peuple, il n'y a point aussi de *bien du peuple*, mais d'une multitude telle qu'elle, qui ne mérite pas le nom de peuple. Si donc la république est *le bien du peuple*, et qu'il n'y ait point de peuple, s'il n'est assemblé pour se gouverner par le droit, et que d'ailleurs il n'y ait point de droit où il n'y a point de justice, il s'ensuit nécessairement qu'où il n'y a point de justice, il n'y a point de république. La justice est une vertu qui rend à chacun ce qui lui appartient. Quelle est donc cette justice qui ôte l'homme au vrai Dieu, pour se soumettre à d'infames démons? Est-ce là rendre à chacun ce qui lui appartient? Un homme qui ôte un fonds à celui qui l'a acheté, pour le donner à celui qui n'y a point de droit, est injuste; et un homme qui se soustrait soi-même à Dieu son souverain Seigneur et Créateur, pour servir les malins esprits, sera juste?

Dans ces mêmes livres de la république, on soutient fortement le parti de la justice contre l'injustice; et, parce qu'en parlant d'abord pour l'injustice, on avait dit que sans elle une république ne pouvait ni croître ni s'établir, puisqu'il est injuste que des hommes soient assujétis à d'autres hommes; on répond pour la justice que cela est juste, parce que la servitude est avantageuse à ceux qui y sont, lorsque les autres n'en abusent pas, et que c'est leur ôter la licence de mal faire. Pour appuyer cette raison, on ajoute que la nature même nous en fournit un bel exemple, vu que Dieu commande à l'homme, l'ame au corps et la raison aux passions. Cet exemple fait voir assez que la servitude est utile à quelques-uns, mais qu'il est utile à tout le monde de servir Dieu. Or, quand l'esprit est soumis à Dieu, c'est avec justice qu'il commande au corps, et que dans l'esprit même la raison commande aux passions. Lors donc que l'homme ne sert pas Dieu, quelle justice peut-il y avoir en l'homme, puisque ce n'est que le service qu'il lui rend qui donne droit à l'esprit de commander au corps, et à la raison de gouverner les passions? S'il n'y a point de justice dans un homme de cette sorte, certainement il n'y en aura point non plus dans une assemblée composée de tels hommes. Il n'y aura point aussi de droit dont ils conviennent et qui leur donne le nom de peuple, et par conséquent point de république. Que dirai-je de l'utilité que Scipion fait encore entrer dans la définition de peuple? Il est certain qu'à y regarder de près, rien n'est utile à des impies, comme le sont tous ceux qui, au lieu de servir Dieu, servent les démons, qui sont eux-mêmes d'autant plus impies, qu'étant des esprits immondes, ils veulent qu'on leur sacrifie comme à des dieux. Mais laissant cela à part, ce que nous avons dit touchant le droit suffit à mon avis pour faire voir que, selon cette définition, il ne peut y avoir de peuple, ni par conséquent de république où il n'y a point de justice. Prétendre que les Romains n'ont pas servi dans leur république des esprits immondes, mais des dieux bons et saints, c'est ce qui ne se peut soutenir sans stupidité ou sans impudence, après tout ce que nous avons dit sur ce sujet; mais pour ne point me répéter, je dirai seulement ici qu'il est écrit dans la loi du vrai Dieu, que celui qui sacrifiera à d'autres dieux qu'à lui seul, sera exterminé. Il ne veut donc pas qu'on sacrifie ni aux bons ni aux mauvais dieux.

CHAPITRE XXII.

Le Dieu des chrétiens est le vrai Dieu et le seul à qui l'on doive sacrifier.

Mais, dira-t-on, quel est ce Dieu, ou comment prouve-t-on que lui seul méritait le culte des Romains? Il faut être bien aveugle pour demander encore quel est ce Dieu. C'est ce Dieu dont les prophètes ont prédit les choses que nous voyons; c'est lui qui dit à Abraham que toutes les nations seraient bénites en sa semence (1): ce qui s'accomplit en Jésus-Christ, qui est né de cette semence selon la chair, comme le reconnaissent malgré eux ses ennemis même ; c'est lui dont le saint Esprit a fait prédire toutes les choses que j'ai rapportées dans les livres précédens touchant l'Eglise que nous voyons répandue par toute la terre ; c'est lui que Varron, le plus docte des Romains, pense être Jupiter, quoiqu'il ne sache ce qu'il dise. Au moins cela fait-il voir qu'un homme si savant n'a pas jugé que ce Dieu ne fût point, ou qu'il fût méprisable, puisqu'il l'a cru le même que celui qu'il prenait pour le souverain de tous les dieux. Enfin, c'est

(1) Genès., 22, 18.

celui que le plus savant des philosophes (1), bien qu'ardent ennemi des chrétiens, avoue être un grand Dieu, même selon le témoignage de ceux qu'il croyait des Dieux (2).

CHAPITRE XXIII.

Oracles que Porphyre rapporte touchant Jésus-Christ.

Porphyre, dans ses livres qu'il intitule la philosophie théologique, pour me servir de ses expressions telles qu'elles ont été traduites du grec en latin, dit : « Quelqu'un ayant demandé à Apollon à quel dieu il
» devait s'adresser pour retirer sa femme du christia-
» nisme, Apollon lui répondit : Il vous serait peut-
» être plus aisé d'écrire sur l'eau, ou de voler, que de
» guérir l'esprit blessé de votre femme. Laissez-là donc
» dans sa ridicule erreur chanter d'une voix feinte et
» lugubre, un Dieu mort, qui a été condamné pu-
» bliquement à une mort cruelle par des juges très
» sages. » Après quoi Porphyre ajoute : « Il fait bien
» voir combien la secte des chrétiens est corrompue,
» puisqu'il dit que les Juifs honorent mieux Dieu
» qu'eux ; » car c'est ainsi que ce philosophe explique
ces paroles de l'oracle d'Apollon, que Jésus-Christ

---

(1) Porphyre.
(2) Les oracles.

a été mis à mort par des juges très sages, comme s'ils l'avaient fait mourir justement. Je m'en rapporte à ce qui en est touchant la vérité de cet oracle, qui, peut-être, est de l'invention de Porphyre; mais nous verrons ensuite comment ce philosophe s'accorde avec lui-même, ou accorde ensemble les oracles. Maintenant, il nous dit que les Juifs, comme les véritables adorateurs de Dieu, ont condamné justement Jésus-Christ à une mort cruelle; il devait donc écouter le dieu des Juifs, quand il dit que celui qui sacrifiera à d'autres dieux qu'au seul vrai Dieu sera exterminé. Mais produisons quelque chose d'encore plus clair, et voyons combien il relève le Dieu des Juifs. « Apollon, dit-il, » interrogé lequel vaut mieux de la raison ou de la loi, » a répondu. » Il rapporte ensuite les vers d'Apollon, où il dit entre autres choses : « Dieu est un roi qui en-» gendre, et un roi avant toutes choses, en la présence » duquel le ciel, la terre, la mer et les enfers tremblent, » et les dieux même sont saisis de frayeur, et que les » saints hébreux honorent fort religieusement. » Voilà un oracle d'Apollon qui, selon Porphyre, reconnaît que le dieu des Juifs est si grand, que les dieux même en sont épouvantés. Puis donc que ce dieu a dit que celui qui sacrifie aux dieux sera exterminé, je m'étonne que Porphyre lui-même n'ait pas été effrayé, et n'ait pas craint d'être exterminé en faisant des sacrifices aux dieux..

Ce philosophe dit aussi du bien de Jésus-Christ, comme s'il avait oublié les paroles outrageantes que nous venons de rapporter, ou comme si les dieux n'avaient mal parlé de lui que lorsqu'ils étaient endormis,

et le connaissant mieux à leur réveil, lui eussent donné les louanges qu'il mérite. Il s'écrie comme s'il allait proposer quelque chose de merveilleux et d'incroyable : « Quelques-uns seront sans doute surpris de ce
» que nous allons dire. C'est que les dieux ont déclaré
» que le Christ était un très homme de bien et qu'il
» a été fait immortel, et ils ont parlé honorablement
» de lui. Mais ils assurent en même temps que les
» chrétiens ne valent rien et sont dans l'erreur, et ils
» les décrient beaucoup. » Après, il rapporte les oracles des dieux qui en parlent de la sorte, et il ajoute :
« Mais pour le Christ, consultez si c'est un Dieu,
» voici la réponse d'Hécate : Vous savez quel est l'état
» d'une ame immortelle séparée du corps, mais que
» lorsqu'elle s'est écartée de la sagesse, elle erre tou-
» jours ; celle dont vous vous enquerez est l'ame d'un
» très excellent homme, mais ceux qui l'honorent
» sont dans l'erreur. Voilà donc, continue Porphyre,
» l'oracle qui dit que le Christ était un homme très ver-
» tueux, et que son ame a reçu l'immortalité comme
» celle des autres gens de bien, mais que les chrétiens
» sont dans l'erreur de l'adorer. Et comme quelques-
» uns, ajoute-t-il, lui demandaient : Pourquoi donc
« a-t-il été condamné ? La déesse répondit : Le corps est
» toujours exposé aux tourmens, mais cela n'empêche
» pas que l'ame des gens de bien n'ait le ciel pour de-
» meure. Quant à celle-ci, elle est fatale aux autres
» ames qui ne sont pas destinées à recevoir les faveurs
» des dieux, ni à connaître Jupiter, et elle est cause
» de leur erreur. C'est pour cela que les dieux ne les
» aiment point. Mais pour lui, il est homme de bien,

» et est au ciel en la compagnie des gens de bien.
» Vous ne parlerez donc pas mal de lui, mais vous
» aurez pitié de la folie des hommes et du malheur
» où ils s'engagent. »

Qui est assez stupide pour ne pas voir ou que ces oracles ont été supposés par cet homme artificieux et ennemi mortel des chrétiens, ou qu'ils ont été rendus par des démons à la même fin, c'est-à-dire afin que, comme ils louent Jésus-Christ, on croie qu'ils ont raison de condamner les chrétiens; et qu'ainsi, l'on soit détourné de la voie du salut, où l'on n'entre que par le christianisme? Comme ils sont infiniment rusés, ils ne se soucient pas qu'on ajoute foi aux louanges qu'ils donnent à Jésus-Christ, pourvu que l'on croie aussi ce qu'ils disent des chrétiens, et qu'on loue tellement Jésus-Christ qu'on ne l'adore jamais, et qu'ainsi l'on ne soit point délivré de leur domination par le moyen de ce Sauveur. Outre qu'ils le louent de telle sorte, que quiconque croira en lui sur leur rapport ne sera jamais vraiment chrétien, mais photinien, et ne le prendra point pour un dieu, mais pour un simple homme; ce qui l'empêchera d'être sauvé par son moyen, et de se dégager des filets de ces démons imposteurs. Mais pour nous, nous ne saurions approuver ni la censure d'Apollon, ni les louanges d'Hécate. L'un veut que Jésus-Christ ait été justement condamné à mort par ses juges, et l'autre en parle comme d'un homme très vertueux, mais toujours un homme. Mais ils n'ont l'un et l'autre qu'un même dessein, d'empêcher que les hommes ne se fassent chrétiens, quoique sans cela ils ne puissent être délivrés de leur tyrannie. Cependant que ce philosophe, ou plutôt ceux qui ajoutent foi à ces prétendus oracles, accordent auparavant, s'ils peuvent, Apollon et Hécate, et fassent qu'ils le condamnent tous deux, ou qu'ils le louent tous deux. Mais quand ils le pourraient faire, nous n'en éviterions pas moins pour cela les malins esprits. Puisqu'ils voient qu'un dieu et une déesse ne sont pas d'accord sur Jésus-Christ, et que l'un le blâme et l'autre le loue, certainement, s'ils sont raisonnables, ils ne les doivent point croire en ce qu'ils disent des chrétiens.

Au reste, quand Porphyre, ou Hécate, dit que c'est une fatalité que Jésus-Christ engage les chrétiens dans l'erreur, je voudrais bien savoir s'il les y engage volontairement ou malgré lui. Si c'est volontairement, comment est-il juste? et si c'est malgré lui, comment est-il bienheureux? Mais écoutons la cause de cette erreur selon ce philosophe: « Il y a, dit-il, de petits
» esprits terrestres en certain lieu, assujétis aux mau-
» vais démons. Les sages des Hébreux, entre lesquels
» était ce Jésus, suivant les oracles d'Apollon que je
» viens de rapporter, détournaient les personnes reli-
» gieuses du culte de ces mauvais démons et de ces es-
» prits inférieurs, et les portaient à adorer plutôt les
» dieux célestes, et surtout Dieu le père. C'est aussi,
» ajoute-t-il, ce que les dieux même commandent, et
» nous avons montré ci-dessus comment ils avertissent
» de reconnaître Dieu, et veulent qu'on l'adore par-
» tout. Mais les ignorans et les impies, qui ne sont
» pas destinés à recevoir les faveurs des dieux, ni à
» connaître Jupiter, ont rejeté toute sorte de dieux,
» pour embrasser le culte des mauvais démons. Il est

» vrai qu'ils feignent de servir Dieu, mais ils ne font
» rien de ce qu'il faut pour cela. Dieu, comme le père
» de toutes choses, n'a besoin de rien; mais nous at-
» tirons ses graces sur nous lorsque nous l'honorons
» par la justice, par la chasteté et par les autres vertus,
» et que notre vie est une continuelle prière par l'imi-
» tation de ses perfections, et la recherche de sa vérité.
» Cette recherche, dit-il, nous purifie, et l'imitation
» nous approche de lui. » A la vérité, il parle assez
bien de Dieu le père, et de l'innocence des mœurs, en
quoi consiste principalement le culte qu'on lui rend.
Les livres des prophètes hébreux sont pleins de ces
sortes de préceptes, lorsqu'ils reprennent le vice, ou
qu'ils louent la vertu. Mais, pour les chrétiens, il se
trompe ou les calomnie autant qu'il plaît aux démons
qu'il prend pour des dieux : comme s'il était bien mal
aisé de se souvenir des infamies qui se commettent
dans les temples ou sur les théâtres en l'honneur des
dieux, et de considérer ce qui se lit dans nos églises,
ou ce qu'on y offre au vrai Dieu, pour juger de là de
quel côté est l'édification, ou la ruine des mœurs.
Mais quel autre que l'esprit malin lui a dit ou inspiré
ce mensonge ridicule et évident, que les chrétiens révèrent plutôt qu'ils ne haïssent les démons, que les
Hébreux défendent d'adorer? Mais ce Dieu que les
sages des Hébreux ont adoré défend aussi de sacrifier
aux esprits célestes, aux anges et aux vertus que nous
aimons et honorons dans le pélerinage de cette vie
mortelle, comme nos citoyens qui sont déjà bienheureux. Il fait entendre cette voix de tonnerre dans la
loi qu'il a donnée à son peuple : « Celui qui sacrifiera

LIVRE XIX. 353

aux dieux sera exterminé ; » et de peur qu'on ne s'imaginât que cette défense ne regarde que les mauvais démons et ces esprits terrestres que Porphyre appelle esprits inférieurs, parce que l'Ecriture sainte les appelle aussi les dieux des gentils, comme dans ce passage du pseaume : « Tous les dieux des gentils sont des » démons (1). » Dieu ajoute aussitôt : « Et à d'autres » qu'au Seigneur. » Donc le dieu des Juifs, à qui un si grand philosophe rend un témoignage si avantageux, a donné une loi en hébreu à son peuple, qui est connue par toute la terre, et elle porte expressément que celui qui sacrifiera aux dieux et à d'autres qu'au Seigneur sera exterminé. Qu'est-il besoin d'aller chercher d'autres passages dans cette loi ou dans les prophètes, pour montrer que le Dieu véritable et souverain ne veut point qu'on sacrifie à d'autres qu'à lui ? Voici un oracle court, mais terrible, sorti de la bouche de ce Dieu que les plus savans hommes du paganisme exaltent si fort ; qu'on l'écoute, qu'on le craigne, qu'on y obéisse, de peur qu'on n'encourre la peine dont il menace : « Celui, dit-il, qui sacrifiera » aux dieux et à d'autres qu'au Seigneur sera exter- » miné. » Ce n'est pas qu'il ait besoin de rien qui soit à nous, mais c'est qu'il nous est avantageux d'être à lui. Il est écrit dans les saintes lettres des Hébreux : « J'ai dit au Seigneur : Vous êtes mon Dieu, parce » que vous n'avez point besoin de mes biens (2). » Or nous-mêmes, c'est-à-dire sa Cité, sommes le plus

(1) Ps. 95, 5.
(2) Ps. 15, 1.

noble et le plus excellent sacrifice qui lui puisse être offert ; et tel est le mystère que nous célébrons dans nos oblations qui sont connues aux fidèles, ainsi que nous l'avons dit aux livres précédens. Les oracles du Ciel ont déclaré hautement par la bouche des prophètes hébreux que les victimes que les Juifs immolaient comme des figures de l'avenir, cesseraient, et que les nations, du levant au couchant, n'offriraient qu'un seul sacrifice ; ce que nous voyons maintenant accompli. Nous avons rapporté dans cet ouvrage quelques-uns de ces témoignages, autant que nous l'avons trouvé à propos. Ainsi où n'est point cette justice qui fait qu'on n'obéit qu'au Dieu souverain et qu'on ne sacrifie qu'à lui seul, là certainement aussi n'est point une multitude d'hommes assemblés pour se gouverner par un même droit pour l'utilité générale ; et par conséquent il n'y a point là non plus de peuple, si c'en est là la véritable définition. Il n'y a donc point aussi de république, puisqu'il n'y a point de bien du peuple où il n'y a point de peuple.

CHAPITRE XXIV.

Suivant quelle définition l'empire romain, ainsi que plusieurs autres états, peut s'attribuer justement les dénominations de peuple et de république.

Si ce n'est pas là la vraie définition du peuple, et qu'on le définisse plutôt ainsi : Le peuple est l'assemblée de plusieurs créatures qui s'unissent pour chercher ensemble ce qu'elles aiment ; certainement, pour connaître quel est chaque peuple, il faudra examiner ce qu'il aime. Toutefois, quelque chose qu'il aime, si c'est une assemblée, non de bêtes, mais de créatures raisonnables unies par la société des mêmes intérêts, on peut fort bien la nommer un peuple, d'autant meilleur que l'intérêt qui le lie sera plus noble, et d'autant plus mauvais que ce qu'il se propose est moins excellent. Suivant cette définition, le peuple romain est un peuple, et son gouvernement est sans doute une république. Or l'histoire nous apprend ce que ce peuple a aimé d'abord et dans la suite, et de quelle manière, entraîné à de cruelles séditions par la dépravation de ses mœurs, et de là conduit aux guerres des alliés et aux guerres civiles, il a violé la concorde même, qui est en quelque sorte le salut du peuple. Je ne voudrais cependant pas dire que ce ne fût plus un peuple, ni son gouvernement une république, tant que c'est une assemblée de personnes raisonnables liées ensemble par un intérêt commun. Ce que je dis de ce peuple, je le dis de même des Athéniens, des Egyptiens, des Assyriens, et de tout autre empire, grand ou petit ; car, généralement parlant, la Cité des impies, rebelle aux ordres du vrai Dieu qui défend de sacrifier à d'autres qu'à lui, n'a point de véritable justice.

CHAPITRE XXV.

Il n'y a point de vraies vertus où il n'y a point de vraie religion.

Quelque empire que l'esprit semble avoir sur le corps, et la raison sur les passions, si l'esprit et la raison ne sont eux-mêmes soumis à Dieu de la manière que Dieu le commande, cet empire n'est pas comme il faut. Comment une ame qui ignore le vrai Dieu et qui, au lieu de lui être assujétie, se prostitue à des démons infames, peut-elle être maîtresse de son corps et de ses mauvaises inclinations? C'est pourquoi les vertus qu'elle pense avoir, si elle ne les rapporte à Dieu, sont plutôt des vices que des vertus. Encore que quelques-uns s'imaginent qu'elles sont vraiment telles lorsqu'on les rapporte à elles-mêmes, toutefois alors même elles sont enflées et superbes, et ainsi elles ne sont pas des vertus, mais des vices. En effet, comme ce qui fait vivre le corps n'est pas un corps, mais quelque chose au-dessus du corps, de même ce qui rend l'homme bienheureux ne vient pas de l'homme, mais est au-dessus de l'homme; et ainsi des autres esprits créés.

CHAPITRE XXVI.

La Cité de Dieu se sert aussi de la paix du peuple séparé de Dieu, tandis qu'elle voyage en ce monde.

En un mot, de même que l'ame est la vie du corps, Dieu est la vie bienheureuse de l'homme; d'où vient cette parole des saintes lettres des Hébreux : « Heureux » le peuple qui a le Seigneur pour Dieu (1) ! » Malheureux donc le peuple qui ne reconnaît pas ce Dieu ! Il ne laisse pas pourtant de jouir d'une certaine paix qui n'est pas à blâmer ; mais il n'en jouira pas à la fin, parce qu'il n'en use pas bien avant la fin. Or nous avons intérêt qu'il jouisse de cette paix pendant cette vie, parce que tandis que les deux Cités sont mêlées ensemble, nous nous servons nous-mêmes de la paix de Babylone, dont le peuple de Dieu est tellement délivré par la foi, qu'il demeure pourtant dans son enceinte quoique comme étranger. C'est pour cela que l'apôtre avertit l'Eglise de prier pour les rois et les grands du monde, « afin, dit-il, que nous menions » une vie tranquille en toute piété et charité (2). » Lorsque Jérémie prédit à l'ancien peuple de Dieu sa captivité, et lui commande de sa part d'aller à Babylone sans résister, afin de lui donner cette preuve de

(1) Ps. 143, 18.
(2) I Tim., 29, 7.

sa patience, il l'avertit aussi de prier pour cette ville, « parce que, dit-il, vous trouverez votre paix dans la » sienne (1); » c'est-à-dire une paix temporelle, qui est commune aux bons et aux méchans.

CHAPITRE XXVII.

La paix des serviteurs de Dieu est bien traversée dans cette vie mortelle.

Quant à la paix qui nous est propre, nous en jouissons ici avec Dieu *par la foi* (2), et nous l'aurons un jour éternellement avec lui *par la claire vision*. Mais sur la terre, la paix dont nous jouissons, soit qu'elle nous soit commune ou particulière, est telle, qu'elle sert plutôt à soulager notre misère, qu'à nous rendre heureux. Notre justice même, bien qu'elle soit vraie parce que nous la rapportons au vrai bien, est si défectueuse en cette vie, qu'elle consiste plutôt dans la rémission des péchés que dans aucune vertu parfaite. Témoin l'oraison de toute la Cité de Dieu étrangère sur la terre, et qui crie à Dieu, par la bouche de tous ses membres : « Pardonnez-nous nos offenses, comme » nous pardonnons à ceux qui nous ont offensés (3). » Cette oraison ne sert de rien pour ceux dont la foi est

(1) Jérém., 29, 7.
(2) II Cor., 5, 7.
(3) Matth., 6, 12.

morte (1) et destituée des œuvres, mais seulement pour ceux dont la foi opère par amour (2). Les justes même ont besoin de cette prière, parce qu'encore que leur ame soit soumise à Dieu, la raison ne commande pas parfaitement aux vices en cette vie mortelle et dans ce corps corruptible qui appesantit l'ame. Ce commandement n'est pas dans le fait sans combat et sans résistance. C'est pourquoi, avec quelque vigilance que l'on combatte en ce lieu d'infirmité, et quelque victoire qu'on remporte sur ses ennemis, on donne toujours quelque prise sur soi, sinon par les actions, du moins par les paroles ou par les pensées. De là vient que tant que l'on commande aux vices, on ne jouit pas encore d'une pleine paix, parce que ceux qui font résistance ne se domptent pas sans danger; et l'on ne triomphe pas en repos de ceux qui sont domptés, parce qu'il faut toujours veiller pour empêcher qu'ils ne se relèvent. Parmi ces tentations dont l'Ecriture dit avec tant de concision, que « la vie de l'homme » sur la terre n'est que tentation (3), » qui présumera n'avoir point besoin de dire à Dieu : *Pardonnez-nous nos offenses*, si ce n'est un homme superbe, qui n'est pas grand, mais enflé, et à qui celui qui donne sa grace aux humbles (4) résiste avec justice ? Ici donc la justice consiste, à l'égard de l'homme, à obéir à Dieu; à l'égard du corps, à être soumis à l'esprit, et à l'égard

(1) Jacq., 2, 17.
(2) Galat., 5, 6.
(3) Job, 7, 1.
(4) Jacq., 4, 6.

des vices, à demeurer assujétis à la raison, et à demander à Dieu sa grace et le pardon de ses fautes, comme à le remercier des biens qu'on en a reçus. Mais dans cette paix finale, qui doit être le but de toute la justice que nous tâchons d'acquérir ici-bas, comme la nature sera guérie sans retour de toutes ses mauvaises inclinations, et que nous ne sentirons aucune résistance ni dans nous-mêmes, ni de la part des autres, il ne sera pas nécessaire que la raison commande aux passions qui ne seront plus, mais Dieu commandera à l'homme, et l'esprit au corps, avec une facilité et une douceur qui répondra à un état si glorieux et si fortuné. Cet état sera éternel, et nous serons assurés de son éternité; et c'est en cela que consistera notre souverain bien.

CHAPITRE XXVIII.

De la fin des méchans.

Pour ceux qui n'appartiennent pas à cette Cité de Dieu, leur misère au contraire sera éternelle, ce que l'Ecriture appelle aussi la seconde mort, à cause que ni l'ame, ni le corps ne vivront; l'ame, parce qu'elle sera séparée de Dieu qui est sa vie, et le corps, parce qu'il souffrira des douleurs éternelles. Aussi cette seconde mort sera bien plus fâcheuse, parce qu'elle ne pourra finir par la mort. Mais d'autant que la guerre est contraire à la paix, comme la misère l'est à la béatitude, et la mort à la vie, on peut demander quelle guerre il y aura dans le souverain mal, comme nous avons dit qu'il y aura une paix dans le souverain bien. Que celui qui fait cette demande prenne garde à ce qu'il y a de mauvais dans la guerre, et il trouvera que cela ne consiste que dans l'opposition et la contrariété des choses entre elles. Quelle guerre donc plus grande et plus cruelle peut-on s'imaginer, que celle où la volonté est tellement contraire à la passion, et la passion à la volonté, que leur inimitié ne cesse jamais par la victoire de l'une ni de l'autre ? et où la douleur combat tellement contre le corps, qu'ils ne se surmontent jamais ? Quand il arrive en ce monde un pareil combat, ou la douleur a le dessus et la mort en ôte le sentiment, ou la nature est victorieuse et la santé chasse la douleur. Mais là la douleur demeure pour tourmenter, et la nature subsiste pour sentir la douleur; car ni l'une ni l'autre n'est détruite, afin que le supplice dure toujours. Mais parce que les bons et les méchans arriveront les uns au souverain bien, et les autres au souverain mal par le jugement, nous en parlerons, s'il plaît à Dieu, dans le livre suivant.

REMARQUES

SUR

LE LIVRE XIX.

Page 300, ligne 1.re « Quelque abondance de biens qui
» s'y trouve. » Tous les manuscrits ont : *non bono ejus sunt,
cujus sunt*, pour *non bona*, etc.

Page 300, l. 22. « Elle les aime pour l'amour d'elle-même,
» etc. » Je suis la leçon et la ponctuation de tous les manuscrits : *ut et virtus sine his esse possit, et ipsa sine virtute
bona sunt tamen ; et secundùm istos*, etc.

Page 328, l. 2. « Il n'est pas demeuré dans un ordre tran-
» quille. » Tous les manuscrits suppriment *quia*.

Page 356, l. 16. « Ainsi elles ne sont pas des vertus, mais
» des vices. » Le second *virtutes* est supprimé dans tous les
manuscrits.

LA CITÉ DE DIEU.

LIVRE XX.

CHAPITRE PREMIER.

Bien que Dieu juge en tout temps, il ne sera néanmoins question dans ce livre que du jugement dernier.

Dans l'intention où nous sommes de parler du jour du dernier jugement, autant que Dieu nous en fera la grace, et de l'établir contre les impies et les incrédules, nous devons rapporter les témoignages de l'Ecriture sur ce sujet, comme le fondement de tout notre discours. Ceux qui n'y ajoutent pas foi en sont détournés, ou parce qu'ils prétendent qu'ils signifient autre chose, ou parce qu'ils nient qu'ils aient l'autorité divine qu'on leur donne. Je n'estime pas qu'il y ait personne qui les entende en leur propre sens, et qui, croyant d'ailleurs que ce sont les paroles du vrai Dieu prononcées par l'organe de ses prophètes, n'y donne son consentement; soit qu'il le confesse de bouche, soit que par honte ou par opiniâtreté il n'en veuille pas demeurer d'accord.

Ainsi, ce que toute l'Eglise du vrai Dieu professe, savoir : que Jésus-Christ doit venir du ciel juger les vivans et les morts ; c'est ce que nous appelons le dernier jour, c'est-à-dire le temps du jugement dernier. Il est incertain combien de temps il doit durer ; mais pour peu qu'on soit versé dans l'Ecriture sainte, on sait que sa coutume est de se servir du mot de *jour* pour celui de *temps*. Or, quand nous parlons du jour du jugement de Dieu, nous ajoutons le dernier, parce que maintenant même il juge, et qu'il a jugé dès le commencement du monde, en chassant du paradis les premiers hommes coupables. On peut dire même qu'il a jugé quand il condamna les anges prévaricateurs dont le prince, aveuglé de jalousie, séduisit les hommes après s'être séduit lui-même. Ce n'est pas non plus sans un juste et profond jugement de Dieu que les démons et les hommes mènent une vie si misérable et sujète à tant d'erreurs et de faiblesses, les uns dans l'air et les autres sur la terre. Mais quand personne n'aurait péché, ce serait toujours par un jugement équitable de Dieu, que toutes les créatures demeureraient éternellement unies à leur Seigneur. Il ne juge pas seulement de tous les démons et de tous les hommes en général, en ordonnant qu'ils soient misérables, à cause du péché du premier ange et du premier homme ; il juge encore en particulier des œuvres de chacun d'eux, qui procèdent de leur propre volonté.

Nous voyons en effet, dans l'Evangile (1), que les démons le prient de ne pas les tourmenter; ce qui suppose que Dieu peut les épargner ou les punir avec justice, suivant ce qu'ils ont mérité; et les hommes sont punis de leurs crimes, souvent ouvertement, mais toujours au moins en secret, soit en cette vie ou en l'autre; quoiqu'aucun homme ne fasse bien s'il n'est aidé du secours du ciel; de même qu'aucun homme ni aucun démon ne fait mal si Dieu ne le lui permet par un jugement très juste. Il n'y a point d'injuste en Dieu, comme dit l'apôtre; et les jugemens de Dieu sont impénétrables, et ses voies sont incompréhensibles. (2) Nous ne parlons pas ici de ces jugemens que Dieu a exercés au commencement des temps, ni de ceux qu'il exerce encore tous les jours, mais du dernier jugement qui se fera quand Jésus-Christ viendra du ciel juger les vivans et les morts. Tel est proprement le jour qu'on appelle le jour du jugement, parce qu'on ne demandera point, comme on fait maintenant, pourquoi ce méchant homme est heureux; ou pourquoi cet homme de bien est misérable; puisqu'alors la félicité ne sera que pour les bons, et la misère pour les méchans.

(1) Matth., 8, 29.
(2) Rom., 9, 14, et 11, 33.

CHAPITRE II.

Abîme des jugemens de Dieu, que nous ne sonderons qu'au dernier jugement.

Nous apprenons maintenant à souffrir les maux en patience, puisque les bons même les souffrent; et à ne pas faire grand cas des biens, puisque les méchans y ont part comme les autres. Ainsi, nous trouvons une instruction salutaire dans les choses même où les raisons de la conduite de Dieu nous sont cachées. Nous ne savons pas véritablement par quel jugement de Dieu cet homme de bien est pauvre et ce méchant est riche; pourquoi celui qui, à notre avis, devrait être affligé pour ses crimes, vit dans la joie, tandis que celui dont la bonne vie méritait des récompenses gémit dans l'affliction; pourquoi l'innocent est condamné et le coupable absous; pourquoi l'impie se porte bien, tandis que l'homme religieux est malade et languissant. Des voleurs sont forts et robustes, et des gens qui ne sont pas seulement capables de mal parler de personne, sont accablés de maladies. Des enfans dont la vie serait fort utile au public sont emportés par une mort précipitée; et d'autres qui ne méritaient pas seulement de voir le jour, vivent très long-temps. Des hommes tout couverts de crimes parviennent aux charges et aux honneurs, et des personnes simples et innocentes demeurent dans la poussière. Encore, si cette conduite était constante, et qu'en cette vie où *l'homme*, comme dit le psalmiste, *n'est que vanité, et où ses jours passent comme l'ombre* (1), il n'y eût que les méchans qui possédassent les biens temporels, et que les bons qui fussent affligés, on pourrait l'attribuer à un juste jugement de Dieu et même à un jugement favorable, et dire qu'il veut que ceux qui ne doivent point obtenir les biens éternels, soient ou trompés ou consolés par les temporels; et que ceux qui ne souffriront point les peines éternelles endurent quelques afflictions passagères pour les châtier, ou pour les exercer; mais maintenant que non-seulement les bons éprouvent du mal et les méchans du bien, ce qui semble injuste, et qu'en outre il arrive d'ordinaire du mal aux méchans et du bien aux bons, cela rend les jugemens de Dieu plus impénétrables, et ses voies plus incompréhensibles. Encore que nous ignorions par quel jugement Dieu fait ces choses ou les permet, lui qui est également puissant, sage et juste; il nous est toujours avantageux d'apprendre à ne pas estimer beaucoup des biens ou des maux que nous voyons être communs aux bons et aux méchans, pour ne chercher que les biens qui sont propres aux bons, et ne fuir que les maux qui sont propres aux méchans. Lorsque nous serons arrivés à ce jugement de Dieu, dont le temps s'appelle proprement le jour du jugement, et quelquefois le jour du Seigneur; alors nous reconnaîtrons la justice de tous les jugemens de Dieu, et même de celui par lequel il cache maintenant aux hommes cette justice,

---

(1) Ps. 143, 5.

quoique les gens de bien ne doutent point que ce qui est caché ne soit juste.

CHAPITRE III.

Opinion de Salomon sur les choses qui, dans cette vie, sont communes aux bons et aux méchans.

Salomon, l'un des plus sages rois d'Israël qui régna à Jérusalem, commence ainsi l'Ecclésiaste, que les Juifs aussi reconnaissent pour canonique : « Vanité » des vanités, dit l'Ecclésiaste, vanité des vanités, et » tout est vanité. Que revient-il à l'homme de toute » la peine qu'il prend sous le soleil (1)? » Après avoir rapporté les misères et les erreurs de cette vie, et montré qu'il n'y a rien de stable ni de solide ici-bas, entre autres malheurs il déplore particulièrement celui-ci, que la sagesse (2) ayant autant d'avantage sur la folie que la lumière sur les ténèbres, et le sage étant aussi éclairé que le fou est aveugle, tous néanmoins ont un même sort, pour marquer sans doute que les maux de cette vie sont communs aux bons et aux méchans. Il ajoute que les gens de bien souffrent comme s'ils étaient méchans, et que les méchans triomphent comme s'ils étaient gens de bien : « Il y a encore, » dit-il, une autre vanité sur la terre. Il se trouve des

(1) Ecclés., 1, 2 et 3.
(2) Id., 2, 13.

» justes qui souffrent le supplice des impies, et des
» impies qui reçoivent la récompense des justes. Je
» dis que cela est encore une vanité (1). » Cet homme
si sage emploie presque tout son livre à relever ces
sortes de vanités, sans doute pour nous porter à désirer cette vie où il n'y a point de vanité sous le soleil,
mais où se trouve la vérité sous celui qui a fait le soleil. Mais le moyen de croire que l'homme se pût laisser aller à ces vanités, si ce n'est par un juste jugement
de Dieu? Et néanmoins, tandis qu'il y est sujet, il
importe beaucoup de savoir s'il résiste ou s'il obéit à
la vérité, et s'il est vraiment religieux ou s'il ne l'est
pas, non pour acquérir les biens de cette vie ou pour
en éviter les maux, mais pour le dernier jugement où
les biens seront pour jamais le partage des bons, comme les maux celui des méchans. Enfin ce sage conclut
son livre ainsi : « Craignez Dieu et observez ses com-
» mandemens, parce que c'est en cela que tout hom-
» me est ce qu'il est ; car Dieu jugera toutes les œu-
» vres des hommes, même des plus méprisables, soit
» bonnes ou mauvaises (2). » Que pouvait-on dire de
plus court, de plus véritable et de plus salutaire? « Crai-
» gnez Dieu, dit-il, et gardez ses commandemens,
» parce que c'est en cela que tout homme est ce qu'il
» est. » En effet, sans cela l'homme n'est rien, puisque tant qu'il demeure semblable à la vanité, pour
user des termes du prophète (1), il n'est pas réformé
à la ressemblance de la vérité.

(1) Ecclés., 8, 14.
(2) Id., 12, 13.
(3) Ps. 143, 5.

CHAPITRE IV.

L'auteur prouvera d'abord le jugement dernier par des passages du nouveau Testament, et ensuite par des témoignages de l'ancien.

Il faut donc tirer de l'Ecriture les preuves du dernier jugement de Dieu, mais en commençant par le nouveau Testament. Bien que l'ancien marche devant dans l'ordre des temps, le nouveau néanmoins est plus excellent, parce que l'autre n'a servi qu'à l'annoncer; ce qui n'empêchera pas que nous ne rapportions ensuite des témoignages du vieux pour appuyer encore davantage ceux du nouveau. L'ancien comprend la loi et les prophètes, le nouveau l'Evangile et les épîtres des apôtres. Or l'apôtre dit que « la loi n'a servi qu'à
» faire connaître le péché, au lieu que maintenant la
» justice de Dieu nous est découverte sans la loi,
» quoique attestée par la loi et par les prophètes, et
» est communiquée par la foi en Jésus-Christ à tous
» ceux qui croient en lui (1). » Cette justice de Dieu appartient au nouveau Testament et tire ses preuves du vieux, c'est-à-dire de la loi et des prophètes. Je dois donc d'abord proposer le fait et ensuite produire les témoins. C'est Jésus-Christ lui-même qui nous enseigne à observer cet ordre, lorsqu'il dit « qu'un doc-
» teur bien instruit dans le royaume de Dieu est sem-

_____

(1) Rom., 3, 21.

» blable à un père de famille qui tire de son trésor
» de nouvelles et de vieilles choses (1). » Il ne dit pas
de vieilles et de nouvelles choses ; ce qu'il n'eût pas
pourtant manqué de faire s'il n'eût eu plus d'égard au
mérite qu'au temps.

CHAPITRE V.

Preuves du jugement dernier tirées du nouveau Testament.

Le Sauveur lui-même reprochant à quelques villes
où il avait fait de grands miracles, leur incrédulité,
et leur en préférant d'autres où il n'avait point porté
l'Evangile : « Je vous déclare, dit-il, qu'au jour du
» jugement Tyr et Sidon seront traitées moins rigou-
» reusement que vous (2) ; » et un peu après, s'adressant à une autre ville : « Je t'assure, dit-il, qu'au jour
» du jugement Sodôme sera traitée moins rigoureuse-
» ment que toi (3). » Il montre clairement par là que
le jour du jugement doit arriver. Il dit dans un autre
endroit : « Les Ninivites s'élèveront au jour du juge-
» ment contre ce peuple, et le condamneront, parce
» qu'ils ont fait pénitence à la prédication de Jonas,
» et que celui qui est ici est plus grand que Jonas. La

(1) Matth., 13, 52.
(2) Id., 11, 22.
(3) Ibid., 24.

» reine du Midi s'élèvera au jour du jugement contre
» ce peuple et le condamnera, parce qu'elle est venue
» des extrémités de la terre pour entendre la sagesse
» de Salomon, et que celui qui est ici est plus grand
» que Salomon (1). » Nous apprenons deux choses de
ce discours, que le jugement doit venir et que les morts
y ressusciteront, attendu que les Ninivites et la reine
du Midi étaient morts quand notre Seigneur disait
cela, et cependant il témoigne qu'ils ressusciteront
au jour du jugement. Quant à ce qu'il dit, qu'ils condamneront les Juifs, ce n'est pas qu'ils les jugent, mais c'est que ceux-ci, en comparaison d'eux, mériteront encore davantage d'être condamnés.

Ailleurs, à propos du mélange qui se fait en ce monde des bons et des méchans, et de la séparation qui en sera faite au jour du jugement, il se sert de la parabole d'un champ semé de bon grain où l'on répand de l'ivraie, et l'expliquant à ses disciples : « Celui qui
» sème le bon grain, dit-il, est le fils de l'homme. Le
» champ est le monde. Le bon grain, ce sont les enfans
» du royaume ; et l'ivraie, les enfans du diable. L'en-
» nemi qui l'a semée, c'est le diable ; la moisson, la fin
» du monde ; et les moissonneurs, les anges. Comme
» donc on amasse l'ivraie et qu'on la brûle dans le feu,
» il en sera de même à la fin du siècle. Le fils de
» l'homme enverra ses anges, qui enlèveront hors de
» son royaume ceux qui scandalisent les autres et qui
» commettent l'iniquité ; et ils les jetteront dans la
» fournaise ardente, où il n'y aura que pleurs et que

(1) Matth., 12, 41.

» grincemens de dents. Alors les justes brilleront
» comme le soleil dans le royaume de leur père. Que
» celui qui a des oreilles pour entendre, entende (1). »
Il est vrai qu'il ne nomme pas ici le jour du jugement,
mais il l'exprime bien mieux par les choses même,
et prédit qu'il arrivera à la fin du monde.

Il dit encore ailleurs à ses disciples : « Je vous dis,
» en vérité, que vous qui m'avez suivi, lorsqu'au
» temps de la régénération le fils de l'homme sera assis
» dans le trône de sa gloire, vous serez aussi assis sur
» douze trônes et jugerez les douze tribus d'Israël (2). »
Nous apprenons de ce passage que le Sauveur jugera
le monde avec ses apôtres : d'où vient qu'ailleurs il
dit aux Juifs : « Si c'est au nom de Belzébut que je
» chasse les démons, au nom de qui vos enfans les
» chassent-t-il ? C'est pourquoi ils seront eux-mêmes
» vos juges (3). » Nous ne devons pas nous imaginer
pour cela qu'il n'y en aura que douze qui jugeront
avec lui, sous prétexte qu'il ne parle que de douze
trônes ; c'est que le nombre douze signifie multitude,
à cause du nombre sept qui la marque d'ordinaire,
et dont les parties, c'est-à-dire trois et quatre, mul-
tipliées l'une par l'autre, donnent douze ; sans parler
des autres raisons qu'on pourrait trouver dans ce
nombre pour prouver ce que je dis. Autrement, comme
l'apôtre saint Mathias fut mis à la place du traître

(1) Matth., 13, 37 et suiv.
(2) Id., 19, 28.
(3) Id., 12, 27.

Judas (2), il s'ensuivrait que l'apôtre saint Paul, qui a plus travaillé qu'eux tous (1), n'aurait point de trône pour juger, quoiqu'il témoigne assez lui-même qu'il sera du nombre des juges quand il dit : « Ne savez-vous pas que nous jugerons les anges (2) ? » Il faut en dire autant de ceux qui doivent être jugés. Encore que notre Seigneur ne parle que des douze tribus d'Israël, il ne s'ensuit pas que Dieu et ceux qui jugeront avec lui ne jugent aussi la tribu de Lévi, qui est la treizième, ou qu'ils ne jugent que les Juifs. Quant à la *régénération* dont il parle, indubitablement il a voulu marquer par là la résurrection des morts. Notre corps, en effet, sera régénéré par l'incorruption, comme notre ame est régénérée par la foi.

Je laisse de côté beaucoup d'autres passages qui semblent parler du dernier jugement, mais qui, considérés de près, se trouvent ou ambigus, ou dépendans d'un autre sujet, comme ou à cet avènement du Sauveur qui se fait tous les jours dans son Eglise, c'est-à-dire dans ses membres, dans lesquels il vient peu à peu, par la raison que l'Eglise toute entière est son corps ; ou à la destruction de la Jérusalem terrestre, dont il parle comme s'il était question de la fin du monde et du jour de ce grand et dernier jugement ; de sorte qu'on ne saurait entendre ce qu'il veut dire, à moins que de comparer ensemble tout ce qu'en disent les

(1) Act., 1, 26.
(2) I Cor., 15, 10.
(3) Id., 6, 3.

trois évangélistes saint Matthieu, saint Marc et saint Luc. Ils s'éclaircissent réciproquement l'un l'autre, tellement qu'on voit mieux ce qui doit être rapporté à une même chose. C'est aussi ce que je me suis proposé dans une lettre que j'ai écrite à Hésychius d'heureuse mémoire, évêque de Salone, dont le titre est : *De la fin du siècle.*

Je viens donc à cet endroit de l'Evangile, selon saint Matthieu, où il est parlé de la séparation des bons et des méchans qui se fera au dernier jugement de Jésus-Christ : « Quand le fils de l'homme, dit ce
» Sauveur, viendra dans sa majesté accompagné de
» tous ses anges, il s'assiéra sur son trône ; et tous les
» peuples de la terre seront assemblés en sa présence,
» et il les séparera les uns des autres comme un berger
» sépare les brebis des boucs ; et il mettra les brebis
» à sa droite, et les boucs à sa gauche. Alors, le Roi
» dira à ceux qui seront à sa droite : Venez vous que
» mon père a bénis, prenez possession du royaume
» qui vous a été préparé dès le commencement du
» monde. Car j'ai eu faim, vous m'avez donné à
» manger ; j'ai eu soif, et vous m'avez donné à boire ;
» j'ai eu besoin de logement, et vous m'avez logé ;
» j'ai été nu, et vous m'avez habillé ; j'ai été malade,
» et vous m'avez visité ; j'ai été prisonnier, et vous
» m'êtes venu voir. Alors les justes lui répartiront :
» Seigneur, quand est-ce que nous vous avons vu
» avoir faim, et que nous vous avons donné à manger ;
» ou avoir soif, et que nous vous avons donné à boire ?
» Quand est-ce que nous vous avons vu sans logement,
» et que nous vous avons logé ; ou sans habits, et que

» nous vous avons habillé? Et quand est-ce que nous
» vous avons vu malade, ou en prison, et que nous
» vous sommes venus visiter? Et le Roi leur répondra :
» Je vous dis en vérité, qu'autant de fois que vous
» avez rendu ces assistances aux moindres de mes
» frères, c'est à moi-même que vous les avez rendues.
» Il dira ensuite à ceux qui seront à sa gauche : Retirez-
» vous de moi, maudits, et allez au feu éternel qui a
» été préparé pour le diable et pour ses anges (1). » Il
leur reproche ensuite de n'avoir pas fait pour lui les
choses dont il vient de louer ceux qui sont à sa droite ;
et sur la demande qu'ils lui font, quand est-ce qu'ils
l'ont vu en avoir besoin, il leur répond de même,
que tous les devoirs de charité qu'ils n'ont pas rendus
aux moindres de ses frères, c'est à lui-même qu'ils ont
manqué de les rendre. Puis concluant tout ce discours :
« Et alors, dit-il, ceux-ci iront au supplice éternel,
» et les justes dans la vie éternelle. » Saint Jean l'é-
vangéliste dit clairement qu'il a prédit que le jugement doit se faire quand les morts ressusciteront.
Après avoir dit (2) que le père ne juge personne, mais
qu'il a donné tout pouvoir de juger au fils, afin que
tous honorent le fils comme ils honorent le père,
parce que qui n'honore pas le fils n'honore pas le père
qui l'a envoyé, il ajoute aussitôt : « En vérité, en vérité
» je vous dis que celui qui entend ma parole, et
» qui croit en celui qui m'a envoyé a la vie éternelle,
» et ne viendra point en jugement, mais passe de la

---

(1) Matth., 25, 31 et suiv.
(2) Jean, 5, 22.

» mort à la vie. » Il assure que ses fidèles ne viendront point en jugement. Comment donc seront-ils séparés des méchans par le jugement, et mis à sa droite, à moins qu'on ne prenne ici le jugement pour la condamnation ? Il est certain, en effet, que ceux qui entendent sa parole, et qui croient en celui qui l'a envoyé, ne seront point condamnés.

CHAPITRE VI.

Des deux résurrections.

ENSUITE il ajoute : « En vérité, en vérité je vous
» dis que le temps vient, et qu'il est déjà venu, que
» les morts entendront la voix du fils de Dieu, et que
» ceux qui l'entendront vivront. Car comme le père a
» la vie en lui-même, il a aussi donné au fils d'avoir
» la vie en lui-même (1). » Il ne parle pas encore de la seconde résurrection, c'est-à-dire de celle des corps, qui doit arriver à la fin du monde, mais de la première qui se fait maintenant. C'est pour distinguer celle-ci de l'autre qu'il dit : « Le temps
» vient, et il est déjà venu. » Or, cette résurrection ne regarde pas les corps, mais les ames. Les ames ont aussi leur mort, qui est l'impiété et le crime ; et c'est de cette mort que sont morts ceux dont le même Seigneur dit : « Laissez les morts ensevelir

(1) Jean, 5, 25.

» leurs morts (1), » c'est-à-dire, laissez ceux qui sont morts de la mort de l'ame ensevelir ceux qui sont morts de celle du corps. Il dit donc de ces morts que l'impiété et le crime ont fait mourir dans l'ame : « Le » temps vient, et il est déjà venu, que les morts enten- » dront la voix du fils de Dieu; et ceux qui l'entendront » vivront. » « Ceux, dit-il, qui l'entendront, » c'est-à-dire qui lui obéiront, qui croiront en lui, et qui persévèreront jusqu'à la fin. Il ne fait ici aucune différence des bons et des méchans, parce qu'il est avantageux à tous d'entendre sa voix, et de vivre, en passant de la mort de l'impiété à la vie de la grace : mort dont l'apôtre dit : « Donc, tous sont morts, et » un seul est mort pour tous; afin que ceux qui vivent » ne vivent plus pour eux-mêmes, mais pour celui » qui est mort et ressuscité pour eux (2). » Ainsi, tous sans exception sont morts par le péché, soit par le péché originel, soit par les péchés actuels qu'ils y ont ajoutés, ou par ignorance, ou par malice, et un seul vivant, c'est-à-dire exempt de tout péché, est mort pour tous ces morts, afin que ceux qui vivent, parce que leurs péchés leur ont été remis, ne vivent plus pour eux-mêmes, mais pour celui qui est mort pour tous à cause de nos péchés, et qui est ressuscité pour notre justification ; afin que, croyant en celui qui justifie l'impie, et étant justifiés de notre impiété comme des morts qui ressuscitent, nous puissions appartenir à la première résurrection qui se fait main-

(1) Matth., 8, 22.
(2) II Cor., 5, 14.

tenant. A celle-là n'appartiennent que ceux qui seront éternellement heureux; au lieu que notre Seigneur nous apprend que les bons et les méchans appartiendront à la seconde, dont il va parler tout à l'heure. Celle-ci est de miséricorde, et celle-là de justice. Ce qui fait dire au psalmiste : « Seigneur, je chanterai votre misé-
» ricorde et votre jugement (1). »

Notre Seigneur parle ensuite de ce jugement, dans saint Jean, de la manière suivante: «Et il lui a donné le
» pouvoir de juger, parce qu'il est fils de l'homme (2). »
Il montre par là qu'il viendra juger dans la même chair dans laquelle il était venu pour être jugé; et il dit pour cette raison : « Parce qu'il est fils de l'homme; » puis, parlant de ce dont nous traitons : « Ne vous
» étonnez pas de ceci, dit-il, car le temps viendra
» que tous ceux qui sont dans les sépulcres entendront
» la voix du fils de Dieu ; et ceux qui auront bien vécu
» sortiront pour ressusciter à la vie, comme les autres
» pour ressusciter en jugement. » Voilà ce jugement dont il s'est servi un peu auparavant comme ici, pour signifier la damnation, en ces termes : « Celui qui
» entend ma parole et qui croit en celui qui m'a en-
» voyé, a la vie éternelle, et ne viendra point en ju-
» gement, mais passe de la mort à la vie (3) ; » c'est-à-dire qu'appartenant à la première résurrection, par laquelle on passe maintenant de la mort à la vie, il ne tombera point dans la damnation, qu'il entend par le

---

(1) Ps., 100, 1.
(2) Jean, 5, 27.
(3) Ibid., 24.

jugement, comme ici : « Mais les autres pour ressusciter en jugement ; » ce qui signifie pour être condamnés. Que celui donc qui ne veut pas être condamné à la seconde résurrection ressuscite à la première ; car « le temps vient, et il est déjà venu, que les morts » entendront la voix du fils de Dieu ; et ceux qui » l'entendront vivront, » ou, en d'autres termes, ne tomberont point dans la damnation que l'Ecriture appelle la seconde mort, en laquelle, après la seconde résurrection, qui est celle des corps, seront précipités ceux qui ne ressuscitent pas à la première, qui est celle des ames. « Le temps viendra, » et il n'ajoute pas : Et il est déjà venu, parce qu'il ne viendra qu'à la fin du monde, au grand et dernier jugement de Dieu ; « le » temps, dis-je, viendra que tous ceux qui sont dans » les sépulcres entendront sa voix et sortiront. » Il ne dit pas, comme lorsqu'il parle de la première résurrection, que ceux qui l'entendront vivront. En effet, tous ceux qui l'entendront ne vivront pas, au moins de la vie qui seule mérite ce nom, parce qu'elle est bienheureuse. S'ils n'avaient quelque sorte de vie, ils ne pourraient pas l'entendre, ni sortir de leurs tombeaux lorsque leur corps ressuscitera. Or il nous apprend ensuite pourquoi tous ne vivront pas : « Ceux, dit-il, » qui ont bien vécu sortiront pour ressusciter à la vie ; » voilà ceux qui vivront ; « et les autres pour ressusciter » en jugement ; » voilà ceux qui ne vivront pas, parce qu'ils mourront de la seconde mort. S'ils ont mal vécu, c'est qu'ils ne sont pas ressuscités à la première résurrection qui se fait maintenant, c'est-à-dire à celle des ames, ou parce qu'ils n'y ont pas persévéré jusqu'à la fin. De même qu'il y a deux régénérations, dont j'ai déjà parlé ci-dessus, l'une selon la foi, qui se fait maintenant par le baptême, et l'autre selon la chair, qui se fera au dernier jugement quand la chair deviendra immortelle et incorruptible : ainsi il y a deux résurrections, la première qui se fait à cette heure et qui est celle des ames, qui empêche de tomber dans la seconde mort ; et la seconde qui ne se fera qu'à la fin du monde et ne regarde pas les ames mais les corps, et qui, par le moyen du dernier jugement, enverra les uns dans la seconde mort, et les autres dans cette vie où il n'y a point de mort.

CHAPITRE VII.

Des deux résurrections; et ce qu'il convient d'entendre par le règne de mille ans dont parle saint Jean dans son Apocalypse.

Le même évangéliste parle de ces deux résurrections dans son Apocalypse, mais de telle sorte, que quelques-uns des nôtres n'ayant pas compris la première, ont donné dans des visions souverainement ridicules. Voici ce que dit cet apôtre : « Je vis descendre du ciel
» un ange qui avait la clef de l'abîme et une chaîne
» en sa main; et il prit le dragon, cet ancien serpent
» qu'on nomme le diable et Satan, et le lia pour mille
» ans; puis l'ayant envoyé dans l'abîme, il ferma l'a-
» bîme et le scella sur lui, afin qu'il ne séduisit plus

» les nations, jusqu'à ce que les mille ans soient ac-
» complis, après quoi il doit être délié pour un peu
» de temps. Je vis aussi des trônes et des personnes as-
» sises dessus, à qui la puissance de juger fut donnée;
» avec les ames de ceux qui ont été égorgés pour le
» témoignage qu'ils ont rendu à Jésus et pour la parole
» de Dieu, et tous ceux qui n'ont point adoré la bête
» ni son image, ni reçu son caractère sur leur front
» ou dans leur main; et ils ont régné pendant mille
» ans avec Jésus. Les autres n'ont point vécu jusqu'à
» ce que mille ans soient accomplis. Voilà la première
» résurrection. Heureux et saint est celui qui y a part!
» La seconde mort n'aura point de pouvoir sur eux,
» mais ils seront prêtres de Dieu et de Jésus-Christ,
» et ils régneront mille ans avec lui (1). » Ceux à qui
ces paroles ont donné lieu de croire que la première
résurrection sera corporelle, ont surtout adopté cette
opinion à cause du nombre de mille ans, dans l'idée
que tout ce temps doit être comme le sabbat des saints
où ils se reposeront après les travaux de six mille ans
qui se seront écoulés depuis que l'homme a été créé et
précipité de la félicité du paradis dans les misères de
cette vie mortelle, afin que, comme il est écrit que
» devant Dieu un jour est comme mille ans et mille
» ans comme un jour (2), » six mille ans s'étant écoulés comme six jours, le septième, c'est-à-dire les derniers mille ans, tienne lieu de sabbat aux saints qui
ressusciteront pour le solenniser. Cette opinion serait

(1) Apoc., 20, 1 et suiv.
(2) II Pierre, 3, 8.

en quelque façon supportable, si l'on croyait que durant ce sabbat les saints jouiront de quelques délices spirituelles à cause de la présence du Sauveur, et j'ai moi-même été autrefois de ce sentiment; mais comme ils disent que ceux qui ressusciteront alors seront dans des festins continuels, il n'y a que des personnes charnelles qui puissent avoir cette pensée. Aussi ceux qui sont plus spirituels appellent millénaires ceux qui suivent cette opinion. Il serait long de les réfuter en détail; il vaut mieux montrer comment on doit entendre ces paroles de l'Apocalypse.

Notre Seigneur Jésus-Christ dit lui-même que « personne ne peut entrer dans la maison du fort armé et lui enlever ses dépouilles, qu'il ne l'ait lié auparavant (1). » Par le *fort armé* il entend le diable, parce qu'il s'est assujéti le genre humain; et par ses dépouilles, les fidèles qu'il tenait engagés dans l'impiété et dans le crime. Afin donc de lier ce fort armé, saint Jean, dans l'Apocalypse, vit un ange descendre du ciel, qui tenait la clef de l'abîme et une chaîne. « Et il prit, dit-il, le dragon, cet ancien serpent qu'on nomme le diable et Satan, et le lia pour mille ans, » c'est-à-dire qu'il l'empêcha de séduire et de s'assujétir ceux qui devaient être délivrés. Pour les mille ans, on peut les entendre en deux façons, ou parce que cela se fait dans les derniers mille ans, c'est-à-dire au sixième millénaire, comme au sixième jour, dont les dernières années courent maintenant, et qui sera suivi d'un sabbat qui n'a point de soir, je veux dire du re-

---

(1) Marc, 3, 27.

pos des saints qui ne finira point ; en sorte que l'Ecriture appelle mille ans la dernière partie de ce temps, en prenant la partie pour le tout : ou au moins elle se sert de ce nombre pour toute la durée du monde, employant ainsi un nombre parfait pour marquer la plénitude des temps. Le nombre de mille est le cube de dix, parce que dix fois dix font cent à la vérité, mais c'est une figure plane ; et pour la rendre solide, il faut multiplier cent par dix, et cela fait mille. D'ailleurs, si l'Ecriture se sert de cent pour un nombre indéfini, comme quand notre Seigneur promet à celui qui quittera toutes choses pour le suivre « qu'il » recevra le centuple dès cette vie (1) ; » ce que l'apôtre expliquant en quelque sorte, dit qu'un véritable chrétien possède toutes choses (2), quoiqu'il semble qu'il n'ait rien, combien plus le nombre de mille se mettra-t-il pour signifier une universalité ? Aussi est-ce le meilleur sens qu'on puisse donner à ces paroles du pseaume : « Il s'est toujours souvenu de son alliance et » de la promesse qu'il a faite pour mille généra- » tions (3), » c'est-à-dire pour toutes les générations.

« Et il l'envoya, dit-il, dans l'abîme. » Par cet abîme est marquée la multitude innombrable des impies, qui portent dans leur cœur un grand fond de malignité contre l'Eglise de Dieu ; non que le diable n'y fût déjà auparavant, mais parce qu'étant exclus des fidèles, il a commencé à posséder davantage les autres.

(1) Marc, 10, 30.
(2) II Cor., 6, 10.
(3) Ps. 104, 8.

Celui-là est plus possédé du diable, qui non-seulement est éloigné de Dieu, mais qui hait même les serviteurs de Dieu sans sujet. « Et il le ferma, dit-il, et le scella » sur lui, afin qu'il ne séduisît plus les nations, jus- » qu'à ce que mille ans soient accomplis. » Il le ferma sur lui, c'est-à-dire il lui défendit d'en sortir. A l'égard de ce qu'il ajoute, qu'il le scella, il a marqué par là à mon avis que Dieu ne veut pas qu'on sache qui sont ceux qui appartiennent au démon ou qui ne lui appartiennent pas; et c'est une chose entièrement cachée en cette vie, parce qu'il est incertain si celui qui semble être debout ne tombera point, et si celui qui semble être tombé ne se relèvera point. Or le diable est ainsi lié et enfermé pour l'empêcher de séduire les nations qui appartiennent à Jésus-Christ, et qu'il séduisait auparavant. « Dieu, comme dit l'a- » pôtre, Dieu a résolu avant la naissance du monde (1) » de les délivrer de la puissance des ténèbres, et de les » transférer dans le royaume du fils de sa clarté (2) » Les fidèles ignorent-ils que maintenant même il séduit les nations et les entraîne avec lui au supplice éternel? Mais ce ne sont pas celles qui sont prédestinées à la vie bienheureuse. Il ne faut pas s'arrêter à ce que le diable séduit souvent ceux même qui, régénérés en Jésus-Christ, marchent dans les voies de Dieu; car « le Sei- » gneur connaît ceux qui sont à lui (3); » et de ceux-là Satan n'en séduit aucun jusqu'à le faire tomber dans

---

(1) Ephés., 1, 4.
(2) Coloss., 1, 13.
(3) II Tim., 2, 19.

la damnation éternelle. Le Seigneur les connaît comme Dieu, c'est-à-dire comme celui à qui rien de tout ce qui doit arriver n'est caché; et non comme un homme qui ne voit un autre homme que quand il est présent, si toutefois on peut dire qu'il voit celui dont il ne voit pas le cœur, mais qui ne sait pas ce qu'il doit devenir ensuite, non plus que lui-même. Le diable est donc lié et enfermé dans l'abîme, afin qu'il ne séduise plus les nations qui composent l'Eglise, qu'il séduisait auparavant lorsque l'Eglise n'était pas encore.

Il n'est pas dit en effet, afin qu'il ne séduisît plus personne, mais, « afin qu'il ne séduisît plus les na-» tions, » par lesquelles l'apôtre a sans doute voulu qu'on entendît l'Eglise. « Jusqu'à ce que mille ans » soient accomplis, » c'est-à-dire, ou ce qui reste du sixième jour qui est de mille ans, ou ce qui reste de la durée du monde. Quant à ce qu'il dit : « Afin qu'il » ne séduisît plus les nations, jusqu'à ce que mille ans » soient accomplis, » il ne faut pas l'entendre comme s'il devait plus tard séduire les nations qui composent l'Eglise des prédestinés; mais ou cette expression est semblable à celle-ci : « Nos yeux sont arrêtés sur le » Seigneur notre Dieu, jusqu'à ce qu'il ait pitié de » nous (1); » car quand il aura eu pitié de ses serviteurs, ils ne laisseront pas de jeter les yeux sur lui; ou au moins voici l'ordre de ces paroles: « Et il ferma » l'abîme et le scella sur lui, jusqu'à ce que mille ans » soient accomplis. » A l'égard de ce qu'il ajoute : » Afin qu'il ne séduisît point les nations, » il le faut

---

(1) Ps. 122, 3.

entendre indépendamment du reste, comme si toute cette période était conçue de la sorte : « Et il ferma l'a-
» bîme et le scella sur lui, jusqu'à ce que mille ans
» soient accomplis, afin qu'il ne séduisît plus les na-
» tions. »

CHAPITRE VIII.

De l'enchaînement et de l'affranchissement du diable.

« Après cela, dit-il, il doit être délié pour un peu
» de temps. » Si le diable est lié et enfermé pour ne pouvoir séduire l'Eglise, sa délivrance consistera-t-elle donc à le pouvoir? A Dieu ne plaise. Il ne séduira jamais l'Eglise prédestinée et élue avant la création du monde, dont il est dit que « le Seigneur connaît ceux
» qui sont à lui (1); » et cependant il y aura ici une Eglise au temps même que le diable doit être délié, comme il y en a toujours eu une depuis son établissement. Saint Jean dit un peu après que le diable, une fois délié, portera les nations qu'il aura séduites dans tout le monde à lui faire la guerre, et que le nombre de ses ennemis égalera le sable de la mer. « Et ils se
» répandirent, dit-il, sur la terre, et environnèrent
» le camp des saints et la Cité bien aimée de Dieu.
» Mais Dieu fit tomber un feu du ciel qui les dévora;
» et le diable qui les séduisait fut jeté dans un étang

---

(1) II Tim., 2, 19.

« de feu et de soufre avec la bête et le faux prophète, « pour y être tourmentés jour et nuit dans les siècles « des siècles (1). » Cela regarde le dernier jugement, et néanmoins j'ai été bien aise de le rapporter, de peur qu'on ne s'imagine que dans ce peu de temps que le diable doit être délié il n'y aura point d'Eglise en ce monde, soit qu'il ne l'y trouve plus ou qu'il la détruise par ses persécutions. Le diable n'est donc pas lié dans tout ce temps que comprend l'Apocalypse, savoir depuis le premier avènement de Jésus-Christ jusqu'à la fin du monde où se fera le second ; ce que saint Jean appelle mille ans ; en sorte que l'Ecriture entende par là qu'il ne séduira point l'Eglise pendant cet intervalle, puisqu'il ne la séduira pas non plus lors même qu'il sera délié. En effet, il est indubitable que si c'est être lié pour lui que de ne pouvoir séduire l'Eglise, il le pourra faire quand il sera délié. Être lié par rapport au diable, c'est donc n'avoir pas permission de tenter les hommes autant qu'il peut, par adresse ou par violence, pour les faire passer à son parti. Si cela lui était permis pendant un si long espace de temps, la faiblesse des hommes est telle qu'il ferait tomber plusieurs fidèles et en empêcherait plusieurs de le devenir ; ce que Dieu ne veut pas. Aussi est-ce pour l'en empêcher qu'il est lié.

Mais il sera délié quand il ne restera plus guères de temps. L'Ecriture nous apprend que lui et ses suppôts exerceront toute leur rage contre l'Eglise l'espace de trois ans et demi, et ceux à qui il aura à faire seront

---

(1) Apoc., 20, 8.

tels, qu'il ne les pourra surmonter ni par force, ni par artifice. Or, s'il n'était jamais délié, on ne connaîtrait pas si bien sa puissance et sa malignité, ni la patience de l'Eglise, non plus que la sagesse admirable avec laquelle le Tout-Puissant a su se servir de sa malice, en ne l'empêchant pas tout-à-fait d'un côté de tenter les saints, afin d'exercer leur vertu, et ne lui permettant pas aussi, de l'autre, d'user de toute sa fureur, de crainte qu'il ne renversât par terre une infinité de personnes faibles dont l'Eglise devait être remplie, en les en faisant sortir ou en les empêchant d'y entrer. Il sera donc délié sur la fin des temps, afin que la Cité de Dieu reconnaisse, à la gloire de son Rédempteur et de son Libérateur, quel adversaire elle aura surmonté. Que sommes-nous en comparaison des chrétiens qui seront alors, puisqu'ils surmonteront un ennemi déchaîné que nous avons bien de la peine à combattre tout lié qu'il est, quoiqu'il ne faille point douter que, dans cet intervalle même, Jésus-Christ n'ait eu et n'ait encore quelques soldats si braves et si expérimentés, que, quand ils seraient encore en vie lorsque le diable sera délié, ils ne craindraient ni ses efforts, ni ses stratagêmes?

Le diable n'a pas seulement été lié lorsque l'Eglise a commencé à se répandre de la Judée dans les autres nations, mais il l'est encore maintenant et le sera jusqu'à la fin des siècles qu'il doit être délié. Nous voyons encore tous les jours des personnes quitter leur infidélité, dans laquelle il les retenait, et embrasser la foi; et il y en aura toujours sans doute qui se convertiront ainsi jusqu'à la fin du monde. Ce fort armé est lié de même à l'égard de chacun des fidèles, lorsqu'ils lui sont enlevés comme sa dépouille ; comme, d'autre part, l'abîme où il est enfermé n'a pas été détruit par la mort des premiers persécuteurs de l'Eglise, mais à ceux-là d'autres ont succédé et leur succéderont jusqu'à la fin des siècles, afin qu'il soit toujours enfermé dans ces cœurs pleins de passion et d'aveuglement, comme dans un profond abîme. Or, c'est une question de savoir si, pendant ces trois dernières années et demie que le démon exercera toute sa fureur, il y en aura encore quelques-uns parmi les infidèles qui embrasseront la foi. Comment cette parole se justifiera-t-elle : « Personne ne peut entrer dans la maison du fort » armé et lui enlever ses dépouilles, qu'il ne l'ait » d'abord lié (1), » si on les lui enlève lors même qu'il est délié ? Il semble donc que cela nous oblige à croire qu'en ce peu de temps l'Eglise ne fera aucune nouvelle conquête, mais que le diable combattra seulement contre ceux qui se trouveront déjà chrétiens; et si quelques-uns de ceux-là sont vaincus, il faut dire qu'ils n'étaient pas du nombre des prédestinés. Ce n'est pas en vain que le même saint Jean, qui a écrit l'Apocalypse, a dit de quelques-uns dans une de ses épîtres : « Ils sont sortis d'avec nous, mais ils n'étaient » pas d'avec nous; car s'ils eussent été d'avec nous, ils » seraient demeurés (2). » Mais que dirons-nous des petits enfans ? Il n'est pas croyable que cette dernière persécution n'en trouve point parmi les chrétiens qui

---

(1) Marc, 3, 27.
(2) Jean, 2, 19.

ne soient baptisés, et que même il ne leur en naisse pendant ce temps, et en ce cas que leurs parens ne les baptisent. Comment donc enlevera-t-on ces dépouilles à Satan, puisqu'il sera délié, et que, selon la parole du Sauveur, personne n'entre en sa maison, et ne lui enlève ses dépouilles, qu'il ne l'ait lié auparavant ? Croyons donc plutôt que, même pendant ce temps, il ne manquera point de personnes qui se retirent de l'Eglise, ou même qui y entrent, mais que les pères auront assez de courage pour baptiser leurs enfans, aussi bien que les nouveaux convertis, qu'ils vaincront ce fort armé tout délié qu'il sera, c'est-à-dire quoiqu'il emploie contre eux des ruses et des efforts qu'il n'avait point encore mis en usage, tellement qu'ils lui seront enlevés quoiqu'il ne soit pas lié. Néanmoins, ce que dit l'Evangile subsistera toujours, « que personne ne peut entrer dans la maison du fort » armé, et lui enlever ses dépouilles, qu'il ne l'ait » préalablement lié. » Cet ordre a été en effet observé. On a lié d'abord le fort armé, et ensuite on lui a enlevé ses dépouilles dans toutes les nations pour en composer l'Eglise, qui s'est depuis accrue et fortifiée au point de devenir capable de lui enlever ses dépouilles, lors même qu'il sera délié. De même qu'il faut avouer que la charité de plusieurs se refroidira à cause que le crime sera triomphant, et que plusieurs, qui ne sont pas écrits au livre de vie, succomberont sous les persécutions inouies du diable déjà délié ; il faut croire aussi que, non-seulement les véritables chrétiens, mais que quelques-uns même qui seront hors de l'Eglise, aidés de la grace de Dieu et de la considération des Écritures qui ont prédit la fin du monde qu'ils verront arriver, seront plus disposés à croire ce qu'ils ne croyaient pas, et plus forts pour vaincre le diable, tout déchaîné qu'il sera. Disons dans cet état de choses qu'il a été lié, afin qu'on lui puisse enlever ses dépouilles lors même qu'il sera délié, suivant cette parole du Sauveur : « Comment peut-on entrer dans la » maison du fort armé pour lui enlever ses dépouilles, » qu'au préalable on ne le lie ? »

CHAPITRE IX.

Quel est le règne des saints avec Jésus-Christ pendant mille ans, et en quoi il diffère du règne éternel.

Pendant ces mille ans que le diable est lié, c'est-à-dire durant tout le temps qui s'écoule depuis le premier avènement de Jésus-Christ jusqu'au second, les saints règneront avec ce Sauveur (1). Véritablement, si, outre le royaume dont il doit dire à la fin des siècles : « Venez, vous que mon père a bénis, prenez possession » du royaume qui vous a été préparé (2), » ses saints à qui il a dit : « Je suis avec vous jusqu'à la fin du » monde (3), » n'en avaient dès maintenant un autre où ils règnent avec lui, certes, l'Église ne serait pas

---

(1) Apoc., 20, 6.
(2) Matth., 25, 34.
(3) Id., 28, 20.

appelée son royaume ou le royaume des cieux. C'est à cette heure que le docteur de la loi dont parle l'Evangile (1), qui tire son trésor de nouvelles et de vieilles choses, est instruit dans le royaume de Dieu, et c'est de l'Eglise que les moissonneurs doivent ôter l'ivraie que le père de famille avait soufferte parmi le bon grain jusqu'à la moisson. Notre Seigneur explique ainsi cette parabole : « La moisson c'est la fin du siècle. » Comme donc on ramasse l'ivraie et qu'on la jète au » feu, le même arrivera à la fin du monde. Le fils de » l'homme enverra ses anges, et ils ôteront de son » royaume tous les scandales (2). » Sera-ce du royaume où il n'y a pas de scandale ? Non sans doute. C'est donc de celui d'ici-bas, qui est son Eglise. Il avait dit plus haut : « Celui qui violera l'un de ces moindres com- » mandemens, et qui apprendra aux autres à ne les » pas violer, sera le dernier dans le royaume des » cieux ; mais celui qui fera et enseignera sera grand » dans le royaume des cieux (3). » Il dit que tous deux sont dans le royaume des cieux, tant celui qui ne fait pas ce qu'il enseigne que celui qui le fait ; mais que l'un est très petit et l'autre grand. Il ajoute aussitôt : « Car je vous dis que si votre justice n'est plus grande » que celle des scribes et des pharisiens (4) » (c'est-à-dire que la justice de ceux qui ne font pas ce qu'ils enseignent, puisqu'il déclare d'eux dans un autre en-

---

(1) Matth., 13, 52.
(2) Ibid., 39.
(3) Id., 5, 19.
(4) Ibid., 20.

droit (1) qu'ils disent ce qu'il faut faire et ne le font pas), « vous n'entrerez point dans le royaume des » cieux. » Il faut donc entendre d'une autre manière le royaume des cieux où sont et celui qui ne pratique pas ce qu'il enseigne, et celui qui le pratique, et le royaume où n'entre que celui qui pratique ce qu'il enseigne. Ainsi, le premier c'est l'Eglise d'ici-bas, et le second c'est l'Eglise telle qu'elle sera quand les méchans n'y seront plus. L'Eglise est donc dès maintenant le royaume de Jésus-Christ et le royaume des cieux ; de sorte que dès à présent ses saints règnent avec lui, à la vérité autrement qu'ils ne régneront alors ; mais néanmoins l'ivraie ne règne point avec lui, quoiqu'elle croisse dans l'Eglise avec le bon grain. Ceux-là seuls règnent avec lui, qui font ce que dit l'apôtre: « Si vous êtes ressuscités avec Jésus-Christ, » goûtez les choses d'en haut où Jésus-Christ est assis » à la droite de Dieu ; cherchez les choses d'en haut, » et non celles de la terre (2). » Il dit d'eux encore, que leur conversion est dans le ciel (3). Enfin, ceux-là règnent avec lui, qui sont tellement dans son royaume, qu'ils sont eux-mêmes son royaume. Or, comment ceux-là sont-ils le royaume de Jésus-Christ, qui, bien qu'ils y soient jusqu'à la fin du monde qu'on en doit ôter tous les scandales, y cherchent leurs intérêts et non pas ceux de Jésus-Christ ?

Voici comment l'Apocalypse parle de ce royaume ;

---

(1) Matth., 23, 3.
(2) Coloss., 3, 1 et 2.
(3) Phil., 3, 20.

où l'on a encore des ennemis à combattre ou à retenir dans leur devoir, jusqu'à ce qu'on arrive dans le royaume paisible où l'on régnera sans trouble et sans traverses. Voici comme il s'explique sur cette première résurrection qui se fait maintenant. Après avoir dit que le diable est lié pendant mille ans, et qu'ensuite il doit être délié pour un peu de temps, aussitôt reprenant ce que l'Eglise fait pendant ces mille ans, ou ce qui s'y fait : « Et je vis des trônes et des personnes » assises dessus, et on leur donna le pouvoir de juger (1). » Il ne faut pas s'imaginer que ceci soit dit du dernier jugement, mais des trônes des prélats, et des prélats même qui gouvernent maintenant l'Eglise. Quant au pouvoir de juger qui leur est donné, il semble qu'on ne le puisse mieux entendre que de celui-ci : « Ce que » vous lierez sur la terre sera lié au ciel, et ce que » vous délierez sur la terre sera délié au ciel (2) : » d'où vient cette parole de l'apôtre : « Qu'ai-je à faire de » juger ceux qui sont hors de l'Eglise ? Mais n'est-ce » pas à vous à juger ceux qui sont dans l'Eglise (3) ? Et » les ames, dit saint Jean, de ceux qui ont été mis à » mort pour avoir rendu témoignage à Jésus (4), » il faut sous-entendre ce qu'il dit ensuite : « ont régné » mille ans avec Jésus, » c'est-à-dire les ames des martyrs encore séparées de leurs corps. En effet, les ames des gens de bien trépassés ne sont point séparées de

---

(1) Apoc., 20, 4.
(2) Matth., 18, 18.
(3) I Cor., 5, 12.
(4) Apoc., 20, 4.

l'Eglise qui maintenant même est le royaume de Jésus-Christ ; autrement on n'en ferait point mémoire à l'autel dans la communion du corps de Jésus-Christ, et il ne servirait de rien dans le danger de recourir à son baptême, pour ne pas sortir du monde sans l'avoir reçu ; ni à la réconciliation, lorsqu'on a été séparé de ce même corps par la pénitence ou par sa mauvaise vie. Pourquoi pratique-t-on ces choses, sinon parce que les fidèles, tout morts qu'ils sont, ne laissent pas d'être membres de l'Eglise ? Dès-lors leurs ames, quoique séparées de leurs corps, règnent déjà avec Jésus-Christ pendant ces mille ans ; d'où vient qu'on lit dans le même livre de l'Apocalypse : « Bienheureux » sont les morts qui meurent dans le Seigneur ! L'es- » prit leur dit déjà qu'ils se reposent de leurs travaux; » car leurs œuvres les suivent (1). » L'Eglise commence donc par régner ici avec Jésus-Christ dans les vivans et dans les morts ; car, comme dit l'apôtre, « Jésus- » Christ est mort afin d'avoir empire sur les vivans et » sur les morts (2). » Mais saint Jean ne fait mention que des ames des martyrs, parce que ceux-là règnent principalement avec Jésus-Christ après leur mort, qui ont combattu jusqu'à la mort pour la vérité : ce qui n'empêche pas qu'en prenant la partie pour le tout, nous n'entendions que les autres morts appartiennent aussi à l'Eglise qui est le royaume de Jésus-Christ.

Quant à ce qui suit : « Et tous ceux qui n'ont point

(1) Apoc., 14, 13.
(2) Rom., 14, 9.

» adoré la bête ni son image, ni reçu son caractère
» sur leur front ou dans leur main (1), » il faut l'entendre des vivans et des morts. Pour cette bête, quoique cela demande un plus grand examen, on peut fort bien l'expliquer de la Cité impie et du peuple infidèle contraire au peuple fidèle et à la Cité de Dieu. A l'égard de son image, je la prends pour le déguisement de ceux qui, faisant profession de la foi, vivent comme des infidèles. Ils feignent d'être ce qu'ils ne sont pas, et n'ont qu'une vaine image du christianisme. En effet, non-seulement les ennemis déclarés de Jésus-Christ et de sa Cité glorieuse appartiennent à la bête, mais encore l'ivraie qui doit être ôtée à la fin du monde de son royaume qui est l'Eglise. Et qui sont ceux qui n'adorent la bête ni son image, sinon ceux qui font ce que dit l'apôtre (2), et qui ne sont point attachés à un même joug avec les infidèles? Ils n'adorent point, c'est-à-dire ils ne consentent point, ils ne se soumettent point, ni ne reçoivent le caractère, c'est-à-dire la marque du crime, ni sur le front par leur profession, ni dans la main par leurs actions. Ceux qui sont exempts de cette profanation, soit qu'ils vivent encore dans cette chair mortelle, ou qu'ils soient morts, règnent dès maintenant avec Jésus-Christ d'une manière convenable à tout ce temps désigné par mille ans.

« Les autres, dit saint Jean, n'ont point vécu (3).
» Car c'est maintenant le temps que les morts enten-

---

(1) Apoc., 20, 4.
(2) II Cor., 6, 14.
(3) Apoc., 20, 5.

» dront la voix du fils de Dieu, et que ceux qui l'en-
» tendront vivront (1); mais pour les autres, ils ne
» vivront point. » Et quant à ce qu'il ajoute : « Jus-
» qu'à ce que mille ans soient accomplis (2), » il
faut entendre par là qu'ils n'ont point vécu pendant
le temps où ils devaient vivre, « en passant de la
» mort à la vie (3). » Ainsi, quand le temps de la
résurrection des corps sera arrivé, ils ne sortiront
point de leurs tombeaux pour vivre, mais pour être
jugés et condamnés, ce qui constitue la seconde mort.
Jusqu'à ce que les mille ans soient accomplis, quiconque pendant tout ce temps où se fait la première
résurrection n'aura point vécu, c'est-à-dire n'aura
point entendu la voix du fils de Dieu, ni passé de
la mort à la vie, passera infailliblement à la seconde
mort avec son corps dans la seconde résurrection, qui
est celle des corps. Saint Jean ajoute : « Voilà la pre-
» mière résurrection. Heureux et saint est celui qui y a
» part (4) ! » Or, celui-là seul y a part, qui non-seulement ressuscite en sortant du péché, mais encore
qui persévère en cet état de résurrection. « La seconde
» mort, poursuit-il, n'a point de pouvoir sur ceux-là; »
mais elle en a sur les autres, dont il a dit auparavant :
« Les autres n'ont pas vécu, jusqu'à ce que mille ans
« soient accomplis. » Encore que dans cet espace qu'il
nomme mille ans, ils aient vécu de la vie du corps,

---

(1) Jean, 5, 25.
(2) Apoc., 20, 5.
(3) Jean, 5, 24.
(4) Apoc., 20, 5 et 6.

ils n'ont pas vécu de celle de l'ame en ressuscitant et sortant de la mort du péché, afin d'avoir part à la première résurrection, et que la seconde mort n'ait point de pouvoir sur eux.

CHAPITRE X.

Contre ceux qui croient que la résurrection n'appartient qu'aux corps.

Il en est qui croient qu'on ne peut appeler résurrection que celle des corps; et ainsi, ils soutiennent que cette première résurrection, dont parle saint Jean, doit s'entendre aussi de celle-là. Il n'appartient, disent-ils, de se relever qu'à ce qui tombe; or, les corps tombent en mourant, d'où vient qu'on les appelle des cadavres (1); donc, ce ne sont pas les ames qui ressuscitent, mais les corps. Mais que répondront-ils à l'apôtre qui admet aussi une résurrection de l'ame? Ceux-là étaient ressuscités selon l'homme intérieur, et non pas selon l'extérieur, à qui il dit : « Si vous êtes » ressuscités avec Jésus-Christ, ne goûtez plus que les » choses du ciel (2). » C'est ce qu'il exprime ailleurs en d'autres paroles: « Afin, dit-il, que comme Jésus-Christ » est ressuscité des morts par la gloire du Père, nous » marchions aussi dans une vie nouvelle (3). » De là

---

(1) *A cadendo. Cadere* en latin signifie tomber.
(2) Coloss., 3, 1.
(3) Rom., 6, 4.

vient encore ce mot : « Levez-vous, vous qui dormez, » et ressuscitez des morts, et Jésus-Christ vous éclai- » rera (1). » Et quant à ce qu'ils disent, qu'il n'appartient qu'aux corps de tomber, que n'écoutent-ils ces paroles ? « Ne vous éloignez point de lui, de peur » que vous ne tombiez (2) ; » et : « S'il tombe, ou » s'il demeure debout, c'est pour son maître (3) ; » et encore : « Que celui qui se croit debout prenne » garde de tomber (4). » Assurément cette chute s'entend de l'ame et non pas du corps. Si donc c'est à ce qui tombe à ressusciter, et que les ames tombent aussi, il faut avouer qu'elles ressuscitent. Quant à ce que saint Jean, après avoir dit que la seconde n'a point de pouvoir sur ceux-là, ajoute : « Mais ils seront » prêtres de Dieu et de Jésus-Christ, et ils régneront » avec lui mille ans (5), » il ne faut pas entendre cela des seuls évêques ou des seuls prêtres, mais de tous les fidèles, qu'il nomme ainsi parce qu'ils sont tous membres d'un seul grand-prêtre, comme on les appelle tous chrétiens, à cause du chrême mystique auquel ils ont tous part. Aussi est-ce d'eux que l'apôtre saint Pierre a dit : « Le peuple saint et le sacerdoce » royal (6). » Au reste, saint Jean déclare, bien qu'en peu de mots et comme en passant, que Jésus-Christ

---

(1) Ephés., 5, 14.
(2) Josué, 22.
(3) Rom., 14, 4.
(4) I Cor., 10, 12.
(5) Apoc., 20, 6.
(6) I Pierre, 2, 9.

est Dieu, lorsqu'il appelle les chrétiens *les prêtres de Jésus-Christ*, c'est-à-dire du Père et du Fils; quoique, comme Jésus-Christ est fils de l'homme, à cause de la forme d'esclave qu'il a prise, il a aussi été fait prêtre pour toujours selon l'ordre de Melchisédec (1), ainsi que nous l'avons dit plusieurs fois dans cet ouvrage.

CHAPITRE XI.

De Gog et Magog que le diable suscitera contre l'E-glise à la fin des siècles.

« Et quand les mille ans seront finis, Satan sera déli-
» vré de sa prison, et il sortira pour séduire les nations
» qui sont aux quatre coins du monde, Gog et Ma-
» gog, et il les portera à faire la guerre, et leur
» nombre égalera le sable de la mer (2). » Il les séduira donc alors, pour les attirer à cette guerre; car
auparavant il les séduisait aussi de toutes les manières
qu'il pouvait par une infinité de maux. Mais alors *il
sortira*, c'est-à-dire qu'il fera éclater sa haine et persécutera ouvertement. Cette persécution sera la dernière que l'Eglise souffrira par toute la terre, c'est-à-dire
que toute la Cité de Dieu sera persécutée par toute
la Cité des impies. Il ne faut pas entendre par Gog et
par Magog des peuples barbares d'une certaine contrée

---

(1) Ps. 109, 5.
(2) Apoc., 20, 7.

du monde, comme quelques-uns qui pensent que ce sont les Gètes ou les Massagètes, à cause des premières lettres de ces noms. En effet, l'Ecriture marque clairement qu'ils seront répandus partout l'univers, quand elle dit : « Les nations qui sont aux quatre coins de » la terre, » et elle ajoute que c'est Gog et Magog. Or, nous avons appris que Gog signifie *toit*, et Magog, *du toit*, comme qui dirait, *la maison et celui qui en vient*. Ces nations sont, comme nous disions il y a un moment, l'abîme où le diable est enfermé, et c'est lui-même qui en sort; de sorte qu'elles sont *la maison*, et lui *celui qui sort de la maison*. Ou bien, si nous entendons ces deux mots des nations, elles sont la maison, parce que le diable y est enfermé maintenant et comme à couvert, et elles sortiront de la maison lorsqu'elles feront éclater la haine qu'elles couvent. Quant à ce qu'il dit : « Et ils se répandirent sur » la terre, et environnèrent le camp des saints, et la » Cité bien-aimée (1), » il ne faut pas entendre cela comme s'ils étaient venus, ou devaient venir en un lieu particulier et déterminé; puisque le camp des saints et la Cité bien-aimée n'est autre chose que l'Eglise, qui sera répandue par toute la terre. C'est là qu'elle sera assiégée et pressée par ses ennemis, qui exciteront contre elle une cruelle persécution, et mettront en usage tout ce qu'ils auront de rage et de malice, sans pouvoir triompher de son courage, ce qui est marqué par le mot *camp*.

(1) Apoc., 20, 8.

LIVRE XX.

CHAPITRE XII.

Du feu que saint Jean vit descendre du ciel et consumer les ennemis de l'Eglise..

Saint Jean ajoute : « Et un feu descendit du ciel, » qui les dévora (1). Il ne faut pas expliquer ceci du dernier supplice, où on les enverra quand on leur dira : « Retirez-vous de moi, maudits, et allez au feu » éternel (2) ; » puisque alors ils seront envoyés dans le feu, et le feu ne tombera pas du ciel sur eux. Or, par le ciel, on peut fort bien entendre ici la fermeté des saints, qui les empêchera de succomber sous la violence de leurs persécuteurs. Le firmament est le ciel; et c'est par cette fermeté que les méchans seront tourmentés d'un zèle ardent, de voir qu'ils ne pourront attirer les saints de Jésus-Christ au parti de l'Antechrist. Voilà le feu qui les dévorera ; et ce feu *vient de Dieu*, parce que c'est sa grâce qui rend les les saints invincibles, ce qui tourmentera extrêmement leurs ennemis. De même qu'il y a un bon zèle, comme celui dont parle le psalmiste quand il dit : « Le » zèle de votre maison me dévore (3) ; » il y en a aussi un mauvais, comme quand l'Ecriture dit : « Le zèle

---

(1) Apoc., 20, 9.
(2) Matth., 25, 41.
(3) Ps., 68, 12.

» s'est emparé d'une populace ignorante. » C'est là le feu qui consumera alors les méchans, et non celui du dernier jugement. Que si saint Jean a entendu par ce feu la plaie qui frappera les persécuteurs de l'Eglise à la venue de Jésus-Christ, lorsqu'il tuera l'Antechrist du souffle de sa bouche, ce ne sera pas non plus le dernier supplice des impies; mais bien celui qu'ils doivent souffrir après la résurrection des corps.

CHAPITRE XIII.

Le temps de la persécution de l'Antechrist doit être compris dans les mille ans.

CETTE dernière persécution de l'Antechrist doit durer trois ans et demi, selon l'Apocalypse et le prophète Daniel. Bien que ce temps soit court, on a raison de demander s'il sera compris ou non dans les mille ans de la captivité du diable et du règne des saints. S'il y est compris, le règne des saints s'étendra au-delà de la captivité du diable, et ils régneront avec leur roi lors même que le diable sera délié, et qu'il les persécutera de tout son pouvoir. Comment donc l'Ecriture détermine-t-elle le règne des saints et la captivité du diable par le même espace de mille ans, si le diable doit être délié trois ans et demi avant que les saints cessent de régner ici-bas avec Jésus-Christ ? D'un autre côté, si nous disons que les trois ans et demi ne sont point compris dans les mille ans, afin que le règne des saints cesse avec la captivité du diable, ce qui semble être le sens le plus naturel des paroles de l'Apocalypse, nous serons obligés d'avouer que les saints ne régneront point avec Jésus-Christ pendant cette persécution. Mais qui oserait dire que ses membres ne régneront pas avec lui, lorsqu'ils lui seront le plus étroitement unis ; et lorsque la gloire des combattans sera d'autant plus grande, et leur couronne plus éclatante, que le combat sera plus rude et plus opiniâtre ? Ou si l'on prétend qu'on ne peut pas dire qu'ils régneront alors, à cause des maux qu'ils souffriront, il faudra dire aussi que pendant les mille ans même tous les saints qui ont souffert ne régnaient pas avec Jésus-Christ au temps de leurs souffrances, et qu'ainsi ceux qui ont été égorgés pour avoir rendu témoignage à Jésus, et pour la parole de Dieu, dont l'auteur de l'Apocalypse dit qu'il vit les ames, ne régnaient pas avec ce Sauveur quand ils souffraient persécution, et qu'ils n'étaient pas son royaume quand il les possédait d'une manière si excellente. Or, il n'y a rien de plus faux ni de plus absurde que cela. Mais au moins l'on ne peut pas nier que les ames des martyrs ne règnent pendant les mille ans avec Jésus-Christ, et qu'elles ne règnent même après avec lui lorsque le diable sera délié. Il faut dire aussi par conséquent qu'après les mille ans, les saints régneront encore avec le Sauveur, et qu'ainsi leur règne s'étendra plus loin que la captivité du diable de ces trois ans et demi. Lors donc que saint Jean dit : « Les prêtres de Dieu » et de Jésus-Christ régneront avec lui pendant mille » ans ; et les mille ans finis, Satan sera délivré de sa

» prison, » il faut entendre que les mille ans ne finiront pas le règne des saints, mais seulement la captivité du diable; ou pour le moins, que comme trois ans et demi sont peu considérables sur tout le temps qui est marqué par mille ans, l'Ecriture ne s'est pas mise en peine de les y comprendre; comme nous avons vu ci-dessus au seizième livre de cet ouvrage; touchant les quatre cents ans qu'elle nomme ainsi pour faire le compte rond, quoiqu'il y en eût un peu davantage; ce qui lui est assez ordinaire, si l'on y veut prendre garde.

CHAPITRE XIV.

De la damnation du diable et des siens; et récapitulation de ce qui a été dit sur la résurrection de la chair et le jugement dernier.

Après avoir parlé de la dernière persécution, saint Jean résume en peu de mots tout ce que le diable doit souffrir au dernier jugement, avec la Cité dont il est le prince : « Et le diable, dit-il, qui les séduisait, » fut jeté dans un étang de feu et de soufre, où la » bête et le faux prophète seront tourmentés jour » et nuit dans les siècles des siècles (1). » Nous avons dit plus haut que par la bête on peut fort bien entendre la Cité impie; et pour son faux prophète, c'est ou l'Antechrist, ou cette image, en d'autres termes

---

(1) Apoc., 20, 9.

ce fantôme dont nous avons parlé au même endroit. L'apôtre revient ensuite au dernier jugement qui se fera à la seconde résurrection des morts, c'est-à-dire celle des corps, et déclare comment il lui a été révélé: « Je vis, dit-il, un grand trône blanc, et celui qui était » assis dessus, devant qui le ciel et la terre s'enfuirent » et disparurent (1). » Il ne dit pas : Je vis un grand trône blanc, et celui qui était assis dessus, et le ciel et la terre s'enfuirent devant lui, parce que cela n'arriva pas alors, c'est-à-dire avant qu'on eût jugé les vivans et les morts; mais il dit qu'il vit assis sur le trône celui devant qui le ciel et la terre s'enfuirent, mais dans la suite. Lorsque le jugement sera achevé, ce ciel et cette terre cesseront en effet d'exister; et il y aura un ciel nouveau et une terre nouvelle. Ce monde passera, non par destruction, mais par changement; ce qui a fait dire à l'apôtre : « La figure de ce monde » passe ; c'est pourquoi je désire que vous ne vous » embarassiez de rien (2). » C'est donc la figure qui passe, et non la nature. Saint Jean, après avoir dit qu'il vit celui qui était assis sur le trône, devant qui s'enfuient le ciel et la terre, ce qui n'arrivera qu'après, ajoute : « Je vis aussi les morts, grands et petits ; et » des livres furent ouverts : et un autre livre fut ou- » vert, qui est le livre de la vie de chacun, et les morts » furent jugés sur ce qui était écrit dans ces livres, » chacun selon leurs œuvres (3). » Il dit que des livres

---

(1) Apoc., 20, 11.
(2) I Cor., 7, 31.
(3) Apoc., 20, 12.

furent ouverts, et un autre, qui est le livre de la vie de chacun. Or, ces premiers livres sont l'ancien et le nouveau Testament, pour montrer les choses que Dieu a ordonnées qu'on fît; et cet autre particulier de la vie de chacun est pour faire voir ce que chacun aura ou n'aura pas fait. A prendre ce livre matériellement, combien faudrait-il qu'il fût grand et gros? ou combien faudrait-il de temps pour lire un livre qui contient la vie de chaque homme? Est-ce qu'il y aura autant d'anges que l'hommes, et que chacun entendra sa vie de l'ange qui lui sera donné? Il n'y aura donc pas un livre pour tous, mais un pour chacun. Cependant, l'Ecriture n'en marque qu'un pour tous, quand elle dit : « Et un autre livre fut ouvert. » Il faut dès-lors entendre une vertu divine, par laquelle chacun se ressouviendra de toutes ses œuvres, tant bonnes que mauvaises, et elles lui seront toutes présentes en un instant, afin que sa conscience le condamne ou le justifie, et qu'ainsi tous les hommes soient jugés en un moment. Si cette vertu divine est nommée un livre, c'est qu'on y lit en quelque sorte tout ce qu'on se souvient d'avoir fait. Pour montrer quels morts doivent être jugés, c'est-à-dire les grands et les petits, il ajoute, par forme de récapitulation, en reprenant ce qu'il avait omis, ou plutôt ce qu'il avait remis : « Et la mer présenta ses morts; et la mort et l'enfer » rendirent les leurs (1), » ce qui arriva sans doute avant que les morts fussent jugés, et cependant il ne le rapporte qu'après : ainsi, j'ai raison de dire qu'il

---

(1) Apoc., 20, 13.

reprend ce qu'il avait omis. Mais maintenant il garde l'ordre, et pour plus de commodité il répète ce qu'il a déjà dit du jugement. Après ces paroles : « Et la mer » présenta ses morts ; et la mort et l'enfer rendirent » les leurs, » il ajoute aussitôt : « Et chacun fut jugé » selon ses œuvres (1), » et c'est ce qu'il avait dit auparavant : « Et les morts furent jugés selon leurs » œuvres (2). »

CHAPITRE XV.

Des morts que présenta la mer, et de ceux que la mort et l'enfer rendirent.

Mais quels sont ces morts que la mort présenta et qu'elle contenait ? Ceux qui meurent dans la mer ne sont-ils pas aussi dans l'enfer ? ou est-ce que la mort conserve leur corps ? ou, ce qui est encore plus absurde, la mer avait-elle les bons morts, et l'enfer les méchans ? Qui le croira ? Il me semble donc que c'est fort à propos que quelques-uns entendent ici le siècle par la mer. Ainsi, saint Jean voulant marquer que ceux que Jésus-Christ trouvera encore vivans, seront jugés avec ceux qui doivent ressusciter, les appelle aussi morts, tant les bons que les méchans ; les bons à qui il est dit : « Vous êtes morts, et votre vie est cachée

---

(1) Apoc., 20, 13.
(2) Ibid., 12.

» en Dieu avec Jésus-Christ (1); » et les méchans dont il est dit : « Laissez les morts ensevelir leurs morts (2). » On peut aussi les appeler morts, en ce qu'ils ont des corps mortels; ce qui a donné lieu à cette parole de l'apôtre : « Il est vrai que le corps est mort à cause » du péché, mais l'esprit est vivant à cause de la » justice (3); » montrant par là que l'un et l'autre est dans un homme vivant, et un corps qui est mort, et un esprit qui est vie. Il ne dit pas toutefois le corps mortel, mais *le corps mort*, quoiqu'il le dise ensuite (4), comme en effet on l'appelle plus communément de la sorte. Ce sont ces morts que *la mer présenta*, c'est-à-dire que ce siècle présenta les hommes qui y étaient, parce qu'ils n'étaient pas encore morts. « Et la mort, dit-il, et l'enfer, rendirent aussi leurs » morts. » La mer les présenta, parce qu'ils comparurent dans l'état où ils furent trouvés, au lieu que la mort et l'enfer les rendirent, parce qu'ils les rappelèrent à la vie qu'ils avaient déjà quittée. Peut-être n'est-ce pas sans raison qu'il ne dit pas seulement *la mort*, mais *l'enfer;* la mort, pour marquer les gens de bien qui l'ont seulement soufferte sans aller en enfer; et l'enfer, à cause des méchans qui y souffrent même des supplices. S'il est au fond assez vraisemblable que les saints de l'ancien Testament, qui ont cru l'incarnation de Jésus-Christ, ont été après leur

(1) Coloss., 3, 3.
(2) Matth., 8, 22.
(3) Rom., 8, 10.
(4) Ibid., 11.

mort dans des lieux à la vérité fort éloignés de ceux où les méchans sont tourmentés, mais néanmoins dans les enfers, jusqu'à ce qu'ils en fussent tirés par le sang du Sauveur et par la descente qu'il y fit ; certainement, les véritables chrétiens, après l'effusion de ce sang divin, ne vont point dans les enfers en attendant qu'ils reprennent leurs corps et qu'ils reçoivent la récompense qu'ils méritent. Or, après avoir dit : « Et ils furent jugés chacun selon leurs œu-
» vres (1), » il ajoute en un mot quel fut ce jugement :
» Et la mort, dit-il, et l'enfer furent jetés dans un
» étang de feu (2), » par où il désigne le diable et tous les démons, attendu que le diable est auteur de la mort et des peines de l'enfer. C'est même ce qu'il a dit auparavant plus clairement par anticipation : « Et le diable
» qui les séduisait fut jeté dans un étang de feu et de
» soufre (3). Ce qu'il avait exprimé là plus obscurément : « Où la bête et le faux prophète, etc., » il l'éclaircit ici en ces termes : « Et ceux qui ne se trouvè-
» rent pas écrits dans le livre de vie furent jetés dans
» l'étang de feu (4). » Ce livre n'avertit pas Dieu, de peur qu'il ne se trompe par oubli ; mais il signifie la prédestination de ceux à qui la vie éternelle sera donnée. Dieu ne les lit pas dans ce livre, comme s'il ne les connaissait pas ; mais plutôt sa prescience infail-

(1) Apoc., 20, 13.
(2) Ibid., 14.
(3) Ibid., 9.
(4) Ibid., 15.

lible est ce livre de vie dans lequel ils sont écrits, c'est-à-dire connus de toute éternité.

CHAPITRE XVI.

Du nouveau ciel et de la nouvelle terre.

Après avoir parlé du jugement des méchans, il faut que saint Jean nous apprenne aussi quelque chose de celui des bons. Il a déjà expliqué ce que notre Seigneur a exprimé en ce peu de mots : « Ceux-ci iront au sup- » plice éternel (1); » il lui reste à expliquer ce qui suit immédiatement : « Et les justes à la vie éternelle. » « Et je vis, dit-il, un ciel nouveau et une terre nou- » velle. Car le premier ciel et la première terre s'é- » taient retirés, et il n'y avait plus de mer (2). » Cela arrivera dans l'ordre que j'ai marqué ci-dessus, à propos de ce qu'il dit (3) avoir vu celui qui était assis sur le trône, devant qui le ciel et la terre s'enfuirent. Aussitôt que ceux qui ne sont pas écrits au livre de vie auront été jugés et envoyés au feu éternel, dont le lieu et la nature sont, à mon avis, inconnus à tous les hommes, à moins que Dieu ne le leur révèle, alors la figure du monde passera par l'embrasement de l'uni-

(1) Matth., 24, 46.
(2) Apoc., 21, 1.
(3) Id., 20, 11.

vers, comme elle passa autrefois par le déluge. Cet embrasement détruira les qualités des élémens corruptibles qui étaient conformes au tempérament de nos corps corruptibles, pour leur en donner d'autres qui conviennent à des corps immortels, afin que le monde renouvelé soit en harmonie avec les corps des hommes qui seront renouvelés pareillement. Quant à ce qu'il ajoute, qu'*il n'y aura plus de mer*, il n'est pas aisé de décider, ou si elle sera desséchée par un si grand embrasement, ou seulement renouvelée. Nous lisons bien qu'il y aura un ciel nouveau et une terre nouvelle; mais pour une mer nouvelle, il ne me souvient pas d'en avoir jamais rien lu. Il est vrai que dans ce même livre (1) il est parlé comme d'une mer de verre, semblable à du cristal; mais il n'est pas là question de la fin du monde, et il ne dit pas que ce fût proprement une mer, mais *comme une mer* ; encore qu'à l'imitation des prophètes qui se plaisent à se servir de métaphores pour voiler leur pensée, saint Jean, disant qu'*il n'y avait plus de mer*, ait pu entendre parler de la même dont il avait dit auparavant, que *la mer présenta ses morts* (2). En effet, il n'y aura plus de siècle plein de tempêtes et d'orages, tel qu'il est maintenant.

(1) Apoc., 4, 6, et 15, 2.
(2) Id., 20, 13.

CHAPITRE XVII.

Etat de l'Eglise triomphante.

« Ensuite, dit-il, je vis la grande Cité, la nouvelle
» Jérusalem descendant du ciel, que Dieu avait parée
» comme une jeune épouse ornée pour son époux. Et
» j'entendis une grande voix qui sortait du trône et di-
» sait: Voici le tabernacle de Dieu avec les hommes, et
» il demeurera avec eux, et ils seront son peuple, et il
» sera leur Dieu. Il essuiera toutes les larmes de leurs
» yeux, et il n'y aura plus ni mort, ni deuil, ni cris,
» ni douleur, parce que tout cela sera passé. Et celui qui
» était assis sur le trône, dit : Je m'en vais faire toutes
» choses nouvelles (1). » Il dit que cette Cité descend du
ciel, parce que la grace de Dieu qui l'a formée en
vient ; il lui dit aussi par la même raison dans Isaïe :
« Je suis le Seigneur qui te forme (2). » Elle est à la
vérité descendue du ciel dès son commencement, depuis que ses citoyens s'accroissent par la grace du baptême qui leur a été communiquée par la venue du saint
Esprit ; mais elle recevra une si grande splendeur au
dernier jugement qui se fera par Jésus-Christ, qu'il
ne lui restera plus aucune marque de vieillesse, puisque les corps même passeront, de la corruption et de

---

(1) Apoc., 21, 2 et suiv.
(2) Isaïe, 45, 8.

la mortalité, à un état immortel et incorruptible. Il me semble qu'il y aurait de l'impudence à soutenir que ce que dit ici saint Jean doit s'entendre des mille ans que les saints règnent avec leur roi, attendu qu'il dit clairement, que « Dieu essuiera toutes les larmes » de leurs yeux, et qu'il n'y aura plus ni mort, ni » deuil, ni cris, ni douleur. » Et qui serait assez déraisonnable pour prétendre que, parmi les misères de cette vie mortelle, non-seulement tout le peuple de Dieu, mais même aucun saint en particulier, soit exempt de larmes et d'ennui; tandis qu'au contraire plus on est saint et plein de bons désirs, et plus on répand de pleurs dans la prière? N'est-ce pas la Cité sainte et la Jérusalem céleste qui dit : « Mes larmes » m'ont servi de nourriture jour et nuit (1); » et : « Je » tremperai mon lit de mes pleurs toute la nuit, je le « percerai de mes larmes (2); » et : « Mes gémissemens » ne vous sont point cachés (3); » et encore : « Ma » douleur s'est renouvelée (4)? » Ne sont-ce pas ses enfans qui gémissent, parce qu'ils voudraient bien n'être pas dépouillés de ce corps (5), mais être revêtus par-dessus d'immortalité, en sorte que ce qu'il y a de mortel en eux fût absorbé par la vie? Ne sont-ce pas eux qui, possédant les prémices de l'esprit (6),

(1) Ps. 41, 3.
(2) Ps. 6, 6.
(3) Ps. 37, 9.
(4) Ps. 38, 3.
(5) II Cor., 5, 4.
(6) Rom., 8, 23.

soupirent en eux-mêmes, en attendant l'effet de l'adoption divine, c'est-à-dire la rédemption et la délivrance de leurs corps? « L'apôtre saint Paul n'était-il pas un des citoyens de cette Jérusalem céleste, surtout quand il était saisi d'une profonde tristesse (1), et percé jusqu'au cœur d'une douleur violente et continuelle à cause des israélites, qui étaient ses frères selon la chair? Quand la mort ne sera-t-elle plus dans cette Cité, sinon quand on dira : « Mort, où sont tes ef-» forts? Mort, où est ton aiguillon? Or, l'aiguillon » de la mort, c'est le péché (2), » qui ne sera plus alors; mais maintenant ce n'est pas un habitant obscur de cette Cité, mais le grand saint Jean lui-même, qui crie dans son épître : « Si nous disons que nous » sommes sans péchés, nous nous trompons, et la vé-» rité n'est point en nous (3). » Je demeure d'accord que dans l'Apocalypse il y a beaucoup de choses obscures pour exercer l'esprit du lecteur, et peu de claires qui donnent jour au reste; et la raison de cette obscurité consiste principalement en ce que l'auteur y dit les mêmes choses en tant de façons, qu'il semble que c'en soit de diverses, quoique ce ne soit que la même exprimée diversement; mais pour ces paroles : « Dieu » essuiera toutes les larmes de leurs yeux; et il n'y » aura plus ni mort, ni deuil, ni cris, ni douleur, » elles regardent si évidemment le siècle à venir, et l'éternité des saints, dont toutes ces misères seront

(1) Rom., 9, 2 et 3.
(2) I Cor., 15, 55.
(3) Jean, 1, 8.

bannies, qu'il ne faut rien chercher de clair dans l'E-
criture, si cela est obscur.

CHAPITRE XVIII.

Ce que saint Pierre dit du jugement dernier.

Voyons actuellement ce que l'apôtre saint Pierre a écrit de ce jugement. « Aux derniers temps, dit-il,
» il viendra des imposteurs qui, suivant leurs propres
» passions, diront : Qu'est devenue la promesse de
» son avènement ? Car depuis que nos pères sont
» morts toutes choses vont comme elles allaient au
» commencement du monde. Mais ils ne veulent pas
» savoir que les cieux furent d'abord dégagés des eaux
» par la parole de Dieu, aussi bien que la terre; et
» que le monde d'alors périt et fut submergé par les
» eaux. Mais les cieux et la terre d'à présent ont été
» rétablis par la même parole de Dieu, et sont réser-
» vés pour être brûlés par le feu au jour du jugement,
» lorsque les méchans périront. Or, apprenez une
» chose, mes bien-aimés, que, devant Dieu, un jour
» est comme mille ans et mille ans comme un jour.
» Ainsi le Seigneur ne diffère point l'accomplissement
» de sa promesse, comme quelques-uns se l'imaginent,
» mais il vous attend en patience, parce qu'il ne veut
» pas qu'aucun périsse, mais que tous se convertissent
» et se repentent. Or le jour du Seigneur viendra com-
» me un larron, et alors les cieux passeront avec grand

« fracas, les élémens seront dissous par la violence
» du feu, et la terre consumée avec tous ses ouvrages.
» Dans l'attente d'un jour si terrible, combien votre
» conduite doit-elle être pure et sainte pour être en
» état d'aller au-devant du Seigneur lorsque les cieux
» tout en feu et les élémens se dissoudront? Mais
» nous attendons, selon sa promesse, de nouveaux
» cieux et une nouvelle terre où la justice fera son
» séjour (1). » Il ne dit rien ici de la résurrection des
morts, mais il s'étend fort sur la ruine du monde;
et par ce qu'il dit du déluge il semble nous avertir de
la manière dont l'univers doit périr un jour. Il dit en
effet que le monde qui était alors périt, et non-seulement le globe de la terre, mais encore les cieux, c'est-à-dire l'air, dont le lieu était occupé par les eaux;
car il n'entend point parler des cieux supérieurs où
sont le soleil, la lune et les étoiles. Toute la région de
l'air qu'il appelle les cieux, fut donc couverte d'eau
et périt ainsi avec la terre. « Mais, dit-il, les cieux
» et la terre d'à présent ont été rétablis par la même
» parole de Dieu, et sont réservés pour être brûlés
» par le feu au jour du jugement lorsque les méchans
» périront. » Ainsi le même monde qui a été rétabli
à la place de celui qui avait été détruit par le déluge,
est réservé pour le feu du dernier jugement, lorsque
les méchans périront. Il déclare sans balancer que les
hommes périront à cause du grand changement qui
leur arrivera, bien que leur nature doive toujours demeurer au milieu des supplices éternels. Quelqu'un

---

(1) II Pierre, 3, 3 et suiv.

dira peut-être : Si le monde est embrasé après que le jugement sera porté, où seront les saints lors de son embrasement et avant qu'on ait remis en sa place un ciel nouveau et une nouvelle terre ? Puisqu'ils auront des corps, il faut bien qu'ils soient quelque part. Nous pouvons répondre qu'ils seront dans ces hautes régions où le feu de l'embrasement n'atteindra point, non plus que l'eau du déluge. Leurs corps seront tels alors qu'ils pourront demeurer où il leur plaira ; et ils ne craindront pas même le feu de cet embrasement, comme étant immortels et incorruptibles ; de même que les trois enfans de Babylone demeurèrent dans la fournaise ardente sans en recevoir aucun outrage, quoique leurs corps fussent mortels et corruptibles.

CHAPITRE XIX.

Preuves du dernier jugement et de l'Antechrist, tirées de la seconde épître de saint Paul aux Thessaloniciens.

Je me vois dans la nécessité de négliger un grand nombre de témoignages des évangélistes et des apôtres touchant ce dernier jugement, de peur de grossir trop ce livre ; mais je ne puis passer ce que saint Paul en écrit aux Thessaloniciens. « Nous vous prions, dit-il,
» mes frères, par l'avènement de notre Seigneur Jésus-
» Christ et par l'union que nous avons ensemble avec
» lui, de ne vous pas laisser légèrement ébranler sur la

» foi de quelques prophéties ou sur quelque discours ou
» quelque lettre qu'on supposerait venir de nous, pour
» vous faire croire que le jour du Seigneur est proche.
» Que personne ne vous trompe. Il faut auparavant
» que l'apostat vienne et que l'homme de péché pa-
» raisse, ce fils de mort qui s'opposera à Dieu et qui
» s'élèvera au-dessus de tout ce qui s'appelle Dieu et
» qu'on adore, jusqu'à s'asseoir dans le temple de
» Dieu, voulant lui-même passer pour Dieu. Ne vous
» souvient-il pas que je vous disais tout cela quand
» j'étais encore avec vous? Et vous savez bien ce qui
» empêche qu'il ne vienne, afin qu'il paraisse en son
» temps ; car le mystère d'iniquité commence déjà à
» se former. Seulement que celui qui tient maintenant
» tienne ce qu'il tient, jusqu'à ce qu'il sorte ; et alors
» se découvrira ce méchant que le Seigneur Jésus tuera
» du souffle de sa bouche, et qu'il dissipera par l'éclat
» de sa présence; ce méchant, dis-je, qui doit venir
» avec la puissance de Satan et faire une infinité de
» prodiges et de faux miracles pour séduire ceux qui
» périssent pour n'avoir pas aimé la vérité qui les eût
» sauvés. C'est pourquoi Dieu leur enverra une erreur
» si forte et si plausible qu'ils croiront au mensonge,
» afin que tous ceux qui n'ont point cru à la vérité,
» mais qui ont consenti à l'iniquité, soient condam-
» nés (1). »

Il est hors de doute que l'apôtre a dit ceci de l'Antechrist et du jour du jugement qu'il appelle le jour
du Seigneur, en ajoutant que le Seigneur ne viendra

---

(1) II Thessalon., 2, 1 et suiv.

point que celui qu'il nomme l'apostat ne soit venu. Que si l'on peut appeler avec raison tous les méchans des apostats, combien plus celui-ci qui est leur chef et leur prince ? Mais quel est le temple de Dieu où il doit s'asseoir pour se faire adorer comme Dieu ? On ne peut décider si c'est dans les ruines du temple de Salomon ou dans l'Eglise ; s'il s'agissait du temple d'un idole ou du démon, il est certain que l'apôtre ne l'appelerait pas le temple de Dieu. Ce qui fait croire à quelques-uns que, par l'Antechrist, saint Paul n'entend pas parler du prince des méchans, mais de toute la multitude de ceux qui lui appartiennent et qui forment un corps avec lui. Ainsi ils pensent qu'il vaut mieux lire, avec les exemplaires grecs, qu'il s'assiéra, non pas dans le temple de Dieu, comme porte le latin, mais pour être le temple de Dieu, c'est-à-dire que les méchans et leur chef voudront passer pour l'Eglise. Quant à ce que saint Paul ajoute : « Et vous savez bien » ce qui empêche qu'il ne vienne, afin qu'il paraisse » en son temps ; » comme il dit qu'ils le savent, il n'a pas voulu s'en expliquer plus clairement : ainsi, nous qui l'ignorons, nous avons bien de la peine à comprendre ce qu'il veut dire, d'autant plus que ce qu'il ajoute rend encore la chose plus obscure. En effet, que signifie : « Le mystère d'iniquité commence déjà à se » former ? Seulement que celui qui tient maintenant » tienne ce qu'il tient jusqu'à ce qu'il sorte ; et alors » ce méchant se découvrira ? » J'avoue franchement que je n'entends pas ce qu'il veut dire. Je rapporterai néanmoins sur ce passage les conjectures de quelques-uns que j'ai été à même de lire ou d'entendre.

Il en est qui pensent que saint Paul parle ici de l'empire romain, et que c'est pour cela qu'il a affecté d'être obscur, de crainte qu'on ne l'accusât de faire des imprécations contre un empire qu'on regardait comme éternel ; qu'ainsi, par ces paroles : « Le mys-» tère d'iniquité commence déjà à se former, » il entend Néron dont on regardait dès-lors les œuvres comme étant de l'Antechrist ; d'où vient que plusieurs croient qu'il ressuscitera pour être l'Antechrist. D'autres pensent même qu'il n'a pas été tué, mais qu'on en a fait courir le bruit pour l'enlever plus aisément, et qu'on le conserve quelque part dans le même âge qu'il avait lorsqu'on l'a cru mort, jusqu'à ce qu'il paraisse en son temps et soit rétabli dans son royaume. Cette opinion au reste me semble fort hardie. Toutefois ces paroles de l'apôtre : « Seulement que celui qui tient mainte-» nant tienne ce qu'il tient, jusqu'à ce qu'il sorte, » semblent pouvoir s'entendre de l'empire romain, comme s'il disait : Seulement que celui qui commande maintenant commande, *jusqu'à ce qu'il sorte*, c'est-à-dire jusqu'à ce qu'on lui ôte l'empire ; *et alors le méchant se découvrira*, c'est-à-dire l'Antechrist, comme tout le monde en tombe d'accord. Mais d'autres pensent que ces paroles : « Vous savez ce qui empêche » qu'il ne vienne ; car le mystère d'iniquité commence » déjà à se former, » ne doivent s'appliquer qu'aux méchans et aux hypocrytes qui sont dans l'Eglise, jusqu'à ce qu'ils soient en assez grand nombre pour fournir un grand peuple à l'Antechrist ; et que c'est ce qu'il appelle *le mystère d'iniquité*, parce qu'il semble caché ; que d'ailleurs l'apôtre exhorte les fidèles

LIVRE XX.

à demeurer fermes dans leur foi, lorsqu'il leur dit : « Seulement que celui qui tient maintenant tienne ce » qu'il tient, jusqu'à ce qu'il sorte, » c'est-à-dire jusqu'à ce que le mystère d'iniquité sorte de l'Eglise où il est maintenant caché. Ceux-là estiment que ce mystère d'iniquité est celui dont parle saint Jean dans son épître, quand il dit : « Mes petits enfans, voici la der- » nière heure; car comme vous avez ouï dire que » l'Antechrist doit venir et qu'il y a déjà maintenant » plusieurs Antechrists, cela nous fait connaître que » nous sommes arrivés à la dernière heure. Ils sont » sortis d'avec nous, mais ils n'étaient pas d'avec nous; » car s'ils eussent été d'avec nous ils fussent demeu- » rés (1). » De même, disent-ils, que plusieurs hérétiques, que saint Jean appelle des Antechrists, sont déjà sortis de l'Eglise à cette heure qu'il dit être la dernière; ainsi tous ceux qui n'appartiendront pas à Jésus-Christ, mais à l'Antechrist, en sortiront alors; et c'est en ce temps qu'il paraîtra.

C'est ainsi qu'on explique diversement ces paroles obscures de l'apôtre; mais au moins on ne doute point qu'il n'ait dit que Jésus-Christ ne viendra point juger les vivans et les morts que l'Antechrist ne soit venu séduire ceux qui seront déjà morts dans l'ame, encore que leur séduction soit un effet du secret jugement de Dieu. L'Antechrist, comme dit l'Apôtre, viendra avec la puissance de Satan et fera une infinité de prodiges et de faux miracles pour séduire ceux qui périssent; car alors Satan sera délié, et il agira de

(1) I Jean, 2, 18 et 19.

tout son pouvoir par l'Antechrist, en faisant plusieurs merveilles supposées. On a coutume de demander sur cela si l'apôtre les appelle de faux miracles parce que ce ne sera que des illusions et des prestiges, ou parce qu'ils porteront à embrasser la fausseté ceux qui croiront que ces prodiges sont au-dessus de la puissance du diable, faute de connaître ce qu'il peut, et surtout ce qu'il pourra alors, qu'il recevra un pouvoir plus grand qu'il n'en ait jamais eu. En effet, lorsque le feu tomba du ciel et consuma la nombreuse famille de Job avec tant de troupeaux, et qu'un tourbillon de vent abattit la maison où étaient ses enfans et les écrasa sous ses ruines, ce n'était pas des illusions, et cependant c'était des œuvres de Satan, à qui Dieu avait donné ce pouvoir. Quoi qu'il en soit, car nous saurons mieux alors pourquoi l'apôtre les appelle de faux miracles, il est certain qu'ils séduiront ceux qui auront mérité d'être séduits pour n'avoir pas aimé la vérité qui les eût sauvés. L'apôtre ne dissimule pas que Dieu leur enverra une erreur si forte et si spécieuse qu'ils croiront au mensonge. Il la leur enverra parce qu'il permettra au diable de faire ces prodiges, et il le lui permettra par un jugement très juste, bien que le dessein du diable en cela soit injuste et criminel. « Afin, » ajoute-t-il, que tous ceux qui n'ont point cru à la » vérité, mais qui ont consenti à l'iniquité, soient » condamnés. » Ainsi ils seront séduits par ces jugemens de Dieu également justes et cachés, qu'il n'a jamais cessé d'exercer sur les hommes depuis le péché du premier homme; et ils seront condamnés dans ce dernier et public jugement par Jésus-Christ qui condamnera le monde avec autant de justice que le monde l'a condamné injustement.

CHAPITRE XX.

Ce que saint Paul dit de la résurrection des morts dans sa première épître aux Thessaloniciens.

L'apôtre ne parle pas ici de la résurrection des morts; mais dans la première épître aux mêmes Thessaloniciens : Je ne veux pas, dit-il, mes frères, que vous
» ignoriez ce que vous devez savoir touchant ceux qui
» sont morts, de peur que vous ne vous affligiez comme
» font les autres hommes qui n'ont point d'espérance.
» Car si nous croyons que Jésus-Christ est mort et
» ressuscité, nous devons croire aussi que Dieu amè-
» nera avec Jésus ceux qui sont morts en lui. Nous
» vous déclarons donc, de la part de Dieu, que nous
» qui vivons et qui sommes réservés pour l'avènement
» du Seigneur, nous ne préviendrons point ceux qui
» sont déjà morts; mais, à la voix de l'archange et au
» son de la trompette de Dieu, le Seigneur lui-même
» descendra du ciel, et ceux qui seront morts en Jésus-
» Christ ressusciteront les premiers. Ensuite nous au-
» tres qui sommes vivans et qui serons demeurés en
» vie jusqu'alors, nous serons emportés avec eux dans
» les nues et au milieu des airs au-devant du Seigneur;
» et ainsi nous serons pour jamais avec le Seigneur (1). »

(1) I Thessalonic., 4, 12 et suiv.

Ces paroles de l'apôtre marquent clairement la résurrection à venir, lorsque notre Seigneur Jésus-Christ viendra juger les vivans et les morts.

Mais on a coutume de demander si ceux que notre Seigneur trouvera vivans en la personne de qui parle ici saint Paul, ne mourront point; ou si, dans le moment qu'ils seront emportés dans l'air au-devant du Seigneur, ils passeront par la mort à l'immortalité. On aurait tort de croire que, dans le temps qu'ils seront portés par l'air, ils ne puissent mourir et ressusciter. Aussi ne faut-il pas entendre ces paroles : « Et » ainsi nous serons pour jamais avec le Seigneur, » comme si saint Paul voulait dire par là que nous demeurerons toujours avec lui dans l'air, puisqu'il n'y demeurera pas lui-même et qu'il y viendra seulement en passant : mais nous serons ainsi pour jamais avec le Seigneur, c'est-à-dire que quelque part que nous soyons avec lui nous aurons toujours des corps immortels. Or c'est l'apôtre même qui nous oblige en quelque sorte de croire que ceux que notre Seigneur trouvera vivans souffriront la mort et recevront l'immortalité en un instant, puisqu'il dit que « tous re- » vivront en Jésus-Christ (1), » et que « ce qu'on sème » en terre ne reprend point vie s'il ne meurt aupara- « vant (2). » Comment donc ceux que Jésus-Christ trouvera vivans revivront-ils en lui par l'immortalité, s'ils ne meurent? Il est vrai que si l'on ne peut pas dire proprement du corps d'un homme qu'il soit semé,

---

(1) I Cor., 15, 22.
(2) Ibid., 36.

à moins qu'il ne retourne en terre, suivant cette sentence que Dieu prononça contre le premier prévaricateur : « Tu es terre et tu retourneras en terre (1); » il faut avouer que ceux que notre Seigneur trouvera en vie à son avènement ne sont point compris dans ces paroles de l'apôtre ni dans celles de la Genèse, puisque étant enlevés dans les nues ils ne seront pas semés en terre en y retournant, soit qu'ils ne meurent point du tout, ou qu'ils meurent pour un moment dans l'air.

Mais, d'un autre côté, le même apôtre écrivant aux Corinthiens, dit que nous ressusciterons tous (2), ou comme portent d'autres exemplaires, que nous dormirons tous. Si donc on ne peut ressusciter, qu'on ne meure auparavant ; et que par le sommeil dont il est ici parlé, nous ne puissions entendre autre chose que la mort, comment tous ressusciteront ou dormiront-ils, si tant de gens que Jésus-Christ trouvera vivans ne doivent ni dormir ni ressusciter ? J'estime donc qu'il nous faut tenir à ce que nous venons de dire, que ceux que Jésus-Christ trouvera en vie, et qui seront emportés dans l'air, mourront en ce moment pour reprendre aussitôt leurs corps immortels. Pourquoi ne croirions-nous pas que cette multitude de corps ne puissent être semés en quelque sorte dans l'air, et y reprendre à l'heure même une vie immortelle et incorruptible, lorsque nous croyons ce que

(1) Genès., 3, 19.
(2) I Cor., 15, 51.

nous dit le même apôtre (1), que la résurrection se fera en un clin d'œil, et que la poussière des corps, répandue en cent lieux, sera rassemblée avec tant de facilité et de promptitude ? Quant à cette parole de la Genèse : « Tu es terre, et tu retourneras en terre, » il ne faut pas s'imaginer qu'elle ne s'accomplisse pas dans les saints qui mourront dans l'air, sous prétexte que leurs corps ne retomberont point en terre; attendu que ces mots. « Tu iras en terre, » signifient : Tu iras par la mort, où tu étais avant que de recevoir la vie, c'est-à-dire, tu deviendras ce que tu étais avant que d'avoir reçu une ame. L'homme n'était en effet que de la terre lorsque Dieu souffla contre sa face pour lui donner la vie. C'est donc comme s'il lui disait : Tu es une terre animée, ce que tu n'étais pas; tu seras une terre sans ame, comme tu étais. Ce que sont tous les corps morts avant qu'ils pourrissent, ceux-là le seront s'ils meurent, quelque part qu'ils meurent. Ils iront dès-lors en terre, puisque d'hommes vivans ils deviendront terre, de même que ce qui devient cendre va en cendre, et ainsi du reste. Mais toutes nos réflexions à ce sujet ne sont que des conjectures, et nous ne comprendrons bien qu'alors ce qui en est véritablement. Si nous voulons être chrétiens, nous devons croire la résurrection des corps au jour du jugement ; mais nous ne sommes pas obligés pour cela d'en comprendre parfaitement la manière. Il nous reste à voir, comme nous l'avons promis, ce que les

(1) I Cor., 15, 52.

prophètes de l'ancien Testament disent de ce dernier jugement ; et j'estime qu'à cet égard nous n'aurons pas besoin de nous étendre beaucoup, après tout ce que nous venons de dire.

CHAPITRE XXI.

Preuves de la résurrection et du dernier jugement, tirées du prophète Isaïe.

Le prophète Isaïe dit : « Les morts ressusciteront et » ceux qui sont dans les tombeaux ; et tous ceux qui » sont sur la terre se réjouiront ; car la rosée qui » vient de vous est leur santé ; mais la terre des » impies tombera (1). » Tout ce qui précède regarde la résurrection des bienheureux ; mais ceci : « La terre » des impies tombera, » doit s'entendre des corps des méchans qui tomberont dans la damnation. Pour ce qui concerne la résurrection des gens de bien, si nous y voulons prendre garde, nous trouverons qu'il faut rapporter à la première ce qu'il dit, que « les morts » ressusciteront, » et à la seconde ce qu'il ajoute, que « ceux qui sont dans les tombeaux ressusciteront aussi. » Quant à ces paroles : « Et tous ceux qui sont sur la » terre se réjouiront ; car la rosée qui vient de vous est » leur santé, » elles s'appliquent aux saints que Jésus-Christ trouvera vivans à son avènement. Par la

(1) Isaïe, 26, 19.

santé, nous entendons ici fort bien l'immortalité ; vu que l'on peut dire qu'il n'y a point de santé plus parfaite que celle qui n'a point besoin pour s'entretenir de prendre tous les jours des alimens comme des remèdes. Le même prophète parle encore ainsi du jour du jugement, après avoir donné de l'espérance aux bons et de la frayeur aux méchans : « Voici ce » que dit le Seigneur : Je m'en vais me détourner sur » eux comme un fleuve de paix, et comme un torrent » qui inondera la gloire des nations. Leurs enfans » seront portés sur les épaules et caressés sur les ge- » noux. Je vous caresserai comme une mère caresse » son enfant, et ce sera dans Jérusalem que vous rece- » vrez cette consolation. Vous verrez, et votre cœur » se réjouira, et vos os germeront comme l'herbe. On » reconnaîtra la main du Seigneur envers ceux qui » le servent, et il exécutera ses menaces contre les » rebelles. Car voilà le Seigneur qui va venir comme » un feu, et ses chariots seront comme la tempête, » pour exercer sa vengeance dans sa colère, et donner » tout en proie aux flammes. Car toute la terre sera » jugée par le feu du Seigneur, et toute chair par son » glaive. Plusieurs seront blessés par le Seigneur (1). » A l'égard des gens de bien, il dit qu'il se détournera sur eux comme un fleuve de paix; ce qui sans doute signifie une abondance de paix la plus grande qui puisse être. C'est de cette paix que nous jouirons à la fin, et dont nous avons amplement parlé au livre précédent; c'est ce fleuve qu'il déclare qu'il fera détourner

---

(1) Isaïe, 66, 12 et suiv.

sur ceux à qui il promet une si grande félicité; pour nous faire entendre que dans cette heureuse région qui est le ciel, toutes choses seront désaltérées de ses eaux. Mais parce que cette paix communiquera même aux corps une vigueur immortelle, c'est pour cela qu'il dit qu'il détournera ce fleuve sur eux, afin qu'il se répande d'en haut sur les choses les plus basses, et qu'il rende les hommes égaux aux anges. Par la Jérusalem dont il parle, il ne faut pas entendre celle qui est esclave ainsi que ses enfans, mais avec l'apôtre (1) celle qui est libre et notre mère, et qui est éternelle dans les cieux, où nous serons consolés après les travaux et les ennuis de cette vie mortelle, et portés sur ses épaules et sur ses genoux comme de petits enfans. Nous serons en quelque sorte tous neufs pour une si haute félicité, et pour les douceurs ineffables que nous goûterons dans son sein. Là nous verrons, et notre cœur se réjouira. Il ne dit point ce que nous verrons, mais que peut-ce être autre chose que Dieu ? Alors s'accomplira en nous la promesse de l'Evangile : « Bien-
» heureux ceux qui ont le cœur pur, parce qu'ils ver-
» ront Dieu (2) ! » Que sera-ce, sinon toutes ces choses que nous ne voyons point maintenant, mais que nous croyons, et dont l'idée que nous nous formons, selon la faible capacité de notre esprit, est infiniment au-dessous de ce qu'elles sont en effet ? « Vous verrez, dit-il, et votre cœur se réjouira. » Ici vous croyez, et là vous verrez.

(1) Galat., 4, 26.
(2) Matth., 5, 8.

Mais parce qu'il dit : « Et votre cœur se réjouira ; » de peur que nous ne pensions que ces biens de la Jérusalem céleste ne regardent que l'esprit, il ajoute : « Et vos os germeront comme l'herbe, » où il insinue la résurrection des corps, comme reprenant ce qu'il avait omis. Elle ne se fera pas en effet lorsque nous aurons vu, mais nous verrons après qu'elle sera faite. Il avait déjà parlé auparavant d'un ciel nouveau et d'une terre nouvelle, aussi bien que des promesses faites aux saints : « Il y aura, dit-il, un ciel nouveau et une terre nouvelle ; et ils ne se souviendront plus du passé, mais ils ne trouveront que des sujets de joie dans cet heureux séjour. Je ferai que Jérusalem ne sera plus qu'une fête perpétuelle, et mon peuple la joie même. Et Jérusalem fera tout mon plaisir, et mon peuple toutes mes délices. On n'y entendra plus de pleurs ni de gémissemens (1) ; » et le reste que quelques personnes charnelles tâchent de rapporter au règne prétendu de mille ans. Il mêle ici les expressions figurées avec les autres, selon la coutume des prophètes, afin que notre esprit s'exerce utilement à y chercher un sens spirituel ; mais la paresse ou l'ignorance s'arrête aux apparences de la lettre, et ne va pas plus avant. Pour revenir aux paroles du prophète que nous avions commencé à expliquer, après avoir dit : « Et vos os germeront comme l'herbe ; » pour montrer qu'il ne parle que de la résurrection des gens de bien, il ajoute : « Et l'on reconnaîtra la main du Seigneur envers ceux qui le servent. » Qu'est-ce

---

(1) Isaïe, 65, 17.

cela, sinon la main de celui qui distingue ceux qui le servent, de ceux qui le méprisent ? Il parle ensuite : de ces derniers dans les termes suivans « Et il exécutera ses me-
» naces contre les rebelles. Car voilà le Seigneur qui va
» venir comme un feu, et ses chariots seront comme la
» tempête, pour exercer sa vengeance dans sa colère, et
» donner tout en proie aux flammes. Car toute la terre
» sera jugée par le feu du Seigneur, et toute chair par son
» glaive, et plusieurs seront blessés par le Seigneur. »
Par ces mots de *feu*, de *tempête* et de *glaive*, il entend le supplice de l'enfer. Pour *ses chariots*, on peut les expliquer du ministère des anges. Quant à ce qu'il ajoute que toute la terre et toute chair sera jugée par le feu du Seigneur et par son glaive, il n'y faut pas comprendre les saints et les spirituels, mais seulement les hommes terrestres et charnels, dont il est dit (1), qu'ils ne goûtent que les choses de la terre, et que c'est une mort que de goûter les choses de la terre (2), et enfin ceux que Dieu appelle chair quand il dit : « Mon esprit ne demeurera plus parmi ces gens-
» ci, parce qu'ils ne sont que chair (3). » A l'égard de ce que le prophète dit, que « plusieurs seront
» blessés par le Seigneur, » ces blessures doivent s'entendre de la seconde mort. Il est vrai qu'on peut prendre aussi en bonne part *le feu, le glaive et les blessures*. Notre Seigneur dit lui-même qu'il est venu

(1) Philipp., 3, 19.
(2) Rom., 8, 6.
(3) Genès., 6, 3.

apporter le feu en terre (1); les disciples virent comme des langues de feu qui se divisèrent quand le saint Esprit descendit sur eux (2); notre Seigneur dit encore qu'il n'est pas venu apporter la paix sur la terre, mais le glaive (3); l'Ecriture appelle la parole de Dieu un glaive à deux tranchans (4), à cause des deux Testamens; et dans le cantique des cantiques, l'Eglise s'écrie qu'elle est blessée d'amour, comme d'un trait (5). Mais ici, où nous lisons que Dieu doit venir pour exécuter ses vengeances, on voit assez comment toutes ces autres choses doivent s'expliquer.

Après avoir déclaré en un mot ceux qui seront consumés par ce jugement, marquant les pécheurs et les impies sous la figure des viandes défendues par l'ancienne loi dont ils ne se sont pas abstenus, il reprend la grace du nouveau Testament depuis le premier avènement du Sauveur, jusqu'au jugement dernier dont nous parlons, par où il conclut toute sa prophétie. Il raconte que le Seigneur déclare qu'il viendra pour assembler toutes les nations, et qu'elles seront témoin de sa gloire, attendu, comme dit l'apôtre, « que tous ont péché, et ont besoin de la gloire de » Dieu (6). » Isaïe ajoute qu'il fera de si grands mi-

(1) Luc, 12, 49.
(2) Act., 2, 3.
(3) Matth., 10, 34.
(4) Hébr., 4, 12.
(5) Cant., 4, 3.
(6) Rom., 3, 23.

racles parmi eux, que cela les portera à croire en lui ; qu'il enverra quelques-uns d'entre eux en divers pays, et dans les îles les plus éloignées qui n'ont jamais ouï parler de lui, ni vu sa gloire ; qu'ils annonceront son Evangile parmi les nations, et rangeront à la foi les frères de ceux à qui le prophète parle, c'est-à-dire les israélites élus ; qu'ils amèneront à Dieu, de toutes les contrées du monde, un présent sur des chevaux et sur des chariots, qui sont les secours du ciel, esquels se rendent par le ministère des anges ou des hommes ; et qu'ils l'amèneront dans la sainte Cité de Jérusalem, qui maintenant est répandue par toute la terre dans les fidèles. En effet, les hommes croient où ils sont aidés d'en haut, et ils viennent où ils croient. Or, le Seigneur les compare aux enfans d'Israël qui lui offrent des victimes dans son temple avec des cantiques de louange, ce que l'Eglise pratique déjà partout, et il leur promet qu'il se choisira parmi eux des prêtres et des lévites, ce que nous voyons aussi s'accomplir maintenant. De nos jours ne choisit-on pas les prêtres et les lévites, non selon la race et le sang, comme cela se pratiquait d'abord dans le sacerdoce qui était selon l'ordre d'Aaron, mais comme il est à propos dans le nouveau Testament où Jésus-Christ est le souverain prêtre, selon l'ordre de Melchisédec, en considérant ce que la grace donne de mérite à chacun ? Ne choisit-on pas, dis-je, des prêtres et des lévites, dont il ne faut pas juger par la dignité qu'obtiennent souvent ceux qui en sont indignes, mais par la sainteté qui ne peut être commune aux bons et aux méchans ?

Après avoir ainsi parlé de cette miséricorde de Dieu

sur son Eglise, dont les effets nous sont si sensibles et si connus, il promet de la part de Dieu les fins où chacun arrivera lorsque le dernier jugement aura séparé les bons des méchans : « Car, comme le nouveau
» ciel et la nouvelle terre demeureront en ma pré-
» sence, dit le Seigneur, ainsi votre semence et votre
» nom demeureront devant moi ; et ils passeront de
» mois en mois, et de sabbat en sabbat, et toute chair
» viendra m'adorer en Jérusalem, dit le Seigneur ;
» et ils sortiront et verront les membres des hommes
» prévaricateurs. Leur ver ne mourra point, et le feu
» qui les brûlera ne s'éteindra point, et ils serviront
» de spectacle à toute chair (1). » C'est par où le prophète Isaïe finit son livre, comme c'est par là que le monde doit finir. Quelques versions, au lieu des *membres des hommes*, portent *les cadavres des hommes*, entendant évidemment par là la peine des corps des damnés, quoique d'ordinaire on n'appelle cadavre qu'une chair sans ame, au lieu que les corps dont il parle seront animés, autrement ils ne pourraient souffrir aucun tourment ; si ce n'est peut-être que comme ce seront les corps de ceux qui tomberont dans la seconde mort, on les puisse raisonnablement appeler ainsi : d'où vient cette parole du même prophète que j'ai déjà alléguée ci-dessus : « La terre des impies
» tombera. » Qui ne sait que *cadavre* vient d'un mot latin qui signifie tomber (2) ? Au reste, il est manifeste que par *les hommes* il entend aussi les femmes,

---

(1) Isaïe, 66, 22 et suiv.
(2) *Cadere.*

puisque personne n'oserait dire que les femmes pécheresses n'aient pas part à ce supplice. Mais ce qui importe particulièrement à notre sujet, puisque le prophète, parlant des bons, dit que *toute chair viendra*, parce que ce peuple sera composé de toutes les nations, et que, parlant des méchans, il les nomme *membres* ou *cadavres*, il fait certainement voir par là que le jugement qui fera la séparation des bons et des méchans, suivra la résurrection de la chair qui est si clairement exprimée ici par les mots dont il se sert.

CHAPITRE XXII.

Comment il faut entendre que les bons sortiront pour voir le supplice des méchans.

Mais comment les bons *sortiront-ils* pour voir le supplice des méchans? Dirons-nous qu'ils quitteront leurs bienheureuses demeures pour passer à ces lieux de supplices et être témoins de leurs tourmens? A Dieu ne plaise. Mais ils sortiront, parce qu'ils les connaîtront. Ce mot *sortir* fait entendre que ceux qui seront tourmentés seront dehors : d'où vient même que notre Seigneur appelle ces lieux *les ténèbres extérieures* (1), auxquelles même est contraire l'entrée dont il est dit au bon serviteur : « Entrez dans la joie de » votre Seigneur (2); » afin qu'on ne s'imagine pas

---

(1) Matth., 25, 30.
(2) Ibid., 21.

que les méchans y entrent pour y être connus ; tandis que ce sont plutôt les saints qui sortent en quelque façon vers eux, par la connaissance qu'ils ont de leur misère. Ceux qui seront dans les tourmens ne sauront pas ce qui se passera au dedans, *dans la joie du Seigneur ;* mais ceux qui posséderont cette joie sauront ce qui se passera dehors, dans ces *ténèbres extérieures.* C'est pour cela qu'il est dit qu'ils *sortiront,* parce qu'ils connaîtront ce qui se fera à l'égard de ceux même qui seront dehors. Si les prophètes ont pu connaître ces choses, lorsqu'elles n'étaient pas encore arrivées, par le peu que Dieu se communiquait à des hommes mortels ; comment les saints immortels les ignoreront-ils alors qu'elles le seront, et que *Dieu sera tout en tous* (1) ? La semence et le nom des saints demeureront donc stables dans cette béatitude ; j'entends cette semence dont saint Jean dit : « Et la semence de Dieu » demeure en lui (2) ; » et ce nom dont le même Isaïe a dit : « Je leur donnerai un nom éternel (3), et ils » passeront de mois en mois et de sabbat en sabbat (4), » comme de lune en lune, et de repos en repos ; car les saints seront eux-mêmes l'un et l'autre, lorsque, de ces ombres anciennes et passagères, ils entreront dans ces lumières nouvelles et éternelles. Quant à ce feu qui ne s'éteindra point, et ce ver immortel, qui feront le supplice des réprouvés, on les explique diversement.

(1) I Cor., 15, 28.
(2) I Jean, 3, 9.
(3) Isaïe, 56, 5.
(4) Id., 66, 23.

Quelques-uns rapportent l'un et l'autre au corps, et les autres à l'ame. D'autres disent que le feu tourmentera le corps, et le ver l'ame; et qu'ainsi, il faut entendre le premier proprement, et le second par métaphore, ce qui paraît plus vraisemblable; mais ce n'est pas ici le lieu de parler de cette différence, puisque nous avons destiné ce livre au dernier jugement qui fera la séparation des bons et des méchans. Pour ce qui regarde leurs récompenses ou leurs châtimens, nous en parlerons plus amplement une autre fois.

CHAPITRE XXIII.

Comment Daniel parle de la persécution de l'Antechrist, du jugement dernier et du royaume des saints.

Daniel prédit aussi ce dernier jugement, après l'avoir fait précéder de l'avènement de l'Antechrist; et il conduit sa prophétie jusqu'au royaume éternel des saints. Ayant vu dans une vision prophétique quatre bêtes, qui signifient quatre royaumes, et le quatrième conquis par un certain roi, qui est l'Antechrist, et après cela le royaume éternel du fils de l'homme, c'est-à-dire de Jésus-Christ : « Mon esprit, dit-il, fut saisi
» d'horreur, je demeurai tout épouvanté, et cette vi-
» sion me troubla fort. Je m'approchai donc d'un de
» ceux qui étaient présens, et lui demandai la vérité
» de tout ce que je voyais, et il me l'apprit. Ces quatre

» grandes bêtes, me dit-il, sont quatre royaumes qui
» s'établiront sur la terre, et qui ensuite seront dé-
» truits. Les saints du Très-Haut prendront leur place
» et régneront jusque dans le siècle, et jusque dans le
» siècle des siècles. Après cela, poursuit-il, je m'en-
» quis avec soin quelle était la quatrième bête, si dif-
» férente des autres, et beaucoup plus terrible ; car ses
» dents étaient de fer et ses ongles d'airain. Elle man-
» geait et dévorait tout, et foulait le reste aux pieds.
» Je m'informai aussi des dix cornes qu'elle avait à la
» tête, et d'un autre qui en sortit, et en fit tomber trois
» des premières. Et à la pointe de cette corne il y avait
» des yeux et une bouche qui disait de grandes choses ;
» et elle était plus grande que les autres. Je m'aperçus
» que cette corne faisait la guerre aux saints et était
» plus forte qu'eux, jusqu'à ce que l'ancien des jours
» vint, et donna le royaume aux saints du Très-Haut.
» Ainsi, le temps étant venu, les saints furent mis en
» possession du royaume. Alors celui à qui je parlais
» me dit : La quatrième bête sera un quatrième royau-
» me qui s'élèvera sur la terre et détruira tous les au-
» tres. Il devorera toute la terre, et la foulera aux
» pieds, et la ravagera. Ses dix cornes sont dix rois,
» après lesquels il en viendra un plus méchant que
» tous les autres, qui en humiliera trois, vomira des
» blasphêmes contre le Très-Haut, et fera souffrir mille
» maux à ses saints. Il entreprendra même de changer
» les temps et d'abolir la loi ; et on le laissera régner
» un temps, des temps et la moitié d'un temps. Après,
» viendra le jugement qui lui ôtera l'empire et l'ex-
» terminera pour jamais ; et toute la puissance, la

» grandeur et la domination souveraine des rois sera
» donnée aux saints du Très-Haut. Son royaume sera
» éternel, et toutes les puissances le serviront et lui
» obéiront. Voilà ce qu'il me dit. Cependant, j'étais
» extrêmement troublé, et mon visage en fut tou
» changé; mais je ne laissai pas de bien retenir ce qu'il
» m'avait dit (1). » Quelques-uns ont expliqué ces
quatre royaumes de ceux des Assyriens, des Perses,
des Macédoniens et des Romains; et si l'on veut en
savoir la raison, il n'y a qu'à lire les commentaires
du prêtre Jérôme sur Daniel, qui sont écrits avec assez
de soin et d'érudition. Mais au moins ne peut-on douter que Daniel ne dise ici très clairement, que la tyrannie de l'Antechrist contre les fidèles, quoique
courte, précédera le dernier jugement et le règne éternel des saints. Il paraît par la suite que le temps, les
temps et la moitié du temps signifient ici un an, deux
ans et la moitié d'un an, c'est-à-dire trois ans et demi.
Il est vrai que les temps semblent marquer un temps
indéfini, mais en hébreu c'est deux temps, car on dit
que les Hébreux ont un *duel* aussi bien que les
Grecs (2). Pour les dix rois, je ne sais s'ils signifient
dix rois effectifs qui se trouveront dans l'empire romain quand l'Antechrist viendra, et j'ai peur que ce

---

(1) Dan., 7, 15 et suiv.

(2) Il est très vrai que la langue hébraïque connaît le *duel*;
il se forme comme le pluriel masculin; mais il convient aussi
d'ajouter que beaucoup de noms, surtout parmi ceux du genre
masculin, sont privés de ce nombre. (*Note des nouveaux
éditeurs.*)

nombre ne nous trompe. Que savons-nous s'il n'est pas mis là pour signifier l'universalité de tous les rois qui doivent précéder son avènement, comme l'Ecriture se sert assez souvent du nombre de mille, de cent ou de sept, etc., pour marquer une totalité ?

Le même Daniel parle ainsi dans un autre endroit : « Le temps viendra qu'il s'élèvera une persécution si » cruelle, qu'il n'y en aura jamais eu de semblable sur » la terre. En ce temps-là, tous ceux qui se trouve- » ront écrits sur votre livre seront sauvés, et plusieurs » de ceux qui dorment sous un monceau de terre res- » susciteront; les uns pour la vie éternelle, et les au- » tres pour un opprobre et une confusion éternelle. » Les savans auront un éclat pareil à celui du firma- » ment, et ceux qui enseignent la justice à plusieurs » brilleront à jamais comme les étoiles (1). » Ce passage de Daniel est assez conforme à un autre de l'Evangile, où il est aussi parlé de la résurrection des corps (2). Ceux que l'évangéliste dit être *dans des sépulcres*, Daniel dit qu'ils sont *sous un monceau de terre*, ou, comme d'autres l'interprètent, *dans la poussière de la terre*. De même que là il est dit qu'ils *sortiront*, ici il est dit qu'il *ressusciteront*. Dans l'Evangile, « ceux qui auront bien vécu sortiront de leurs tombeaux » pour ressusciter à la vie, et ceux qui auront mal vécu » pour ressusciter à leur condamnation; » et dans le prophète, « les uns ressusciteront pour la vie éternelle, « et les autres pour un opprobre et une confusion éter-

(1) Dan., 12, 1 et suiv.
(2) Jean, 5, 28.

» nelle: » Que l'on ne s'imagine pas que l'évangéliste et le prophète diffèrent l'un de l'autre, sous prétexte que celui-là dit: « Tous ceux qui sont dans les sépulcres, » et que celui-ci dit: « Plusieurs de ceux qui sont sous un « monceau de terre; » car quelquefois l'Ecriture met *plusieurs* pour *tous*. C'est ainsi qu'il est dit à Abraham : « Je vous ai établi père de plusieurs nations (1), » bien qu'il lui soit dit ailleurs : « Toutes les nations seront » bénites en votre semence (2). » Il est dit encore un peu après à Daniel, touchant la même résurrection : « Et vous, venez, et vous reposez; car il reste encore » du temps jusqu'à la consommation des siècles, et » vous vous reposerez, et ressusciterez pour posséder » votre héritage à la fin des temps (3). »

CHAPITRE XXIV.

Preuves de la fin du monde et du jugement dernier, tirées des pseaumes.

Il y a beaucoup de choses dans les pseaumes touchant le jugement dernier, mais la plupart ne sont touchées qu'en passant et en fort peu de mots. Il ne faut pas toutefois que je passe ici sous silence ce qui y est dit en termes très clairs de la fin du monde : « Seigneur, » dit le psalmiste, vous avez créé la terre au com-

(1) Genès., 17, 5.
(2) Id., 22, 18.
(3) Dan., 12, 13.

» mencement, et les cieux sont l'ouvrage de vos mains.
» Ils périront; mais pour vous, vous demeurerez. Ils
» vieilliront tous comme un vêtement. Vous les chan-
» gerez de forme comme un manteau, et ils seront
» changés. Mais vous, vous êtes toujours le même, et
» vos années ne finiront point (1). » De là vient que
Porphyre, qui loue la piété des Hébreux, de ce qu'ils
adorent le grand et le vrai Dieu terrible même à ses
divinités, accuse les chrétiens d'une extrême folie suivant les oracles de ses dieux, parce qu'ils disent que
le monde périra. Cependant, voilà que dans les saintes
lettres des Hébreux on dit au Dieu devant qui toutes
les autres divinités tremblent, de l'aveu d'un si grand
philosophe : « Les cieux sont l'ouvrage de vos mains,
» et ils périront. » Est-ce que quand les cieux périront, le monde, dont ils sont la partie la plus haute
et la plus assurée, ne périra point? Si ce sentiment
déplaît à Jupiter, et qu'il blâme les chrétiens par un
oracle d'être trop crédules, comme l'écrit ce philosophe, pourquoi ne traite-t-il pas aussi de folie la sagesse
des Hébreux de l'avoir inséré dans leurs livres sacrés
Mais si c'est cette sagesse même des Juifs qui plaît tant
à Porphyre, qu'il la fait louer par des oracles de ses
dieux; si, dis-je, c'est cette sagesse qui nous apprend
que les cieux doivent périr, jusqu'où va l'imposture
de détester principalement la Religion chrétienne,
parce qu'on y croit que le monde doit périr, puisque
les cieux ne peuvent périr autrement? Avec tout cela,
il est vrai que dans ces Écritures qui sont proprement

(1) Ps. 101, 26.

à nous, et ne sont pas communes aux Hébreux, c'est-à-dire dans les Evangiles et dans les épîtres des apôtres, on lit que « la figure de ce monde passe (1), » que « le monde passe (2), » que « le ciel et la terre « passeront (3); » mais il faut tomber d'accord que ces expressions sont plus douces que celle des Hébreux, qui disent que le monde périra. De même, dans l'épître de saint Pierre (4), où il est dit que le monde qui existait alors périt par le déluge, il est aisé de voir quelle est la partie du monde que cet apôtre a voulu signifier par là, et comment il entend qu'elle est périe, et quels sont les cieux qui ont été mis à la place, et qui sont réservés pour être brûlés par le feu au jour du jugement et de la ruine des méchans. Quant à ce qu'il dit un peu après : « Le jour du Seigneur viendra com-
» me un larron, et alors les cieux passeront avec grand
» fracas, les élémens embrasés se dissoudront, et la
» terre avec tout ce qu'elle contient sera consumée par
» le feu (5); » et ensuite : « Puis donc que toutes ces
» choses doivent périr, quels ne devez-vous point
» être ? » on peut fort bien entendre que les cieux qui périront sont ceux dont il dit qu'ils sont réservés pour être brûlés par le feu ; et que les élémens qui doivent se dissoudre par l'ardeur du feu sont ceux qui occupent la plus basse partie du monde ; mais que les globes

(1) I Cor., 7, 31.
(2) I Jean, 2, 17.
(3) Matth., 24, 35.
(4) II Pierre, 3, 6.
(5) Ibid., 10.

célestes où sont attachés les astres demeureront entiers. Pour ce qui est écrit, que « les étoiles tomberont du » ciel (1), » outre qu'on peut donner à ces paroles un autre sens et meilleur que celui que porte la lettre, cela montre encore davantage que ces cieux-là demeureront, si toutefois les étoiles en doivent tomber ; c'est alors ou une façon de parler figurée, ce qui est plus vraisemblable, ou cela doit s'entendre de quelques météores qui se formeront dans la moyenne région de l'air, comme celui dont parle Virgile quand il dit : « On vit courir une étoile qui traînait après elle une » longue fusée de lumière et qui s'alla perdre dans la » forêt d'Ida (2). » Mais, en ce qui touche ce que je viens de rapporter du pseaume, il semble qu'il n'excepte aucun des cieux, et qu'ils doivent tous périr, puisqu'il dit que les cieux sont l'ouvrage des mains de Dieu et qu'ils périront. Par la raison qu'il n'y en a pas un qui ne soit l'ouvrage de ses mains, il semble qu'il n'y en ait aussi pas un qui ne doive périr. Je ne pense pas en effet qu'ils veuillent expliquer ces paroles du pseaume par celles de saint Pierre qu'ils haïssent tant, ni dire que, comme cet apôtre a entendu la partie pour le tout quand il a dit que le monde périt par le déluge, le psalmiste de même n'a entendu parler que de la partie la plus basse des cieux quand il a dit que les cieux périront. Puis donc qu'il n'y a point d'apparence qu'ils en usent de la sorte, de peur d'approuver le sentiment de l'apôtre saint Pierre et d'être

---

(1) Matth., 24, 29.
(2) Enéid., 2.

obligés de donner à ce dernier embrasement autant de pouvoir qu'il en donne au déluge, eux qui soutiennent qu'il est impossible que tout le genre humain périsse par les eaux ou par le feu ; il ne leur reste autre chose à dire sinon que leurs dieux ont loué la sagesse des Hébreux parce qu'ils n'avaient pas lu ce pseaume.

Le pseaume quarante-neuf parle aussi du jugement dernier en ces termes : « Dieu viendra visiblement, » notre Dieu viendra, et il ne se taira pas. Un feu » dévorant marchera devant lui, et une tempête « effroyable bruira autour de lui. Il appelera le » ciel en haut, et la terre, afin de discerner son » peuple. Assemblez-lui ses saints, qui préfèrent l'ob- » servation de sa loi aux sacrifices (1). » Nous expliquons ceci de notre Seigneur Jésus-Christ, qui viendra du ciel, comme nous l'espérons, juger les vivans et les morts. Il viendra visiblement pour juger justement les bons et les méchans, lui qui est déjà venu caché pour être injustement jugé par les méchans. Il viendra visiblement, je le répète, et il ne se taira pas; c'est-à-dire qu'il parlera en juge, lui qui s'est tu devant son juge lorsqu'il fut conduit à la mort comme une brebis qu'on mène à la boucherie, et qu'il demeura muet comme un agneau qui se laisse tondre, ainsi que nous le voyons annoncé dans Isaïe (2), et accompli dans l'Evangile (3). Quant au *feu* et à *la tempête* qui

---

(1) Ps. 49, 3 et suiv.
(2) Isaïe, 53, 7.
(3) Matth., 26, 63.

accompagneront le Seigneur, nous avons déjà dit comment il faut entendre ces expressions, en expliquant quelque chose de semblable du prophète Isaïe. Pour ces paroles. « Il appelera le ciel en haut; » comme les saints et les gens de bien s'appellent avec raison un *ciel*, le psalmiste veut dire ici sans doute ce que dit l'apôtre (1), que nous serons emportés dans les nues pour aller au-devant du Seigneur au milieu des airs. A le comprendre selon la lettre, comment le ciel est-il appelé en haut, comme s'il pouvait être ailleurs? A l'égard de ce qui suit : « Et la terre, pour » faire la séparation de son peuple, » si l'on sous-entend seulement *il appelera*, c'est à-dire il appelera la terre sans sous-entendre *en haut*, on peut fort bien penser que le ciel figure ceux qui doivent juger avec lui, et la terre ceux qui doivent être jugés; et alors, ces paroles: «Il appelera le ciel en haut,» ne signifieront pas ici qu'il enlèvera les saints dans les airs, mais qu'il les fera asseoir dans des trônes pour juger. Ces mots peuvent encore avoir ce sens : « Il appelera le ciel en haut, » c'est-à-dire qu'il appelera les anges dans le plus haut des cieux pour descendre en leur compagnie et juger le monde; et *il appelera* aussi *la terre*, c'est-à-dire les hommes qui doivent être jugés sur la terre. Mais si lorsque le psalmiste dit : *Et la terre*, etc., on sous-entend l'un et l'autre, c'est-à-dire qu'*il appelera*, et qu'*il l'appelera en haut*, je ne pense pas qu'on puisse mieux l'entendre que des hommes qui seront emportés dans les airs au-devant de Jésus-Christ, et

---

(1) I Thess., 4, 17.

qu'il appelle *ciel*, à cause de leurs ames, et *terre*, à cause de leurs corps. Or, qu'est-ce que *discerner son peuple*, sinon séparer par le jugement les bons d'avec les méchans, comme les brebis d'avec les boucs? Il s'adresse ensuite aux anges, et leur dit : *Assemblez-lui ses saints*, parce que sans doute une chose si importante se fera par le ministère des anges. Que si nous demandons quels sont ces saints qu'ils lui doivent assembler : « Ceux, dit-il, qui préfèrent l'observation » de sa loi aux sacrifices, » en quoi consiste la vie des saints. En effet, ou les œuvres de miséricorde sont préférables aux sacrifices, suivant cet oracle du ciel : « J'aime mieux la miséricorde que le sacrifice ; » ou au moins, en donnant un autre sens aux paroles du psalmiste, les œuvres même de miséricorde sont les sacrifices qui servent à apaiser Dieu, comme je me souviens de l'avoir dit au dixième livre de cet ouvrage. Les gens de bien accomplissent *le Testament de Dieu* par ces œuvres, parce qu'ils les font à cause des promesses qui sont contenues dans son nouveau Testament : d'où vient qu'au dernier jugement, après que Jésus-Christ aura assemblé ses saints et les aura mis à sa droite, il leur dira : « Venez, vous que mon père a bénis, pre- » nez possession du royaume qui vous est préparé dès » le commencement du monde; car j'ai eu faim, et » vous m'avez donné à manger, » et le reste qui se trouve en ce lieu touchant les bonnes œuvres des bons, et la récompense éternelle qu'ils en recevront par la dernière sentence.

CHAPITRE XXV.

Prophétie de Malachie touchant le jugement dernier et le purgatoire.

Le prophète Malachie, qui est aussi appelé ange, et que quelques-uns croient être le même qu'Esdras, dont il y a d'autres écrits reçus dans le canon des livres saints, car Jérôme dit que c'est le sentiment des hébreux ; Malachie, dis-je, a parlé ainsi du jugement dernier : « Le voici qui vient, dit le Seigneur tout-
» puissant ; et qui soutiendra l'éclat de son avènement,
» ou qui pourra supporter ses regards ? Car il sera
» comme le feu d'une fournaise ardente et comme
» l'herbe des foulons. Et s'assiéra comme un fondeur
» qui affine et épure l'or et l'argent, et il purifiera
» les enfans de Lévi. Il les affinera comme on affine
» l'or et l'argent, et ils offriront des victimes au Sei-
» gneur en justice. Et le sacrifice de Juda et de Jéru-
» salem plaira au Seigneur, comme autrefois dans
» les premières années. Je m'approcherai de vous pour
» juger, et je serai un prompt témoin contre les en-
» chanteurs, les adultères et les parjures, contre ceux
» qui retiennent le salaire de l'ouvrier, qui oppriment
» les veuves, outragent les orphelins, font injustice
» à l'étranger, et ne craignent point mon nom, dit
» le Seigneur tout-puissant. Car je suis le Seigneur

votre Dieu, et je ne change point (1). » Ces paroles font voir clairement, à mon avis, qu'en ce jugement il y aura pour quelques-uns des peines purifiantes. Que peut-on entendre autre chose par ceci? « Qui » soutiendra l'éclat de son avènement, ou qui pourra » supporter ses regards? Car il sera comme le feu d'une » fournaise ardente et comme l'herbe des foulons. » Il s'assiéra comme un fondeur qui affine et épure » l'or et l'argent, et il purifiera les enfans de Lévi. » Il les affinera comme on affine l'or et l'argent. » Isaïe dit quelque chose de semblable : « Le Seigneur, dit-il, » nettoyera les impuretés des fils et des filles de Sion, » et ôtera le sang du milieu d'eux par le feu du juge- » ment, par un feu dévorant (2). » A moins qu'on ne veuille dire qu'ils seront purifiés et comme affinés, lorsque les méchans seront séparés d'eux par le juge- ment dernier; et que la séparation et la damnation des uns sera la purification des autres; d'autant qu'à l'avenir ils vivront sans être ainsi mêlés ensemble. Mais, d'un autre côté, lorsque le prophète ajoute qu'il purifiera les enfans de Lévi, et les affinera comme on affine l'or et l'argent, qu'ils offriront des victimes au Seigneur en justice, et que le sacrifice de Juda et de Jérusalem plaira au Seigneur, il fait bien voir que ceux qui seront purifiés plairont à Dieu par des sacri- fices de justice, et qu'ainsi ils seront purifiés de l'in- justice qui était cause qu'ils lui déplaisaient auparavant. Or, eux-mêmes seront des victimes d'une pleine et par-

---

(1) Malach., 3, 1 et suiv.
(2) Isaïe, 4, 4.

faite justice, lorsqu'ils seront purifiés. Que pourraient-ils en cet état offrir de plus agréable à Dieu qu'eux-mêmes? Mais il faut remettre à une autrefois à parler de ces peines purifiantes, afin d'en traiter plus à fond. Au reste, par les enfans de Lévi, de Juda et de Jérusalem, il faut entendre l'Eglise de Dieu, composée non des Juifs seulement, mais des autres nations; non pas telle qu'elle est maintenant, que nous ne nous pouvons dire exempts du péché sans nous tromper et sans mentir (1), mais telle qu'elle sera alors, purifiée par le dernier jugement comme une aire nettoyée par le van, ceux même qui en ont besoin ayant été purifiés par le feu; en sorte qu'il n'y ait plus personne qui soit obligé d'offrir de sacrifice pour ses péchés. Véritablement, tous ceux qui sacrifient ainsi sont sans doute coupables de quelques péchés; et c'est pour en obtenir le pardon qu'ils sacrifient.

CHAPITRE XXVI.

Quels sont les sacrifices d'autrefois et des premières années, comparés à ceux que les saints offriront à Dieu après le dernier jugement.

Or, Dieu, pour montrer que sa Cité sera alors exempte de tout péché, dit que « les enfans de Lévi » offriront des sacrifices en justice. » Ce ne sera donc pas

---

(1) Jean, 1, 8.

LIVRE XX.

en péché ni par conséquent pour le péché ; d'où l'on peut conclure que ce qui suit : « Et le sacrifice de Juda et de Jé- » rusalem plaira au Seigneur, comme autrefois dans les » premières années, » ne peut servir de fondement raisonnable aux Juifs pour prétendre que cela contient une promesse de ramener le temps des sacrifices de l'ancien Testament. Ils n'offraient point alors de victimes en justice, mais en péché, puisqu'ils les offraient, surtout dans l'origine, spécialement pour leurs péchés, jusque là même que le grand-prêtre qui vraisemblablement était plus juste que les autres, avait coutume, selon le commandement de Dieu (1), d'offrir d'abord pour ses péchés, et ensuite pour ceux du peuple (2). Il faut dès-lors expliquer le sens de ces paroles : « Comme autrefois dans les premières années. » Peut-être entend-il parler du temps que les premiers hommes furent dans le paradis ; et de fait, c'est véritablement alors qu'étant exempts de toute souillure et de tout péché, ils s'offraient eux-mêmes à Dieu comme des victimes très pures. Mais depuis qu'ils en furent chassés pour leur désobéissance, et que toute la nature humaine fut condamnée en eux, personne, à la réserve du Médiateur et des petits enfans baptisés, n'est exempt de péché selon l'Ecriture (3), pas même l'enfant d'un jour. Que si l'on répond, que ceux-là offrent des sacrifices en justice qui les offrent avec foi, parce que *le juste vit de la foi*, bien que l'on tombe

---

(1) Lévit., 16, 6.
(2) Hébr., 7, 27.
(3) Job, 14, 4.

d'accord qu'il se séduit lui-même s'il se dit exempt de péché (1); peut-on comparer le temps de la foi au temps où ceux qui offriront des victimes en justice seront purifiés par le feu du dernier jugement ? Puis donc qu'il faut croire qu'après cette purgation les justes n'auront aucun péché, certainement ce temps ne peut être comparé à cet égard qu'avec celui où les premiers hommes, avant leur infidélité, menaient dans le paradis une vie parfaitement heureuse et innocente. Ainsi, l'on peut fort bien entendre de ce temps-là ces paroles du prophète : « Comme autrefois dans les » premières années. » Dans Isaïe, après la promesse d'un ciel nouveau et d'une terre nouvelle, entre autres choses qu'il propose sous le voile d'énigmes et d'allégories touchant la félicité des saints, et que nous n'avons pas voulu expliquer en détail pour éviter la longueur : « Les jours de mon peuple, dit-il, seront » comme l'arbre de vie (2). » Or, qui est assez peu versé dans les Ecritures pour ignorer où Dieu avait planté l'arbre de vie, dont les premiers hommes furent privés quand leur désobéissance les chassa du paradis, et que Dieu établit un ange avec une épée flamboyante pour le garder ?

Que si quelqu'un soutient que ces jours de l'arbre de vie dont parle le prophète Isaïe, sont ceux de l'Eglise qui s'écoulent maintenant, et que c'est Jésus-Christ que le prophète appelle l'arbre de vie, parce qu'il est la sagesse de Dieu, dont Salomon dit que

(1) I Jean, 1, 8.
(2) Isaïe, 65, 22.

c'est un arbre de vie pour tous ceux qui l'embrassent (1), et que les premiers hommes ne passèrent point des années dans le paradis, d'où ils furent si promptement chassés, qu'ils n'eurent pas le loisir d'y engendrer des enfans, de sorte qu'on ne peut rapporter à ce temps-là ces paroles du prophète Malachie : « Comme autre- » fois dans les premières années ; » si, dis-je, quelqu'un est de ce sentiment, j'aime mieux laisser cette question, pour n'être pas obligé d'entrer dans une discussion trop longue et trop ennuyeuse, puisqu'aussi bien je vois un autre sens pour nous empêcher de croire que le prophète nous promette en cet endroit le retour des sacrifices charnels des Juifs, comme si c'était un grand présent. Ces victimes de l'ancienne loi que Dieu voulait qui fussent pures et sans aucun défaut, représentaient les hommes vertueux et sans tache, tel qu'a été le seul Jésus-Christ. Comme donc après ce jugement, lorsque ceux qui en sont dignes auront été purifiés par le feu, on ne trouvera plus aucun péché dans tous les saints, et qu'ainsi ils s'offriront eux-mêmes en justice comme des victimes sans tache et sans défaut ; ils seront certainement ce qu'ils étaient dans le temps passé et dans les premières années, quand on offrit à Dieu des victimes très pures en figure de ceci ; puisque la pureté que signifiait le corps de ces animaux immolés, se trouvera alors dans la chair immortelle et dans l'ame des saints.

Ensuite, le prophète s'adressant à ceux qui ne mériteront pas d'être purifiés, mais d'être condamnés :

(1) Prov., 3, 18.

« Et je m'approcherai de vous, fait-il dire à Dieu,
» pour juger, et je serai un prompt témoin contre les
» enchanteurs, contre les adultères, etc.; » et après
avoir fait le dénombrement de beaucoup d'autres crimes, il ajoute : « Car je suis le Seigneur votre Dieu,
» et je ne change point; » comme s'il disait : Encore
que vos crimes vous changent en vous faisant devenir
pires, et ma grace en vous rendant meilleurs, pour
moi je ne change point. Il dit qu'il se portera pour
témoin, parce qu'il n'a pas besoin pour juger d'autres
témoins que de lui-même ; et qu'il sera un *prompt
témoin*, ou parce qu'il doit venir tout d'un coup et
inopinément, lorsqu'on le croyait encore bien éloigné;
ou parce qu'il convaincra les consciences sans avoir
besoin d'un grand discours. En effet, comme il est
écrit, « les pensées de l'impie déposeront contre lui (1); »
et selon l'apôtre, les pensées des hommes les accuseront ou les excuseront au jour que Dieu jugera par
Jésus-Christ de tout ce qui est caché dans le cœur (2).
C'est donc ainsi qu'il faut entendre que le Sauveur
sera un prompt témoin, parce qu'en un instant il
remettra en mémoire de quoi convaincre et punir une
conscience.

(1) Sag., 1, 9.
(2) Rom., 2, 15 et 16.

CHAPITRE XXVII.

De la séparation des bons et des méchans au jour du jugement dernier.

Ce que j'ai rapporté sommairement du même prophète, au dix-huitième livre, regarde aussi le jugement dernier. Voici le passage : « Ils seront mon héritage, dit
» le Seigneur tout-puissant, au jour que j'agirai, et je
» les épargnerai comme un père épargne un fils obéis-
» sant. Alors, je me comporterai d'une autre sorte,
» et vous verrez la différence qu'il y a entre le juste
» et l'impie, entre celui qui sert Dieu et celui qui ne
» le sert pas (1). Car voici venir le jour allumé comme
» une fournaise ardente, et il les consumera. Tous les
» étrangers et tous les pécheurs seront comme du
» chaume ; et le jour qui s'approche les brûlera tous, dit
» le Seigneur, sans qu'il reste d'eux ni branches ni raci-
» nes. Mais pour vous qui craignez mon nom, le soleil
» de justice se levera pour vous, et vous trouverez une
» abondance de tous biens à l'ombre de ses aîles. Vous
» bondirez comme de jeunes taureaux échappés, et
» vous foulerez aux pieds les méchans, et ils devien-
» dront cendre sous vos pas, dit le Seigneur tout-
» puissant (2). » Quand cette différence des peines et

---

(1) Malach., 3, 17 et 18.
(2) Id., 4, 1 et suiv.

des récompenses qui sépare les méchans d'avec les bons, et qui ne se voit pas sous le soleil dans la vanité de cette vie, paraîtra sous le soleil de justice qui éclairera l'autre, alors viendra le dernier jugement.

CHAPITRE XXVIII.

Il faut interpréter spirituellement la loi de Moïse pour prévenir les murmures condamnables de la chair.

Quant à ce que le même prophète ajoute : « Souve-» nez-vous de la loi que j'ai donnée pour tout Israël » à mon serviteur Moïse sur la montagne d'Ho-» reb (1), » c'est fort à propos qu'il fait mention des commandemens, après avoir déclaré la grande différence qu'il y aura entre ceux qui observent la loi et ceux qui la méprisent. Il le fait aussi afin d'apprendre aux Juifs à concevoir spirituellement la loi, et à y trouver Jésus-Christ, qui est le juge qui doit faire le discernement des bons et des méchans. Ce n'est pas en vain que le même Seigneur dit aux Juifs : « Si vous » croyiez Moïse, vous me croiriez aussi, car c'est de » moi qu'il a écrit (2). » En effet, c'est parce qu'ils prennent la loi charnellement, et qu'ils ne savent pas que ses promesses temporelles ne sont que des figures

---

(1) Malach., 4, 4.
(2) Jean, 5, 46.

LIVRE XX.

des récompenses éternelles, qu'ils sont tombés dans ces murmures, et ont dit : « C'est une folie de servir » Dieu ; que nous en revient-il d'avoir observé ses » commandemens, et de nous être humiliés en la pré- » sence du Seigneur tout puissant ? N'avons-nous donc » pas raison d'estimer heureux les méchans et les » ennemis de Dieu, puisqu'ils triomphent dans la » gloire et dans l'opulence (1) ? » Pour arrêter ces murmures, le prophète a été obligé en quelque sorte de déclarer le dernier jugement où les méchans ne posséderont pas même une fausse félicité, mais paraîtront évidemment malheureux, et où les bons ne seront en butte à aucune misère, mais jouiront clairement d'une béatitude éternelle. Il avait rapporté auparavant quelques plaintes semblables de ces personnes en ces termes : « Tout homme qui fait mal est bon » devant Dieu, et il n'y a que des gens comme cela » qui lui plaisent (2). » C'est donc en entendant charnellement la loi de Moïse, qu'ils sont portés à ces plaintes : d'où vient qu'au pseaume soixante-douze quelqu'un dit qu'il a chancelé et pensé trébucher en considérant la prospérité des méchans, et qu'il a envié leur condition, jusque là qu'il dit entre autres choses : « Comment Dieu voit-il cela ? Le Très-Haut connaît- » il ces choses (3) ? » Il dit encore : « C'est donc bien » en vain que j'ai conservé purs mon cœur et mes » mains. » Enfin, il avoue qu'il s'est efforcé inutile-

---

(1) Malach., 3, 14 et 15.
(2) Id., 2, 17.
(3) Ps. 72, 11.

ment de comprendre pourquoi les bons paraissent misérables en cette vie, et les méchans heureux ; de sorte qu'il a recours au dernier jugement : « Je m'efforce » en vain, dit-il, il faut attendre que j'entre dans le » sanctuaire de Dieu, et que je voie la fin. » Dans le fait, à la fin du monde, au dernier jugement, il n'en sera pas ainsi ; et les choses paraîtront bien autrement, quand éclateront à découvert la félicité des bons et la misère des méchans.

CHAPITRE XXIX.

Elie doit venir avant le jugement, et les Juifs se convertiront à sa prédication.

Après les avoir avertis de se souvenir de la loi de Moïse, comme il prévoyait bien qu'ils seraient encore long-temps avant que de la concevoir spirituellement, il ajoute aussitôt : « Je vous enverrai le prophète Elie » avant que ce grand et fameux jour du Seigneur arrive, qui tournera le cœur du père vers le fils, et le » cœur de l'homme vers son prochain, de peur que » venant je ne détruise entièrement la terre (1). » C'est un bruit assez généralement répandu parmi les fidèles, qu'à la fin du monde, avant le jugement, les Juifs doivent croire au vrai Messie, c'est-à-dire en notre Christ, par le moyen de ce grand et admirable

(1) Malach. : 4, 5.

prophète Elie, qui leur expliquera loi. Et véritablement, on a raison d'espérer qu'il sera le précurseur de l'avènement de Jésus-Christ, puisque ce n'est pas sans raison que l'on croit que maintenant même il est vivant. Il est certain, d'après le témoignage de l'Ecriture (1), qu'il a été ravi dans un chariot de feu. Lorsqu'il sera venu, il expliquera spirituellement la loi que les Juifs entendent encore charnellement, et *il tournera le cœur du père vers le fils*, c'est-à-dire le cœur des pères vers leurs enfans; car les Septante ont mis ici un singulier pour un pluriel. Le sens est que les Juifs, qui sont les enfans des prophètes, du nombre desquels était Moïse, entendront la loi comme leurs pères, attendu que le cœur des pères se tournera vers les enfans, et le cœur des enfans se tournera vers les pères, lorsqu'ils auront les mêmes sentimens qu'eux. Les Septante ajoutent que *le cœur de l'homme se tournera vers son prochain*, parce qu'il n'y a rien de plus proche que les pères et les enfans. On peut encore donner un autre sens plus délicat aux paroles des Septante qui ont interprété l'Ecriture en prophètes, et dire qu'Elie tournera le cœur de Dieu le père vers le fils, non en faisant qu'il l'aime, mais en instruisant les Juifs de cet amour, et les portant par là eux-mêmes à aimer notre Christ qu'ils haïssaient auparavant. En effet, de notre temps, en ce qui regarde les Juifs, Dieu a le cœur détourné de notre Christ, parce qu'ils ne croient pas qu'il soit Dieu, ni fils de Dieu, mais alors Dieu aura pour eux le cœur tourné vers son fils;

---

(1) IV Rois, 2, 11.

quand leur cœur étant changé, ils apprendront l'amour du père envers le fils. Quant à ce qui suit : « Et » le cœur de l'homme vers son prochain, » comment pouvons-nous mieux interpréter ces paroles, qu'en disant qu'Elie tournera le cœur de l'homme vers Jésus-Christ homme; car, lorsqu'il était notre Dieu dans la forme de Dieu, il a pris la forme de serviteur et a daigné devenir notre prochain. Voilà donc ce que fera Elie. « De peur, dit-il, que venant, je ne détruise entièrement la terre. » C'est que ceux-là sont terre, qui ne goûtent que les choses de la terre, comme les Juifs charnels; d'où viennent ces murmures contre Dieu, « que les méchans lui plaisent, et » que c'est une folie de le servir. »

CHAPITRE XXX.

Lorsqu'il est dit dans l'ancien Testament que Dieu viendra juger le monde, il faut entendre cela de Jésus-Christ, quoique ce livre ne le désigne pas précisément.

Il y a beaucoup d'autres témoignages de l'Ecriture touchant le dernier jugement; mais il serait trop long de les rapporter : il suffit que nous l'ayons prouvé par l'un et l'autre Testament. Mais l'ancien ne déclare pas si formellement que le nouveau que c'est Jésus-Christ qui doit le faire. De ce qu'il y est dit que le Seigneur Dieu viendra, il ne s'ensuit pas que ce soit Jésus-

Christ, d'autant que cette qualité convient aussi bien au Père, ou au saint Esprit, qu'au Fils. Il ne faut pas toutefois laisser cela sans preuves. Il est nécessaire pour cela de montrer d'abord comment Jésus-Christ parle dans les prophètes sous le titre de Seigneur Dieu, afin qu'aux autres endroits où cela ne paraît pas et où néanmoins il est dit que le Seigneur Dieu doit venir pour juger, on puisse l'entendre de Jésus-Christ. Il y a un passage dans le prophète Isaïe qui fait voir clairement ce que je dis. Voici comment Dieu parle par ce prophète : « Ecoutez-moi, Jacob et Israël que j'appelle. » Je suis le premier et je suis pour jamais. Ma main » a fondé la terre et ma droite a affermi le ciel. Je les » appelerai, et ils s'assembleront tous et entendront. » Qui a annoncé ces choses? Comme je vous aime, » j'ai accompli votre volonté sur Babylone et exter— » miné la race des Chaldéens. J'ai parlé et j'ai appelé; » je l'ai amené et l'ai fait réussir dans ses entreprises. » Approchez-vous de moi et écoutez ceci. Dès le com— » mencement je n'ai point parlé en secret; j'étais pré— » sent lorsque ces choses se faisaient. Et maintenant » le Seigneur Dieu m'a envoyé et son esprit (1). » C'est lui-même qui parlait tout à l'heure comme le Seigneur Dieu; et néanmoins on ne saurait pas que c'est Jésus-Christ s'il n'eût ajouté : « Et maintenant le » Seigneur Dieu m'a envoyé et son esprit. » Il dit cela en effet selon la forme de serviteur, et parle d'une chose à venir comme si elle était passée; de même qu'en cet autre endroit du même prophète : « Il a été

(1) Isaïe, 48, 12 et suiv.

» conduit à la mort comme une brebis qu'on mène à
» la boucherie (1). » Il ne dit pas il sera conduit, mais
il se sert d'un passé pour un futur; et les prophètes
parlent continuellement de la sorte.

Il y a un autre lieu dans Zacharie où il dit clairement que le Tout-Puissant a envoyé le Tout-Puissant. Or de qui peut-on entendre cela, que de Dieu le père qui a envoyé Dieu le fils ? Voici le passage : « Voici
» ce que dit le Seigneur tout-puissant : Après la gloire
» il m'a envoyé vers les nations qui vous ont pillé;
» car vous toucher c'est toucher la prunelle de son
» œil. Je m'en vais étendre ma main sur eux, et ils
» deviendront les dépouilles de ceux qui étaient leurs
» esclaves, et vous connaîtrez que c'est le Seigneur
» tout-puissant qui m'a envoyé (2). » Voilà le Seigneur tout-puissant qui dit qu'il est envoyé par le Seigneur tout-puissant. Qui oserait entendre ces paroles d'un autre que de Jésus-Christ qui parle aux brebis égarées de la maison d'Israël ? Aussi dit-il dans l'Evangile :
« Je n'ai été envoyé que pour les brebis perdues de la
» maison d'Israël (3), » qu'il compare ici à la prunelle des yeux de Dieu, pour montrer combien il les chérit. De ces brebis ont été les apôtres même. Mais *après la gloire*, c'est-à-dire après sa résurrection glorieuse; car auparavant, comme dit saint Jean l'évangéliste, « Jésus n'était pas encore glorifié (4), » il fut

---

(1) Isaïe, 53, 7.
(2) Zach., 2, 8 et 9.
(3) Matth., 15, 24.
(4) Jean, 7, 39.

aussi envoyé aux nations en la personne de ses apôtres ; et ainsi fut accompli ce qu'on lit dans le pseaume : « Vous me délivrerez des rebellions de ce peu-» ple, vous m'établirez chef des nations (1), » afin que ceux qui avaient pillé les israélites et dont les israélites avaient été les esclaves, devinssent eux-mêmes les dépouilles des israélites. C'est ce qu'il avait promis aux apôtres lorsqu'il leur dit : « Je vous ferai pêcheurs » d'hommes (2) ; » et à l'un d'eux : Dès ce moment « votre emploi sera de prendre des hommes (3). » Ils deviendront donc des dépouilles, mais, en un bon sens, comme sont celles qu'on enlève dans l'Evangile (4) à ce fort armé après l'avoir lié de chaînes encore plus fortes que lui.

Le Seigneur parlant encore par le même prophète : « En ce jour-là, dit-il, j'aurai soin d'exterminer » toutes les nations qui s'élèveront contre Jérusalem, » et je verserai sur la maison de David et sur les ha-» bitans de Jérusalem l'esprit de grace et de miséri-» corde. Ils jetteront les yeux sur moi à cause qu'ils » m'ont insulté, et ils se lamenteront comme ils se » lamenteraient au sujet d'un fils bien-aimé ; ils seront » accablés de douleur comme ils le seraient pour un » fils unique. (5). » A qui appartient-il, si ce n'est à Dieu, d'exterminer toutes les nations ennemies de la

---

(1) Ps. 17, 47.
(2) Matth., 4, 19.
(3) Luc, 5, 10.
(4) Id., 11, 22.
(5) Zach., 12, 9 et 10.

sainte Cité de Jérusalem qui s'élèvent contre elles, c'est-à-dire qui lui sont contraires, ou, selon d'autres versions, qui viennent pour l'assujétir ? Qui peut répandre l'esprit de grace et de miséricorde sur la maison de David et sur les habitans de Jérusalem ? Sans doute que cela n'appartient qu'à Dieu ; aussi c'est à Dieu que le prophète le fait dire. Et toutefois Jésus-Christ montre qu'il est lui-même ce Dieu qui fait toutes ces merveilles, lorsqu'il ajoute : « Et ils jette-
» ront les yeux sur moi à cause qu'ils m'ont insulté,
» et ils se lamenteront comme ils se lamenteraient au
» sujet d'un fils bien-aimé ; ils seront accablés de dou-
» leur comme ils le seraient pour un fils unique. » Dans le fait, lorsqu'en ce jour-là les juifs même qui doivent recevoir l'esprit de grace et de miséricorde jetteront les yeux sur Jésus-Christ qui viendra dans sa majesté, et verront que c'est lui qu'ils ont méprisé dans son rabaissement en la personne de leurs pères, ils se repentiront de lui avoir insulté à sa passion. Pour leurs pères qui ont été les auteurs d'une si grande impiété, ils le verront bien aussi lorsqu'ils ressusciteront, mais ce ne sera que pour être punis de cet attentat, et non pas pour se convertir. Ce n'est donc pas d'eux qu'il faut entendre ces paroles : « Je répandrai sur la mai-
» son de David et sur les habitans de Jérusalem l'es-
» prit de grace et de miséricorde, et ils jetteront les
» yeux sur moi à cause qu'ils m'ont insulté, » quoique ceux qui croiront à la prédication d'Elie doivent descendre d'eux. Mais comme nous disons aux Juifs, c'est vous qui avez fait mourir Jésus-Christ, bien que ce soit leurs ancêtres ; de même ceux-ci s'affligeront

d'avoir fait en quelque sorte ce qu'ont fait ceux dont ils seront descendus. Encore qu'après avoir reçu l'esprit de grace et de miséricorde, ils ne soient point enveloppés dans une même condamnation, ils ne laisseront pas de pleurer le crime de leurs pères, comme s'ils en étaient coupables. Au reste, à l'endroit que les Septante ont traduit : « Ils jetteront les yeux sur » moi à cause qu'ils m'ont insulté ; » l'hébreu porte : « Ils jetteront les yeux sur moi qu'ils ont percé ; » ce qui montre encore mieux le crucifiement de Jésus-Christ. Toutefois *l'insulte* dont les Septante ont mieux aimé se servir, embrasse en quelque sorte toutes les parties de sa passion ; puisque les juifs l'insultèrent quand il fut pris, quand il fut lié, quand il fut jugé, quand il fut revêtu d'un manteau royal, couronné d'épines, frappé sur la tête à coups de roseau, adoré le genou en terre, quand il porta sa croix et quand il y fut attaché. Par conséquent si nous réunissons l'une et l'autre version et que nous lisions qu'ils l'ont insulté et qu'ils l'ont percé, nous reconnaîtrons encore mieux la vérité de la passion du Sauveur.

Lors donc que nous voyons dans les prophètes que Dieu doit venir juger, il le faut entendre de Jésus-Christ, parce qu'encore que ce soit le Père qui doive juger, il ne jugera que par l'avènement du Fils de l'homme. Il ne jugera personne visiblement, mais il a donné tout pouvoir de juger au Fils (1)., qui viendra pour rendre jugement, comme il est venu pour le subir. Et à quel autre que lui peut-on appliquer ce que

---

(1) Jean, 5, 22.

Dieu dit par Isaïe sous le nom de Jacob et d'Israël, dont il a tiré son extraction selon la chair ? « Jacob » est mon serviteur, je le protégerai ; Israël est » mon favori, c'est pourquoi mon ame le chérit » particulièrement. Je lui ai donné mon esprit, il » prononcera le jugement aux nations. Il ne criera » point, ni ne cessera, et sa voix ne sera point en- » tendue dehors. Il ne brisera point le roseau cassé, » ni n'éteindra la mèche qui fume encore, mais il » jugera en vérité. Il sera resplendissant, et ne pourra » être opprimé, jusqu'à ce qu'il établisse le jugement » en terre; et les nations espéreront en lui (1). » L'hébreu ne porte pas Jacob et Israël, mais les Septante, pour nous mettre sur la voie d'expliquer le mot *serviteur*, et nous avertir qu'il n'est appelé ainsi qu'à cause de la profonde humilité du Très-Haut, ont mis le nom même de celui de la postérité duquel il a pris cette forme de serviteur. Le saint Esprit lui a été donné, et nous le voyons descendre sur lui dans l'Evangile en forme de colombe (2). Il a prononcé le jugement aux nations, parce qu'il a prédit que ce qui leur était caché arriverait. Sa douceur l'a empêché de crier, et toutefois il n'a cessé de prêcher la vérité; mais sa voix n'a point été entendue dehors, et ne l'est point encore, parce que ceux qui sont retranchés de son corps ne lui obéissent point. Il n'a point brisé ni éteint les Juifs ses persécuteurs, qui sont comparés à un roseau cassé, à cause qu'ils ont perdu leur fermeté,

---

(1) Isaïe, 42, 1 et suiv.
(2) Matth., 3, 16.

et à une mèche fumante, à cause qu'ils n'ont plus de lumière; mais il les a épargnés, parce qu'il n'était pas encore venu pour les juger, mais pour être jugé par eux. Il a prononcé un jugement véritable, lorsqu'il leur a prédit qu'ils seraient punis, s'ils persistaient dans leur malice. Sa face a été resplendissante sur la montagne, et son nom célèbre dans l'univers, et il n'a pu être opprimé par ses persécuteurs, ni dans sa personne, ni dans son Eglise. Ainsi, c'est en vain que ses ennemis disent : « Quand son nom périra-t-il et » sera-t-il aboli? Jusqu'à ce qu'il établisse le jugement » en terre (1). » Voilà ce que nous cherchions et ce qui était caché : c'est le dernier jugement qu'il établira sur la terre, quand il descendra du ciel. Nous voyons déjà accompli ce que le prophète ajoute : « Et les nations » espéreront en son nom. » Que ce qui ne peut se nier serve donc à faire croire ce qu'on nie avec impudence. Qui eût osé espérer ce que ceux même qui refusent de croire en Jésus-Christ voient déjà avec nous, et qui fait qu'ils grincent les dents et sèchent de dépit parce qu'ils ne sauraient le nier? Qui eût osé espérer, je le répète, que les nations espéreraient au nom de Jésus-Christ, quand on le prenait, qu'on le liait, qu'on le bafouait, qu'on l'insultait, qu'on le crucifiait, et enfin, quand ses disciples même avaient perdu l'espérance qu'ils commençaient à avoir en lui? Ce qu'à peine un seul larron crut alors sur la croix, toutes les nations le croient maintenant, et sont marquées du signe de la croix où il est mort, de peur qu'elles ne meurent éternellement.

Ainsi personne ne doute de ce dernier jugement annoncé dans les saintes Ecritures, si ce n'est ceux qui, par une incrédulité aveugle et opiniâtre ne croient pas en ces Ecritures même, quoiqu'elles aient déjà justifié à toute la terre une partie des vérités qu'elles annoncent. Voici donc les choses qui arriveront en ce jugement, ou environ vers ce temps-là ; l'avènement d'Elie, la conversion des Juifs, la persécution de l'Antechrist, la venue de Jésus-Christ pour juger, la résurrection des morts, la séparation des bons et des méchans, l'embrasement du monde et son renouvellement. Il faut croire que tout cela arrivera ; mais comment, et en quel ordre ; l'expérience nous l'apprendra mieux alors que toutes nos conjectures ne peuvent faire maintenant. J'estime pourtant qu'elles arriveront dans le même ordre que je les ai marquées.

Il ne nous reste plus que deux livres pour achever cet ouvrage, et nous acquitter de notre promesse. Dans l'un je traiterai du supplice des méchans, et dans l'autre de la félicité des gens de bien, et j'y réfuterai les vains raisonnemens de ces misérables qui s'estiment bien sages de combattre les promesses de Dieu, et qui méprisent comme fausses et ridicules les choses qui servent à nourrir notre foi. Quant à ceux qui sont sages selon Dieu, sa toute puissance est le grand argument qui leur fait croire toutes les choses qui semblent incroyables aux hommes, et qui néanmoins sont contenues dans les saintes Ecritures dont la fidélité est déjà justifiée en plusieurs manières ; et ils tiennent pour certain qu'il est impossible que Dieu y ait rien dit que de vrai, mais qu'il peut faire ce qui paraît impossible aux infidèles.

REMARQUES

SUR

LE LIVRE XX.

Page 364, ligne 18. « Après s'être séduit lui-même. » Je lis *à seipso subversus* avec nos imprimés, parce que cette leçon vaut mieux que celle des manuscrits qui ont *à seipso subversos*.

Page 367, l. 10. « Endurent quelques afflictions passagères » pour les châtier. » Lisez avec tous les manuscrits : *vel pro suis quibuscunque et quantuliscunque*, pour *vel quantuliscunque*.

Page 370, l. 12. « L'ancien comprend la loi et les prophè- » tes. » Tous les manuscrits ont *prophetæ*.

Page 383, l. 29. « Je veux dire du repos des saints. » Les manuscrits portent *requie* pour *requiem*.

Page 384, l. 8. « Mais c'est une figure plane. » Tous les manuscrits ôtent ici la négative, ce qui fait un contre-sens, et portent : *quæ jam figura quadrata*.

Page 384, l. 15. « Quoiqu'il semble qu'il n'ait rien. » Il y a encore au latin un autre passage que saint Augustin cite comme de saint Paul; mais je ne l'ai trouvé ni dans saint Paul ni ailleurs : *Fidelis hominis totus mundus divitiarum est*, c'est-à-dire : « Tout le monde est le trésor de l'homme fidèle; » car, comme dit saint Augustin, épître 48 : *Jure divino cuncta justorum sunt*. Il le cite encore ailleurs, entre autres dans l'épitre 54, et y ajoute : *Infidelis autem nec obolus.* Saint Clément d'Alexandrie, Stromates, liv. 2, p. 368, le rapporte comme de Salomon.

Page 432, l. 6. « Elle ne se fera pas en effet lorsque nous » aurons vu. » Tous les manuscrits portent *neque enim* et *fiet*, pour *fient*, et avec raison.

Page 432, l. 7. « Mais nous verrons après qu'elle sera » faite. » Il faut au latin : *sed cum fuerit facta*, pour *fuerint*.

Page 437, l. 7. « Le jugement qui fera la séparation, etc. » Il y a *quod* au latin ; il faut lire *quo* avec tous les manuscrits.

Page 437, l. 19. « Ceux qui seront tourmentés. » Tous les manuscrits ont *cruciabuntur*.

Page 455, l. 14. « Ces victimes.... que Dieu voulait qui » fussent pures. » Les manuscrits portent *immaculatæ*, en le rapportant à *hostiæ*.

Page 464, l. 3. « Et les prophètes parlent continuellement » de la sorte. » Les manuscrits ont *prophetia* pour *propheta*.

Page 466, l. 29. « Mais comme nous disons aux Juifs. » Lisez *dicimus* avec tous les manuscrits.

Page 467, l. 24. « Encore que ce soit le Père qui doive » juger. » Tous les manuscrits ont seulement *etsi Pater*, et suppriment *ipse*.

LA CITÉ DE DIEU.

LIVRE XXI.

CHAPITRE PREMIER.

Dessein de ce livre.

Je me propose, avec l'aide de Dieu, de traiter dans ce livre du supplice que doivent souffrir le diable et tous ses complices, lorsque les deux Cités seront parvenues à leurs fins par notre Seigneur Jésus-Christ, juge des vivans et des morts. J'ai mieux aimé garder cet ordre, et parler ensuite de la félicité des saints, parce que dans l'un et l'autre état on aura un corps; et qu'il semble plus incroyable que des corps puissent subsister parmi des tourmens éternels, que dans une félicité éternelle exempte de toute douleur. Ainsi, quand j'aurai établi le premier, je prouverai l'autre bien plus aisément. L'Ecriture sainte ne s'éloigne pas même de cet ordre; car encore que quelquefois elle commence par la félicité des gens de bien, comme dans ce passage : « Ceux qui ont bien vécu sortiront

» de leurs tombeaux pour ressusciter à la vie, et ceux
» qui ont mal vécu en sortiront pour être condam-
» nés (1); » toutefois, en d'autres endroits, elle n'en
parle qu'après, comme en celui-ci : « Le fils de l'homme
» enverra ses anges, qui ôteront tous les scandales de
» son royaume et les jetteront dans la fournaise ar-
» dente. C'est là qu'il y aura des pleurs et des grince-
» mens de dents. Alors, les justes éclateront comme
» le soleil dans le royaume de leur père (2), » et encore :
« Ainsi, les méchans iront au supplice éternel, et les
» bons dans la vie éternelle (3). » Si l'on y prend
garde, on trouvera que les prophètes observent tantôt
cet ordre et tantôt l'autre ; mais il serait trop long
d'en rapporter les preuves ; il me suffit d'avoir rendu
raison de celui que je tiens.

CHAPITRE II.

Si des corps peuvent être brûlés éternellement par le feu.

Que dirai-je pour montrer aux incrédules que des corps humains vivans et animés peuvent non-seulement ne jamais mourir, mais qu'ils peuvent même subsister éternellement au milieu des flammes et des tourmens ?

---

(1) Jean, 5, 29.
(2) Matth., 13, 41.
(3) Id., 25, 46.

LIVRE XXI.

Nos adversaires ne veulent pas que nous ayons recours à la puissance du Tout-Puissant; ils demandent qu'on les convainque par quelque exemple. Nous leur répondrons donc qu'il y a des animaux qui certainement sont corruptibles puisqu'ils sont mortels, qui vivent au milieu des feux; et qu'on trouve une certaine espèce de vers dans des sources d'eau chaude qu'on ne saurait toucher sans se brûler, qui non-seulement y vivent, mais qui ne peuvent vivre ailleurs. Mais ou ils ne veulent pas le croire, à moins qu'on ne le leur montre; et quand on le leur montre, ou qu'on le leur prouve par des témoins dignes de foi, ils disent que cela ne suffit pas encore pour attester ce que nous avançons, d'autant que ces animaux ne vivent pas toujours, et qu'ils vivent en ces lieux sans douleur, parce que ces élémens étant conformes à leur nature, ils s'y fortifient, bien loin d'y être tourmentés. Comme s'il n'était pas plus incroyable que de semblables choses leur donnassent de la vigueur, que non pas qu'elles les tourmentassent. Il est admirable, à la vérité, d'être tourmenté par le feu, et néanmoins d'y vivre; mais il est bien plus surprenant de vivre dans le feu et de n'y pas souffrir. Or, si l'on croit ce dernier point, pourquoi ne croira-t-on pas l'autre?

CHAPITRE III.

Il ne s'ensuit pas de ce qu'un corps peut souffrir qu'il soit mortel.

Mais il n'y a point de corps, disent-ils, qui puisse souffrir et qui ne puisse mourir. Où ont-ils pris cela ? Qui peut assurer que les démons ne souffrent pas en leurs corps, lorsqu'ils avouent eux-mêmes qu'ils sont extrêmement tourmentés ? Que si l'on répond qu'il n'y a point de corps solide et palpable, ou, pour m'expliquer plus clairement, qu'il n'y a point de chair qui puisse souffrir qu'elle ne puisse mourir aussi ; il est vrai que l'expérience est pour cette assertion, car nous ne connaissons point de chair qui ne soit mortelle ; mais c'est aussi toute la raison de ces gens de ne croire pas possible ce qu'ils n'ont pas expérimenté. Cependant, quelle raison y a-t-il à faire de la douleur un argument de mort, vu qu'elle est plutôt un argument de vie ? L'on peut demander si ce qui souffre peut toujours vivre ; mais il est certain que tout ce qui souffre, vit, et que la douleur ne se peut trouver qu'en ce qui a vie. Il est donc nécessaire que celui qui souffre vive, et il n'est pas nécessaire que la douleur tue ; puisque toute douleur ne tue pas même nos corps qui sont mortels et qui doivent mourir. Or, ce qui est cause que la douleur tue maintenant, c'est que l'âme est tellement unie au corps, qu'elle cède aux grandes douleurs et se retire ; parce que la liaison des membres est si délicate qu'elle ne peut soutenir l'effort de ces douleurs aiguës. Mais alors, l'ame sera tellement jointe au corps, et le corps sera tel, que ce nœud ne pourra être délié par aucun espace de temps, ni rompu par quelque douleur que ce soit. Ainsi, il est vrai qu'il n'y a point maintenant de chair qui puisse souffrir et être immortelle ; mais aussi alors la chair ne sera pas telle qu'elle est, comme la mort sera bien différente de celle d'à cette heure. Il y aura bien toujours une mort, mais elle sera éternelle, parce que l'ame ne pourra vivre étant séparée de Dieu, ni être délivrée par la mort des douleurs du corps. La première mort chasse l'ame du corps malgré elle, et la seconde l'y retiendra malgré elle. L'une et l'autre néanmoins ont cela de commun, que le corps fait souffrir à l'ame ce qu'elle ne veut pas.

Ces censeurs remarquent qu'il n'y a point maintenant de chair qui puisse souffrir et qui ne puisse mourir ; et ils ne prennent pas garde qu'il y a pourtant quelque chose de tel, qui est bien plus noble que la chair. L'esprit même, qui par sa présence fait vivre et gouverne le corps, peut souffrir et ne peut mourir. Voilà une chose qui a sentiment de douleur et qui est immortelle. Ce que nous savons actuellement se passer dans l'esprit de tous les hommes, se passera alors dans le corps de tous les damnés. D'ailleurs, si nous y faisons attention de plus près, nous trouverons que la douleur qu'on appelle du corps appartient plutôt à l'ame. C'est elle qui souffre et non le corps, lors même que la douleur lui vient du corps, comme quand elle souffre à l'endroit où le corps est blessé. De même que nous appelons les corps, sensibles et vivans, quoique le sentiment et la vie du corps viennent de l'ame; ainsi nous disons que les corps souffrent, bien que la douleur du corps soit originairement dans l'ame. L'ame souffre avec le corps à l'endroit du corps où il se passe quelque chose qui le fait souffrir; mais elle souffre seule aussi, encore qu'elle soit dans le corps, comme lorsque quelque cause même qu'on ne voit pas la rend triste, nonobstant que son corps soit sain. Elle souffre aussi quelquefois hors du corps, puisque ce mauvais riche souffrait dans les enfers quand il disait : « Je souffre beaucoup dans cette flamme (1). » Pour le corps, il ne souffre point s'il est animé, et il ne peut être animé s'il n'a une ame. Si donc la conséquence de la douleur à la mort était bonne, ce serait plutôt à l'ame à mourir, puisque c'est principalement elle qui souffre. Lorsque celle qui souffre davantage ne peut mourir, pourquoi conclure que les corps des damnés mourront, parce qu'ils doivent être tourmentés? Les platoniciens ont cru que c'est le corps qui produit les passions dans l'ame, ce qui a fait dire à Virgile : « De là vient qu'ils craignent, qu'ils dési- » rent, qu'ils s'affligent et qu'ils se réjouissent; » mais nous les avons convaincus au quatorzième livre de cet ouvrage, que de leur aveu les ames, même purifiées de toute souillure, ont une extrême envie de retourner dans leurs corps. Or, il est certain que ce qui est capable de désir est aussi capable de douleur; puisque

---

(1) Luc, 16, 24.

le désir se tourne en douleur lorsqu'il est frustré de son attente, ou qu'il perd le bien qu'il avait acquis. Ainsi, si l'ame ne laisse pas d'être immortelle à sa manière, quoique ce soit elle seule qui souffre dans l'homme, ou du moins qui souffre le plus; il ne s'ensuit pas que les corps des damnés puissent mourir, parce qu'ils souffriront. Enfin, si les corps sont cause que les ames souffrent, pourquoi ne leur causent-ils pas aussi bien la mort que la douleur, sinon qu'il ne s'ensuit pas que ce qui fait souffrir fasse mourir? Pourquoi serait-il incroyable que ce feu puisse causer de la douleur aux corps des damnés sans leur donner la mort, lorsque nous voyons que les corps même font souffrir les ames sans les tuer? La douleur n'est donc pas un argument nécessaire de la mort.

CHAPITRE IV.

Exemples de choses naturelles qui montrent qu'il se peut fort bien faire que les corps des damnés subsistent éternellement au milieu des flammes.

Si la salamandre qui vit dans le feu, comme l'ont écrit les naturalistes, et si certaines montagnes célèbres de Sicile qui subsistent depuis tant de siècles au milieu des flammes qu'elles vomissent, suffisent pour faire voir que tout ce qui brûle ne se consomme pas, et que l'ame d'ailleurs montre que tout ce qui est capable de douleur n'est pas sujet à la mort; pourquoi nous demande-t-on encore des exemples pour prouver qu'il n'est pas incroyable que les corps des hommes condamnés à un supplice éternel conserveront leur ame au milieu des flammes, qu'ils brûleront sans être détruits, et qu'ils souffriront sans mourir? Alors la substance de la chair recevra une qualité admirable de celui qui en a donné de merveilleuses à tant de choses que nous voyons et que leur multitude nous empêche d'admirer. Quel autre que le Dieu créateur de toutes choses a donné à la chair du paon mort de ne point se corrompre? Comme cela me paraissait incroyable, il arriva qu'on nous servit à Carthage cet oiseau cuit; en ayant donc fait garder une partie, on nous l'apporta environ autant de temps après qu'il en eût fallu pour corrompre toute autre viande, et nous la trouvâmes saine. Un mois après nous la trouvâmes de même, et même une année après, si ce n'est qu'elle était un peu plus sèche. Qui a donné à la paille une qualité si froide qu'elle conserve la neige, ou si chaude qu'elle mûrit les fruits verts?

Qui peut expliquer les merveilles du feu même, qui noircit tout ce qu'il brûle, quoique lui-même soit luisant, et qui, avec la plus belle couleur du monde, décolore la plupart des choses qu'il touche, et d'une braise étincelante fait du charbon tout noir? Cet effet néanmoins n'est pas régulier; car au contraire les pierres cuites au feu blanchissent, et bien qu'il soit plutôt rouge que blanc, le blanc ne laisse pas d'avoir rapport à la lumière comme le noir aux ténèbres. Mais, bien que le feu brûle le bois et cuise les pierres, il ne s'ensuit pas pourtant que ces sujets sur lesquels il agit d'une façon contraire, soient contraires entre eux. Il est vrai que du bois et des pierres sont des corps différens, mais non pas contraires, comme sont le blanc et le noir. Que dirai-je des charbons ? N'est-ce pas une chose merveilleuse qu'ils soient si faibles qu'il ne faille rien pour les écraser, et en même-temps si forts qu'il n'y ait point d'humidité qui les corrompe ni de temps qui les détruise ; jusque là que ceux qui plantent des bornes en mettent d'ordinaire dessous pour convaincre un chicaneur, après quelque espace de temps que ce soit, de la vérité des partages ? Qui est cause qu'ils demeurent si long-temps incorruptibles dans une terre humide où il n'y a point de bois qui ne pourrît, sinon ce grand et général corrupteur de toutes choses, le feu ?

Considérons la chaux, cet autre miracle de la nature. Sans répéter ce que nous avons déjà dit, que le feu qui noircit les autres choses la blanchit, ne conçoit-elle pas secrètement le feu dans son sein, et lors même qu'elle ne nous semble qu'une masse froide, l'expérience ne nous découvre-t-elle pas qu'il y était caché et assoupi ? Aussi est-ce pour cela que nous l'appelons de la chaux vive, comme si le feu qui est dedans était l'ame invisible de ce corps visible. Mais ce qui est de plus admirable, c'est qu'on l'allume quand on l'éteint, puisque, pour lui ôter le feu qu'elle cache, on verse de l'eau dessus, et qu'alors elle s'échauffe par cela même qui refroidit tout ce qui est chaud. Comme si elle expirait, le feu qu'elle cachait parait et s'en va, et elle devient ensuite si froide par cette espèce de mort, que l'eau ne l'allume plus ; de sorte qu'au lieu que nous l'appelons de la chaux vive, nous disons que c'est de la chaux éteinte. Que peut-on ajouter à cette merveille ? et néanmoins en voici encore une autre. Si l'on verse de l'huile dessus, cela ne l'allume point, quoique l'huile soit l'aliment du feu. Certainement si l'on nous racontait un semblable miracle de quelque pierre des Indes, et que nous n'en eussions point l'expérience, ou nous n'en croirions rien, ou nous en serions extrêmement surpris. Mais nous n'admirons point les choses que nous avons tous les jours devant les yeux, non qu'elles soient moins merveilleuses, mais parce qu'elles sont ordinaires, tellement que nous avons cessé d'admirer même certaines raretés des Indes lorsque nous avons pu les recouvrer.

Il y en a beaucoup parmi nous qui ont des diamans, surtout les orfèvres et les lapidaires. On dit que cette pierre ne peut être rompue ni par le fer ni par le feu, mais seulement par du sang de bouc; mais ceux qui l'ont et qui la connaissent l'admirent-ils comme ceux à qui l'on en montre la vertu pour la première fois ? Ceux même à qui on ne la montre pas ne le croient peut-être point ; ou s'ils le croient, ils l'admirent comme une chose qu'ils n'ont pas éprouvée ; ou s'ils l'éprouvent, ils ne laissent pas de l'admirer comme une chose extraordinaire ; mais l'épreuve fréquente leur en ôte enfin peu à peu l'admiration. Nous savons que l'aimant attire le fer ; et la première fois que j'en fus témoin, j'en fus vraiment épouvanté. Je voyais un anneau de fer enlevé par l'aimant, et puis comme s'il eût communiqué sa vertu au fer, cet anneau en leva un autre, et celui-là un troisième, de sorte qu'il se fit une chaîne d'anneaux suspendus en l'air. Qui ne serait effrayé de la vertu de cette pierre, vertu qui n'était pas seulement en elle, mais qui passait d'anneau en anneau et les attachait ensemble par des liens invisibles ? Mais ce que j'en ai appris de mon frère et mon collègue, Sévère, évêque de Milève, est bien plus étrange. Il me racontait que, dînant un jour chez Bathanaire, autrefois gouverneur d'Afrique, celui-ci prit une de ces pierres, et la mettant sous une assiette d'argent sur laquelle il y avait un morceau de fer, le fer suivait tous les mouvemens de sa main, sans que l'argent qui était entre d'eux en reçût aucune impression. Je rapporte ce que j'ai vu moi-même, et ce que je tiens d'une personne que je ne crois pas moins que le témoignage de mes propres yeux. J'ajouterai ce que j'ai lu de la même pierre, qu'elle n'enlève pas le fer quand on met un diamant auprès; et si elle l'avait déjà enlevé, elle le laisse tomber à l'approche du diamant. Ces pierres nous viennent des Indes; mais si nous cessons déjà de les admirer parce qu'elles nous sont connues, que feront ceux qui nous les envoient, s'ils se les procurent aisément ? Peut-être sont-elles aussi communes parmi eux que l'est chez nous la chaux, dont nous n'admirons point les effets surprenans, parce que nous les voyons tous les jours.

CHAPITRE V.

Exemples de plusieurs choses qui ne laissent pas d'être, quoiqu'on n'en puisse rendre raison.

CEPENDANT, lorsque nous parlons aux infidèles des miracles de Dieu, passés ou à venir, dont nous ne leur pouvons faire toucher la vérité par l'expérience, ils nous en demandent la raison ; et parce que nous ne leur en saurions donner, à cause que ces sortes de choses passent la portée de l'esprit humain, ils les traitent de fables et d'impostures. Qu'ils nous rendent donc eux-mêmes raison de tant de merveilles, dont nous sommes ou pouvons être témoins. S'ils avouent que cela est impossible, qu'ils avouent donc aussi qu'il ne s'ensuit pas qu'une chose n'ait été ou ne doive être, sous prétexte qu'on n'en peut pas rendre raison. Sans m'arrêter à une infinité de choses passées dont l'histoire nous fait foi, j'en veux seulement rapporter ici quelques-unes qui subsistent encore, et de la vérité desquelles chacun peut s'informer par lui-même, en allant sur les lieux. On dit que le sel d'Agrigente en Sicile fond dans le feu et pette dans l'eau ; que chez les Garamantes il y a une fontaine si froide le jour, qu'on n'en saurait boire, et si chaude la nuit, qu'on ne peut y toucher ; que dans l'Épire il y en a une autre où les flambeaux allumés s'éteignent, et ceux qui sont éteints s'allument ; qu'il y a une pierre en

Arcadie qui, une fois échauffée, demeure toujours chaude, quoiqu'on fasse, d'où vient qu'on l'appelle asbeste; que le bois d'un certain figuier d'Egypte ne nage pas sur l'eau comme les autres bois, mais va au fond; et ce qui est plus étrange, lorsqu'il a été quelque temps au fond, il revient sur l'eau, bien qu'étant trempé, il dut être plus pesant; que dans le territoire de Sodôme il naît des fruits qui semblent mûrir; mais, lorsqu'on vient pour les manger, ils s'envont en fumée; qu'en Perse il y a une pierre qui brûle quand on la presse un peu, ce qui l'a fait nommer pyrite; qu'au même pays il y a une autre pierre nommée sélénite, dont la blancheur croît et diminue avec la lune; qu'en Capadoce les cavales conçoivent même du vent, et que leurs poulains ne vivent pas plus de trois ans; que l'île de Tilos, dans les Indes, est préférée à tous les autres terroirs, parce que les arbres y conservent toujours leur verdure.

Que ces infidèles, qui ne veulent pas ajouter foi à l'Ecriture sainte, sous prétexte qu'elle contient des choses incroyables, rendent raison, s'ils peuvent, de toutes ces merveilles. Il n'y a point de raison, disent-ils, pour que de la chair brûle et ne soit point consumée; pour qu'elle souffre et ne meure point. Certes, voilà de grands philosophes, de pouvoir rendre raison de tout ce qu'il y a de merveilleux au monde! Qu'ils rendent donc raison de ce peu que je viens de rapporter. Je ne doute point que s'ils n'en avaient jamais ouï parler, et que nous leur dissions qu'elles doivent arriver un jour, ils ne les crussent encore bien moins que celles que nous leur proposons. En effet, qui d'entre eux nous voudrait croire, si, de même que nous disons que les corps des damnés vivront et souffriront éternellement dans les flammes, nous disions qu'au siècle à venir il y aura un sel qui fondra dans le feu et pettera dans l'eau ; où une fontaine si chaude pendant la fraîcheur de la nuit, qu'on n'osera y toucher, et si froide dans la plus grande chaleur du jour, qu'on n'en pourra boire ; ou une pierre qui brûlera ceux qui la presseront, ou qui, une fois enflammée, ne pourra s'éteindre ? Si donc nous disions qu'on verra toutes ces choses au siècle à venir, et que ces incrédules nous répondissent : Si vous voulez que nous les croyions, rendez-nous en la raison ; nous avouerions que cela n'est pas en notre pouvoir, et que l'intelligence humaine est trop bornée pour pénétrer dans les causes de ces ouvrages merveilleux de Dieu ; que néanmoins nous sommes assurés que Dieu ne fait jamais rien sans raison ; que rien de ce qu'il veut ne lui est impossible ; et que nous croyons tout ce qu'il nous annonce, parce que nous ne pouvons croire qu'il soit ni menteur, ni impuissant. Cependant, que répondent ces censeurs de notre foi, ces gens si raisonnables, quand nous leur demandons raison de choses subsistantes qui sont au-dessus de la raison humaine, et qu'elle juge même contraire à la nature ? Qu'ils conçoivent donc une fois pour toutes qu'il ne s'ensuit pas qu'une chose ne soit ou ne doive être, par cela seul que la raison nous en est cachée.

CHAPITRE VI.

Tous les miracles n'ont pas une cause naturelle; il en est de produits par l'industrie des hommes, et d'autres qu'opère l'artifice des démons.

Peut-être diront-ils que tout ce que nous venons de rapporter est faux, et que s'il fallait croire tout cela, il faudrait croire aussi ce que les mêmes auteurs rapportent qu'il y a eu ou qu'il y a un certain temple de Vénus où l'on voit une lampe qui brûle à l'air libre, et que les vents ni les pluies ne peuvent éteindre. Il ne serait pas impossible qu'ils prétendissent par là nous avoir fermé la bouche, attendu que si nous déclarons qu'il ne faut point le croire, nous donnerons atteinte aux autres merveilles que nous avons rapportées, et que si nous recevons au contraire cette histoire comme véritable, nous autorisons les divinités du paganisme. Mais, ainsi que je l'ai dit au dix-huitième livre de cet ouvrage, nous ne sommes pas obligés de croire tout ce que renferme l'histoire des payens, vu que les historiens même, comme dit Varron, se contredisent souvent exprès; nous en croyons, si nous voulons, tout ce qui n'est point contraire aux livres à qui nous devons une foi entière à l'égard des merveilles de la nature dont nous nous servons pour persuader aux incrédules les choses à venir que nous leur proposons, nous nous contentons de celles dont nous pouvons nous-mêmes avoir l'expérience, ou qu'il n'est pas difficile de justifier par de bons témoins. Quant à ce temple de Vénus et à cette lampe qui ne peut s'éteindre, non-seulement cela ne nous presse point, mais même cela nous ouvre un beau champ. Nous ajoutons encore à cette lampe tous les miracles de la magie, tant ceux que les démons opèrent par eux-mêmes, que ceux qu'ils font par l'entremise des hommes. En effet, nous ne les saurions nier sans aller contre le témoignage de nos Écritures. De trois choses l'une : ou l'industrie des hommes a fait dans cette lampe quelque machine de la pierre asbeste ; ou c'est un ouvrage de la magie ; ou quelque démon, sous le nom de Vénus, a produit cette merveille. En effet, les malins esprits sont attirés en certains lieux, non par des viandes, comme les animaux, mais par certains signes convenables à leur génie, comme par diverses sortes de pierres, d'herbes, de bois, d'animaux, de charmes et de cérémonies. Or, pour être ainsi attirés par les hommes, ils les séduisent d'abord, soit en leur glissant un poison secret dans le cœur, soit en nouant avec eux de fausses amitiés ; et ils font peu de disciples, qu'ils établissent maîtres de plusieurs. On n'aurait pu savoir au juste, si eux-mêmes ne l'avaient appris, quelles sont les choses qu'ils aiment ou qu'ils abhorrent, ce qui les attire ou les contraint de venir ; en un mot, tout ce qui fait la science de la magie. Mais ils travaillent surtout à se rendre maîtres des cœurs, et c'est ce dont ils se glorifient davantage quand ils se tranforment en anges de lumière. Ils font donc beaucoup de choses dont nous nous devons d'autant plus donner de garde, que nous avouons qu'elles sont plus merveilleuses ; mais elles nous servent même à prouver ce que nous avançons ; car si des démons impurs sont si puissans, combien plus puissans sont les saints anges ? Combien Dieu, qui a donné aux anges le pouvoir d'opérer tant de merveilles, est-il encore plus puissant qu'eux ?

Si donc l'art produit tant de choses admirables par le moyen des mécaniques, que ceux qui n'en ont pas le secret les croient divines, comme cette statue de fer suspendue en l'air dans un temple par des pierres d'aimant, ou comme cette lampe de Vénus dont nous venons de parler, et dont peut-être tout le miracle consistait, comme nous l'avons dit, en une asbeste qu'on y avait employée adroitement ; si les ouvrages des magiciens, que l'Ecriture appelle sorciers et enchanteurs, ont pu donner tant de vogue aux démons, qu'un poète célèbre (1) n'a pas hésité à dire d'une magicienne, qu'elle promettait de calmer ou de troubler les esprits des hommes à son gré, d'arrêter les fleuves, et de faire rebrousser chemin aux astres, d'évoquer les ombres des morts, de faire trembler la terre et descendre les arbres des montagnes ; combien est-il plus aisé à Dieu de faire des merveilles qui paraissent incroyables aux infidèles, lui qui a créé les pierres et les hommes qui en savent si bien user, avec les anges qui sont plus puissans que tous les animaux de la terre ? Son pouvoir surpasse tout ce qu'on peut concevoir de plus merveilleux, et sa sagesse, qui n'est pas moindre que son pouvoir, éclate autant dans l'ordre et la conduite

---

(1) Virg., Enéïd., 4.

des choses qu'il a créées, que sa puissance dans la création de l'univers.

CHAPITRE VII.

La toute-puissance de Dieu est la raison des choses qui sont au-dessus de la raison.

Pourquoi Dieu ne peut-il pas faire que les corps des trépassés ressuscitent, et que ceux des damnés soient éternellement tourmentés dans le feu, lui qui a créé le ciel, la terre, l'air et les mers, si pleins de miracles, et le monde, qui est un plus grand miracle que tout cela? Mais ceux contre lesquels nous argumentons, qui croient que Dieu a créé l'univers et les dieux dont il se sert pour le gouverner, et qui reconnaissent, ou même exaltent les puissances qui opèrent divers effets surprenans, ou d'eux-mêmes, ou par le moyen de certaines cérémonies, ou par des invocations magiques; quand nous leur proposons la vertu merveilleuse d'autres choses qui ne sont ni des animaux raisonnables, ni des esprits, comme sont celles dont nous avons fait mention, ils répondent : C'est leur nature; la nature leur a donné cette force et cette propriété. Ainsi, la seule raison donc pour laquelle le sel d'Agrigente fond dans le feu et pétille dans l'eau, c'est que c'est sa nature. Cependant, il semble plutôt que cela soit contre la nature, qui a donné à l'eau et non pas au feu la vertu de faire fondre le sel, et au feu et non pas à l'eau celle de le faire pétiller. Mais, disent-ils, la nature de ce sel est d'être contraire au sel ordinaire. Voilà donc la raison que l'on rend de cette fontaine de Garamantes, qui gèle le jour et brûle la nuit; de cette autre qui allume les flambeaux éteints; de cette pierre qui, une fois enflammée, ne peut plus s'éteindre; et enfin de tant d'autres choses qu'il serait ennuyeux de répéter, et qui, bien qu'elles semblent avoir des qualités contraires à la nature, ne s'expliquent qu'en disant que c'est leur nature. Cette réponse est assurément courte et suffisante. Mais puisque Dieu est auteur de toutes les natures, pourquoi nous demandent-ils une raison plus forte quand ils ne veulent pas croire quelque chose comme impossible, et que nous leur répondons que telle est la volonté de Dieu tout-puissant, qui n'est appelé ainsi que parce qu'il peut faire tout ce qu'il veut, lui qui a pu créer tant de choses surprenantes que j'ai rapportées, et qu'on croirait sans doute impossibles, si l'on ne les montrait, ou qu'il n'y eût des témoins dignes de foi qui assurassent les avoir vues? Pour celles qui n'ont point d'autres témoins que les auteurs qui les rapportent, qui, n'étant pas des écrivains canoniques, ont pu se tromper, il est permis à chacun d'en croire ce qu'il lui plaît.

Je ne veux pas même qu'on croie légèrement toutes celles que j'ai rapportées, parce que je n'en suis pas moi-même assuré, si ce n'est de celles que j'ai éprouvées et qu'il est aisé à chacun d'éprouver, comme de la chaux qui bout dans l'eau, et qui demeure froide dans l'huile; de la pierre d'aimant, qui ne saurait remuer un fétu, et qui enlève le fer; de la chair du paon, qui ne se corrompt point, quoique celle de Platon même se soit corrompue; de la paille, qui est si froide qu'elle conserve la neige, et si chaude qu'elle fait mûrir les fruits; du feu, qui blanchit les pierres, et noircit beaucoup d'autres choses. Il en est de même de l'huile, qui fait des taches noires malgré qu'elle soit claire et luisante; et de l'argent, qui noircit ce qu'il touche, bien qu'il soit blanc. Il est certain aussi que de très beau bois mis au feu, devient du charbon noir, fragile et incorruptible. Je suis témoin de toutes ces choses, et de beaucoup d'autres qu'il serait trop long de rapporter ici. Pour les autres dont j'ai parlé, et que je n'ai pas éprouvées, mais seulement lues, je n'en ai pu trouver de témoins, excepté de cette fontaine où les flambeaux allumés s'éteignent, et ceux qui sont éteints s'allument; et des fruits de Sodôme, qui sont beaux à la vue et qui s'envont en cendre et en fumée quand on les veut manger. Il est vrai que, pour cette fontaine, je n'ai trouvé personne qui m'ait dit l'avoir vue en Epire, mais j'en sais qui m'ont dit en avoir vu une toute semblable en Gaule, près de Grenoble. Quant aux fruits de Sodôme, non-seulement des histoires dignes de foi, mais tant de personnes l'assurent, que je n'en puis douter. Je laisse les autres pour ce qu'elles sont; mais je les ai rapportées parce que je les ai lues dans les historiens de nos adversaires, afin de montrer combien ils reçoivent de choses sans raison sur la foi de leurs écrivains, tandis qu'ils ne daignent pas nous croire, quand nous leur proposons des choses que Dieu doit faire, et qui sont au-dessus de la raison et de l'expérience. Quelle meilleure raison peut-on rendre de ces choses, que de dire que le Tout-Puissant les a prédites dans les mêmes livres où il en a prédit beaucoup d'autres qui sont déjà arrivées? Celui-là même fera, parce qu'il l'a prédit, des choses que l'on croit impossibles, qui a fait, parce qu'il l'avait promis, que les nations incrédules en croient d'incroyables.

CHAPITRE VIII.

Les changemens que Dieu fait dans les choses ne sont point contre leur nature.

Mais s'ils répondent qu'ils ne croient pas ce que nous disons des corps humains qui doivent toujours brûler et ne jamais mourir, parce que nous savons que ce n'est pas la nature des corps de cette sorte; au lieu qu'il est naturel à toutes les autres choses merveilleuses que nous avons rapportées, d'être telles qu'elles sont ; nous pourrions répliquer que, selon nos Ecritures, la nature du corps de l'homme avant le péché était de ne pouvoir mourir; et qu'ainsi, à la résurrection des morts, il sera rétabli dans son premier état. Mais comme ils ne veulent point recevoir cette autorité, puisque, s'ils la recevaient, nous ne serions pas en peine de leur prouver les tourmens éternels des damnés, il faut produire quelques témoignages de leurs plus savans écrivains, qui fassent voir qu'une chose peut être dans la suite du temps toute autre qu'elle n'était dans son état naturel.

Voici ce que je trouve dans les livres de Varron, intitulé *de la nation romaine :* « Il parut, dit-il, un
» étrange prodige au ciel ; car Castor écrit que l'étoile
» du jour changea de couleur, de grandeur, de figure
» et de mouvement ; ce qui n'était jamais arrivé.
» Adraste de Cyzique et Dion de Naples, deux mathé-
» maticiens célèbres, disaient que cela arriva sous le
» règne d'Ogygès. » Varron, qui est un si grand auteur, n'appelerait pas cet accident un prodige s'il ne lui eût semblé contre nature. Nous disons que tous prodiges sont contre nature ; ce qui toutefois n'est pas; mais c'est une locution usitée dont saint Paul même se sert lorsqu'il dit que l'olivier sauvage enté contre nature sur le bon olivier, est devenu participant de son suc et de sa sève (1). En effet, comment serait contre nature ce qui se fait par la volonté de Dieu, lorsque la volonté du Créateur est de fait la nature de chaque chose? Les prodiges ne sont donc pas contre nature, mais contre la connaissance que nous en avions. Qui pourrait raconter la multitude innombrable des prodiges qui se trouvent dans les histoires profanes ? Mais arrêtons-nous seulement à ce qui regarde notre sujet. Qu'y a-t-il de mieux réglé par l'auteur de la nature que le cours des astres ? qu'y a-t-il qui soit établi

(1) Rom., 11, 17 et 24. J'ai ramené ceci de plus bas, parce qu'on ne le pouvait mettre au lieu où il est dans le latin, sans interrompre la suite du raisonnement et faire confusion ; outre que c'est ici sa place naturelle.

sur des lois plus fixes et plus immuables? Et toutefois quand il a plu à celui qui gouverne ses créatures avec un empire absolu, une étoile qui se fait remarquer par dessus toutes les autres par sa grandeur et par son éclat, a changé de couleur, de grandeur, de figure, et, ce qui est plus admirable, de mouvement. Certes cet évènement mit tous les astrologues en défaut et dérangea tous leurs calculs qui sont si sûrs, à ce qu'ils prétendent, qu'ils ont osé avancer, sur la foi de leurs supputations, qu'une pareille chose n'était jamais arrivée auparavant ni depuis à cette étoile. Pour nous, nous lisons dans les saintes Ecritures que le soleil même s'arrêta au commandement de Josué, pour lui donner le temps d'achever sa victoire; et qu'il retourna en arrière pour assurer le roi Ezéchias des quinze années de vie que Dieu lui accordait encore. Mais lorsque les infidèles croient ces sortes de miracles accordés aux mérites des saints, ils les attribuent à la magie; comme ce que j'ai rapporté ci-dessus de cette sorcière de Virgile, « qui arrêtait le cours des rivières et faisait » rétrograder les astres. » Nous lisons aussi dans l'Ecriture que le Jourdain s'arrêta pour laisser passer le peuple de Dieu sous la conduite de Josué, et que la même chose arriva depuis en faveur du prophète Elie et de son disciple Elisée; mais, quant à ce que Varron rapporte de l'étoile du jour, on ne voit point que cela soit arrivé à la prière de personne.

Que les infidèles ne s'embarrassent donc point des natures qui leur sont connues, comme si Dieu n'y pouvait faire des changemens qu'ils ne connaissent pas, quoique, à dire le vrai, les choses les plus communes ne paraîtraient pas moins merveilleuses aux hommes, s'ils n'étaient accoutumés à n'admirer que celles qui sont rares. Si l'on consultait la raison, qui n'admirerait dans cette multitude infinie d'hommes, qu'ils sont tous si semblables que cela les distingue de tous les autres animaux, et en même-temps si dissemblables qu'on les distingue aisément les uns des autres? Mais la différence qui existe entre eux est encore plus admirable que leur ressemblance, parce qu'il paraît assez naturel que des animaux d'une même espèce se ressemblent; et cependant, parce qu'il n'y a que ce qui est rare qui soit merveilleux, nous nous étonnons bien plus de voir deux hommes qui se ressemblent si fort, qu'on les prenne d'ordinaire l'un pour l'autre.

Mais peut-être ne croient-ils pas ce que je viens de rapporter de Varron, bien que ce soit un de leurs historiens et un très savant homme, ou qu'ils en sont moins touchés parce que ce prodige ne dura pas long-temps et que l'étoile reprit bientôt son cours ordinaire. Voici donc une autre merveille qui subsiste encore aujourd'hui et qui, à mon avis, doit suffire pour les convaincre, que quand ils connaissent une chose d'une façon, il ne faut pas qu'ils concluent que Dieu ne la peut changer en une autre qu'ils ne connaissent pas. La terre de Sodôme n'a pas toujours été comme elle est; sa superficie était semblable à celle des autres terres, et même plus fertile; car l'Ecriture la compare au paradis (1). Cependant, depuis que le feu du ciel est tombé dessus, comme leurs historiens même en

(1) Genès., 13, 10.

font foi, la face en est affreuse au rapport de ceux qui en reviennent, et ses fruits, sous une belle apparence, ne couvrent qu'un peu de cendre et de fumée. Elle n'était pas telle autrefois, et l'auteur de toutes les natures a fait en la sienne un changement si prodigieux, qui dure encore après un si long temps.

Comme il n'a pas été impossible à Dieu de créer les natures qu'il lui a plu, il ne lui est pas impossible non plus de les changer comme il lui plaît. De là vient ce nombre infini de monstres et de prodiges des payens, qu'il serait infiniment trop long de rapporter tous, et qu'ils nomment ainsi à cause qu'ils prétendent qu'ils présagent l'avenir. Mais qu'ils prédisent ce qu'il leur plaira, soit qu'ils se trompent, soit qu'en effet Dieu permette que les démons se servent de ces moyens pour punir leur curiosité et les aveugler encore davantage; pour nous, nous pensons que leur plus grand usage est de faire connaître qu'il sera aisé à Dieu de faire des corps des damnés ce qu'il a prédit qu'il en fera. Or comment il l'a prédit, c'est ce que j'estime avoir suffisamment montré au livre précédent par des témoignages tirés de l'ancien et du nouveau Testament.

CHAPITRE IX.

De l'enfer et de la nature des peines éternelles.

Il ne faut donc douter que ce que Dieu a dit par son prophète du supplice éternel des damnés ne s'accom-

plisse : « Leur ver ne mourra point, et le feu qui les
» brûlera ne s'éteindra pas (1). » Notre Seigneur Jésus-Christ même, pour mieux inculquer ceci, nous
dit, lorsqu'il nous commande de couper les membres
que nous aimons le plus, du moment qu'ils nous scandalisent : « Il vaut mieux pour vous que vous entriez
» manchot dans la vie que d'avoir deux mains et d'être
» jeté dans l'enfer, où leur ver ne meurt point et où
» le feu qui les brûle ne s'éteint point (2). » Il dit la
même chose du pied : « Il vaut mieux pour vous d'en-
» trer dans la vie éternelle n'ayant qu'un pied, que
» d'en avoir deux et d'être précipité dans l'enfer, où
» leur ver ne meurt point et où le feu qui les brûle ne
» s'éteint point (3). » Il parle de même de l'œil : « Il
» vaut mieux pour vous que vous entriez au royaume
» de Dieu n'ayant qu'un œil, que d'en avoir deux et
» d'être précipité dans l'enfer, où leur ver ne meurt
» point et où le feu qui les brûle ne s'éteint point (4). »
Il ne s'est pas lassé de répéter trois fois la même chose
au même lieu. Qui ne serait épouvanté de cette répétition et de cette menace sortie avec tant de force de
la bouche d'un Dieu ?

Au reste, ceux qui veulent que ce ver et ce feu ne
soient pas des peines du corps, mais de l'ame, disent
que ceux qui seront séparés du royaume de Dieu seront
comme brûlés dans l'ame par une douleur et un re-

(1) Isaïe, 66, 24.
(2) Marc, 9, 42 et 43.
(3) Ibid., 45 et 46.
(4) Ibid., 47 et 48.

pentir tardif et inutile, et qu'ainsi l'Ecriture a fort bien pu se servir du mot de feu pour marquer cette douleur cuisante : d'où vient, ajoutent-ils, cette parole de l'apôtre : « Qui est scandalisé sans que je » brûle (1) ? » Ils croient aussi que le ver signifie la même douleur. Il est écrit, disent-ils, que « comme » la teigne ronge un habit, et le ver le bois, ainsi la » tristesse afflige le cœur de l'homme (2). » Mais ceux qui ne doutent point que le corps ne soit tourmenté en enfer aussi bien que l'ame, soutiennent que le corps y sera brûlé par le feu, et l'ame rongée en quelque sorte par un ver de douleur. Encore que ce sentiment soit plus probable, parce qu'il est sans doute absurde que le corps et l'ame ne souffrent pas tous deux en enfer, je croirais néanmoins plus volontiers que le ver et le feu s'entendent du corps, que non pas de l'ame; et je dirais que l'Ecriture ne fait pas mention de la peine de l'ame, parce qu'elle s'ensuit nécessairement de celle du corps. En effet, on lit dans l'ancien Testament que « le supplice de la chair de l'impie sera » le feu et le ver (3). » Il pouvait dire plus brièvement le supplice de l'impie. Pourquoi a-t-il dit *de la chair de l'impie*, sinon parce que le ver et le feu seront tous deux le supplice du corps ? Ou s'il a parlé de la chair, parce que les hommes seront punis pour avoir vécu selon la chair, et tomberont dans la seconde mort que l'apôtre a marquée quand il a dit : « Si vous vivez

(1) II Cor., 11, 29.
(2) Prov., 25, 20.
(3) Ecclés., 7, 19.

« selon la chair vous mourrez (1) ; » que chacun choisisse lequel des deux il aime le mieux, ou d'attribuer le feu au corps et le ver à l'ame, l'un proprement et l'autre par métaphore, ou de les attribuer tous deux proprement au corps. J'ai déjà montré que les animaux peuvent vivre et souffrir dans le feu sans mourir et sans se consumer, par un miracle de la toute-puissance de Dieu, qu'on ne lui peut refuser sans ignorer quel est l'auteur de toutes les merveilles de la nature. En effet, c'est lui qui a fait dans le monde tout ce que j'en ai rapporté de merveilleux, et le monde qui est encore plus merveilleux que tout ce qu'il contient. Que chacun choisisse donc lequel des deux il lui plaira, et qu'il donne le ver au corps par une expression propre, ou à l'ame par une figurée. De savoir au juste ce qui en sera, nous le connaîtrons mieux un jour, lorsque la science des saints sera si parfaite qu'ils n'auront point besoin d'éprouver ces peines pour les connaître ; car maintenant nous ne savons les choses qu'en partie, jusqu'à ce qui est parfait soit arrivé (2). Il suffit seulement de ne pas croire que les corps des damnés ne seront point tourmentés par le feu.

(1) Rom., 8, 13.
(2) I Cor., 13, 9 et 10.

LIVRE XXI.

CHAPITRE X.

Si le feu d'enfer, étant matériel, peut brûler les démons qui n'ont point de corps.

Ici se présente une difficulté. On peut demander si ce feu étant matériel afin de pouvoir tourmenter les corps, pourra tourmenter aussi les démons qui sont des esprits, puisque le même feu servira de supplice aux démons aussi bien qu'aux hommes, suivant cette parole de Jésus-Christ : « Retirez-vous de moi, mau- » dits, et allez au feu éternel qui a été préparé pour » le diable et pour ses anges (1). » Il faut donc que les démons aient aussi, comme quelques hommes doctes l'ont cru, des corps composés de cet air grossier et humide que l'on sent lorsque le vent l'agite. En effet, si cet élément ne pouvait recevoir aucune impression du feu, il ne brûlerait pas lorsqu'il est échauffé dans un bain ; pour brûler, il faut qu'il soit brûlé le premier. Mais si l'on soutient que les démons n'ont point de corps, il n'est pas besoin de se mettre beaucoup en peine de prouver le contraire. Qui nous empêcherait de dire que les esprits, même incorporels, peuvent être tourmentés par un feu corporel d'une manière très réelle, mais admirable, du moment que les esprits des hommes, qui certainement sont aussi

(1) Matth., 25, 41.

incorporels, peuvent être maintenant enfermés dans des corps, et y seront unis alors par des liens indissolubles ? Si les démons n'ont point de corps, ils seront attachés à des feux corporels pour en être tourmentés; non qu'ils animent ces feux pour en faire des animaux composés d'ame et de corps, mais, comme j'ai dit, cela se fera d'une manière merveilleuse et ineffable, et ils seront tellement unis à ces feux qu'ils souffriront de la peine sans leur communiquer la vie. Cette autre manière même dont les esprits sont maintenant joints aux corps pour en faire des animaux, est tout-à-fait merveilleuse et incompréhensible, et cependant c'est ce qui constitue l'homme.

Je dirais que ces esprits brûleront sans corps, comme le mauvais riche brûlait dans les enfers quand il disait : « Je souffre beaucoup dans cette flamme (1), » si je ne m'apercevais qu'on peut répondre que cette flamme était de même nature que les yeux qu'il leva et dont il vit le Lazare, que la langue qu'il voulait rafraîchir d'une goutte d'eau, et que le doigt du Lazare dont il voulait se servir pour cela, quoique toutes ces choses se passassent dans un lieu où les ames n'avaient point de corps. Cette flamme qui le brûlait, et cette goutte d'eau qu'il demandait étaient donc incorporelles, comme le sont les choses qu'on voit en dormant ou dans une extase, qui, bien qu'incorporelles, paraissent pourtant comme des corps. L'homme même qui est en cet état, quoiqu'il n'y soit qu'en esprit, ne laisse pas de se voir si semblable à son corps,

---

(1) Luc, 16, 24.

qu'il n'y peut mettre de différence. Mais cette gehenne, que l'Ecriture appelle aussi un étang de feu et de soufre (1), sera un feu corporel, et tourmentera les corps des hommes et des démons; ou si ceux-ci n'ont point de corps, ils seront unis à ce feu pour en souffrir de la douleur sans l'animer. Il n'y aura dans le fait qu'un feu pour les uns et pour les autres, comme l'a dit la Vérité.

CHAPITRE XI.

Pourquoi les supplices des damnés seront éternels; quoique leurs crimes n'aient été que temporels.

Mais quelques-uns de ceux contre qui nous défendons la Cité de Dieu, estiment qu'il est injuste de punir d'un supplice éternel des péchés qu'on a commis en si peu de temps: comme si jamais aucune loi avait proportionné le temps de la peine au temps du crime. Cicéron écrit que les lois établissent huit sortes de peines, l'amende, la prison, le fouet, le talion, l'ignominie, l'exil, la mort et la servitude. Y a-t-il aucune de toutes ces peines dont la durée se mesure à celle du péché, si ce n'est peut-être celle du talion, qui ordonne que le criminel souffre le même mal qu'il a fait; d'où vient cette parole de la loi: « Œil pour » œil, dent pour dent (2)? » Il se peut faire que la

---

(1) Apoc., 20, 9.
(2) Exod., 21, 24.

justice arrache l'œil à un homme en aussi peu de temps qu'il l'a arraché à un autre ; mais si la raison veut que celui qui a donné un baiser à la femme d'autrui soit puni du fouet, combien de temps souffre-t-il pour une chose qui s'est passée en un moment ? La douceur d'une courte volupté n'est-elle pas alors châtiée d'une longue douleur ? Que dirai-je de la prison ? N'y doit-on demeurer qu'autant de temps qu'on a été à commettre le délit pour lequel on y est mis ? Ne voyons-nous pas qu'un serviteur demeure avec justice plusieurs années dans les fers, pour avoir offensé son maître d'une seule parole, ou l'avoir blessé d'un coup qui a passé en un instant ? Pour l'amende, l'ignominie, l'exil et la servitude, comme pour l'ordinaire on n'en fait point grace, ne sont-elles pas en quelque sorte semblables aux peines éternelles, vu la briéveté de cette vie ? Elles ne peuvent pas être réellement éternelles, parce que la vie même où on les souffre ne l'est pas ; et toutefois des fautes que l'on punit par de si longs supplices, se commettent en très peu de temps sans que personne ait jamais cru qu'il fallût proportionner la longueur des tourmens au temps, plutôt qu'à la grandeur du crime. Aussi ne faut-il pas s'imaginer que les lois fassent consister le supplice de ceux qu'elles punissent de mort dans ce petit espace de temps qu'on les exécute, qui ne dure presque rien ; elles le mettent principalement en ce qu'elles les ôtent pour jamais de la société des vivans. Or, c'est la même chose en son genre d'ôter les hommes de cette Cité immortelle, par le supplice de la seconde mort, que de les ôter de cette Cité mortelle par celui de la première. De même que les lois de celle-ci n'y rappellent jamais ceux qui ont été exécutés; ainsi, ceux qui sont condamnés à la seconde mort ne sont jamais rappelés à la vie éternelle de l'autre. Comment donc, disent-ils, cette parole de votre Christ sera-t-elle vraie : « On » vous mesurera à la même mesure que vous aurez » mesuré les autres (1), » si l'on punit un péché temporel d'un supplice éternel ? Mais ils ne prennent pas garde que cette *même mesure* dont il est parlé en cet endroit, ne regarde pas le temps, mais le mal ; c'est-à-dire que celui qui aura fait le mal le souffrira; quoiqu'on puisse aussi fort bien l'entendre des jugemens dont notre Seigneur parle en cet endroit. Ainsi, si celui qui juge et condamne injustement son prochain est jugé lui-même et condamné justement, il reçoit en la même mesure, bien qu'il ne reçoive pas la même chose qu'il a donnée. Il est jugé comme il a jugé les autres ; mais la condamnation qu'il souffre est juste, au lieu que celle qu'il a faite est injuste.

CHAPITRE XII.

Grandeur du péché du premier homme, après lequel Dieu pourrait justement damner tous les hommes.

MAIS une peine éternelle semble dure et injuste aux hommes, parce qu'en cette vie mortelle ils n'ont pas

(1) Luc, 6, 38.

cette haute et pure sagesse qui pourrait leur faire sentir la grandeur du péché du premier homme. Plus l'homme jouissait de Dieu, plus son crime a été grand de l'avoir abandonné; et il a mérité de souffrir un mal éternel, pour avoir éteint en lui un bien qui pouvait être pareillement sans fin. Si toute la masse du genre humain a été condamnée, c'est que celui qui a commis d'abord ce crime a été puni avec sa postérité, qui était en lui comme dans sa racine, de sorte que personne n'est exempt de ce supplice qu'il mérite, s'il n'en est délivré par une grace qu'il ne mérite pas; et tous les hommes sont tellement partagés, qu'on voit en quelques-uns ce que peut une miséricorde gratuite, et ce qu'une juste vengeance peut dans les autres. L'une et l'autre ne saurait paraître en tous, puisque si tous demeuraient dans la peine d'une juste condamnation, on ne verrait dans aucun la miséricorde du Rédempteur; et d'autre part, si tous étaient transportés des ténèbres à la lumière, la sévérité de la vengeance ne paraîtrait en personne. Or, il y en a plus de punis que de sauvés, pour montrer ce qui était dû à tous. Lors même que tous seraient enveloppés dans cette vengeance, nul ne pourrait blâmer justement la justice d'un Dieu vengeur; mais comme il y en a tant qui en sont délivrés, nous avons sujet de rendre à notre Libérateur des actions de graces immortelles pour un bienfait si gratuit.

CHAPITRE XIII.

Contre ceux qui croient que les méchans, après la mort, ne seront punis que de peines purgatives.

LES platoniciens, il est vrai, ne veulent pas qu'aucun péché demeure impuni ; mais ils ne reconnaissent point d'autres peines que celles qui servent à corriger les coupables, soit que les lois divines ou humaines les ordonnent, soit qu'on les souffre en cette vie, ou en l'autre, pour n'en avoir point souffert ici-bas, ou n'en être pas devenu meilleur. De là vient que Virgile, après avoir dit que les corps mortels et terrestres sont cause que les ames craignent et désirent, s'affligent et se réjouissent, et qu'elles ne peuvent respirer un air libre et pur, étant enfermées dans des ténèbres et dans une noire prison (1), ajoute aussitôt : « Et lors même
» qu'elles sont sorties de cette vie, elles ne demeurent
» pas entièrement quittes de toute la corruption qu'elles
» ont tirée de leur corps, tellement qu'il faut que,
» par des voies admirables, elles soient nettoyées des
» souillures qu'elles ont contractées pendant un si long
» temps. Elles sont donc diversement tourmentées et
» punies des crimes qu'elles ont commis autrefois. Les
» unes sont suspendues en l'air et exposées aux vents,
» les autres sont plongées au fond de la mer ou brû-
» lées dans le feu. » Ceux qui sont de ce sentiment ne

---

(1) Enéïd., 6.

connaissent après la mort que des peines purgatives; et parce que l'eau, l'air et le feu sont des élémens supérieurs à la terre, ils veulent que quelqu'un d'eux serve pour expier les crimes dont on s'est souillé par le commerce de la terre. Aussi Virgile a-t-il marqué ces trois élémens, comme servant à purifier les ames. Pour nous, nous reconnaissons qu'il y a quelques peines purgatives, même en cette vie mortelle, mais pour ceux qui en profitent, et non pour ceux qui n'en deviennent pas meilleurs ou qui en deviennent pires. Toutes les autres peines, soit temporelles ou éternelles, arrivent, par l'ordre de la providence de Dieu, par le ministère des hommes et des bons ou des mauvais anges, pour les péchés passés ou pour les présens, ou pour exercer et découvrir la vertu. Lorsqu'un homme souffre quelque mal par la malice ou l'ignorance d'un autre, celui qui le fait par ignorance ou par malice pèche; mais Dieu, qui le permet par un juste, quoique secret jugement, ne pèche pas. Les uns souffrent des peines temporelles en cette vie seulement, les autres après la mort, et les autres et maintenant et en l'autre vie, mais néanmoins avant le dernier jugement. Or ceux qui souffrent des peines temporelles après la mort ne tombent point dans les éternelles qui doivent suivre ce jugement. Nous avons déjà dit qu'il y en a à qui ce qui n'est pas remis en ce siècle est remis en l'autre (1), afin qu'ils ne soient pas punis du supplice éternel.

(1) Matth., 12, 32.

CHAPITRE XIV.

Des maux temporels de cette vie auxquels l'homme est sujet.

Il en est fort peu qui ne souffrent rien en cette vie. Nous en avons toutefois connu qui sont arrivés à une extrême vieillesse sans avoir jamais eu la moindre fièvre, et qui ont mené une vie fort tranquille; quoique, à le bien prendre, toute la vie des hommes ne soit qu'une peine, parce que ce n'est qu'une tentation continuelle, selon la parole de l'Ecriture (1). L'ignorance même n'est-elle pas une grande peine, puisque pour l'éviter on contraint les enfans, par la crainte des châtimens, d'apprendre les arts et les sciences? L'étude à laquelle on les oblige par des peines est encore quelque chose de si pénible, qu'ils aiment quelquefois mieux les souffrir que d'étudier. D'ailleurs qui n'aurait horreur de retourner en enfance, et n'aimerait mieux mourir si on lui proposait l'un ou l'autre? Elle commence par les larmes et présage en quelque sorte par là, sans le savoir, les maux où l'on entre en entrant dans cette vie. On dit néanmoins que Zoroastre, roi des Bactriens, rit en naissant; mais ce prodige ne lui pronostiqua rien de bon; car on tient qu'il inventa la magie, qui toutefois ne lui servit de

___
(1) Job, 7, 1.

rien contre ses ennemis, puisqu'il fut vaincu par Ninus, roi des Assyriens. L'Ecriture dit « qu'un joug
» pesant est imposé aux enfans d'Adam du jour qu'ils
» sortent du ventre de leur mère jusqu'au jour de leur
» sépulture qu'ils entrent dans le sein de la mère com-
» mune de tous (1). » C'est un arrêt qui doit s'accomplir si indispensablement, que les enfans même délivrés par le baptême du péché originel, qui était le seul qui les rendait coupables, sont sujets à une infinité de maux, jusqu'à être quelquefois tourmentés des malins esprits; mais loin de nous la pensée que cela leur nuise, lorsque ces obsessions viennent à les faire mourir en cet âge.

CHAPITRE XV.

La grace de Dieu qui nous délivre de notre ancienne misère est un acheminement au siècle futur.

Mais toutes les misères qui accompagnent cette vie mortelle ne sont que pour nous avertir que ce sont des suites de cet énorme péché qui fut commis dans le paradis; que toutes les graces du nouveau Testament ne regardent que l'autre vie dont elles sont comme les arrhes; et que maintenant nous devons vivre en espérance, et nous avançant de jour en jour, mortifier par l'esprit nos mauvaises inclinations (2). Dieu connaît

(1) Ecclésiasti., 40, 1.
(2) Rom., 8, 13.

en effet ceux qui sont à lui, et tous ceux qui sont conduits par l'esprit de Dieu sont enfans de Dieu (1), mais par grace et non par nature. Il n'y a qu'un seul fils de Dieu par nature, qui par sa bonté s'est fait fils de l'homme, afin qu'étant enfans de l'homme par nature nous devinssions enfans de Dieu par grace. Toujours immuable, il s'est revêtu de notre nature pour nous sauver, et, sans perdre sa divinité, il s'est fait participant de nos faiblesses, afin que changés en mieux nous perdions ce que nous avons de vicieux et de mortel par la communication de sa justice et de son immortalité, et que nous conservions dans la bonté souveraine de sa nature ce qu'il a fait de bon dans la nôtre. De même que nous sommes tombés par le péché d'un seul homme dans une si déplorable misère, nous arriverons par la grace d'un seul homme, mais d'un homme Dieu, à la possession d'un si grand bien. Personne ne doit s'assurer d'avoir passé de ce premier état au second qu'il ne soit arrivé à l'endroit où il n'y aura plus de tentation, et qu'il ne possède cette paix qu'il cherche par les divers combats que la chair livre contre l'esprit et l'esprit contre la chair (2). Or cette guerre n'aurait pas lieu si l'homme, par l'usage de son libre arbitre, eût conservé sa droiture naturelle; mais par son refus d'entretenir avec Dieu une paix qui faisait son bonheur, il est contraint maintenant de combattre misérablement avec soi-même. Toutefois cet état vaut encore mieux que celui où il

---

(1) Rom., 8, 14.
(2) Galat., 5, 17.

était avant de s'être converti à Dieu. Il vaut mieux combattre le vice que de le laisser régner sans combat; et la guerre accompagnée de l'espérance d'une paix éternelle est préférable à la captivité dont on ne pense point à sortir. Il est vrai que nous serions bien aises de n'avoir plus cette guerre sur les bras, et qu'enflammés du divin amour nous désirons ardemment cette paix qui réglera tellement toutes choses, qu'elle soumettra pour jamais les moindres aux plus grandes; mais quand, ce qu'à Dieu ne plaise, nous n'espérerions pas un si grand bien, nous devrions toujours mieux aimer ce combat, quoique pénible, que de souffrir que nos passions nous dominassent sans résistance.

CHAPITRE XVI.

Miséricorde de Dieu envers les enfans qui meurent avant l'âge de raison, et envers les pénitens.

La miséricorde de Dieu est véritablement si grande à l'égard des vases de miséricorde qu'il a destinés à la gloire, que les enfans même qui sont presque soumis à toutes les mauvaises inclinations de la chair ne laissent pas d'être transférés de la puissance des ténèbres au royaume de Jésus-Christ, sans passer seulement par le purgatoire, lorsqu'ils viennent à mourir en cet âge où ils ne sont pas encore capables des commandemens de Dieu, et qu'ils ont reçu les sacremens du Médiateur. La seule régénération spirituelle suffit pour empêcher qu'après la mort l'alliance que la génération charnelle avait contractée avec la mort ne puisse nuire. Mais quand on est arrivé à un âge capable de discipline, il faut commencer la guerre contre les vices et s'y porter avec courage, de peur de tomber en des péchés qui méritent la damnation. Nos méchantes inclinations sont plus faciles à surmonter quand elles ne sont pas encore fortifiées par l'habitude; mais lorsqu'elles ont pris empire sur nous et qu'elles nous maîtrise, la victoire en est plus difficile. On ne les surmonte véritablement que lorsqu'on le fait par l'amour de la véritable justice qui ne se trouve que dans la foi en Jésus-Christ. Si la loi commande et que l'esprit ne vienne au secours, la défense qu'elle fait du péché ne sert qu'à en augmenter le désir; de sorte qu'on y ajoute encore la violation de la loi. Quelquefois aussi l'on surmonte des vices manifestes par d'autres qui sont cachés, que l'on prend pour des vertus, bien que l'orgueil et une complaisance ruineuse y règnent. Les vices ne sont donc vraiment surmontés que lorsqu'on les surmonte par l'amour de Dieu, qu'il n'y a que Dieu même qui donne, et qu'il ne donne que par le Médiateur entre Dieu et les hommes, Jésus-Christ homme, qui, pour nous faire part de sa divinité, a voulu se rendre participant de nos misères. Or il en est très peu qui soient assez heureux pour ne commettre aucun péché mortel depuis qu'ils ont atteint l'âge de raison, et pour étouffer par une grace abondante tous les mouvemens déréglés de la convoitise. La plupart, après avoir reçu les commandemens de la loi l'ont violée, et s'étant laissés emporter au torrent des vices, ont recours ensuite à la pénitence ; puis assistés de la grace de Dieu qui les soumet à lui, reprennent une nouvelle vigueur et demeurent victorieux de leurs mauvaises habitudes. Que celui donc qui désire éviter les peines éternelles ne soit pas seulement baptisé, mais justifié en Jésus-Christ, afin qu'il passe véritablement de l'empire du diable sous le joug aimable de ce Sauveur ; et qu'il ne s'imagine pas qu'il y ait aucune peine purgative, si ce n'est avant le dernier et redoutable jugement. On ne saurait nier toutefois que le feu même éternel ne fasse plus ou moins souffrir les damnés, selon la diversité de leurs crimes; soit qu'il ne soit pas aussi ardent pour les uns que pour les autres, soit que son ardeur soit égale, mais que tous ne la sentent pas également.

CHAPITRE XVII.

De ceux qui pensent que les peines des damnés ne seront pas éternelles.

Il est à propos maintenant de combattre avec douceur l'opinion de quelques-uns des nôtres, que leur sensibilité pour les misérables empêche de croire que les hommes qui seront condamnés aux flammes par l'arrêt très équitable du souverain juge, souffrent éternellement, mais prétendent qu'ils seront délivrés après un espace de temps plus long ou plus court, selon l'énormité de leurs crimes. Les uns font cette grace à tous les damnés, et les autres seulement à quelques-uns. Origène est encore plus indulgent; car il croit que le diable même et ses anges, après avoir long-temps souffert, seront à la fin délivrés de leurs tourmens, pour être associés aux saints anges. Mais l'Eglise l'a condamné justement pour cette erreur, et pour d'autres encore, et particulièrement pour ces vicissitudes éternelles de félicité et de misère qu'il attribue aux ames par certains intervalles de temps: en quoi il s'écarte de cette compassion qu'il semble avoir pour les misérables, puisqu'il fait souffrir aux saints de véritables misères, et leur donne une fausse béatitude, et que, selon lui, ils ne sont point assurés de posséder éternellement le bien qui les rend heureux. L'erreur de ceux qui veulent qu'il n'y ait que les damnés dont les supplices finissent, pour jouir ensuite d'une félicité éternelle, est bien différente de celle d'Origène. Cependant, si leur opinion est bonne et vraie parce qu'elle est indulgente, elle sera d'autant meilleure et plus vraie qu'elle sera plus indulgente. Que cette source de bonté s'étende donc jusqu'aux anges réprouvés, au moins après plusieurs siècles de tortures. Pourquoi se répand-elle sur toute la nature humaine, et vient-elle à se sécher pour les anges? Leur pitié néanmoins n'ose aller plus loin, ni passer jusqu'à délivrer le diable. Cependant, si quelqu'un osait aller jusque là, sa bonté serait encore plus grande, mais son erreur serait aussi plus pernicieuse.

CHAPITRE XVIII.

De ceux qui croient qu'aucun homme ne sera damné au jugement dernier, à cause de l'intercession des saints.

D'AUTRES, comme je l'ai reconnu par leurs discours, sous prétexte de respecter l'Ecriture, mais en effet pour leur propre intérêt, font encore Dieu plus indulgent envers les hommes que les premiers. Ils avouent bien que les méchans et les infidèles méritent d'être punis, ainsi que l'Ecriture les en menace; mais ils soutiennent que quand le jugement sera venu, la clémence l'emportera, et que Dieu, qui est bon, les donnera aux prières et aux intercessions de ses saints. Si ces derniers priaient en effet pour eux lorsqu'ils en étaient persécutés, que ne feront-ils point quand ils les verront abattus et humiliés? Il ne faut pas croire, disent-ils, qu'ils perdent leurs entrailles de miséricorde, surtout en cet état d'une vertu consommée qui les mettra hors de l'atteinte des passions, ni douter que Dieu ne les exauce alors que leurs oraisons seront parfaitement pures. Les premiers, qui prétendent que les méchans seront à la fin délivrés de leurs tourmens, allèguent en leur faveur ce passage du pseaume : « Dieu » oubliera-t-il sa clémence ? et sa colère arrêtera-t-elle » le cours de ses miséricordes (1) ? » Ceux-ci soutien-

---

(1) Ps. 76, 9.

nent qu'il favorise encore bien plus leur opinion. Sa colère, disent-ils, veut que tous ceux qui sont indignes de la béatitude éternelle, souffrent un supplice éternel ; mais pour permettre qu'ils en souffrent aucun, quelque court qu'il soit, ne faut-il pas que sa colère arrête le cours de ses miséricordes ? Cependant, c'est ce que le psalmiste dit qui ne se fera point ; car il ne dit pas : Sa colère arrêtera-t-elle long-temps le cours de ses miséricordes ? mais il déclare qu'elle ne l'arrêtera point du tout.

Si l'on répond que les menaces du jugement de Dieu sont fausses, puisqu'il n'y condamnera personne, ils repliquent qu'elles ne sont pas plus fausses que celle qu'il fit à Ninive de la détruire (1) ; ce qui cependant n'arriva pas, quoiqu'il l'eût menacée sans condition. Le prophète ne dit pas : Ninive sera détruite si elle ne se corrige, et ne fait pénitence ; mais : « Encore qua-
» rante jours, et Ninive sera détruite. » Cette menace était donc vraie, ajoutent-ils, parce qu'ils méritaient ce châtiment ; mais Dieu ne l'exécuta point, parce que sa colère n'arrêta pas le cours de sa miséricorde, et qu'il se laissa fléchir à leurs cris et à leurs larmes. Si donc, poursuivent-ils, Dieu pardonna alors, bien que ce pardon dût affliger son prophète, combien se rendra-t-il plus favorable quand tous ses saints intercéderont pour des supplians ? Mais ils pensent que l'Ecriture n'a point parlé de ce pardon, afin d'en effrayer plusieurs par la crainte des supplices, et les obliger à se convertir, et qu'il y en ait qui puissent

---

(1) Jonas, 3, 4.

prier pour ceux qui ne se convertiront pas. Ils ne prétendent pas néanmoins que l'Ecriture n'en ait fait absolument aucune mention; car, à quoi bon, disent-ils, cette parole du pseaume : « Seigneur, que la dou- » ceur que vous avez cachée à ceux qui vous craignent » est grande et abondante (1) ! » sinon pour nous faire entendre que cette douceur de la miséricorde de Dieu est cachée aux hommes pour les retenir dans la crainte ? Ils ajoutent que c'est pour cela que l'apôtre a dit : « Dieu a permis que tous tombassent dans l'in- » fidélité, afin de faire grace à tous (2), » pour montrer qu'il ne damnera personne. Toutefois, ceux qui sont de cette opinion ne l'étendent pas jusqu'à Satan et à ses anges. Ils ne sont touchés de compassion que pour leurs semblables, et en cela ils plaident principalement leur cause, parce que, comme ils vivent dans le désordre, ils se flattent de cette impunité générale qu'ils couvrent du nom de miséricorde; mais ceux qui l'accordent même au prince des démons et à ses satellites, portent encore plus loin la miséricorde de Dieu.

(1) Ps. 30, 23.
(2) Rom., 11, 32.

LIVRE XXI.

CHAPITRE XIX.

De ceux qui prétendent que tous ceux qui ont participé au corps de Jésus-Christ, fussent-ils hérétiques, seront sauvés, de quelque façon qu'ils aient vécu.

Il y en a d'autres qui ne promettent pas à tous les hommes cette délivrance des supplices éternels, mais seulement à ceux qui ont reçu le baptême de Jésus-Christ, et qui participent à son corps, de quelque manière qu'ils aient vécu, et en quelque hérésie ou impiété qu'ils aient été. Ils se fondent sur ce que le Sauveur a dit : « Voici le pain qui est descendu du ciel, » afin que celui qui en mangera ne meure point. Je » suis le pain vivant, qui suis descendu du ciel. Si quel- » qu'un mange de ce pain, il vivra éternellement (1). » Il faut donc nécessairement, disent-ils, que ceux-là soient délivrés de la mort éternelle, et qu'ils passent quelque jour à la vie éternelle.

(1) Jean, 6, 50.

CHAPITRE XX.

De ceux qui n'accordent cette grace qu'à ceux qui ont été catholiques, quoique ensuite ils soient tombés dans l'hérésie ou dans l'idolâtrie.

Quelques-uns ne font pas cette grace à tous ceux qui ont reçu le baptême de Jésus-Christ, et qui ont participé au sacrement de son corps, mais seulement aux catholiques, bien que pécheurs ; parce que, comme membres du corps de Jésus-Christ, ils ont effectivement mangé son corps, et non-seulement en sacrement : corps dont l'apôtre dit : « Nous ne sommes tous » ensemble qu'un même pain et un même corps (1). » De sorte que bien qu'ils tombent ensuite en quelque hérésie, ou même dans l'idolâtrie, par cela seul qu'ils ont reçu le baptême de Jésus-Christ étant dans son corps, c'est-à-dire dans l'Eglise catholique, et qu'ils ont mangé le corps de ce Sauveur, ils ne mourront pas éternellement, mais jouiront quelque jour de la vie éternelle. La grandeur de leur impiété ne servira qu'à rendre leurs peines plus longues, mais non pas à faire qu'elles ne finissent point.

(1) I Cor., 10, 17.

CHAPITRE XXI.

De ceux qui ne l'accordent qu'aux catholiques qui mourront dans l'unité de l'Eglise, quoique d'ailleurs ils vivent mal.

Mais d'autres, s'arrêtant à cette parole de l'Evangile, « qu'il n'y aura de sauvé que celui qui persévérera » jusqu'à la fin (1), » ne promettent cette faveur qu'à ceux qui seront toujours demeurés dans l'Eglise catholique, encore qu'ils y aient mal vécu, et disent qu'ils seront sauvés par le feu en vertu du fondement dont l'apôtre dit : « Personne ne peut poser d'autre fonde-
» ment que celui que j'ai mis, qui est Jésus-Christ.
» Or, on verra ce que chacun aura bâti sur ce fon-
» dement, si c'est de l'or, ou de l'argent, ou des
» pierres précieuses, ou du bois, ou du foin, ou de
» la paille. Car le jour du Seigneur le découvrira, et
» le feu fera connaître quel est l'ouvrage de chacun.
» Celui dont l'ouvrage demeurera en recevra récom-
» pense. Celui dont l'ouvrage sera brûlé en souffrira
» de la perte; il ne laissera pas pourtant d'être sauvé,
» mais comme par le feu (2). » Ils disent donc qu'un chrétien catholique, quelque vie qu'il mène, a Jésus-Christ pour fondement, ce que n'a aucune hérésie

---

(1) Matth., 24, 13.
(2) I Cor., 3, 11 et suiv.

retranchée de l'unité de son corps. Et à cause de ce fondement, ils croient que, dans quelque désordre qu'il soit, il sera sauvé par le feu, comme ayant bâti dessus, du bois, du foin et de la paille, c'est-à-dire qu'il sera enfin délivré de ce feu qui tourmentera les méchans au dernier jugement.

CHAPITRE XXII.

De ceux qui pensent que les peines éternelles de l'enfer ne seront point pour ceux qui font l'aumône, quelque vie qu'ils mènent.

J'en ai aussi trouvé qui croient que les flammes éternelles ne seront que pour ceux qui négligent de faire de dignes aumônes pour racheter leurs péchés, suivant cette parole de l'apôtre saint Jacques, « qu'on jugera » sans miséricorde celui qui n'aura point fait misé- » ricorde (1). » Celui donc, disent-ils, qui l'aura faite, quoique parmi ses aumônes il ait mené une vie déréglée, sera jugé avec miséricorde; de sorte qu'il ne sera point puni du tout, ou qu'il sera à la fin délivré. C'est pour cela qu'ils pensent que le juge même des vivans et des morts ne fait mention que des aumônes, lorsqu'il s'adresse à ceux qui sont à sa droite ou à sa gauche (2); et ils prétendent que cette de-

---

(1) Jacq., 2, 13.
(2) Matth., 25, 35.

mande que nous faisons tous les jours dans l'oraison dominicale : « Remettez-nous nos dettes, comme nous » les remettons à ceux qui nous doivent (1), » se rapporte à ceci. Quiconque en effet pardonne l'offense qu'il a reçue, fait l'aumône ; et notre Seigneur a tant relevé lui-même le pardon des injures, qu'il a dit : « Si vous pardonnez à ceux qui vous offensent, votre » père vous pardonnera vos péchés ; mais si vous ne » leur pardonnez point, votre père céleste ne vous » pardonnera point non plus (2). » A cette sorte d'aumône se rapporte aussi ce que dit saint Jacques, que celui qui n'aura point fait miséricorde, sera jugé sans miséricorde. Notre Seigneur n'a point établi de distinction entre les grands et les petits péchés ; il a dit généralement que Dieu pardonnera les péchés à ceux qui pardonneront aux autres. Ainsi, dans quelque désordre que vive un pécheur jusqu'à la mort, ils estiment que ses crimes lui sont remis tous les jours en vertu de cette oraison qu'on récite tous les jours, pourvu qu'il se souvienne de pardonner de bon cœur à ceux qui l'ont offensé quand ils lui demandent pardon. Lorsque, avec l'aide de Dieu, j'aurai répondu à toutes ces assertions, je mettrai fin à ce livre.

(1) Matth., 6, 12.
(2) Ibid., 14.

CHAPITRE XXIII.

Contre ceux qui nient l'éternité des supplices du diable et des méchans.

Il faut voir d'abord pourquoi l'Eglise n'a pu souffrir l'opinion de ceux qui promettent au diable le pardon, après même de très grands et de très longs supplices. Si tant de saints profondément versés dans l'un et l'autre Testament, n'ont envié la béatitude à personne, c'est qu'ils ont vu que ce serait anéantir cet arrêt que le Sauveur déclare qu'il prononcera au jour du jugement : « Retirez-vous de moi, maudits, et allez dans » le feu éternel, qui est préparé pour le diable et pour » ses anges. » Cela montre clairement que le diable et ses anges brûleront dans un feu éternel ; aussi bien que ces paroles de l'Apocalypse : « Le diable qui les » séduisait fut jeté dans un étang de feu et de soufre » avec la bête et le faux prophète, où ils seront tour-» mentés jour et nuit dans les siècles des siècles, » c'est-à-dire éternellement, selon le langage ordinaire de l'Ecriture. C'est pour cela que l'on ne saurait trouver d'autre raison, ni même de raison plus juste et plus évidente de cette créance fixe et immobile de la véritable piété, qu'il n'y aura plus de retour à la justice et à la vie des saints pour le diable et pour ses anges, que parce que l'Ecriture, qui ne trompe personne, dit que Dieu ne les a point épargnés, et qu'il les a condamnés en attendant aux noirs cachots de l'enfer, où ils sont gardés pour être punis au dernier jugement, qu'on les jettera dans un feu éternel où ils seront tourmentés dans les siècles des siècles. Que s'il en est ainsi, comment peut-on prétendre que tous les hommes, ou même quelques-uns, seront délivrés de cette éternité de peines après quelques longues souffrances que ce puisse être; à moins que de donner atteinte à la foi qui nous fait croire que le supplice des démons sera éternel? Si ceux, ou quelques-uns de ceux à qui l'on dira : « Retirez-» vous de moi, maudits, et allez au feu eternel qui est » préparé pour le diable et pour ses anges, » ne doivent pas toujours demeurer dans ce feu, pourquoi croira-t-on que le diable et ses anges y demeureront éternellement? Est-ce que la sentence que Dieu prononcera contre les anges et contre les hommes, ne sera vraie que pour les anges? Assurément, les choses iront de la sorte, si les conjectures des hommes l'emportent sur la parole de Dieu; mais comme cela est impossible, ceux qui désirent se garantir du supplice éternel ne doivent pas s'amuser à disputer contre Dieu, mais accomplir ses commandemens tandis qu'il en est encore temps. D'ailleurs, quelle apparence y a-t-il d'entendre *le supplice éternel* d'un feu qui doit durer long-temps, et *la vie éternelle* d'une vie qui doit durer toujours, vu que Jésus-Christ, au même lieu et dans une même période, comprenant l'un et l'autre, a dit : « Ainsi, ceux-ci iront au supplice éternel, et les justes » dans la vie éternelle? » Si l'un et l'autre est éternel, certainement on doit entendre ou que l'un et l'autre durera long-temps, mais après tout prendra fin, ou que l'un et l'autre durera toujours et ne finira point. Ces deux choses sont mises en parallèle : d'un côté le supplice éternel, et de l'autre la vie éternelle ; de sorte qu'on ne peut prétendre sans absurdité que, dans une seule et même expression, la vie éternelle n'ait point de fin, et le supplice éternel en ait une. Puis donc que la vie éternelle des saints ne finira point, sans doute que le supplice éternel des damnés sera de même.

CHAPITRE XXIV.

Contre ceux qui croient qu'au jour du jugement, Dieu pardonnera à tous les méchans, à cause de l'intercession des saints.

Or, ce raisonnement conclut aussi contre ceux qui, plaidant leur propre cause, tâchent de détruire les paroles de Dieu sous prétexte d'une plus grande miséricorde, et qui prétendent qu'elles sont vraies, non parce que les hommes doivent souffrir les peines dont il les a menacés, mais parce qu'ils méritent de les souffrir. Il les donnera, disent-ils, à l'intercession de ses saints, qui alors prieront d'autant plus pour leurs ennemis, que leur sainteté sera plus grande, et en obtiendront aussi plus aisément le pardon. Pourquoi donc, si leurs prières sont si efficaces, ne les emploieront-ils pas de même en faveur des anges pour qui le feu éternel est préparé, afin que Dieu révoque son arrêt et les préserve de ces flammes ? Quelqu'un sera-t-il assez hardi pour l'avancer et pour dire que les saints anges se joindront aux gens de bien qui seront alors égaux aux anges de Dieu, afin d'intercéder pour les anges et pour les hommes qui doivent être damnés, et que la miséricorde les dérobe aux vengeances de la justice ? C'est ce qu'aucun catholique n'a dit et ne dira jamais; autrement, il n'y a point de raison pour que l'Eglise ne prie pas même dès à présent pour le diable et pour ses anges, puisque Dieu, qui est son maître, lui a commandé de prier pour ses ennemis. La même considération qui empêche maintenant l'Eglise de prier pour les mauvais anges qu'elle sait être ses ennemis, l'empêchera alors de prier pour les hommes destinés aux flammes éternelles, quoiqu'elle possède une sainteté consommée. Si elle prie actuellement pour les hommes qui sont ses ennemis, c'est qu'il est encore temps pour eux de faire une pénitence utile. En effet, que demande-t-elle à Dieu pour eux, sinon qu'ils fassent pénitence, et qu'ils sortent des pièges du diable qui les tient captifs et en dispose à son gré (1) ? Que si l'Eglise connaissait dès ce moment ceux qui sont prédestinés à aller avec le diable dans le feu éternel, elle prierait aussi peu pour eux que pour lui ; mais parce qu'elle n'en est pas assurée, elle prie pour tous ses ennemis qui vivent ici-bas, encore qu'elle ne soit pas exaucée pour tous. Elle ne l'est que pour ceux qui, bien que ses ennemis, sont prédestinés à devenir ses enfans par le moyen de ses prières. Mais prie-t-elle pour les ames de ceux qui meurent dans leur obstina-

(1) II Tim., 2, 26.

tion, et qui n'entrent point dans son sein ? Et pourquoi cela, sinon parce qu'elle compte déjà du parti du diable ceux qui, pendant cette vie, ne sont point passés à celui de Jésus-Christ.

La même raison qui empêche maintenant l'Eglise de prier pour les mauvais anges, l'empêchera alors de prier pour les hommes destinés au feu éternel; et c'est encore pour la même raison que, bien qu'elle prie maintenant pour les méchans qui sont en vie, elle ne prie pas toutefois pour les méchans ou les infidèles qui sont morts. Il en est véritablement qui meurent et pour qui les prières de l'Eglise ou de quelques personnes pieuses sont exaucées; mais c'est pour ceux qui, ayant été régénérés en Jésus-Christ n'ont pas si mal vécu qu'on les juge indignes de cette assistance, ni si bien qu'elle ne leur soit pas nécessaire; comme il s'en trouvera aussi après la résurrection des morts à qui Dieu fera miséricorde et qu'il n'enverra point dans le feu éternel après qu'ils auront souffert les peines que souffrent les ames des trépassés. Il ne serait pas vrai de dire de quelques-uns qu'il ne leur sera pardonné ni en ce siècle ni en l'autre (1), s'il n'y en avait à qui l'on pardonne en l'autre vie, quoiqu'on ne leur pardonne pas en celle-ci. Mais puisque le juge des vivans et des morts a dit : « Venez, vous que mon père a bé- » nis, prenez possession du royaume qui vous a été » préparé dès la naissance du monde; » et aux autres au contraire : « Retirez-vous de moi, maudits, et allez » au feu éternel qui a été préparé pour le diable et

(1) Matth., 12, 32.

» pour ses anges, et ceux-ci iront au supplice éternel, » et les justes à la vie éternelle ; » il y a trop de présomption à prétendre que le supplice ne sera éternel pour aucun de ceux que Dieu dit devoir aller au supplice éternel, et ce serait donner lieu de désespérer ou de douter de la vie éternelle.

Que personne donc n'explique ces paroles du pseaume : « Dieu oubliera-t-il sa clémence ? et sa colère » arrêtera-t-elle le cours de ses miséricordes ? » comme si la sentence de Dieu était vraie à l'égard des bons et fausse à l'égard des méchans, ou vraie à l'égard des hommes de bien et des mauvais anges, et fausse à l'égard des hommes méchans. Ce que dit le pseaume se rapporte aux vaisseaux de miséricorde et aux enfans de la Providence, du nombre desquels était ce prophète même qui, après avoir dit : « Dieu oubliera-t-il » sa clémence ? et sa colère arrêtera-t-elle le cours de » ses miséricordes ? » ajoute aussitôt : « Et j'ai dit : Je » commence maintenant. Ce changement est un coup » de la droite du Très-Haut : » par où il explique sans doute ce qu'il venait de dire : « Sa colère arrête-» ra-t-elle le cours de ses miséricordes ? » car cette vie mortelle où l'homme est devenu semblable à la vanité, et où ses jours passent comme une ombre (1), est un effet de la colère de Dieu. Et toutefois, malgré cette colère, il n'oublie pas de faire miséricorde, en faisant lever son soleil sur les bons et sur les méchans, et pleuvoir sur les justes et sur les injustes ; et ainsi sa colère n'arrête point le cours de ses miséricordes, sur-

(1) Ps. 143, 5.

tout à l'égard de ce dont le pseaume fait mention quand il dit : « Je commence maintenant. Ce changement est » un coup de la droite du Très-Haut. » Quelque misérable que soit cette vie, Dieu ne laisse pas d'y changer en mieux les vaisseaux de miséricorde, parce qu'encore que sa colère subsiste toujours au milieu de cette malheureuse corruption, elle n'arrête pas néanmoins le cours de ses miséricordes. Puis donc que la vérité de ce divin cantique est accomplie en cette manière, il n'est pas besoin de l'entendre aussi du lieu où ceux qui n'appartiennent pas à la Cité de Dieu seront punis d'un supplice éternel. Que si quelqu'un veut étendre ce passage jusqu'aux tourmens des damnés, qu'il l'explique au moins ainsi, que la colère de Dieu n'arrêtera point le cours de sa miséricorde, même à leur égard, non en les garantissant de ces peines ou en les en délivrant, mais en les leur rendant plus légères qu'ils ne méritent : sentiment néanmoins que je ne prétends pas établir par cela seul que je ne le rejète point.

Pour ceux qui estiment que ceci n'est qu'une menace : « Retirez-vous de moi, maudits, et allez au » feu éternel, » et : « ceux-ci iront au supplice éter-» nel, » et : « Ils seront tourmentés dans les siècles » des siècles, » et encore : « Leur ver ne mourra point » et le feu qui les brûlera ne s'éteindra point; » et autres choses semblables : ce n'est pas tant moi qui les combat et qui les réfute, que l'Ecriture sainte. En effet, les Ninivites ont fait pénitence en cette vie (1);

___
(1) Jonas, 3, 7.

c'est pourquoi elle leur a été utile, ayant comme semé dans ce champ où Dieu a voulu qu'on semât avec larmes ce qu'on moissonnera plus tard avec joie (1). Qui peut nier toutefois que ce que Dieu avait prédit d'eux n'ait été accompli, à moins que de ne pas considérer assez comment Dieu détruit les pécheurs, non-seulement quand il est en colère contre eux, mais aussi quand il leur fait miséricorde ? Il les détruit en deux façons, ou comme les Sodomites, en punissant les hommes même pour leurs péchés ; ou comme les Ninivites, en détruisant les péchés des hommes par la pénitence. Ce que Dieu avait annoncé est donc arrivé. La méchante Ninive a été renversée, et elle est devenue bonne, ce qu'elle n'était pas; et bien que ses murs et ses maisons soient demeuré debout, elle a été ruinée dans ses mauvaises mœurs. Ainsi, quoique le prophète se soit affligé de ce que les Ninivites ne ressentirent pas l'effet qu'ils appréhendaient de ces menaces et de ses prédictions, néanmoins ce que Dieu avait prévu arriva, parce qu'il savait bien que cette prédiction devait être accomplie d'une manière plus favorable.

Mais afin que ces personnes qui ont une sensibilité mal réglée sachent comment l'on doit entendre ces paroles de l'Ecriture : « Seigneur, que la douceur que » vous avez cachée à ceux qui vous craignent est grande » et abondante (2) ! » qu'ils lisent ce qui suit : « Mais » vous l'avez consommée en ceux qui espèrent en

(1) Ps. 125, 6.
(2) Ps. 30, 23.

» vous (1). » Qu'est-ce à dire, vous l'avez cachée à ceux qui vous craignent, et vous l'avez consommée en ceux qui espèrent, sinon que la justice de Dieu n'est pas douce à ceux qui ne le servent que par la crainte de la peine, comme font ceux qui veulent établir leur propre justice en la fondant sur la loi (2)? Comme ils ne connaissent pas la justice de Dieu, ils ne la peuvent goûter. Ils mettent leur espérance en eux-mêmes au lieu de la mettre en lui ; c'est pourquoi l'abondance de la douceur de Dieu leur est cachée, parce qu'à la vérité ils craignent Dieu, mais de cette crainte servile qui n'est point accompagnée d'amour ; car l'amour parfait bannit la crainte (3). Il a donc consommé sa douceur en ceux qui espèrent en lui, en leur inspirant son amour, afin qu'étant remplis d'une crainte chaste que l'amour ne bannit pas, mais qui demeure éternellement, lorsqu'ils se glorifient ils se glorifient dans le Seigneur. En effet, la justice de Dieu, c'est Jésus-Christ qui nous a été donné de Dieu pour être notre sagesse, notre justice, notre sanctification et notre rédemption (4), afin que, comme il est écrit (5), celui qui se glorifie se glorifie dans le Seigneur. Cette justice de Dieu qui est un don de la grace, et non l'effet de nos mérites, n'est pas connue de ceux qui, voulant établir leur propre justice, ne sont point sou-

(1) Ps. 30, 24.
(2) Rom., 10, 3.
(3) I Jean, 4, 18.
(4) I Cor., 1, 30.
(5) II Cor., 10, 17.

mis à la justice de Dieu (1) qui est Jésus-Christ. C'est dans cette justice que se trouve l'abondance de la douceur de Dieu ; d'où vient cette parole du pseaume : « Goûtez et voyez combien le Seigneur est doux (2). » En ce pélerinage nous la goûtons plutôt que nous ne nous en rassassions ; ce qui allume encore davantage la faim et la soif que nous en avons, jusqu'à ce que nous en soyons pleinement rassasiés, lorsque nous le verrons tel qu'il est (3), et que cette parole du psalmiste sera accomplie : « Je serai rassasié quand votre » gloire paraîtra (4). » C'est ainsi que Jésus-Christ consomme l'abondance de sa douceur en ceux qui espèrent en lui. Or, si Dieu cache à ceux qui le craignent l'abondance de cette douceur telle que ceux que nous combattons ici se l'imaginent, parce qu'il ne doit pas damner les méchans, afin que, ne sachant pas ce secret et craignant d'être damnés, ils vivent bien, et qu'ainsi il puisse y en avoir qui prient pour ceux qui vivent mal ; comment la consomme-t-il en ceux qui espèrent en lui, puisque, selon cette rêverie, c'est par cette douceur même qu'il ne doit pas damner ceux qui n'espèrent pas en lui ? Qu'on cherche donc cette douceur qu'il consomme en ceux qui espèrent en lui, et non celle qu'on s'imagine qu'il consommera en ceux qui le méprisent et qui le blasphê-

(1) Rom., 10, 3.
(2) Ps. 33, 8.
(3) I Jean, 3, 2.
(4, Ps. 16, 17.

ment ; car c'est en vain qu'on cherche en l'autre vie ce qu'on a négligé d'acquérir en celle-ci.

Quant à cette parole de l'apôtre : « Dieu a permis » que tous tombassent dans l'infidélité, afin de faire » miséricorde à tous (1), » il ne veut pas dire par là que Dieu ne damnera personne, et son sens est clair. Lorsqu'il écrit aux payens convertis, il leur dit, à propos des juifs qui devaient aussi se convertir dans la suite : « Comme autrefois vous-mêmes vous ne croyiez » point en Dieu, et que maintenant vous avez obtenu » miséricorde, tandis que les juifs sont demeurés in- » crédules ; ainsi les juifs n'ont pas cru pendant que » vous avez obtenu miséricorde, afin qu'un jour ils » l'obtiennent eux-mêmes (2). » Puis il ajoute ce dont ceux-ci se servent pour se tromper, et dit : « Car Dieu » a permis que tous tombassent dans l'infidélité, afin » de faire grace à tous. » Qui *tous?* si ce n'est ceux dont il parlait, c'est-à-dire vous et eux. Dieu a donc laissé tomber dans l'infidélité tous les gentils et tous les juifs qu'il a connus et prédestinés pour être conformes à l'image de son fils (3), afin que se répentant de leur infidélité et en ayant de la confusion, ils eussent recours à la miséricorde de Dieu et s'écriassent avec le psalmiste : « Seigneur, que la douceur que » vous avez cachée à ceux qui vous craignent est » grande et abondante ! Mais vous l'avez consommée

(1) Rom., 11, 32.
(2) Ibid., 30.
(3) Rom., 8, 29.

» en ceux qui espèrent, » non en eux-mêmes, mais *en vous*. Il fait donc miséricorde à tous les vaisseaux de miséricorde. Qu'est-ce à dire à tous? C'est-à-dire à ceux qu'il a prédestinés, appelés, justifiés et glorifiés d'entre les gentils et d'entre les juifs, ne devant damner personne, non de tous les hommes, mais de tous ceux-là.

CHAPITRE XXV.

Contre ceux qui croient que les hérétiques ou les mauvais catholiques seront délivrés des peines de l'enfer par la vertu des sacremens.

Répondons maintenant à ceux qui ne promettent pas cette grace à tous les hommes, mais seulement à ceux qui auront reçu le baptême de Jésus-Christ, et participé à son corps et à son sang, de quelque manière qu'ils aient vécu, et en quelque hérésie ou impiété qu'ils aient été. L'apôtre les réfute lorsqu'il dit : « Les œuvres de la chair sont aisées à connaître,
» comme la fornication, l'impureté, l'impudicité,
» l'idolâtrie, les empoisonnemens, les inimitiés, les
» contentions, les jalousies, les animosités, les divi-
» sions, les hérésies, les envies, l'ivrognerie, la dé-
» bauche et autres choses semblables, dont je vous ai
» déjà dit, et vous le dis encore, que ceux qui com-
» mettent ces crimes ne posséderont point le royaume

» de Dieu. » Ce discours de saint Paul est faux, si des gens de cette sorte possèdent le royaume de Dieu, après quelque temps de souffrances qu'on voudra ; mais comme il ne peut être faux, il s'ensuit qu'ils ne le posséderont point. Or, s'ils ne possèdent jamais le royaume de Dieu, ils seront condamnés au supplice éternel, car il n'y a point de milieu entre ce royaume et l'enfer.

Il faut donc voir comment on doit entendre ce que dit notre Seigneur : « Voici le pain qui est descendu » du ciel, afin que quiconque en mange ne meure » point. Je suis le pain vivant qui suis descendu du » ciel. Si quelqu'un mange de ce pain, il vivra éter- » nellement. » Ceux à qui nous devons répondre en-suite, c'est-à-dire qui ne promettent pas le pardon dont nous parlons à tous ceux qui auront reçu le sacrement de baptême et le corps de Jésus-Christ, mais aux seuls catholiques, quoiqu'ils aient mal vécu, réfutent eux-mêmes ceux auxquels nous répondons maintenant. Ils ne suffit pas, disent-ils, de manger le corps de Jésus-Christ en sacrement, il le faut manger en effet, en faisant véritablement partie de son corps, dont l'apôtre dit : « Nous ne sommes tous ensemble qu'un même » pain et un même corps (1). » Il n'y a donc que celui qui est dans l'unité de son corps dont les fidèles ont coutume de recevoir le sacrement à l'autel, c'est-à-dire qui en est un membre, qu'on puisse dire vérita-ment manger le corps de Jésus-Christ et boire son sang. Ainsi, les hérétiques et les schismatiques, qui sont

---

(1) I Cor., 10, 17.

séparés de l'unité de ce corps, peuvent bien recevoir le même sacrement, mais sans fruit, et même avec dommage, pour être condamnés plus sévèrement, et non pour être délivrés plus tard. Ceux-là ne sont pas dans le lien de paix représenté par ce sacrement.

Mais d'autre part, ceux-ci qui ont raison de soutenir qu'on ne doit pas dire que celui-là mange le corps de Jésus-Christ, qui n'est pas dans le corps de Jésus-Christ, ont tort de promettre la délivrance des peines éternelles à ceux qui sortent de l'unité de ce corps pour se jeter dans l'hérésie ou dans l'idolâtrie : d'abord, parce qu'il n'est pas supportable de prétendre que ceux qui, sortant de l'Eglise catholique, ont formé des hérésies détestables et sont devenus hérésiarques, soient de meilleure condition que ceux qui n'ayant jamais été catholiques, sont tombés dans leurs pièges, puisqu'un déserteur et un ennemi de la foi est pire que celui qui ne l'a jamais abandonnée, pour ne l'avoir jamais reçue : et en second lieu, parce que l'apôtre les combat de même que les premiers, lorsqu'après avoir rapporté les œuvres de la chair, il conclut aussi que « ceux qui commettent ces crimes ne posséderont point » le royaume de Dieu. »

C'est pourquoi ceux même qui vivent dans le désordre, et qui demeurent jusqu'à la fin comme dans la communion de l'Eglise catholique, ne doivent pas se tenir assurés, sous prétexte qu'il est dit que « celui » qui persévérera jusqu'à la fin sera sauvé, » tandis que par leur mauvaise vie ils abandonnent la justice qui donne la vie et qui n'est autre que Jésus-Christ, soit ne se laissant aller à la fornication, ou en déshonorant leur corps par d'autres impuretés que l'apôtre n'a pas seulement voulu nommer, ou en faisant quelqu'une des choses dont il dit que ceux qui les font ne posséderont point le royaume de Dieu. Puis donc que tous ceux qui commettent ces crimes ne peuvent être dans le royaume de Dieu, ils seront indubitablement dans le supplice éternel. On ne peut pas dire que, persévérant dans ces désordres jusqu'à la fin de leur vie, ils aient persévéré en Jésus-Christ jusqu'à la fin, puisque persévérer en Jésus-Christ, c'est persévérer en sa foi. Or, cette foi, selon la définition du même apôtre (1), opère par amour; et l'amour, comme il le dit encore ailleurs (2), ne fait point de mal. Il ne faut donc pas dire que ceux-ci même mangent le corps de Jésus-Christ, puisqu'ils ne doivent pas être comptés parmi ses membres. Sans alléguer d'autres raisons, ils ne sauraient être ensemble les membres du Sauveur et les membres d'une courtisane (3). Enfin, lorsque Jésus-Christ lui-même dit : « Celui qui mange ma » chair et boit mon sang, demeure en moi et moi en » lui (4), » il fait bien voir ce que c'est que manger son corps et boire son sang en effet, et non-seulement en sacrement. C'est demeurer en Jésus-Christ, afin que Jésus-Christ demeure aussi en nous. Et de fait, c'est comme s'il disait : Que celui qui ne demeure point en moi, et en qui je ne demeure point, ne prétende

(1) Galat., 5, 6.
(2) Rom., 13, 10.
(3) I Cor., 6, 15.
(4) Jean, 6, 57.

pas manger mon corps, ou boire mon sang. Ceux-là donc ne demeurent point en Jésus-Christ, qui ne sont point ses membres. Or, ceux-là ne sont point ses membres, qui se font les membres d'une prostituée, à moins qu'ils ne retournent à lui par la pénitence.

CHAPITRE XXVI.

Ce qu'il faut entendre par être sauvé comme par le feu, et avoir Jésus-Christ pour fondement.

Mais les catholiques, disent-ils, ont pour fondement Jésus-Christ, de l'unité duquel ils ne se sont point séparés, quelque mauvaise vie qu'ils aient menée, c'est-à-dire quoiqu'ils aient bâti sur ce fondement du bois, du foin et de la paille. La vraie foi qui fait qu'ils ont Jésus-Christ pour fondement, pourra les délivrer à la fin de l'enfer, bien qu'avec perte pour eux, parce que ce qu'ils auront bâti dessus sera brûlé. Que l'apôtre saint Jacques leur réponde en peu de mots : « Si quel-
» qu'un dit qu'il a la foi et qu'il n'ait point les œu-
» vres, la foi pourra-t-elle le sauver (1)? » Et qui est donc, poursuivent-ils, celui dont l'apôtre saint Paul dit : « Il ne laissera pas pourtant d'être sauvé, mais
» comme par le feu (2)? » Voyons ensemble qui c'est;

(1) Jacq., 2, 14.
(2) I Cor., 3, 15.

mais toujours est-il très certain que ce n'est pas celui dont parle saint Jacques ; autrement ce serait mettre en opposition ces deux apôtres, puisque l'un dit qu'encore que quelqu'un ait de mauvaises œuvres, la foi le sauvera par le feu ; et l'autre, que la foi ne pourra sauver celui qui n'a point de bonnes œuvres.

Nous trouverons quel est celui qui peut être sauvé par le feu, si nous trouvons auparavant ce que c'est qu'avoir Jésus-Christ pour fondement. Pour le découvrir bientôt par le moyen de la comparaison même dont nous nous servons, il faut considérer que dans un édifice on ne met rien avant le fondement. Quiconque donc a de telle sorte Jésus-Christ dans le cœur, qu'il ne lui préfère point les choses terrestres et temporelles, non pas même celles dont l'usage est permis, a Jésus-Christ pour fondement. Mais s'il lui préfère ces choses, bien qu'il semble avoir la foi de Jésus-Christ, il n'a pas Jésus-Christ pour fondement ; combien moins l'a-t-il lorsque, méprisant ses commandemens salutaires, il ne songe qu'à assouvir ses passions ? Ainsi quand un chrétien aime une femme de mauvaise vie, et, s'attachant à elle, devient un même corps avec elle (1), il n'a point Jésus-Christ pour fondement. Mais quand il aime sa femme selon Jésus-Christ, qui doute qu'il n'ait Jésus-Christ pour fondement ? Que s'il l'aime selon le monde et charnellement, comme les gentils qui ne connaissent point Dieu, l'apôtre lui permet encore cela par condescendance, ou plutôt c'est Jésus-Christ qui le lui permet ; dès-lors celui-là peut

---

(1) I Cor., 6, 16.

aussi avoir Jésus-Christ pour fondement, puisque, s'il ne lui préfère point son amour et son plaisir, quoiqu'il bâtisse sur ce fondement du bois, du foin et de la paille, il ne laissera pas d'être sauvé par le feu. Les afflictions, comme un feu, brûleront ces délices et ces amours qui ne sont pas criminelles à cause du mariage, et à ce feu appartiennent les veuvages, les pertes d'enfans, et toutes les autres calamités qui emportent ou traversent ces plaisirs. Ainsi cet édifice fera tort à celui qui l'aura fait, parce qu'il n'aura pas ce qu'il aura édifié, et qu'il sera affligé de la perte des choses dont la jouissance le flattait. Mais il sera sauvé par ce feu à cause du fondement, parce que, si un tyran lui proposait le choix, il ne préférerait pas ces choses à Jésus-Christ. Voyez dans les écrits de l'apôtre un homme qui édifie sur ce fondement de l'or, de l'argent et des pierres précieuses. « Celui, dit-il, qui n'a » point de femme pense aux choses de Dieu et à plaire » à Dieu (1). » Voyez-en maintenant un autre qui édifie du bois, du foin et de la paille. « Mais celui, dit-il, » qui a une femme, pense aux choses du monde et à » plaire à sa femme (2). » « On verra quel est l'ouvrage » de chacun ; car le jour du Seigneur le fera connaî- » tre (3) ; » c'est-à-dire le jour de l'affliction ; « car, » ajoute-t-il, il sera découvert par le feu. » Il appelle l'affliction un feu, comme il est dit ailleurs, que « la » fournaise éprouve les vases du potier, et l'affliction

---

(1) I Cor., 7, 32.
(2) Ibid., 33.
(3) I Cor., 3, 13.

» les hommes justes (1). » « Et le feu découvrira quel » est l'ouvrage de chacun (2). » *Celui dont l'ouvrage demeurera* (car les pensées de Dieu et le soin de lui plaire demeurent), *recevra récompense de ce qu'il aura édifié*, c'est-à-dire qu'il recueillera le fruit de ses pensées et de ses affections. *Mais celui dont l'ouvrage sera brûlé en souffrira la perte* (3), parce qu'il n'aura pas ce qu'il avait aimé. *Il ne laissera pas pourtant d'être sauvé*, parce qu'aucune affliction ne l'a séparé de ce fondement; *mais comme par le feu;* car il ne perdra pas sans douleur ce qu'il possédait avec attache. Nous avons trouvé, ce me semble, un feu qui ne damne aucun de ces deux dont nous parlons, mais qui enrichit l'un, porte préjudice à l'autre, et les éprouve tous deux.

Mais si nous voulons expliquer le feu dont parle ici saint Paul, de celui dont notre Seigneur dit à ceux qui sont à sa gauche : « Retirez-vous de moi, maudits, » et allez au feu éternel; » en sorte que nous mettions de ce nombre-là ceux même qui bâtissent sur le fondement du bois, du foin et de la paille, et que nous prétendions qu'ils sortiront de ce feu en vertu de ce fondement, après y avoir été tourmentés quelque temps pour leurs péchés, quels pensons-nous que ce soient ceux qui sont à la droite et à qui l'on dit : « Venez, vous que mon père a bénits, prenez posses-» sion du royaume qui vous est préparé, » sinon ceux

---

(1) Ecclésiasti., 27, 6.
(2) I Cor., 3, 13.
(3) Ibid., 15.

qui ont bâti sur le fondement de l'or, de l'argent et des pierres précieuses? Si donc par le feu dont parle l'apôtre quand il dit : *Comme par le feu,* on entend le feu d'enfer, il faudra dire que les uns et les autres, c'est-à-dire ceux qui sont à la droite et ceux qui sont à la gauche, y seront également envoyés. Le feu dont il est dit : « Le jour du Seigneur découvrira quel est » l'ouvrage de chacun, et le feu le fera connaître, » éprouvera les uns et les autres; et par conséquent ce n'est pas le feu éternel, puisque celui dont l'ouvrage demeurera, c'est-à-dire ne sera point consumé par ce feu, recevra récompense de ce qu'il aura édifié; et que celui dont l'ouvrage sera brûlé en souffrira de la perte. Ceux-là seuls qui seront à la gauche seront envoyés dans celui-là par une dernière et perpétuelle damnation, au lieu que celui-ci éprouve ceux qui sont à la droite. Mais il les éprouve de telle sorte qu'il ne brûle point l'édifice des uns et brûle celui des autres, sans que cela empêche qu'eux-mêmes ne soient sauvés parce qu'ils ont établi Jésus-Christ pour leur fondement, et l'ont aimé plus que tout le reste. Or, s'ils sont sauvés, ils seront certainement aussi à la droite, et entendront avec les autres : « Venez, vous que » mon père a bénits, prenez possession du royaume » qui vous est préparé, » et non à la gauche où seront les réprouvés, c'est-à-dire ceux à qui l'on dira : « Re- » tirez-vous de moi, maudits, et allez au feu éternel. » Aucun d'entre eux ne sera délivré de ce feu, d'autant qu'ils iront tous au supplice éternel, où leur ver ne mourra point, et le feu qui les brûlera ne s'éteindra point, et où ils seront tourmentés jour et nuit dans les siècles des siècles.

Que si l'on dit que dans l'intervalle de temps qui se passera entre la mort de chacun et le jugement dernier les ames des trépassés souffriront ce feu dont parle saint Paul, et qu'il ne sera senti que de ceux dont il brûlera l'édifice, c'est-à-dire des coupables de péchés véniels qui méritent ce châtiment passager, je ne m'y oppose pas, parce que cela peut être vrai. La mort même du corps, qui est une peine du premier péché et que chacun souffre en son temps, peut faire partie de ce feu. Les persécutions de l'Eglise qui ont couronné tant de martyrs et qu'endurent tous ceux qui sont chrétiens, sont aussi comme un feu qui éprouve ces différens édifices, qui consume les uns avec leurs auteurs, lorsqu'il n'y trouve point Jésus-Christ pour fondement, brûle les autres sans toucher à leurs auteurs qui seront sauvés, quoique avec perte, et épargne absolument les autres, parce qu'ils sont bâtis de sorte qu'ils demeureront éternellement. Il y aura aussi sur la fin du monde, au temps de l'Antechrist, une persécution si horrible, qu'il n'y en a jamais eu de semblable. Combien y aura-t-il alors d'édifices, soit d'or ou de foin, élevés sur le bon fondement qui est Jésus-Christ, que ce feu éprouvera avec dommage pour les uns et joie pour les autres, mais sans perdre ni les uns ni les autres à cause de ce bon fondement? Mais quiconque préfère à Jésus-Christ, je ne dis pas sa femme dont il se sert pour la volupté, mais même d'autres personnes qu'on n'aime pas de cette sorte, comme sont les parens, n'a point Jésus-Christ pour fondement, et ainsi il ne sera pas sauvé par le feu ; et il ne sera point du tout sauvé, parce qu'il ne pourra demeurer avec le Sauveur qui, parlant de ceci très clairement, dit : « Celui qui aime » son père ou sa mère plus que moi n'est pas digne de » moi ; et celui qui aime son fils et sa fille plus que moi » n'est pas non plus digne de moi (1). » Pour celui qui aime humainement ses proches, en sorte néanmoins qu'il ne les préfère pas à Jésus-Christ, et qui aimerait mieux les perdre que lui, si on le mettait à cette épreuve, sera sauvé par le feu, parce qu'il faut que la perte de ces choses cause autant de douleur qu'on y avait d'attache et de plaisir. Enfin, celui qui aime ses parens en Jésus-Christ et qui les aide à s'unir à lui et à acquérir son royaume, ou qui ne les aime que parce qu'ils sont ses membres, à Dieu ne plaise qu'un amour de cette sorte soit un édifice de bois, de foin et de paille que le feu consumera ; c'est un édifice d'or, d'argent et de pierres précieuses. Eh ! comment pourrait-il aimer plus que Jésus-Christ ceux qu'il n'aime que pour Jésus-Christ ?

(1) Matth., 10, 37.

CHAPITRE XXVII.

Contre ceux qui s'imaginent qu'on sera sauvé, quelque vie qu'on mène, pourvu qu'on fasse de bonnes aumônes.

Nous n'avons plus à répondre qu'à ceux qui disent que le feu éternel ne sera que pour ceux qui négligent de faire de dignes aumônes pour leurs péchés, fondés sur cette parole de l'apôtre saint Jacques : « On jugera » sans miséricorde celui qui n'a point fait miséri- » corde. » Celui donc, disent-ils, qui l'a faite, bien qu'il n'ait pas quitté sa mauvaise vie, sera jugé avec miséricorde, de sorte qu'il ne sera point du tout damné, ou il sera enfin délivré de cette damnation. Ils assurent que le discernement que Jésus-Christ fera entre ceux qui seront à la droite ou à la gauche, pour envoyer les uns au royaume et les autres au supplice éternel, ne sera fondé que sur le soin ou la négligence de faire des aumônes. Ils tâchent encore de prouver, par l'oraison dominicale, que les péchés qu'ils commettent tous les jours, quels qu'ils soient, peuvent être remis par ces charités. De même, disent-ils, qu'il n'y a point de jour que les chrétiens ne récitent cette oraison, il n'y a point de crime qu'on commette tous les jours qu'elle n'efface, quand nous disons : « Par- » donnez-nous nos offenses, » si nous avons soin de faire ce qui suit : « comme nous pardonnons à ceux

LIVRE XXI.

» qui nous ont offensés. » Notre Seigneur, ajoutent-ils, ne dit pas : « Si vous pardonnez aux hommes les fautes » qu'ils font contre vous, votre Père vous pardonnera » les péchés légers que vous commettez tous les jours ; mais : « Il vous pardonnera vos péchés. » Ils estiment donc qu'en quelque nombre et de quelque qualité qu'ils soient, quand même on les commettrait tous les jours et qu'on mourrait sans en être sorti auparavant, les aumônes en obtiendront le pardon.

Mais ils ont raison de vouloir que ce soit de dignes aumônes ; car s'ils disaient que tous les crimes, en quelque grand nombre qu'ils soient, seront remis par toute sorte d'aumônes, ils seraient frappés eux-mêmes d'une proposition si absurde. En effet, ce serait dire qu'un homme très riche, en donnant tous les jours quinze ou vingt sous aux pauvres, pourrait racheter des homicides, des adultères et les autres crimes les plus énormes. Que si cela ne se peut avancer sans folie, certainement, si l'on demande quelles sont ces dignes aumônes capables d'effacer les péchés, et desquelles le précurseur même de Jésus-Christ entendait parler quand il disait : « Faites de dignes fruits de pé- » nitence (1), » on ne trouvera pas sans doute que ce soient celles des gens qui commettent tous les jours des crimes ; d'abord, parce que leurs brigandages vont bien plus haut que le peu qu'ils donnent à Jésus-Christ en la personne des pauvres, afin d'acheter tous les jours de lui l'impunité de leurs actions damnables ; et d'ailleurs, quand ils donneraient tout leur bien aux mem-

(1) Matth., 3, 8.

bres de Jésus-Christ pour un seul crime, s'ils ne cessaient de le commettre par le moyen de cette charité qui ne fait point de mal (1), cela ne leur servirait de rien. Que celui donc qui fait de dignes aumônes pour ses péchés, commence à les faire par soi-même. Il n'est pas raisonnable d'exercer envers le prochain une charité qu'on n'exerce pas envers soi-même, puisqu'il est écrit : « Vous aimerez votre prochain comme vous-» même (2), » et encore : « Ayez pitié de votre ame, » en vous rendant agréable à Dieu (3). » Celui donc qui ne fait pas cette aumône à son ame de plaire à Dieu ; comment peut-on dire qu'il fait de dignes aumônes pour ses péchés ? C'est pour cela qu'il est écrit : « A qui peut-être bon celui qui est méchant à soi-» même (4) ? » Les aumônes aident les prières ; c'est pourquoi il faut faire réflexion sur ces paroles : « Mon » fils, vous avez péché, ne péchez plus, et priez Dieu » qu'il vous pardonne vos péchés passés (5) » Nous devons donc faire des aumônes afin d'être exaucés, lorsque nous prions pour nos péchés passés, et non pour obtenir la licence de mal faire.

Or, notre Seigneur a prédit qu'il imputera à ceux qui seront à la droite les aumônes qu'ils auront faites, et à ceux qui seront à la gauche celles qu'ils auront manqué de faire, pour montrer ce que peuvent les

---

(1) I Cor., 13, 4.
(2) Matth., 22, 39.
(3) Ecclésiasti., 30, 24.
(4) Id., 14, 5.
(5) Id., 21, 1.

aumônes pour effacer les péchés commis, et non pour les commettre sans cesse impunément. Mais il ne faut pas croire que ceux qui ne veulent pas changer de vie fassent des aumônes; car ce que Jésus-Christ même leur dit : « Quand vous avez manqué à rendre ces devoirs au » moindre des miens, c'est à moi que vous avez man- » qué à les rendre (1), » témoigne assez qu'ils ne les rendent pas lors même qu'ils les croient rendre. En effet, s'ils donnaient du pain à un chrétien qui a faim, comme à Jésus-Christ, certainement, ils ne se refuseraient pas eux-mêmes le pain de justice, qui est Jésus-Christ, parce que Dieu ne regarde pas à qui l'on donne, mais avec quel esprit on donne. Ainsi, celui qui aime Jésus-Christ dans un chrétien, lui fait l'aumône avec le même esprit qu'il s'approche de ce Sauveur, et non celui par lequel il veut s'en éloigner en demeurant impuni ; et l'on s'éloigne d'autant plus de Jésus-Christ, qu'on aime davantage ce qu'il condamne. En effet, que sert-il d'être baptisé, si l'on n'est justifié ? Celui qui a dit : « Si l'on ne renaît de l'eau » et du saint Esprit, on ne saurait entrer dans le » royaume de Dieu (2), » n'a-t-il pas dit aussi : « Si » votre justice n'est plus grande que celle des scribes » et des pharisiens, vous n'entrerez point dans le » royaume des cieux (3) ? » Pourquoi plusieurs courent-ils au baptême pour éviter le premier, et pourquoi si peu se mettent-ils en peine d'être justifiés pour

(1) Matth., 25, 45.
(2) Jean, 3, 5.
(3) Matth., 5, 10.

éviter le second? Comme celui-là n'appelle pas son frère *fou*, qui, lorsqu'il lui dit cette injure, n'est pas en colère contre son frère, mais contre son vice; car autrement il mériterait l'enfer (1): ainsi, au contraire, celui qui donne l'aumône à un chrétien et qui n'aime pas en lui Jésus-Christ, ne la donne pas à un chrétien. Or, celui-là n'aime pas Jésus-Christ, qui refuse d'être justifié en Jésus-Christ. Et comme il servirait de peu à celui qui appelerait son frère *fou* par colère et sans songer à le corriger, de faire des aumônes pour obtenir le pardon de cette faute, à moins que de se réconcilier avec lui, suivant ce commandement qui nous en est fait au même lieu : « Lorsque vous faites » votre offrande à l'autel, si vous vous souvenez d'a- » voir offensé votre frère, laissez-là votre offrande, et » allez vous réconcilier auparavant avec lui, et puis » vous reviendrez offrir votre présent (2); » ainsi, il sert de peu de faire de grandes aumônes pour ses péchés, quand on demeure dans l'habitude du péché.

Quant à l'oraison de chaque jour que notre Seigneur lui-même nous a enseignée, d'où vient qu'on l'appelle dominicale, elle efface bien les péchés de chaque jour, quand chaque jour on dit : « Pardonnez-nous » nos offenses, » et qu'on ne dit pas seulement, mais qu'on fait ce qui suit: « Comme nous pardonnons à » ceux qui nous ont offensés; » mais on récite cette prière parce qu'on commet des péchés, et non pas pour en commettre. Notre Sauveur nous a voulu mon-

---

(1) Matth., 5, 22.
(2) Ibid., 23.

LIVRE XXI.

trer par là que, quelque bonne vie que nous menions parmi les ténèbres et la langueur où nous sommes, nous commettons tous les jours des fautes pour lesquelles nous avons besoin de prier, et de pardonner à ceux qui nous offensent, si nous voulons que Dieu nous pardonne. Lors donc que notre Seigneur a dit: « Si vous pardonnez aux hommes les fautes qu'ils font » contre vous, votre Père vous pardonnera aussi vos » péchés, » il n'a pas entendu nous donner une fausse confiance en cette oraison, pour commettre tous les jours des crimes, ou par autorité, en nous mettant au-dessus des lois, ou par adresse, en trompant les hommes; mais il a voulu par là nous apprendre à ne nous pas croire exempts de tout péché, quoique nous soyons exempts de crimes; avertissement que Dieu donna aussi autrefois aux prêtres de l'ancienne loi, en leur commandant d'offrir en premier lieu des sacrifices pour leurs péchés, et ensuite pour ceux du peuple. De fait, si nous considérons attentivement les paroles de notre grand et divin maître, nous trouverons qu'il ne dit pas: Si vous pardonnez aux hommes les fautes qu'ils font contre vous, votre Père vous pardonnera aussi vos péchés, quels qu'ils soient; mais: « Votre » Père vous pardonnera aussi vos péchés. » Il enseignait une prière de tous les jours, et parlait à ses disciples qui étaient justes. Qu'est-ce donc à dire, *vos péchés*, sinon ceux dont vous-mêmes, qui êtes justifiés et sanctifiés, ne serez pas exempts? Tandis que nos adversaires, qui cherchent dans cette prière un prétexte pour commettre tous les jours des crimes, prétendent que notre Seigneur a voulu aussi parler des grands péchés, parce qu'il n'a pas dit : Il vous pardonnera les petits péchés, mais : « Il vous pardonnera vos » péchés; » nous, au contraire, considérant ceux à qui il parlait, et lui entendant dire *vos péchés*, nous ne devons entendre par là que les petits, parce que ses disciples n'en commettaient point d'autres; mais les grands même, dont il se faut entièrement défaire par une véritable conversion, ne sont point remis par la prière, si l'on ne fait ce qui est dit au même endroit : « Comme nous pardonnons à ceux qui nous ont of- » fensés. » Que si les fautes, même légères, dont les plus saints ne sont pas exempts en cette vie, ne se pardonnent qu'à cette condition; combien plus les crimes énormes, bien qu'on cesse de les commettre, puisque notre Seigneur dit : « Mais si vous ne » pardonnez point les fautes qu'on commet contre » vous, votre Père ne vous pardonnera point non » plus? » A quoi revient ce que dit l'apôtre saint Jacques, « qu'on jugera sans miséricorde celui qui n'a » point fait miséricorde. » On doit aussi se souvenir de ce serviteur à qui son maître avait remis dix mille talens, qu'il l'obligea à payer ensuite, parce qu'il avait été inexorable envers un autre serviteur comme lui, qui lui devait cent deniers. Ce qu'ajoute le même apôtre, que « la miséricorde l'emporte sur la justice, » a lieu pour ceux qui sont enfans de la promesse, et vaisseaux de miséricorde. Ces justes même qui ont vécu dans une telle sainteté, qu'ils reçoivent dans nos tabernacles éternels ceux qui s'en sont faits des amis par les richesses d'iniquité (1), ne sont devenus tels que par la miséricorde de celui qui justifie l'impie, en lui donnant une récompense gratuite et qu'il n'a point méritée. De ce nombre est l'apôtre, qui dit : « J'ai » obtenu miséricorde pour être fidèle (2). »

Pour ceux qui sont reçus dans les tabernacles éternels par de semblables personnes, il faut avouer que comme ils n'ont pas assez bien vécu pour être sauvés sans le suffrage des saints, la miséricorde à leur égard l'emporte encore bien plus sur la justice. Et néanmoins il ne faut pas s'imaginer qu'un scélérat impénitent soit reçu dans les tabernacles éternels, pour avoir assisté les saints des richesses d'iniquité, c'est-à-dire de son argent ou de ses richesses mal acquises, ou au moins fausses, mais que l'iniquité croit vraies, parce qu'elle ne connaît pas les vraies richesses qui rendent opulens ceux qui reçoivent les autres dans les tabernacles éternels. Il y a donc un certain genre de vie qui n'est pas tellement mauvais, que les aumônes soient inutiles à ceux qui y sont pour gagner le ciel; ni tellement bon, qu'il leur suffise pour acquérir un si grand bonheur, à moins que d'obtenir miséricorde par les mérites de ceux dont ils se sont faits des amis ici-bas par leurs aumônes. A ce sujet, j'ai coutume de m'étonner qu'on trouve même dans Virgile cette parole de notre Seigneur : « Faites-vous des amis des ri-
» chesses d'iniquité, afin qu'ils vous reçoivent dans

---

(1) Luc, 16, 9.
(2) I Tim., 1, 16.

» les tabernacles éternels (1) ; » à quoi revient ce qu'il dit ailleurs : « Celui qui reçoit un prophète en qualité » de prophète, recevra la récompense du prophète ; » et celui qui reçoit un juste en qualité de juste, re- » cevra la récompense du juste (2). » Dans l'endroit où ce poète décrit les champs Elysées que les payens croient être la demeure des ames des bienheureux, non-seulement il y place ceux qui y sont arrivés par leurs propres mérites, mais encore ceux qui ont obligé les autres à se souvenir d'eux par les devoirs et les assistances qu'ils leur ont rendus (3) ; comme s'il leur disait ce mot que les chrétiens ont si souvent à la bouche quand quelqu'un, par humilité, se recommande à quelque homme de bien et lui dit : Souvenez-vous de moi, et tâche de l'y obliger par ses bons offices. Mais de savoir quel est ce genre de vie, et quels sont ces crimes qui ferment l'entrée du ciel, et dont néanmoins on obtient le pardon par l'intercession des saints dont on s'est fait ami, il est très difficile de s'en assurer, et très dangereux de le déterminer. Pour moi, quelque recherche que j'en aie faite jusqu'à cette heure, je ne l'ai pu découvrir. Peut-être cela est-il caché, de peur que nous n'en devenions plus lâches à éviter ces sortes de péchés ; car si nous les connaissions, il se pourrait que nous ne nous missions pas en peine d'en sortir, sous prétexte que les aumônes suffisent pour

(1) Luc, 16, 9.
(2) Matth., 10, 41.
(3) Enéid., 6.

nous en faire obtenir le pardon. Au lieu que maintenant que nous ne les connaissons pas, nous sommes plus obligés de nous tenir sur nos gardes, et de tâcher de nous avancer dans la vertu, sans négliger toutefois de nous faire des amis par le moyen des aumônes.

Mais cette délivrance qu'on obtient, ou par ses prières, ou par l'intercession des saints, ne sert qu'à empêcher d'être envoyé au feu éternel, et non à en sortir quand on y sera une fois. Ceux même qui pensent que ce qui est dit dans l'Evangile (1) de cette bonne terre qui rapporte des fruits en abondance, l'une trente, l'autre soixante et l'autre cent pour un, doit s'entendre des saints, qui, selon la diversité de leurs mérites, délivreront, les uns trente hommes, les autres soixante, et les autres cent, croient que cela arrivera au jour du jugement, et non après. On rapporte à ce propos que quelqu'un voyant que sous ce prétexte les hommes se flattaient d'une fausse impunité, parce qu'il semble par là que tous peuvent être délivrés, répondit agréablement, qu'il valait bien mieux tâcher, par sa bonne vie, d'être du nombre des intercesseurs, de peur qu'il n'y en ait si peu, qu'il n'en demeure beaucoup pour qui ils ne puissent intercéder. En voilà assez pour répondre à ceux qui ne méprisent pas nos Ecritures, mais qui les expliquant mal y trouvent, non ce qui y est, mais ce qu'ils veulent. Finissons donc maintenant ce livre comme nous l'avons promis.

(1) Matth., 13, 8.

REMARQUES

SUR

LE LIVRE XXI.

Page 478, ligne 21. « Les platoniciens ont cru, etc. » Tous les manuscrits portent : *Dixerunt quidem platonici*, pour *quidam*.

Page 480, l. 23. « Avec la plus belle couleur du monde. » Les manuscrits ont *colore pulcherrimus* pour *pulcherrimo*.

Page 481, l. 26. « On verse de l'eau dessus. » *Aqua infunditur*, portent tous les manuscrits, au lieu d'*aquæ*.

Page 482, l. 16. « On dit que cette pierre ne peut être » rompue ni par le fer ni par le feu. » Les progrès de la science ont démontré de nos jours le peu de fondement de cette assertion. (*Note des nouveaux éditeurs.*)

Page 484, l. 10. « Qu'ils nous rendent donc eux-mêmes » raison, etc. » Tous les manuscrits ont *debent* pour *deberent*.

Page 496, l. 21. « Doit suffire pour les convaincre. » On lit dans les manuscrits *quo commoneantur* pour *commoveantur*.

Page 499, l. 26. « Et tomberont dans la seconde mort. » Tous les manuscrits portent : *Propter hoc enim veniet in mortem secundam*, pour *veniet et in mortem*, etc.

Page 501, l. 4. « On peut demander si ce feu, étant ma- » tériel, etc. » *Si non erit ignis incorporalis sicut*, etc. Tous les manuscrits suppriment *noxius*.

REMARQUES.

Page 502, l. 21. « Dont il voulait se servir pour cela. » Les manuscrits portent : *de quo sibi fieri*, pour *ibi*.

Page 508, l. 22. « Or ceux qui souffrent des peines tem- » porelles après la mort ne tombent point dans les éternelles » qui doivent suivre ce jugement. » Tous les manuscrits ont : *Non autem omnes veniunt in sempiternas pœnas, quæ post ilud judicium sunt futuræ, qui post mortem sustinent temporales*, et suppriment *his* avec raison. Ainsi la construction de ce passage est : *Omnes autem qui post mortem sustinent temporales pœnas, non veniunt in sempiternas quæ post illud judicium sunt futuræ.*

Page 513, l. 27. « Pour ne commettre aucun péché mor- » tel. » Le latin a *damnabilia peccata*; mais *damnabile* et *mortiferum* sont la même chose dans saint Augustin, comme cela se justifie par l'épître 50.

Page 520, l. 11. « Corps dont l'apôtre dit. » *De quo dicit apostolus*, c'est-à-dire *de quo corpore*, comme on le voit ensuite par le chapitre 25.

LA CITÉ DE DIEU.

LIVRE XXII.

CHAPITRE PREMIER.

De la condition des anges et des hommes.

Ce dernier livre, ainsi que nous nous y sommes engagés au livre précédent, contiendra le traité de la béatitude éternelle de la Cité de Dieu. Or cette béatitude est appelée éternelle, non parce qu'elle doit long-temps durer, mais parce qu'elle ne doit jamais finir. « Son royaume, comme il est écrit dans l'Evangile, » n'aura point de fin (1). » Cette éternité ne consistera pas dans une révolution continuelle de personnes qui meurent et d'autres qui succèdent à leur place, comme on dit qu'un arbre est toujours vert lorsque de nouvelles feuilles naissant au lieu de celles qui tombent, font toujours le même ombrage; mais en ce que tous ses citoyens seront immortels et que les hommes ac-

(1) Luc, 1, 33.

querront ce que les saints anges n'ont jamais perdu. Dieu tout-puissant qui en est le fondateur fera cette merveille ; car il l'a promis, et il ne peut mentir : et, pour en confirmer la vérité, il a déjà accompli beaucoup de choses qu'il avait promises, sans parler de celles dont il n'avait rien dit.

C'est lui qui dès le commencement a créé le monde rempli de tous les biens visibles et intelligibles, où nous ne voyons rien de meilleur que les esprits qu'il a doués d'intelligence, rendus capables de le connaître et de le posséder, et joints ensemble par les liens d'une même société que nous appelons la Cité sainte et céleste, dans laquelle Dieu même fait leur félicité et leur sert comme de vie et de nourriture. C'est lui qui a donné un libre arbitre à cette nature intelligente, en sorte que si elle voulait abandonner Dieu qui est la source de sa béatitude, elle tombât aussitôt dans la misère ; qui, prévoyant que quelques anges enflés de vanité et voulant mettre leur félicité en eux-mêmes, la perdraient, n'a pas voulu leur ôter ce pouvoir, jugeant qu'il vaut mieux et que c'est l'effet d'une plus grande puissance de se bien servir du mal, que de ne point permettre le mal : mal qui n'aurait jamais été si la nature muable, quoique bonne et créée par le Dieu suprême et le bien immuable qui est l'auteur de tout bien, ne se l'était rendu tel en péchant ; de sorte que son péché même atteste sa bonté originaire. Si elle-même n'était un grand bien, quoique inférieur à son Créateur, certainement l'abandon de Dieu comme de sa lumière, ne pourrait être un mal pour elle. En effet, de même que l'aveuglement est un défaut de l'œil et que cela même témoigne que l'œil a été créé pour voir la lumière, en sorte que son défaut même sert à montrer que ce membre est le plus noble ; ainsi la nature qui jouissait de Dieu nous apprend, même par son désordre, qu'elle a été créée bonne, puisqu'elle n'est misérable que parce qu'elle ne jouit plus de Dieu. C'est lui qui a très justement puni d'une misère éternelle la chute volontaire des anges et qui a donné à ceux qui sont demeurés attachés à ce souverain bien une assurance de ne le perdre jamais, comme la récompense de leur fidélité. C'est lui qui a créé aussi l'homme droit avec le même libre arbitre, animal terrestre à la vérité, mais digne du ciel s'il demeurait attaché à son Créateur, à condition aussi qu'en s'en séparant il tomberait dans la misère convenable à sa nature ; et, prévoyant de même que l'homme pécherait en transgressant sa loi et l'abandonnant, il n'a pas voulu non plus le priver de la puissance de son libre arbitre, parce qu'il prévoyait aussi le bien qu'il devait tirer de ce mal, et qu'il rassemblerait par sa grace un si grand peuple de cette race mortelle justement condamnée, qu'il en pourrait remplir les places des anges prévaricateurs ; de sorte que cette Cité suprême et bien aimée non-seulement ne sera pas privée du nombre de ses citoyens, mais en aura peut-être même davantage.

CHAPITRE II.

De l'éternelle et immuable volonté de Dieu.

Il est vrai que les méchans font beaucoup de choses contre la volonté de Dieu ; mais il est si sage et si puissant qu'il les fait toutes réussir à bien. C'est pourquoi quand on dit qu'il change de volonté, comme par exemple lorsqu'il se met en colère contre ceux à qui il était favorable, c'est plutôt eux qui changent que lui, et ils ne le trouvent changé que parce qu'ils souffrent ; de même que le soleil change pour des yeux malades que la lumière incommode, au lieu qu'auparavant elle leur était agréable, bien qu'il demeure toujours le même en soi. On appelle aussi volonté de Dieu celle qu'il forme dans les cœurs de ceux qui accomplissent ses commandemens, et dont l'apôtre dit : « C'est Dieu qui opère en nous la volonté même (1). » De même que l'on appelle justice de Dieu non-seulement celle par laquelle il est juste lui-même, mais encore celle qu'il produit en l'homme qu'il rend juste ; ainsi l'on appelle loi de Dieu celle qui est plutôt des hommes, mais que lui-même a donnée aux hommes. De fait c'était des hommes à qui Jésus-Christ dit : « Il
» est écrit dans votre loi (2), » quoique nous lisions

(1) Philipp., 2, 13.
(2) Jean, 8, 17.

autre part : « La loi de son Dieu est gravée dans son
» cœur (1). » C'est selon cette volonté que Dieu forme
dans les hommes, qu'on dit qu'il veut ce qu'il ne veut
pas en effet lui-même, mais ce qu'il fait vouloir aux
siens ; comme on dit qu'il a connu une chose qu'il fait
connaître à ceux qui l'ignoraient. Lorsque l'apôtre dit :
« Mais maintenant connaissant Dieu ou plutôt étant
» connus de Dieu (2), » il ne faut pas croire que Dieu
commençât alors à les connaître, eux qu'il connaissait
avant la création du monde (3) ; mais on dit qu'il les
connut alors, parce qu'il les fit connaître. Je me souviens d'avoir déjà dit quelque chose de ces façons de
parler dans les livres précédens. Selon cette volonté
donc par laquelle nous disons que Dieu veut ce qu'il
fait vouloir aux autres qui ne savent pas ce qui doit
arriver, il veut plusieurs choses qu'il ne fait pas.

En effet ses saints veulent beaucoup de choses que
lui-même leur inspire et qui néanmoins n'arrivent
pas ; comme lorsqu'ils prient pour quelqu'un et qu'ils
ne sont pas exaucés, bien que ce soit lui qui les ait
portés à le prier par un mouvement du saint Esprit.
Ainsi, quand les saints inspirés de Dieu veulent et
prient que chacun soit sauvé, nous pouvons dire que
Dieu veut et ne fait pas ; mais, d'après cette volonté
qui est aussi éternelle que sa prescience, il a certainement fait tout ce qu'il a voulu au ciel et en terre,
non-seulement quant aux choses passées ou présentes,

(1) Ps. 36, 33.
(2) Galat., 4, 9.
(3) I Pierre, 1, 20.

mais même à l'égard des futures. Or, avant que le temps arrive auquel il a voulu qu'arrivât ce qu'il a connu et ordonné avant tous les temps, nous disons : Cela arrivera quand Dieu voudra. Que si nous n'ignorons pas seulement le temps auquel une chose doit arriver, mais encore si elle doit arriver, nous disons : Cela arrivera si Dieu veut; non qu'il ait alors une volonté qu'il n'avait pas, mais parce que ce qui est résolu de toute éternité dans sa volonté immuable arrivera alors.

CHAPITRE III.

Promesse de la béatitude éternelle des saints et du supplice éternel des impies.

Ainsi, pour laisser de côté une infinité d'autres choses, de même que nous voyons maintenant s'accomplir en Jésus-Christ ce que Dieu promit à Abraham quand il lui dit : « Toutes les nations seront bénites » en votre semence (1); » ainsi ce qu'il a promis à cette même semence lorsqu'il dit par son prophète : « Ceux qui étaient dans les tombeaux ressusciteront (2), » s'accomplira pareillement; aussi bien que cette autre parole : « Il y aura un ciel nouveau et une » terre nouvelle, et ils ne se souviendront plus du » passé et en perdront entièrement la mémoire;

---

(1) Genès., 22, 8.
(2) Isaïe, 26, 19.

» mais ils trouveront en elle des sujets de joie et
» d'alégresse. Je vais faire de Jérusalem et de mon
» peuple une fête et une réjouissance, et je prendrai
» mon plaisir en Jérusalem et mon contentement en
» mon peuple, et l'on n'y entendra plus désormais ni
» plaintes ni soupirs (1); » et ce qu'il dit par un autre
prophète en s'adressant au prophète même : « En ce
» temps-là tout votre peuple qui se trouvera écrit dans
» le livre sera sauvé, et plusieurs de ceux qui dorment
» dans la poussière de la terre (2), » ou selon d'autres
interprètes, « dans des monceaux de terre, ressusci-
» teront, les uns pour la vie éternelle, et les autres pour
» recevoir un opprobre et une confusion éternelle; »
et ailleurs par le même prophète : « Les saints du Très-
» Haut recevront le royaume, et ils le posséderont
» jusque dans le siècle, et jusque dans les siècles des
» siècles (3) ; » et un peu après : « Et son royaume
» sera un royaume éternel (4) ; » et autres promesses
semblables que j'ai rapportées dans le vingtième livre
ou que j'ai omises, et qui se trouvent néanmoins dans
l'Ecriture. Toutes ces choses arriveront comme celles
que les incrédules ne pensaient pas devoir arriver. C'est
le même Dieu qui a promis les unes et les autres ;
c'est lui qui a prédit que les unes et les autres arrive-
raient, lui devant qui tremblent les divinités des

(1) Isaïe, 65, 17.
(2) Dan., 12, 1.
(3) Id., 7, 18.
(4) Ibid., 27.

payens, comme le témoigne Porphyre même, l'un de leurs plus célèbres philosophes.

CHAPITRE IV.

Contre ceux qui s'imaginent que des corps terrestres ne peuvent demeurer dans le ciel.

Mais ces hommes si savans et si sages, s'opposant à la force d'une autorité si grande qui a porté toutes sortes de personnes à croire et à espérer ce que nous disons, s'imaginent avoir trouvé un argument fort subtil contre la résurrection des corps quand ils allèguent ce qui est rapporté par Cicéron au troisième livre de la République. Après avoir dit qu'Hercule et Romulus sont devenus dieux d'hommes qu'ils étaient auparavant, cet orateur ajoute : « Mais leurs corps » n'ont pas été enlevés au ciel ; car la nature ne souffre » pas que ce qui est formé de la terre demeure autre » part qu'en terre. » Voilà le grand raisonnement de ces sages dont le Seigneur connaît les pensées et voit qu'elles sont vaines (1). Si nous étions seulement des ames, c'est-à-dire des esprits sans corps, habitant le ciel sans savoir qu'il y a des animaux terrestres, et que l'on vînt nous dire alors qu'un jour nous serions unis d'un lien admirable aux corps terrestres pour les animer ; n'aurions-nous pas encore plus de

---

(1) Ps. 93, 11.

sujet de n'en rien croire, et n'alléguerions-nous pas avec beaucoup plus de vraisemblance que la nature ne peut souffrir l'alliance d'une chose spirituelle avec une corporelle? Cependant la terre est pleine d'esprits à qui des corps terrestres sont joints d'une manière admirable. Pourquoi donc un corps terrestre ne pourra-t-il pas être enlevé parmi les corps célestes, si Dieu le veut ainsi, puisqu'un esprit qui est plus excellent que tous les corps et par conséquent qu'un corps céleste, a pu être attaché à un corps terrestre? Est-ce qu'une si petite partie de terre a pu retenir une chose qui vaut mieux qu'un corps céleste, afin d'en recevoir la vie et le sentiment ; et que le ciel dédaignera de la recevoir en cet état où elle est vivante et animée, ou ne la pourra retenir, elle qui tire sa vie et son sentiment d'une chose plus excellente que tout corps céleste? Mais cela n'a pas lieu maintenant, parce que le temps destiné par celui qui a fait une chose que l'habitude a rendu vile, et qui est toutefois beaucoup plus merveilleuse que ce qu'ils ne veulent pas croire, n'est pas encore venu. N'aurions-nous pas sujet de nous étonner davantage de ce que des esprits incorporels, plus excellens que tout corps céleste, soient unis à des corps terrestres, plutôt que de ce que des corps, quoique terrestres, soient élevés dans des demeures célestes à la vérité, mais corporelles, si nous n'avions coutume de voir le premier, et que c'est ce que nous sommes ; au lieu que nous n'avons jamais vu l'autre, et que ce n'est pas encore notre nature? Certes, si nous consultons la raison, nous trouverons qu'il est beaucoup plus merveilleux de joindre des corps à des esprits que d'unir des corps à des corps, bien que ces corps soient différens, et que les uns soient célestes et les autres terrestres.

CHAPITRE V.

Preuve de la résurrection des corps.

MAIS je veux que cela ait été autrefois incroyable. Voilà le monde qui croit maintenant que le corps de Jésus-Christ, tout terrestre qu'il est, a été emporté au ciel. Voilà les doctes et les ignorans qui croient que la chair ressuscitera et qu'elle montera au ciel, et il en est très peu qui demeurent incrédules. S'ils croient une chose croyable, que ceux qui ne la croient pas considèrent combien ils sont stupides ; et s'ils croient une chose incroyable, il n'est pas moins incroyable qu'on se soit porté à croire une chose de cette nature. Le même Dieu a donc prédit ces deux choses incroyables, que les corps ressusciteraient et que le monde le croirait (1) ; et il les a prédites toutes deux bien long-temps avant que l'une des deux arrivât. De ces deux choses incroyables nous en voyons déjà une arrivée, qui est que le monde croirait une chose incroyable ; pourquoi désespérons-nous de voir l'autre, puisque celle qui est arrivée n'est pas moins difficile à croire ? Que si nous considérons la manière dont le monde a cru,

(1) Matth., 26, 13.

elle paraîtra encore plus incroyable. Jésus-Christ a envoyé un petit nombre d'hommes grossiers et ignorans qui n'avaient aucune teinture des belles lettres, point de grammaire, point de dialectique, point de rhétorique, en un mot de pauvres pêcheurs ; il les a envoyés, dis-je, à la mer de ce siècle avec les seuls filets de la foi, et ils ont pris une infinité de poissons de toute espèce, et entre autres des philosophes même, malgré qu'ils fussent plus difficiles à prendre. A ces deux choses incroyables ajoutons, s'il vous plaît, cette troisième qui ne l'est pas moins. Voilà donc déjà trois choses incroyables qui néanmoins sont arrivées. Il est incroyable que Jésus-Christ soit ressuscité en sa chair, et qu'avec cette même chair il soit monté au ciel. Il est incroyable que le monde ait cru une chose si incroyable. Il est incroyable qu'un petit nombre d'hommes vils, inconnus, ignorans, aient pu persuader une chose si incroyable au monde et aux savans du monde. De ces trois choses incroyables nos adversaires ne veulent pas croire la première ; ils sont contraints de voir la seconde, et ils ne la sauraient comprendre à moins que de croire la troisième. Pour la résurrection de Jésus-Christ et son ascension au ciel en la chair où il est ressuscité, elle est déjà prêchée et crue dans tout l'univers. Si elle n'est pas croyable, d'où vient qu'on la croit par toute la terre ? Si plusieurs personnes illustres et éclairées ont dit qu'ils l'ont vue, et ont eu soin de publier cette merveille, il n'est pas étrange que le monde l'ait crue, et il faut être bien opiniâtre pour ne la pas croire ; mais si, comme il est vrai, le monde a cru un petit nombre d'hommes inconnus et ignorans sur ce qu'ils en ont rapporté, pourquoi une poignée d'opiniâtres et d'entêtés ne croiront-ils pas ce que tout le monde croit? Et le monde a cru à ces sortes de témoins méprisables, parce que la majesté de Dieu a paru en eux avec bien plus d'éclat. L'éloquence dont ils se sont servis pour persuader le monde n'a pas consisté en paroles, mais en miracles; de sorte que ceux qui n'avaient pas vu Jésus-Christ ressusciter et monter au ciel avec son corps n'ont pas eu de peine à le croire, lorsque ceux qui leur disaient l'avoir vu confirmaient leur témoignage par une infinité de prodiges. En effet, ils voyaient des hommes qui ne pouvaient savoir au plus que deux langues, parler tout d'un coup toutes les langues du monde; un boiteux dès le ventre de sa mère marcher droit à leur parole et au nom de Jésus-Christ après quarante ans d'infirmité; les linges qu'ils avaient touchés guérir les malades; leur ombre faire le même effet; et une infinité d'autres merveilles, sans parler des morts qu'ils ressuscitaient. Que si nos adversaires tombent d'accord que tout cela est arrivé comme nous le lisons, voilà bien des choses incroyables que nous ajoutons aux trois premières; et il faut qu'ils soient bien opiniâtres pour ne pas croire une chose incroyable telle qu'est la résurrection du corps de Jésus-Christ et son ascension au ciel, puisque nous la confirmons par tant d'autres choses qui ne sont pas moins incroyables et qui néanmoins sont arrivées. Que si au contraire ils ne croient pas que les apôtres aient fait ces miracles pour établir la foi de la résurrection et de l'ascension de Jésus-

Christ, ce seul miracle nous suffit pour que toute la terre l'ait cru sans miracles.

CHAPITRE VI.

Rome a fait par amour un dieu de Romulus, son fondateur, et l'Eglise a aimé par la foi son Seigneur Jésus-Christ.

Il n'est pas hors de propos de rapporter ici ce que dit Cicéron touchant la divinité de Romulus, et comment il admire qu'elle ait été crue. Voici ses propres paroles : « Ce qu'il y a de plus admirable en Romulus,
» c'est que les autres hommes qui ont été faits dieux,
» vivaient dans des siècles grossiers où il était aisé de
» persuader aux peuples tout ce qu'on voulait ; mais il
» n'y a pas encore six cents ans que Romulus vivait,
» lorsque les sciences florissaient déjà depuis long-
» temps dans le monde, et que toute la barbarie en
» avait été chassée ; » et un peu après : « Par où il pa-
» raît qu'Homère a été bien des années avant Ro-
» mulus, tellement que les hommes étant dès-lors
» éclairés et les siècles polis, il était difficile de rien
» feindre. En effet, l'antiquité a reçu des fables qui
» étaient même quelquefois assez mal inventées ; mais
» le siècle de Romulus était trop instruit pour rien
» admettre qui ne fût au moins vraisemblable (1). »

(1) Cic., l. 3 de Rep.

L'un des plus savans hommes du monde et le plus éloquent qui ait jamais été, Cicéron, dit que c'est une merveille qu'on ait cru la divinité de Romulus, parce que ce siècle était trop savant pour ajouter foi à des fables ; cependant, qui a cru que Romulus était un dieu, si ce n'est Rome, et encore Rome naissante ? Ceux qui vinrent après furent obligés de conserver ce qu'ils avaient reçu de leurs ancêtres, et après avoir sucé cette superstition avec le lait, ils la répandirent parmi les peuples que Rome fit passer sous son joug ; de sorte qu'encore qu'ils n'en crussent rien, ils ne laissaient pas de dire que Romulus était un dieu pour ne pas offenser la maîtresse du monde qui s'était engagée dans cette opinion par un excès d'affection envers son fondateur, plutôt que parce qu'elle aimait à se tromper. Pour Jésus-Christ, quoiqu'il soit le fondateur de la Cité céleste et éternelle, celle-ci ne l'a pas cru dieu parce qu'il l'a fondée, mais il l'a fondée parce qu'elle l'a cru dieu. Rome, déjà construite et dédiée, a dressé un temple à son fondateur, où elle l'a adoré comme un dieu ; mais la Jérusalem dont nous parlons a établi Jésus-Christ dieu pour fondement de sa foi, afin de pouvoir être bâtie et consacrée. Celle-là a cru dieu Romulus parce qu'elle l'aimait ; et celle-ci croyant que Jésus-Christ est dieu l'a aimé. De même donc que quelque circonstance a précédé l'amour de celle-là, et lui a fait croire aisément même un faux avantage de celui qu'elle aimait ; ainsi, quelque chose a précédé la créance de celle-ci, pour lui faire aimer sans précipitation un avantage très véritable de celui en qui elle croit. Sans parler de tant de miracles qui ont établi la divinité de Jésus-Christ, nous avons des prophéties de lui dont nous n'attendons pas l'accomplissement comme nos pères, mais qui sont déjà accomplies. Il n'en est pas ainsi de Romulus. On lit ce qui lui est arrivé pour avoir bâti Rome et y avoir régné, sans que cela eût été prédit de lui antérieurement. L'histoire nous dit bien qu'on a cru qu'il avait été reçu au nombre des dieux, mais elle ne le prouve point; elle n'apporte aucun miracle pour justifier la vérité de cette apothéose. On parle d'une louve qui nourrit les deux frères, ce que les historiens relèvent comme une grande merveille; mais qu'est-ce que cela pour montrer qu'un homme est dieu? Quand cette louve aurait été une bête et non pas une courtisane, ce prodige aurait été commun aux deux frères, et cependant il n'y en a qu'un qui passe pour dieu. D'ailleurs, à qui a-t-on défendu de dire que Romulus, Hercule ou semblables hommes étaient des dieux, et qui a mieux aimé mourir que de ne le pas dire? Ou plutôt, y aurait-il jamais eu une seule nation qui eût adoré Romulus, sans la crainte du nom romain? Et cependant, qui pourrait seulement nombrer tous ceux qui ont mieux aimé perdre la vie par les plus cruels tourmens, que de nier la divinité de Jésus-Christ? Ainsi, la crainte d'une légère indignation des Romains obligeait quelques états sujets à leur empire d'adorer Romulus comme un dieu; et la crainte des plus horribles supplices, et de la mort même, n'a su empêcher tant de martyrs, par toute la terre, non-seulement d'adorer Jésus-Christ comme un dieu, mais même de le confesser publiquement. La Cité de Dieu n'a point combattu alors contre ses persécuteurs pour la conservasion d'une vie temporelle, bien qu'elle fût encore pélerine sur la terre, et qu'elle eût une nombreuse armée de peuples; mais plutôt elle ne leur a point résisté pour acquérir la vie éternelle. Ils étaient liés, mis en prison, battus, tourmentés, brûlés, déchirés, égorgés, et tout cela ne servait qu'à en augmenter le nombre. Ils ne croyaient pas combattre pour leur salut, s'ils ne le méprisaient pour l'amour du Sauveur.

Je sais qu'au troisième livre de la République de Cicéron, si je ne me trompe, on soutient qu'un état bien réglé n'entreprend jamais la guerre que pour garder sa foi, ou pour se conserver. Or, Cicéron explique ailleurs ce qu'il entend par *se conserver*, lorsqu'il dit : « Les particuliers se dérobent souvent par une
» prompte mort à la pauvreté, à l'exil, à la prison,
» au fouet, et aux autres peines que souffrent les in-
» sensés ; mais la mort même qui semble affranchir les
» autres de toute peine, est une peine pour un état,
» qui doit être éternel. Ainsi, la mort n'est point na-
» turelle à une république comme elle l'est à l'homme
» qui, non-seulement la doit subir malgré qu'il en
» ait, mais qui souvent même la doit souhaiter. Mais
» quand une république est détruite, c'est à propor-
» tion comme si le monde périssait et était détruit. »
Cicéron dit cela parce qu'il croyait, avec les platoniciens, que le monde durera toujours. Il est donc constant qu'il veut qu'une république entreprenne la guerre pour sa conservation, c'est-à-dire pour demeurer éternelle ici-bas, encore que les particuliers qui la composent naissent et meurent par une continuelle révo-

lution, comme un arbre conserve toujours le même ombrage, quoique ses feuilles tombent et que d'autres prennent leur place. La mort, selon lui, n'est pas une peine pour les particuliers, puisque souvent elle les délivre de toute peine, mais seulement pour tout un état : à partir de là on peut demander avec raison si les Sagontins firent bien, quand ils aimèrent mieux que leur république pérît, que de manquer de foi aux Romains, car les citoyens de la Cité de la terre les louent de cette action. Mais je ne vois pas comment ils pouvaient suivre cette maxime de Cicéron, qu'il ne faut entreprendre la guerre que pour garder sa foi, ou pour se conserver, puisque l'on ne dit point laquelle de ces deux choses on doit préférer à l'autre, au cas qu'on ne puisse conserver l'une sans perdre l'autre. En effet, les Sagontins ne pouvaient se sauver sans trahir la foi qu'ils devaient aux Romains, ni garder leur foi sans se perdre, comme cela arriva. Il n'en est pas de même du salut de la Cité de Dieu. On le conserve, ou plutôt on l'acquiert avec la foi et par la foi, et l'on n'y peut arriver quand on l'a perdue. C'est cette pensée d'un cœur ferme et généreux qui a fait un si grand nombre de martyrs, tandis que Romulus n'en a pu avoir un seul qui ait soutenu sa divinité prétendue.

CHAPITRE VII.

Le monde a cru en Jésus-Christ par une vertu divine, et non par une persuasion humaine.

Mais il est ridicule d'alléguer la fausse divinité de Romulus, quand nous parlons de Jésus-Christ. Cependant, si, dès le temps de Romulus, c'est-à-dire environ six cents ans avant Cicéron, le monde était déjà si poli, qu'il rejetait comme faux tout ce qui n'était pas vraisemblable, à combien plus forte raison depuis, du temps de Cicéron même, et surtout ensuite sous les règnes d'Auguste et de Tibère, qui étaient des siècles plus raffinés, aurait-on rejeté la résurrection de Jésus-Christ en la chair et son ascension au ciel comme une chose impossible, si la vérité divine ou la véritable divinité, et une infinité de miracles n'eussent montré qu'elle avait pu se faire, et même qu'elle s'était faite? De là vient que, malgré tant de cruelles persécutions, on a cru et prêché hautement la résurrection et l'immortalité de la chair qui a précédé en Jésus-Christ, et qui doit s'accomplir un jour dans tous les autres, et que cette croyance a été semée par toute la terre pour croître et se fortifier de plus en plus par le sang des martyrs. Lorsque les prophéties se sont jointes aux miracles, la vérité trouva entrée dans les esprits, et l'on reconnut qu'elle était plutôt contraire à la coutume qu'à la raison, jusqu'à ce que le monde, qui persécutait les chrétiens avec fureur, se rangeât de leur côté et embrassât la foi.

CHAPITRE VIII.

Des miracles qui ont été opérés pour faire croire le monde en Jésus-Christ, et qui ne cessent pas de s'opérer depuis qu'il y croit.

Pourquoi donc, disent-ils, ces miracles que vous dites avoir été faits, ne se font-ils plus maintenant? Je pourrais répondre qu'ils étaient nécessaires avant que le monde crût pour le porter à croire. A présent, quiconque demande encore des prodiges pour croire, est lui-même un grand prodige de ne pas croire, tandis que toute la terre croit. Mais ils ne nous font cette objection que pour empêcher qu'on ne croie que ces miracles soient véritablement arrivés. D'où vient donc qu'on publie si hautement partout que Jésus-Christ est monté au ciel avec son corps? D'où vient qu'en des siècles polis où l'on rejetait tout ce qui paraissait impossible, le monde a cru sans miracles des choses tout-à-fait incroyables? Diront-ils qu'elles ont été crues, parce qu'elles étaient croyables? Que ne les croient-ils donc eux-mêmes? Voici à quoi se réduit tout notre raisonnement : Ou des choses incroyables qui se voyaient ont persuadé une chose incroyable qu'on ne voyait pas; ou cette chose était tellement croyable, qu'elle n'avait pas besoin de miracles pour être crue ; et en ce cas, vit-on jamais une plus grande opiniâtreté que celle de nos adversaires ? C'est là ce qu'on peut répondre aux plus entêtés. Que plusieurs miracles ne se soient faits pour attester ce grand et salutaire miracle par lequel Jésus-Christ est ressuscité et monté au ciel avec sa propre chair, c'est ce qu'on ne peut nier. En effet, les livres sacrés ne rapportent pas seulement ces merveilles, mais déclarent pour quelle raison elles ont été faites. Ces choses ont été connues pour donner la foi aux hommes, et la foi qu'elles leur ont donnée les fait encore bien plus connaître. On les lit aux peuples afin qu'ils croient, et néanmoins on ne les leur lirait point si elles n'avaient été crues. Il se fait encore des miracles au nom de Jésus-Christ, soit par ses sacremens, ou par les prières et les reliques de ses saints, mais ils ne sont pas si célèbres que les premiers. Le canon des saintes Lettres, qui devait être répandu partout, fait lire ceux-là en tous lieux, et les consacre à la mémoire de tous les peuples; mais ceux-ci ne se savent qu'aux endroits où ils arrivent, et souvent à peine sont-ils connus de toute une ville ou de tout un voisinage, surtout quand la ville est un peu grande ; outre que l'autorité de ceux qui les rapportent n'est pas assez considérable pour ne laisser aucun lieu d'en douter.

Le miracle qui arriva à Milan lorsque nous y étions, quand un aveugle recouvra la vue, a pu être connu de plusieurs, parce que la ville est grande, que l'empereur y tenait alors sa cour, et que cela se passa à la vue d'une infinité de peuple qui était accouru pour voir les corps des saints martyrs Gervais et Protais, qui furent révélés en songe à l'évêque Ambroise, et par la vertu desquels cet aveugle fut guéri. Mais qui, à l'exception d'un très petit nombre de personnes, a ouï parler à Carthage de la guérison miraculeuse d'Innocent, autrefois avocat de la préfecture, où nous nous trouvâmes présens et que nous vîmes de nos propres yeux? Comme il était très pieux, aussi bien que toute sa maison, il nous avait reçus chez lui mon frère Alipius et moi au retour de notre voyage d'outre-mer, n'étant pas encore clercs, mais cependant déjà engagés au service de Dieu, tellement que nous demeurions avec lui. Les médecins le traitaient de certaines hémorroïdes qu'il avait en grande quantité et qui lui faisaient beaucoup de mal. Ils y avaient déjà appliqué le fer et tâchaient d'achever le reste par des médicamens. Cette opération avait été fort douloureuse ; mais les médecins avaient oublié par mégarde une hémorroïde et manqué à l'ouvrir ; de sorte que toutes les autres étant guéries, celle-là seule était demeurée, sans que tout ce que les médecins y faisaient servît de rien. Le malade se défiant de ces longueurs et appréhendant extrêmement qu'il ne lui fallût encore faire une incision, comme le lui avait prédit un autre médecin, son domestique, que ceux-ci avaient empêché d'assister à l'opération et que son maître tout en colère avait chassé de la maison et reçu après avec beaucoup de difficulté ; le malade, dis-je, s'écria un jour tout hors de lui : Est-ce que vous m'inciserez encore? Faudra-t-il que je souffre ce que m'a prédit celui que vous avez chassé? Alors ils commencèrent à se moquer de l'ignorance de ce médecin et à rassurer le malade par de belles promesses. Cependant plusieurs jours se passent et tout ce qu'on faisait était inutile. Les médecins néanmoins persistaient toujours à dire qu'ils guériraient cette hémorroïde par la force de leurs onguens, sans y appliquer le fer. Ils firent encore venir leur vieux confrère Ammonius, assez fameux pour ces sortes de cures, qui, après avoir visité le mal, en porta le même jugement que les autres; de sorte que le malade, s'assurant là-dessus, commençait déjà à railler son médecin domestique de ce qu'il lui avait prédit qu'il faudrait faire une nouvelle incision. Que dirai-je de plus? Après beaucoup de temps inutilement écoulé, à la fin étant las et confus, ils furent obligés d'avouer qu'il n'y avait que le fer qui le pût guérir. Ce discours épouvanta extrêmement le malade; il en pâlit; et, dès qu'il fut un peu revenu de sa frayeur et qu'il put parler, il leur commanda de s'en aller et de ne plus revenir. Après avoir pleuré et s'être tourmenté long-temps, il n'eut point d'autre ressource que de faire venir un certain Alexandrin, chirurgien célèbre, pour faire ce qu'il ne voulait pas que les autres fissent. Mais comme Alexandrin fut venu et qu'il eut reconnu par les cicatrices le soin et l'industrie des médecins qui l'avaient traité, il lui conseilla en homme de bien de les reprendre et de ne pas les priver du fruit de leur travail. Il ajouta qu'en effet il ne pouvait guérir qu'en souffrant encore une incision, mais qu'il n'était pas d'humeur à vouloir remporter la gloire d'une cure si avancée et dans laquelle il admirait le soin et l'adresse de ceux qui l'avaient pansé. Le malade se réconcilia donc avec ses médecins; il fut résolu qu'ils feraient l'incision en présence d'Alexandrin, et l'opération fut remise au lendemain. Cependant, les médecins s'étant retirés, le malade tomba dans une si profonde tristesse que toute la maison en fut remplie de deuil, comme s'il eût déjà été mort; et nous avions bien de la peine à les consoler. Il était visité tous les jours d'un grand nombre de personnes pieuses, et entre autres de Saturnin d'heureuse mémoire, évêque d'Uzales, et de Gélose, prêtre, avec quelques diacres de l'église de Carthage. De ce nombre était aussi l'évêque Aurèle, qui seul de tous ceux-là est encore vivant, avec lequel nous nous sommes entretenu souvent de ceci, et il s'en souvenait fort bien. Comme ceux-ci venaient sur le soir voir le malade comme à l'ordinaire, il les pria de la manière la plus attendrissante d'assister le lendemain matin à ses funérailles plutôt qu'à ses souffrances; car les incisions précédentes lui avaient fait tant de mal, qu'il croyait fermement mourir entre les mains des médecins. Ils le consolèrent du mieux qu'ils purent, et l'exhortèrent à se confier en Dieu et à se soumettre à sa volonté. Ensuite nous nous mîmes en oraison, et nous étant agenouillés et prosternés en terre selon notre coutume, il s'y jeta avec tant d'impétuosité qu'il semblait que quelqu'un l'eût fait tomber rudement, et il commença à prier. Mais qui pourrait exprimer de quelle manière, avec quelle ardeur, quel transport, quel torrent de larmes, quels gémissemens et quels sanglots, tellement que tous ses membres en tremblaient et qu'il en était presque suffoqué ? Je ne sais si les autres priaient et si tout cela ne les détournait point; pour moi, je ne le pouvais faire, et je dis seulement en moi-même ce peu de mots : Seigneur, quelles prières de vos serviteurs exaucerez-vous si vous n'exaucez celles-ci ? Il me paraissait qu'on n'y pouvait rien ajouter, sinon d'expirer en priant. Nous nous levâmes, et après avoir reçu la bénédiction de l'évêque, nous nous retirâmes, le malade priant les assistans de se trouver chez lui le lendemain matin, et eux l'exhortant à avoir bon courage. Le jour venu que l'on appréhendait tant, les serviteurs de Dieu arrivèrent comme ils l'avaient promis. Les médecins entrent ; on prépare tout ce qui était nécessaire pour l'opération ; on tire les redoutables ferremens ; chacun demeure étonné et en suspens. Ceux qui avaient le plus d'autorité l'encouragent, tandis qu'on le met en posture commode pour celui qui devait faire l'incision ; on délie les bandages, on découvre l'endroit, le médecin regarde, et cherche de l'œil et de la main l'hémorroïde qu'il devait ouvrir. Enfin, après avoir bien regardé, il trouve une cicatrice très ferme. Il n'y a point de paroles qui puissent exprimer la joie que tous ceux qui étaient présens ressentirent en ce moment, et les actions de graces qui furent rendues à Dieu ; il vaut mieux le laisser penser que de le dire.

Dans la même ville de Carthage, une femme très dévote et des plus qualifiées, nommée Innocente, avait un cancer à la mamelle, mal incurable selon les médecins. On a coutume de couper la partie où est le mal, ou si l'on veut prolonger un peu sa vie, de n'y rien faire du tout, et c'est, à ce qu'on dit, le sentiment d'Hippocrate. Cette dame avait appris ceci d'un savant médecin son ami, de sorte qu'elle n'avait plus recours qu'à Dieu. La fête de Pâques étant proche, elle fut avertie en songe de prendre garde à la première femme qui se présenterait à elle au sortir du baptistère, et de la prier de faire le signe de la croix sur son mal. Cette femme le fit, et Innocente fut guérie à l'heure même. Le médecin qui lui avait dit de n'employer aucun remède si elle voulait vivre un peu plus long-temps, la voyant parfaitement guérie, lui demanda ce qu'elle avait fait pour cela, étant sans doute bien aise d'apprendre un remède qu'Hippocrate avait ignoré. Mais comme elle le lui dit, il lui répondit agréablement : Je pensais que vous m'alliez dire quelque chose de bien merveilleux ; et comme il accompagnait cette réponse d'une mine si dédaigneuse que cette sainte femme avait grande peur qu'il n'allât dire quelque parole outrageuse contre Jésus-Christ : Quelle grande merveille, ajouta-t-il aussitôt, que Jésus-Christ ait guéri un cancer, lui qui a ressuscité un mort de quatre jours ? Lorsque j'eus appris ce qui s'était passé, je me mis en colère qu'un si grand miracle, arrivé dans une si grande ville et à une personne de cette condition, demeurât caché ; je fus même sur le point de l'en quereller. Mais comme elle m'eût répondu qu'elle ne l'avait pas passé sous silence, je demandai à quelques dames de ses amies particulières qui étaient alors avec elle, si elles le savaient, et m'ayant répondu que non : Voilà, dis-je, comme vous le publiez ; vos meilleures amies n'en savent rien ! Comme elle ne m'avait rapporté la chose que succinctement, je la lui fis recommencer tout au long devant ces dames qui en furent on ne peut plus étonnées et en rendirent gloire à Dieu.

Un médecin goutteux de la même ville ayant donné son nom pour être baptisé, vit en songe, la nuit qui précéda son baptême, de petits enfans noirs frisés qu'il prenait pour des démons, qui lui défendirent de se faire baptiser cette année-là. Sur son refus de leur obéir, ils lui marchèrent sur les pieds, en sorte qu'il y sentit des douleurs plus cruelles qu'il n'avait jamais fait; ce qui ne l'empêcha pas de se faire baptiser le lendemain comme il l'avait promis à Dieu; et il sortit des eaux salutaires du baptême non-seulement guéri de ces douleurs extraordinaires, mais encore de sa goutte, sans qu'il en eût jamais depuis aucune atteinte. Qui a entendu parler de ce miracle? Cependant nous le savons, et avec nous un petit nombre de nos frères du voisinage, aux oreilles de qui il est arrivé.

Un habitant de Curube fut guéri dans les fonts baptismaux d'une paralysie et d'une hernie, et en sortit comme s'il n'avait jamais rien eu de tout cela. Qui connaît ce miracle que ceux de Curube, et peut-être quelques autres en fort petit nombre? Pour nous, quand nous l'apprîmes, nous fîmes venir cet homme à Carthage par l'ordre du saint évêque Aurèle, quoique nous en eussions été informés par des personnes très dignes de foi.

Hespérius, qui est parmi nous et qui sort d'une famille tribunitienne, a une métairie au territoire de Fussales, appelée Zubédi, où ayant reconnu que les esprits malins tourmentaient ses esclaves et son bétail, il pria nos prêtres en mon absence que quelqu'un d'eux y allât pour les en chasser par ses oraisons. Il y en alla un qui offrit le sacrifice du corps de Jésus-Christ avec de vives prières pour faire cesser cette vexation; et aussitôt elle cessa par la miséricorde de Dieu. Or Hespérius avait reçu d'un de ses amis un peu de la terre sainte de Jérusalem où Jésus-Christ fut enseveli et ressuscita le troisième jour; et il l'avait suspendue dans sa chambre pour se garantir lui-même de l'infestation du démon. Lorsque sa maison en fut délivrée, il pensa à ce qu'il ferait de cette terre, qu'il ne voulait plus par respect garder dans sa chambre. Il arriva par hasard que mon collègue Maximin, évêque de Synite, et moi, étions pour lors proche de là; il nous fit prier de l'aller voir, nous y allâmes; et, après nous avoir fait le récit de tout ce qui s'était passé, il nous pria d'enfouir cette terre quelque part où les chrétiens pussent s'assembler pour y faire le service de Dieu. Nous y consentîmes. Il y avait proche de là un jeune paysan paralytique qui, sur cette nouvelle, pria ses parens de le porter sans différer en ce lieu saint, où il ne fut pas plutôt qu'il s'en retourna de son pied parfaitement guéri, après avoir fait son oraison.

Dans une métairie nommée Victorienne, distante de six ou sept lieues (1) d'Hippone, il y a une châsse de deux martyrs de Milan, Gervais et Protais. On y porta un jeune homme qui, étant allé sur le midi, en été, abreuver son cheval à la rivière, fut possédé par le démon. Comme il était étendu par terre auprès de la châsse, de même que s'il eût été mort, la dame du lieu y vint sur le soir selon sa coutume avec ses servantes et quelques religieuses, pour y chanter des hym-

---

(1) De trente milles.

nes et y faire sa prière. Alors le démon frappé et comme réveillé par ces voix, prit en frémissant terriblement une corne de l'autel sans oser ou sans pouvoir la remuer, comme s'il eût été lié, et, priant d'une voix pitoyable qu'on lui pardonnât, confessa quand, comment et en quel endroit il s'était saisi de ce jeune garçon. A la fin, promettant de sortir, il nomma toutes les parties de son corps, avec menaces de les couper en sortant; et en disant cela il sortit. Mais l'œil de ce pauvre garçon tomba sur sa joue, suspendu par une petite veine comme par une racine, et sa prunelle devint toute blanche. Ceux qui étaient présens et qui s'étaient mis en prière avec les personnes qui étaient accourues au bruit, touchés de ce spectacle, quoique bien aises de voir ce jeune homme revenu à son bon sens, étaient affligés de la perte de son œil et disaient qu'il fallait appeler un médecin. Alors le beau-frère de celui qui l'avait apporté là prenant la parole : Dieu, dit-il, qui a chassé le démon à la prière de ses saints, peut bien aussi lui rendre la vue. Là-dessus il remit comme il put l'œil à sa place et le banda avec son mouchoir, qu'il laissa comme cela pendant sept jours ; après quoi l'ayant ôté, il le trouva parfaitement guéri. D'autres trouvèrent aussi en ce lieu leur guérison ; mais cela serait trop long à rapporter ici.

Je connais une fille d'Hippone qui, s'étant frottée d'une huile où le prêtre qui priait pour elle avait mêlé ses larmes, fut aussitôt délivrée du malin esprit. Je sais que la même chose arriva à un jeune homme la première fois qu'un évêque qui ne l'avait point vu pria pour lui.

Il y avait à Hippone un vieillard nommé Florence, homme pauvre et dévot, qui vivait de son métier de tailleur. Comme il eut perdu sa casaque et qu'il n'avait pas de quoi en acheter une autre, il courut au tombeau des vingt martyrs qui est fort célèbre parmi nous, et les pria tout haut de l'habiller. Quelques jeunes gens qui se trouvèrent là par hasard et qui avaient envie de rire, l'ayant entendu, le suivirent quand il sortit et se mirent à le railler comme s'il eût demandé cinquante oboles aux martyrs pour avoir un habit. Mais lui continuant toujours son chemin sans rien dire vit un grand poisson qui se débattait sur le rivage, qu'il prit à l'aide de ces jeunes gens, et le vendit trois cents oboles à un cuisinier chrétien nommé Catose, à qui il raconta tout ce qui s'était passé. Il se disposait à acheter de la laine afin que sa femme lui fit un habit comme elle pourrait ; mais le cuisinier, ayant ouvert le poisson, lui trouva dans le ventre une bague d'or, de sorte que, touché de compassion et effrayé de cette merveille, il la porta à cet homme, disant : Voilà comme les vingt martyrs ont pris soin de vous vêtir.

L'évêque Préjectus ayant apporté à Tibilis des reliques du très glorieux martyr saint Etienne, il se fit un grand concours de peuple à ce reliquaire. Une femme aveugle des environs pria qu'on la menât à l'évêque qui portait ce sacré dépôt, donna des fleurs pour les faire toucher aux reliques, et après qu'on les lui eût rendues, les porta à ses yeux et recouvra la vue aussitôt. Tous ceux qui étaient présens furent extrêmement surpris de ce miracle ; mais elle marcha la première devant eux et n'eut plus besoin de guide.

Lucille, évêque de Synite, ville dans le voisinage d'Hippone, portant en procession les reliques du même martyr, fut guéri tout d'un coup d'une fistule qui lui faisait grand mal et que les médecins étaient sur le point d'ouvrir.

Euchaire, prêtre d'Espagne, qui demeurait à Calame, fut guéri d'une pierre qui le tourmentait depuis long-temps, par les reliques du même martyr, que l'évêque Possidius y apporta. Le même étant tombé dans un autre maladie qui le mit si bas qu'on le croyait mort, revint par le moyen de sa robe qu'on jeta sur lui, après l'avoir fait toucher aux reliques de saint Etienne.

Il y avait là un homme fort âgé, nommé Martial, des plus considérables de la ville, qui avait une grande aversion de la Religion chrétienne. Sa fille était chrétienne et son gendre avait été baptisé la même année. Ceux-ci le voyant malade, le conjurèrent avec larmes de se faire chrétien; mais il le refusa et les chassa en colère d'auprès de lui. Son gendre trouva à propos d'aller au tombeau de saint Etienne pour demander à Dieu la conversion de son beau-père. Il le fit avec beaucoup de ferveur et prit quelques fleurs de l'autel, qu'il mit sous la tête du malade comme il était déjà nuit. Alors son beau-père s'étant endormi, il n'était pas encore jour qu'il cria qu'on courût chercher l'évêque qui pour lors était avec moi à Hippone, et à son défaut il fit venir des prêtres à qui il dit qu'il était chrétien et qui le baptisèrent au grand étonnement de tout le monde. Tant qu'il vécut il eut toujours ces mots en la bouche: Seigneur Jésus, recevez mon esprit;

sans savoir que ces paroles, qui furent les dernières qu'il prononça, avaient aussi été les dernières que dit saint Etienne quand les juifs le lapidèrent (1).

Deux goutteux furent aussi guéris par le même saint, l'un citoyen et l'autre étranger ; celui-là en un moment, celui-ci ayant eu révélation de ce qu'il devait faire quand la douleur le presserait.

Audure est une terre où il y a une église, et dans cette église une chapelle de saint Etienne. Il arriva par hasard que comme un petit enfant jouait dans la cour, des bœufs qui traînaient un chariot, sortant de leur chemin, firent passer la roue sur lui et le tuèrent sur le champ. Sa mère l'emporta, et, l'ayant mis proche la châsse du saint, non-seulement il recouvra la vie, mais il ne parut pas même qu'il eût été blessé.

Une religieuse qui demeurait à Caspale, terre proche de là, étant fort malade et désespérée des médecins, on porta sa robe à la même châsse ; mais la religieuse mourut avant qu'on l'eût rapportée. Ses parens néanmoins en couvrirent son corps, et elle ressuscita et fut guérie.

A Hippone, un nommé Bassus de Syrie priait devant les reliques de ce martyr pour sa fille qui était dangereusement malade, lorsque quelques-uns de ses gens accoururent lui dire qu'elle était morte ; mais quelques-uns de ses amis qu'ils rencontrèrent en chemin les empêchèrent de lui annoncer cette nouvelle, de peur qu'il ne pleurât devant tout le monde. Comme il fut de retour au logis qui retentissait des plaintes et

---

(1) Act., 7, 58.

des cris de ses domestiques, et qu'il eût jeté la robe de sa fille qu'il apportait de l'église sur son corps, elle revint incontinent en vie.

Le fils d'un certain Irénée, collecteur des impôts, était mort dans la même ville; dans le temps que l'on se préparait à faire ses funérailles, un des amis du père lui conseilla de faire frotter son corps de l'huile du même martyr : ce qui ayant été fait, l'enfant ressuscita.

Le tribunitien Eleusinus qui avait mis son fils sur une châsse de saint Etienne placée dans une maison qu'il possède au faubourg d'Hippone, le remporta vivant, après avoir prié pour lui avec beaucoup de larmes.

Je pourrais encore rapporter beaucoup d'autres miracles; mais que ferai-je? il faut bien finir cet ouvrage. Je ne doute point que plusieurs des nôtres qui liront ceci ne soient fâchés que j'en aie omis beaucoup qu'ils savent aussi bien que moi; mais je les prie de m'excuser et de considérer combien il serait long de faire ce que je suis obligé, pour finir, de ne faire pas. Si je voulais seulement rapporter toutes les guérisons qui se sont opérées à Calame et à Hippone par le glorieux martyr saint Etienne, elles contiendraient plusieurs volumes; encore ne serait-ce que celles dont on a dressé des relations pour les lire au peuple; car nous avons ordonné qu'on en dressât, lorsque nous avons vu de notre temps plusieurs miracles semblables à ceux d'autrefois, persuadés que nous étions qu'il n'en fallait pas laisser perdre la mémoire. Or, il n'y a pas encore deux ans que cette relique est à Hippone, et bien qu'on n'ait pas dressé des relations de tous les miracles qui se sont faits depuis, toutefois il s'en trouve déjà près de soixante et dix lorsque j'écris ceci. Mais à Calame, où les reliques de ce saint martyr sont plus anciennement et où l'on a plus de soin de faire ces relations, le nombre en monte bien plus haut.

Nous savons que plusieurs miracles illustres sont arrivés à Uzales, colonie proche d'Utique, par les reliques du même martyr que l'évêque Évode y a apportées bien auparavant qu'il y en eût à Hippone; mais on n'a pas coutume d'y faire des relations, au moins cela ne se pratiquait pas autrefois; peut-être le fait-on maintenant. Comme nous y étions il n'y a pas longtemps, une dame de grande condition, nommée Pétronia, ayant été guérie miraculeusement d'une langueur qui avait épuisé tous les remèdes des médecins, nous l'exhortâmes, avec l'agrément de l'évêque, d'en dresser une relation qui fût lue au peuple; ce qu'elle m'accorda fort obligeamment. Elle y inséra une chose que je ne puis oublier ici, quoique je me hâte de passer à ce qui reste. Elle dit qu'un Juif lui persuada de porter sur elle à nud une ceinture de cheveux où il y eût une bague dont le chaton fût fait d'une pierre trouvée dans les reins d'un bœuf. Cette femme, portant cette ceinture sur elle, venait à l'église du saint martyr. Mais étant un jour partie de Carthage, comme elle se fut arrêtée dans une de ses terres sur les bords du fleuve de Bragade, et qu'elle se leva ensuite pour continuer son chemin, elle fut toute étonnée de voir son anneau à ses pieds; tellement que, tâtant sa ceinture pour voir si elle ne s'était point défaite, et la trouvant bien liée, elle crut que l'anneau s'était rompu ; mais, l'ayant trouvé très entier, elle prit ce prodige pour une assurance de sa guérison, et, déliant sa ceinture, elle la jeta avec l'anneau dans la rivière. Ceux-là n'ont garde de le croire qui ne croient pas que le Seigneur Jésus est sorti du ventre de sa mère sans blesser sa virginité, et entré, les portes fermées, dans le lieu où étaient ses disciples. Mais qu'ils s'informent au moins de ceci, et, s'ils le trouvent vrai, qu'ils croient le reste. C'est une dame illustre, de grande naissance et mariée avantageusement ; elle demeure à Carthage, la ville est grande, la personne connue ; il ne se peut faire que ceux qui s'informeront de ce miracle ne trouvent ce qui en est. Au moins le martyr même, par les prières duquel elle a été guérie, a cru au fils d'une vierge et en celui qui est entré les portes fermées où étaient ses disciples. En un mot, et tout ce que nous disons présentement n'est que pour en venir là, il a cru en celui qui est monté au ciel avec le même corps dans lequel il était ressuscité, et si tant de merveilles s'opèrent par son intercession, c'est qu'il a donné sa vie pour maintenir cette foi. Il se fait encore aujourd'hui beaucoup de miracles ; le même Dieu qui a fait ceux que nous lisons fait ceux-ci par les personnes qu'il lui plaît et comme il lui plaît ; mais ces derniers ne sont pas si connus, parce qu'une fréquente lecture ne les imprime pas dans la mémoire comme les autres. Aux lieux même où l'on prend le soin d'en faire des relations, ceux qui sont présens lorsqu'on les lit ne les entendent qu'une fois, et il y en a beaucoup qui n'y sont pas présens. Ceux même qui les ont entendues lire ne les retiennent pas, et à peine s'en trouve-t-il un seul de ceux-là qui les rapporte aux autres.

En voici un qui est arrivé parmi nous, qui n'est pas plus grand que ceux dont j'ai fait mention, mais qui est si illustre, que je ne crois pas qu'il y ait personne à Hippone qui ne l'ait vu ou qui n'en ait ouï parler; personne qui le puisse jamais oublier: Dix frères, dont sept garçons et trois filles, natifs de Césarée en Cappadoce, et d'assez bonne condition, ayant été maudits par leur mère pour quelqu'outrage qu'ils lui firent après la mort de leur père, furent miraculeusement frappés d'un horrible tremblement de membres; de sorte que ne pouvant souffrir la confusion qu'ils en recevaient dans leur pays, ils s'enallèrent, chacun de leur côté, errer dans tout l'empire romain. Il en vint deux à Hippone, un frère et une sœur, Paul et Palladie, déjà fameux par leur disgrace en beaucoup d'endroits. Ils y arrivèrent environ quinze jours avant la fête de Pâques, et ils visitaient tous les jours l'église où il y avait des reliques du glorieux saint Etienne, priant Dieu d'apaiser sa colère et de leur rendre leur première santé. Partout où ils allaient ils attiraient sur eux les yeux de toute la ville; et quelques-uns qui les avaient vus ailleurs, et qui savaient la cause de ce tremblement, le disaient aux autres. Le jour de Pâques venu, et une grande multitude de peuple se trouvant déjà dans l'église, comme le jeune homme tenait les balustres du lieu où était la relique du martyr, il tomba tout-à-coup, et demeura par terre comme endormi, sans toutefois trembler comme il avait coutume même en dormant. Cet accident étonna tout le monde, et plusieurs en furent touchés ; et comme quelques-uns voulaient le relever, d'autres les en empêchèrent, et dirent qu'il valait mieux attendre l'issue de son sommeil, lorsque le jeune homme se leva sur ses pieds sans trembler, car il était guéri, regardant ceux qui le regardaient. Qui put s'empêcher alors de rendre grace à Dieu ? Toute l'église retentit de cris de joie, et l'on court promptement à moi pour me le dire à l'endroit où j'étais assis, comme j'étais prêt de m'avancer vers le peuple. Ils venaient l'un sur l'autre, le dernier m'annonçant cette nouvelle, comme si je ne l'avais pas apprise du premier. Comme je m'en réjouissais et en rendais grace à Dieu en moi-même, le jeune homme guéri entra lui-même avec les autres, et se jeta à mes pieds ; je l'embrassai et le relevai. Nous nous avançâmes vers le peuple ; l'église était toute pleine et l'on n'entendait partout que ces mots : Dieu soit béni, Dieu soit loué. Je saluai le peuple, et ils recommencèrent encore plus fort les mêmes acclamations. Enfin, comme chacun eût fait silence, on lut quelques leçons de l'Ecriture. Quand le temps où je devais parler fut venu, je fis un petit discours selon l'exigence du temps et la grandeur de cette joie, aimant mieux qu'ils considérassent l'éloquence de Dieu dans une œuvre si magnifique, que dans mes paroles. Le jeune homme dîna avec nous, et nous raconta en détail toute l'histoire de son malheur et de celui de ses frères et de sa mère. Le lendemain, après le sermon, je promis au peuple de lui en lire le récit le jour suivant. Le troisième jour donc d'après le dimanche de Pâques, comme on en faisait la lecture, je fis mettre le frère et la sœur sur les degrés du lieu où je montais pour parler au peuple, afin qu'on les pût voir. Tout le peuple les regardait tous deux, l'un dans une assiette tranquille, et l'autre tremblante de tous ses membres; de sorte que ceux qui ne l'avaient pas vu, apprenaient par la sœur la miséricorde que Dieu avait faite au frère. Dans le fait, ils voyaient ce dont il se fallait réjouir pour lui, et ce qu'il fallait demander pour elle. Là-dessus, comme on eût achevé de lire la relation, je les fis retirer; et je commençais à faire quelques réflexions sur cette histoire, lorsqu'on entendit de nouvelles acclamations qui venaient du tombeau du saint martyr. Toute l'assistance se tourna aussitôt de ce côté là, et tout le monde y courut. Cette jeune fille ne fut pas plutôt descendue des degrés où je l'avais fait mettre, qu'elle alla à la châsse du martyr y faire ses prières; mais dès qu'elle en eut touché les barreaux, elle tomba comme son frère, et se releva parfaitement saine. Comme nous demandions ce qui était arrivé, et d'où venaient ces cris de joie, ils entrèrent avec elle dans la basilique où nous étions, la ramenant guérie du tombeau du martyr. Alors il s'éleva un si grand cri de joie, qu'on croyait que cela ne finirait point. Elle fut conduite au même lieu où on l'avait vue tremblante un peu auparavant, et on se réjouissait de la voir aussi saine que son frère. Ils considéraient la bonté de Dieu d'avoir prévenu leurs prières, et de les avoir exaucés sur la seule volonté de le prier pour elle; aussi il s'élevait de toutes parts de si grands cris d'alégresse, qu'à peine les pouvait-on entendre sans incommodité. Qu'y avait-il dans le cœur de ces gens qui leur causait une si grande satisfaction, sinon la foi de Jésus-Christ, pour laquelle saint Etienne avait répandu son sang ?

CHAPITRE IX.

Tous les miracles opérés par les martyrs au nom de Jésus-Christ sont autant de témoignages de la foi qu'ont eue les martyrs en ce Sauveur.

A qui ces miracles rendent-ils témoignage, si ce n'est à cette foi qui prêche que Jésus-Christ est ressuscité avec un corps, et monté au ciel avec un corps? Les martyrs même ont été les martyrs, c'est-à-dire les témoins de cette foi, et c'est en la soutenant qu'ils se sont attiré la haine et les persécutions du monde qu'ils ont vaincu, non en résistant, mais en mourant. C'est pour cette foi que sont morts ceux qui peuvent impétrer ces graces du Seigneur pour la gloire de qui ils sont morts. C'est pour cette foi qu'ils ont tant souffert, afin que leur patience fût suivie de ces chefs-d'œuvre de puissance. Si la résurrection de la chair n'a pas précédé dans Jésus-Christ, ou ne doit pas arriver comme elle a été annoncée par ce Sauveur, ou prédite par les prophètes qui l'ont annoncé lui-même, pourquoi les martyrs, qui ont été égorgés pour cette foi qui prêche la résurrection, ont-ils tant de pouvoir? En effet, soit que Dieu fasse ces miracles par lui-même ou par ses ministres, c'est-à-dire ou par les esprits des martyrs, comme s'ils étaient encore au monde, ou par le ministère des anges, les martyrs y interposant seulement leurs prières, ou de quelque autre manière incompréhensible aux hommes; toujours faut-il tomber d'accord qu'ils rendent témoignage à cette foi qui prêche la résurrection éternelle des corps.

CHAPITRE X.

Les miracles des faux dieux ne méritent pas d'être crus comme ceux des martyrs.

Ils diront peut-être que leurs dieux ont fait aussi quelques merveilles. Voilà qui va bien s'ils commencent déjà à comparer leurs dieux aux hommes qui sont morts parmi nous. Diront-ils qu'ils ont aussi des dieux tirés du nombre des hommes morts, comme Hercule, Romulus, et plusieurs autres qu'ils pensent avoir été reçus au rang des dieux ? Mais nous ne croyons point que nos martyrs soient des dieux, parce que nous savons que notre Dieu est le leur; et cependant, les miracles que les payens prétendent avoir été faits par les temples de leurs dieux, ne sont nullement comparables à ceux qui se font par les tombeaux de nos martyrs. Que si quelques-uns paraissent semblables, nos martyrs ne laissent pas de vaincre leurs dieux, comme Moïse vainquit les mages de Pharaon

Or, les démons opèrent ces prodiges par le même orgueil qui les a portés à vouloir être dieux ; au lieu que nos martyrs les font, ou plutôt Dieu les fait par eux ou à leurs prières, afin d'établir de plus en plus cette foi qui nous fait croire qu'ils ne sont pas nos dieux, mais qu'ils n'ont qu'un même Dieu avec nous. Enfin, ils ont bâti des temples à des dieux de cette sorte, leur ont dressé des autels, institué des prêtres, et fait des sacrifices ; mais pour nous, nous ne construisons point des temples à nos martyrs comme à des dieux, mais des tombeaux comme à des hommes morts dont les esprits sont vivans devant Dieu ; et nous n'y dressons point des autels pour leur offrir des sacrifices ; mais nous immolons un sacrifice à Dieu seul, qui est notre Dieu et le leur. En ce sacrifice, ils sont nommés en leur lieu et en leur ordre, comme des hommes de Dieu qui ont vaincu le monde en le confessant ; mais l'évêque qui sacrifie ne les invoque point. C'est à Dieu et non pas à eux qu'il sacrifie, quoiqu'il sacrifie en mémoire d'eux, parce qu'il est prêtre de Dieu et non des martyrs. Pour le sacrifice, c'est le corps de Jésus-Christ, qui ne leur est pas offert, parce qu'eux-mêmes sont aussi ce corps. Aux miracles de qui croira-t-on donc plutôt, ou de ceux qui veulent passer pour dieux auprès de ceux pour qui ils les font, ou de ceux qui ne les font que pour établir la foi de la divinité de Jésus-Christ ? de ceux qui veulent consacrer leurs crimes, ou de ceux qui ne veulent pas même qu'on consacre leurs louanges, mais qu'on les rapporte à la gloire de celui en qui on les loue ? C'est en Dieu que leurs ames sont louées (1). Ajoutons donc foi et à leurs discours, et à leurs miracles, puisqu'ils ont souffert la mort en disant la vérité, afin de pouvoir faire les miracles que nous voyons. Une des principales vérités qu'ils ont prêchée, c'est que Jésus-Christ est ressuscité, et qu'il a fait voir en sa chair le premier exemple de l'immortalité de la résurrection qu'il nous a promise, ou au commencement du nouveau siècle, ou à la fin de celui-ci.

CHAPITRE XI.

Contre les platoniciens, qui prétendent prouver par le poids des élémens, qu'un corps terrestre ne peut demeurer dans le ciel.

CONTRE cette grace signalée de Dieu, ces philosophes, dont Dieu sait que les pensées sont vaines (2), argumentent par le poids des élémens. Ils ont appris de Platon, leur maître, que les deux plus grands corps du monde, et les plus éloignés l'un de l'autre, sont joints et unis par deux qui sont au milieu, c'est-à-dire par l'air et par l'eau. Ainsi, disent-ils, puisque la terre est le premier corps en montant, l'eau le second, l'air le troisième, et le ciel le quatrième, un corps terres-

---

(1) Ps. 33, 2.
(2) Ps. 93, 11.

LIVRE XXII.

tre ne peut pas être dans le ciel. Chaque élément est balancé par son propre poids, pour tenir son rang et sa place. Voilà les argumens dont la faiblesse présomptueuse des hommes se sert pour combattre la toute-puissance de Dieu. Que font donc tant de corps terrestres dans l'air, qui est le troisième au-dessus de la terre ? Si ce n'est qu'on ne veuille dire que celui qui a donné aux corps terrestres des oiseaux la faculté de s'élever en l'air par la légèreté de leurs plumes, ne pourra donner aux corps des hommes devenus immortels, la vertu de demeurer même au plus haut des cieux. Les animaux terrestres qui ne peuvent voler, comme sont les hommes, devraient vivre sous la terre, comme les poissons, qui sont des animaux aquatiques, vivent sous l'eau. Pourquoi un animal terrestre ne tire-t-il pas au moins sa vie du second élément qui est l'eau, au lieu de la tirer du troisième ? Pourquoi, appartenant à la terre, ne peut-il vivre dans le second élément qui est sur la terre, sans être suffoqué, et qu'il faut qu'il vive dans le troisième ? Y a-t-il quelque chose à dire dans l'ordre des élémens ? ou le défaut ne vient-il pas plutôt de leur raisonnement que de la nature ? Je ne reviendrai pas sur ce que j'ai déjà dit au treizième livre, qu'il y a beaucoup de corps terrestres pesans, comme le plomb, à qui l'art peut donner certaines figures qui les font nager sur l'eau : et l'on refusera au souverain artisan le pouvoir de donner au corps humain une qualité qui l'élève et le retienne dans le ciel ?

Il y a plus : ils ne peuvent pas même se servir de l'ordre des élémens pour combattre ce que j'ai avancé ci-dessus ; car la terre est tellement la première en montant, et les autres élémens de suite, que l'ame est au-dessus de tout cela par sa nature. En effet, Aristote prétend que c'est un cinquième corps, et Platon que ce n'est point un corps. Si c'était un cinquième corps, certainement il serait au-dessus de tous les autres ; mais comme ce n'en est pas un, elle les surpasse encore bien autrement. Que fait-elle donc dans un corps terrestre ? Que fait la chose la plus subtile, la plus légère et la plus active de toutes dans une masse si grossière, si pesante et si tardive ? Une nature si excellente ne pourra-t-elle pas élever son corps dans le ciel ? et si maintenant des corps terrestres ont bien la vertu de retenir les ames en bas, les ames ne pourront-elles pas un jour élever en haut des corps terrestres ?

En outre, si nous voulons examiner les miracles de leurs dieux qu'ils opposent à ceux de nos martyrs, ne trouverons-nous pas encore qu'ils font pour nous ? Si jamais leurs dieux en. rien fait d'extraordinaire, certainement c'est ce que rapporte Varron, qu'une vestale accusée d'impudicité puisa de l'eau du Tibre dans un crible, qu'elle porta à ses juges sans qu'il s'en répandit une goutte. Qui soutenait sur le crible l'eau qui est pesante ? Qui empêchait qu'il n'en tombât rien à terre, nonobstant tant d'ouvertures ? Ils répondront que c'est quelque dieu ou quelque démon. Si c'est un dieu, en est-il un plus puissant que celui qui a créé le monde ? et si c'est un démon, est-il plus puissant qu'un ange qui obéit au Dieu créateur du monde ? Si donc un moindre dieu, ange ou démon, a pu tenir suspendu un élément pesant et liquide, en sorte qu'on eût dit que l'eau eût changé de nature, un Dieu tout-puissant, qui a créé tous les élémens, ne pourra-t-il ôter à un corps terrestre sa pesanteur, pour le faire habiter où voudra l'esprit qui lui donnera la vie ?

D'ailleurs, puisqu'ils mettent l'air entre le feu et l'eau, au-dessous de l'un et au-dessus de l'autre, d'où vient que nous le trouvons souvent entre deux eaux, ou entre l'eau et la terre ? Qu'est-ce que les nuées selon eux, que de l'eau ? et cependant ne trouve-t-on pas l'air entre elles et les mers ? Par quel poids et quel ordre des élémens, des torrens d'eau très impétueux sont-ils suspendus au-dessus de l'air dans les nuées, avant que de courir au-dessous de l'air sur la terre ?

Et enfin, pourquoi l'air est-il entre le ciel et la terre dans toutes les parties du monde, si sa place est entre le ciel et l'eau, comme celle de l'eau est entre l'air et la terre ? Davantage si l'ordre des élémens est comme le veut Platon, que les deux extrêmes, c'est-à-dire le feu et la terre, soient unis par deux autres qui sont au milieu, l'air et l'eau, et que le feu occupe le plus haut du ciel, et la terre la plus basse partie du monde comme son fondement, et qu'ainsi la terre ne puisse pas être dans le ciel, pourquoi le feu est-il sur la terre ? Par la même raison, ces deux élémens, la terre et le feu, le plus bas et le plus haut, doivent être tellement chacun à leur place, que, comme ils ne veulent pas que celui qui doit être en bas puisse être en haut, il ne faut pas non plus que celui qui doit être en haut puisse être en bas. Comme ils ne pensent donc pas qu'il puisse jamais y avoir la moindre particule de terre dans le ciel, nous ne devrions voir non plus la moindre particule du ciel sur la terre. Cependant il est si bien non-seulement sur la terre, mais sous la terre, que les sommets des montagnes le vomissent ; sans parler qu'il sert sur la terre aux différens usages des hommes, et qu'il naît même de la terre, puisqu'il s'engendre du bois et des cailloux qui sont sans doute des corps terrestres. Mais le feu d'en haut, disent-ils, est un feu tranquille, pur, innocent et éternel ; au lieu que celui-ci est actif, plein de fumée, corruptible et corrompant. Il ne corrompt pas pourtant les montagnes et les cavernes où il brûle continuellement. Mais je veux qu'il soit différent de l'autre, afin de pouvoir servir à nos besoins. Pourquoi donc ne veulent-ils pas que nous croyions que la nature des corps terrestres, devenue un jour incorruptible, s'ajustera avec le ciel ; comme maintenant le feu corruptible s'ajuste avec la terre ? Ils ne sauraient donc tirer aucun avantage du poids ni de l'ordre des élémens pour montrer qu'un Dieu tout-puissant ne fera pas nos corps de telle sorte qu'ils puissent même demeurer dans le ciel.

CHAPITRE XII.

Objections des payens contre la résurrection des corps.

Mais ils ont coutume d'éplucher fort pointilleusement la résurrection de la chair, et de nous demander, pour se moquer de notre croyance, si les enfans venus avant terme ressusciteront ; et comme notre Seigneur a dit que le moindre cheveu de notre tête ne périra point (1), si la taille et la force seront égales en tous, ou si les corps seront de différente grandeur. Si tous les corps sont égaux, comment les enfans avortés auront-ils alors ce qu'ils n'ont pas eu ici, s'ils ressuscitent? ou s'ils ne ressuscitent pas, parce qu'ils ne sont pas nés, mais ont coulé, ils font la même difficulté sur les petits enfans venus à terme, à qui la même taille manque lorsqu'ils meurent enfans. Nous ne pouvons pas dire que ceux qui n'ont pas seulement été engendrés, mais régénérés, ne ressusciteront point. De plus, ils demandent de quelle stature seront les corps dans cette égalité. S'ils sont tous aussi grands et aussi puissans que ceux qui ont été ici les plus grands, ils demandent ou plusieurs prendront ce qui leur manquait ici-bas pour être d'une si grande taille. Et si, comme dit l'apôtre (2), nous parviendrons tous à la mesure de l'âge parfait de Jésus-Christ ; et si, selon le même apôtre (3), Dieu nous a prédestinés pour être conformes à l'image de son fils, c'est-à-dire si le corps de Jésus-Christ doit être la mesure des corps de tous ceux qui seront dans son royaume, il faudra, disent-ils, retrancher de la stature de plusieurs personnes. En ce cas, comment s'accomplira cette parole, que le moindre cheveu de notre tête ne

---

(1) Luc, 21, 18.
(2) Ephés., 4, 13.
(3) Rom., 8, 29.

périra point ? quoiqu'on puisse demander touchant les cheveux même, si nous aurons alors tout ce que les barbiers en coupent. Que si cela est, qui n'aura horreur de cette difformité ? Il faudra en dire autant des ongles, que tout ce que nous en retranchons retournera. Où sera la bienséance, qui certainement doit être toute autre dans cet état bienheureux qu'elle ne peut être dans cette misérable vie ? Mais, si tout cela ne retourne point, comment donc, disent-ils, n'y aura-t-il aucun des cheveux de notre tête qui périsse ? Ils font la même difficulté sur la maigreur ou l'embonpoint. Si tous sont égaux, les uns ne seront pas maigres et les autres gras. Il faudra donc ajouter quelque chose aux uns et en retrancher aux autres.

Ils ne trouvent pas moins de difficulté dans les corruptions qui arrivent aux corps morts, dont une partie s'en va en poussière et une autre s'évapore en l'air, les uns sont mangés des bêtes, les autres consumés par le feu, et d'autres tombant dans l'eau par un naufrage ou autrement, se corrompent de telle sorte qu'ils s'écoulent en cet élément ; et ils ne croient pas que tout cela se puisse ramasser pour en former une chair. Ils s'arrêtent encore aux défauts des corps qui viennent de naissance ou d'accident ; sur quoi ils allèguent par raillerie les enfantemens monstrueux, et demandent si ces corps ressusciteront ainsi contrefaits. Si nous répondons que les corps ne ressusciteront avec aucun de ces défauts, ils croient nous convaincre par les cicatrices des plaies que nous disons être demeurées au corps de notre Seigneur après sa résurrection. Mais la question la plus difficile c'est de savoir à qui appartiendra la chair d'un homme que la faim a obligé un autre de manger pour se nourrir. Elle s'est tournée en la substance de celui qui l'a mangée, comme cela paraît en ce qu'il est devenu plus gras. Ils demandent donc si elle retournera au premier à qui elle était, ou à celui qui s'en est nourri, afin d'éluder la foi de la résurrection et nous obliger à admettre dans l'ame, avec Platon, une vicissitude éternelle de véritable misère et de fause félicité ; ou à tenir, avec Porphyre, qu'elle finira ses misères après diverses révolutions en plusieurs corps, non en ayant un corps immortel, mais en fuyant toutes sortes de corps.

CHAPITRE XIII.

Si les enfans qui meurent dans le ventre de leur mère ressusciteront.

Je vais répondre, avec l'aide de Dieu, aux objections que je me suis proposées de la part de nos adversaires. Je n'oserais nier ni assurer que les enfans avortés qui meurent dans le ventre de leur mère ressuscitent ; bien que je ne voie pas pourquoi nous les exclucrions du nombre de ceux qui ressusciteront, puisqu'ils sont du nombre des morts. Ou tous les morts ne ressusciteront pas, et il y aura des ames qui demeureront éternellement sans corps, savoir celles qui n'en ont eu que dans le sein de leur mère ; ou si toutes les ames humaines reprennent les corps qu'elles ont eus, quelque part qu'elles les aient laissés, je ne devine pas pour quelle raison ceux même qui sont morts dans le ventre de leur mère ne ressusciteraient point. Mais, quelque sentiment qu'on ait là-dessus, au moins faut-il dire d'eux, s'ils ressuscitent, ce que nous dirons des enfans déjà nés.

CHAPITRE XIV.

Si les enfans ressusciteront aussi petits qu'ils sont morts.

Que dirons-nous des enfans, sinon qu'ils ne ressusciteront pas aussi petits qu'ils sont morts ? mais ils recevront en un instant, par la toute-puissance de Dieu, l'accroissement où ils devaient arriver avec le temps. Quand notre Seigneur a dit que pas un cheveu de notre tête ne périra, il n'a pas entendu que ce qui nous manque ne nous sera pas ajouté, mais que nous ne perdrons rien de ce que nous avons. Or la stature parfaite du corps manque à un enfant qui meurt en cet âge, quoiqu'on puisse dire qu'il l'ait déjà en vertu, comme tous les membres sont contenus ainsi dans la semence, encore qu'il nous en manque quelques-uns lors même que nous sommes nés, comme les dents ou autres semblables. C'est dans cette vertu séminale de la matière qu'est renfermé tout ce qu'on ne voit pas encore et qui doit paraître un jour. C'est en elle que l'enfant qui doit être petit ou grand est déjà grand ou petit. C'est selon cette vertu que nous ne craignons point de rien perdre à la résurrection des corps, puisque, quand tous devraient ressusciter avec la taille des géans, ceux qui l'ont été ne perdraient rien de ce qu'ils ont eu; et que celui qui a tiré toutes choses du néant ne serait pas en peine de trouver une matière pour suppléer ce qui manque aux autres.

CHAPITRE XV.

Si la taille de Jésus-Christ sera la mesure de celle de tous les hommes.

Pour Jésus-Christ, il est ressuscité en la même stature qu'il est mort, et il ne faut pas dire qu'il doive être plus grand au jour de la résurrection générale qu'il n'était lorsqu'il apparut à ses disciples sous la forme qui leur était connue, afin d'égaler la taille des plus grands. Que si nous disons que les plus grands doivent être réduits à la mesure du Sauveur, il périra beaucoup du corps de plusieurs, quoique lui-même nous assure que pas un cheveu de notre tête ne périra. Reste donc que chacun reprenne la taille qu'il avait en sa jeunesse, bien qu'il soit mort vieux ou qu'il aurait eue si la mort ne l'eut prévenu. Quant à ce que l'apôtre dit de la mesure de l'âge parfait de Jésus-Christ (1), ou il le faut expliquer autrement et

(1) Ephés., 4, 13.

dire que la mesure de l'âge parfait de ce chef mystique trouvera son accomplissement dans la perfection des membres ; ou si nous l'entendons de la résurrection des morts, il faut dire que les corps ne ressusciteront ni au-dessus ni au-dessous de la jeunesse, mais dans l'âge et la force à laquelle nous savons que Jésus-Christ est arrivé. Les plus savans même d'entre les payens ont défini que la jeunesse est environ à trente ans, après quoi l'homme commence à être sur son retour. Aussi l'apôtre ne dit-il pas à la mesure du corps ou de la stature, mais à la mesure de l'âge parparfait de Jésus-Christ.

CHAPITRE XVI.

Comment il faut entendre que les saints seront conformes à l'image du fils de Dieu.

Quant à ce qu'il dit (1), que les prédestinés seront conformes à l'image du fils de Dieu, cela se peut fort bien entendre selon l'homme intérieur ; d'où vient qu'il nous dit en un autre endroit : « Ne vous conformez point au siècle, mais réformez-vous par un renouvellement d'esprit (2). » Ainsi, par la même partie de nous où nous sommes réformés pour n'être pas conformes au siècle, nous devenons conformes à

(1) Rom., 8, 29.
(2) Id., 12, 2.

l'image du fils de Dieu. On peut encore l'entendre, que comme il s'est rendu conforme à nous en devenant mortel, nous serons conformes à lui en devenant immortels; ce qui regarde pareillement la résurrection des corps. Que si l'on veut aussi expliquer ces paroles de la forme en laquelle les corps ressusciteront, cette *conformité*, non plus que la *mesure* dont parle l'apôtre, ne regardera que l'âge, et non pas la taille. Chacun donc ressuscitera aussi grand qu'il était ou qu'il aurait été en sa jeunesse; quoique, pour la forme, il n'importera pas que ce soit celle d'un vieillard ou d'un enfant, puisque l'esprit ni le corps ne seront plus sujets alors à aucune faiblesse. De sorte que si quelqu'un voulait soutenir que chacun ressuscitera dans la même conformation de membres qu'il est mort, il n'y aurait pas grand inconvénient.

CHAPITRE XVII.

Si les femmes ressusciteront dans leur sexe.

QUELQUES UNS concluent de ces deux passages de saint Paul que nous avons rapportés, où il dit que nous parviendrons tous à l'état d'homme parfait et à la mesure de la plénitude de l'âge de Jésus-Christ, et que nous serons conformes à l'image du fils de Dieu, ils concluent, dis-je, que les femmes ne ressusciteront point dans leur sexe, mais dans celui de l'homme, parce que Dieu a formé l'homme seul du limon de la terre et a tiré la femme de l'homme. Mais j'estime plus raisonnable le sentiment de ceux qui tiennent la résurrection de l'un et de l'autre sexe. Il n'y aura point là de convoitise qui est la cause de la confusion que nous avons de ces membres. En effet, avant le péché, l'homme et la femme étaient nus, et ils n'en avaient point de honte. Le vice sera donc alors ôté aux corps, mais l'on conservera leur nature. Or, le sexe de la femme n'est pas un vice, mais sa nature; et comme il n'y aura plus là de couches ni d'embrassemens, la femme sera ornée d'une nouvelle beauté qui n'allumera pas la convoitise qui ne sera plus, mais qui fera louer la sagesse et la bonté de Dieu, qui a fait ce qui n'était pas et purifié ce qu'il a fait. Il fallait que dès le commencement du genre humain une côte fût tirée du côté de l'homme endormi pour en faire un femme (1), afin d'annoncer dès-lors par là Jésus-Christ et l'Eglise. Ce sommeil d'Adam était la mort du Sauveur dont le côté fut percé d'une lance sur la croix après qu'il eût rendu l'esprit (2), et il en sortit du sang et de l'eau, qui sont les sacremens sur lesquels l'Eglise est *édifiée.* Aussi l'Ecriture s'est-elle servie de ce mot ; car elle ne dit pas que Dieu forma ou fabriqua cette côte, mais qu'*il l'édifia* (3) en femme : d'où vient que l'apôtre appelle l'Eglise *l'édifice du corps de Jésus-Christ* (4). La femme est donc créature de Dieu aussi bien que

---

(1) Genès., 2, 21.
(2) Jean, 19, 34.
(3) Genèse, 2, 22.
(4) Éphés., 4, 12.

l'homme, mais elle a été faite de l'homme pour marquer l'unité ; et elle a été faite de cette manière, en figure de Jésus-Christ et de l'Eglise. Celui qui a créé l'un et l'autre sexe les rétablira tous deux. Aussi Jésus-Christ même, interrogé par les saducéens qui niaient la résurrection, à qui des sept frères appartiendrait cette femme qui les avait tous eus pour maris l'un après l'autre, tandis que chacun voulait faire revivre la postérité de son frère, suivant le commandement de la loi : « Vous vous trompez, leur dit-il, faute de » savoir les Ecritures et le pouvoir de Dieu (1). » Et au lieu de dire, comme c'en était l'occasion : Parce que celle dont il est question ne sera pas femme, mais homme, il dit : « Car en la résurrection on ne se » mariera point et on n'épousera point, mais ils se- » ront comme les anges de Dieu dans le ciel (2). » Ils seront égaux aux anges pour l'immortalité et la béatitude, mais non pas pour le corps, non plus que pour la résurrection dont les anges n'ont point eu besoin, parce qu'ils n'ont pu mourir. Notre Seigneur a donc dit qu'il n'y aura point de noces à la résurrection, mais non pas qu'il n'y aura point de femmes ; et il l'a dit en une occasion où la véritable réponse était de dire qu'il n'y en aurait point s'il avait prévu qu'il n'y en dût point avoir. Bien plus, il a témoigné qu'il y en aurait, en disant qu'on ne s'y *mariera* point, ce qui regarde les femmes, et qu'on n'y *épousera* point, ce qui concerne les hommes. Celles qui se marient ici

---

(1) Matth., 22, 29.
(2) Ibid., 30.

et ceux qui épousent seront à la résurrection; mais ils n'y feront point de telles alliances.

CHAPITRE XVIII.

De l'homme parfait, c'est-à-dire de Jésus-Christ, et de son corps, c'est-à-dire l'Eglise, qui est sa plénitude.

Relativement à ce que dit l'apôtre, que « nous parviendrons tous à l'état de l'homme parfait, » considérons avec attention toute la suite de son raisonnement. Voici comment il s'exprime : « Celui qui est
» descendu est celui-là même qui est monté au-dessus
» de tous les cieux, afin de consommer toutes choses.
» Lui-même en a établi quelques-uns apôtres, d'au-
» tres prophètes, ceux-ci évangélistes, ceux-là pas-
» teurs et docteurs, pour la consommation des saints,
» l'œuvre du ministère et l'édifice du corps de Jésus-
» Christ, jusqu'à ce que nous parvenions tous à l'unité
» d'une même foi, à la connaissance du fils de Dieu,
» à l'état d'un homme parfait, et à la mesure de la
» plénitude de l'âge de Jésus-Christ, afin que nous ne
» soyons plus comme des enfans, nous laissant aller
» à toute sorte de doctrine comme à tout vent, et aux
» illusions des hommes fourbes qui veulent nous en-
» gager dans l'erreur, mais que, pratiquant la vérité
» par la charité, nous croissions en toutes choses en
» Jésus-Christ, qui est la tête d'où tout le corps bien

LIVRE XXII.

» lié et bien disposé reçoit l'accroissement qui lui est
» convenable par le moyen des vaisseaux qui portent
» la vie, selon la mesure et la force de chaque partie,
» pour s'édifier soi-même dans la charité (1). » Voilà
quel est l'homme parfait, la tête et le corps composé
de tous les membres qui recevront leur dernière perfection en leur temps. Il y en a pourtant tous les jours
qui se joignent à ce corps, tandis que s'édifie l'Eglise
à qui l'on dit : « Vous êtes le corps de Jésus-Christ et
» ses membres (2) ; » et ailleurs : « Pour son corps,
» qui est l'Eglise (3) ; » et encore : » Nous ne sommes
» tous ensemble qu'un seul pain et un seul corps (4). »
C'est de l'édifice de ce corps qu'il est dit ici : « Pour
» la consommation des saints, l'œuvre du ministère,
» et l'édifice du corps de Jésus-Christ, » et ensuite
l'apôtre ajoute le passage dont il est question : « Jus-
» qu'à ce que nous parvenions tous à l'unité d'une
» même foi, à la connaissance du fils de Dieu, à l'état
» d'un homme parfait, à la mesure de la plénitude
» de l'âge de Jésus-Christ, etc. ; » jusqu'à ce qu'il ait
montré en quel corps l'on doit entendre cette mesure
en disant : « Afin que nous croissions en toutes choses
» en Jésus-Christ, qui est la tête d'où tout le corps
» bien lié et bien disposé reçoit l'accroissement qui
» lui est convenable par le moyen des vaisseaux qui
» portent la vie, selon la mesure et la force de chaque

(1) Ephés., 4, 10 et suiv.
(2) I Cor., 12, 27.
(3) Coloss., 1, 24.
(4) I Cor., 10, 17.

» partie. » Comme il y a une mesure de chaque partie, il y en a une aussi de tout le corps composé de toutes ses parties ; et c'est la mesure de plénitude dont il est dit : « A la mesure de la plénitude de l'âge » de Jésus-Christ. » Il fait encore mention de cette plénitude, lorsque, parlant de Jésus-Christ, il dit : » Il l'a établi pour être le chef de toute l'Eglise, qui » est son corps et sa plénitude, lui qui consomme » toutes choses en tous (1). » Mais lors même qu'il faudrait entendre le passage dont il s'agit, de la résurrection, qui nous empêcherait d'expliquer aussi de la femme ce qu'il dit de *l'homme*, en prenant *l'homme* pour tous les deux, comme dans ce verset du pseaume : « Bienheureux l'homme qui craint le Seigneur (2), » les femmes qui le craignent y sont aussi comprises.

CHAPITRE XIX.

Les corps n'auront aucun défaut lors de la résurrection.

Il n'est pas besoin maintenant de répondre à ce qu'on allègue des ongles et des cheveux. Si l'on a une fois bien entendu qu'il ne périra rien du corps, afin qu'il n'ait rien de difforme ; on entendra aussi aisément que ce qui serait une énormité difforme, sera distribué

---

(1) Ephés., I, 22.
(2) Ps. 11, 1.

par toute la masse du corps, et non pas mis en des lieux où il en résulterait un effet désagréable. Comme si l'on refaisait un vase d'argile d'un autre qui est déjà fait, il ne serait pas nécessaire que cette portion de terre qui formait l'anse ou le fond dans le premier, le formât dans le nouveau; mais il suffirait pour faire le même vase, que toute l'argile du premier entrât dans l'autre, sans en rien perdre. Si donc les cheveux et les ongles, tant de fois coupés, ne peuvent retourner en leur place sans produire une difformité, ils n'y retourneront pas; et néanmoins ils ne périront point, parce qu'ils seront changés en la même chair à laquelle ils appartenaient, afin d'y occuper quelque lieu sans blesser l'économie du corps; quoique ce que notre Seigneur dit, que pas un cheveu de notre tête ne périra, se puisse bien mieux entendre du nombre des cheveux que de leur longueur, d'où vient qu'il dit ailleurs : « Tous les cheveux de votre tête sont comp- » tés (1). » Ce n'est pas que je croie que rien ne doive périr de notre corps de tout ce qui lui était naturel ; mais je veux montrer que tout ce qui est en lui de défectueux et sert à faire voir la misère de sa condition, y retournera; de sorte que la difformité périra, la substance du corps demeurant toujours toute entière. Que si un artisan qui avait mal fait exprès une statue, peut tellement la refondre, qu'il en conserve toutes les parties, sans néanmoins y laisser ce qu'elle avait de difforme, que ne faut-il point attendre, je vous prie, du suprême artisan ? Ne pourra-t-il pas ôter aux

---

(1) Luc, 12, 7.

corps les défauts qui les défigurent et qui sont des peines du péché, sans leur faire rien perdre de leur substance?

Il ne faut point dès-lors que ceux qui sont trop maigres ou trop gras appréhendent d'être là tels qu'ils ne voudraient pas même être ici. Toute la beauté du corps consiste en une certaine proportion de parties, accompagnée d'un coloris agréable. Or, quand cette proportion manque, ce qui choque la vue, c'est qu'il y a quelque chose de trop ou de trop peu. Ainsi, cette difformité, qui naît de la disproportion des parties, n'aura plus lieu lorsque le Créateur suppléera ce qui manque, ou ôtera ce qui est de superflu. Pour la couleur, combien sera-t-elle vive et éclatante, lorsque « les justes brilleront comme le soleil dans le royaume » de leur père (1)? » Il faut croire que Jésus-Christ déroba cet éclat aux yeux de ses disciples, quand il se montra à eux après sa résurrection, attendu que sans doute ils ne l'eussent pu soutenir; et cependant ils avaient besoin de regarder leur maître pour le reconnaître : d'où vient même qu'il leur fit toucher ses cicatrices, et qu'il but et mangea avec eux, non par nécessité, mais par la puissance qu'il avait de le faire. Lorsque l'on ne voit pas quelque chose qui est présent, et qu'on en voit d'autres qui sont présentes aussi, comme nous disons que les disciples ne virent pas l'éclat du visage de notre Seigneur, quoique présent, tandis qu'ils voyaient d'autres choses, les Grecs appellent cela *aorabie*, ce que les interprètes latins ont

---

(1) Matth., 13, 43.

appelé *aveuglément* dans la Genèse (1), faute d'un autre mot. C'est de cet aveuglément que les Sodomites furent frappés, lorsqu'ils cherchaient la porte de Lot sans la pouvoir trouver. En effet, si c'eût été un véritable aveuglément qui les eût empêchés de rien voir, ils auraient plutôt cherché des guides pour les reconduire, que la porte pour entrer.

Or, je ne sais comment l'affection que nous avons pour les bienheureux martyrs, fait que nous voudrions bien voir dans le ciel les cicatrices des plaies qu'ils ont reçues pour le nom de Jésus-Christ, et peut-être les verrons-nous. Ce ne sera pas une difformité dans leur corps, mais des marques honorables qui lui donneront encore plus de lustre et d'éclat. Il ne faut croire toutefois que les membres qu'on leur aura coupés leur manquent à la résurrection, eux à qui il a été dit que pas un cheveu de leur tête ne périra; mais s'il est à propos qu'on voie ces marques glorieuses de leurs blessures dans leur chair immortelle, les endroits où ils auront été blessés ou mutilés en conserveront les cicatrices, sans qu'ils perdent aucun de leurs membres. Encore qu'alors les corps n'aient plus aucun défaut, il ne faut pas prendre pour un défaut ces marques de vertu.

(1) Genès., 19, 11.

CHAPITRE XX.

Dieu peut rappeler aisément toutes les parties dissipées des corps pour les ressusciter.

A Dieu ne plaise que la toute-puissance du Créateur ne puisse rappeler, pour ressusciter les corps, toutes les parties qui en ont été ou dévorées par les bêtes, ou consumées par le feu, ou changées en poussière, en eau ou en air ! A Dieu ne plaise que rien soit tellement caché dans le sein de la nature, qu'il se dérobe à la connaissance ou au pouvoir du Créateur ! Cicéron, le grand auteur de nos adversaires, voulant définir Dieu autant qu'il en était capable : « C'est, dit-il, un » esprit libre et agissant, dégagé de toute composi- » tion, qui connaît et meut toutes choses, et qui a » lui-même un mouvement éternel. » Il avait trouvé cela dans les livres des plus grands philosophes. Ainsi, pour parler selon leur sentiment, comment une chose peut-elle être inconnue à celui qui connaît tout, ou fuir devant celui qui meut tout ?

Cela me donne lieu de répondre à cette question qui paraît plus difficile que toutes les autres, à qui, lors de la résurrection, appartiendra la chair d'un homme mort, qui est devenue celle d'un homme vivant ? Supposez que quelqu'un, pressé par la faim, mange de la chair d'un homme mort, malheur que l'histoire nous apprend être arrivé quelquefois, et dont nos misérables temps fournissent aussi de tristes exemples, qui peut soutenir avec raison que tout le monde s'en soit allé en excrémens, et que rien ne se soit changé en la substance de celui qui s'en est nourri, vu que l'embonpoint qu'il a recouvré montre assez quelles sont les ruines qui ont été réparées par ce secours? J'ai déjà dit quelque chose ci-dessus qui peut servir à résoudre cette difficulté; car toutes les chairs que la faim a consumées se sont évaporées en l'air, et nous avons dit que la toute-puissance de Dieu peut aisément rappeler tout ce qui s'en est allé. Cette chair mangée sera donc rendue à celui en qui elle a d'abord commencé à être une chair humaine, puisque l'autre ne l'a que d'emprunt, et c'est comme un argent prêté qu'il doit rendre; et la sienne que la faim avait dissipée lui sera rendue par celui qui peut rappeler quand il veut tout ce qui est évaporé en l'air; bien que quand elle serait tout-à-fait anéantie, et qu'il n'en serait rien demeuré dans les plus secrets replis de la nature, il serait aisé à un Dieu tout-puissant d'en suppléer une autre. Mais comme la Vérité a dit que pas un cheveu de notre tête ne périra, il serait absurde de penser qu'un petit poil ne pût se perdre, et que tant de chairs consumées par la faim pussent périr.

De toutes ces choses que nous avons traitées selon notre faible pouvoir, il résulte que les corps auront, à la résurrection, la même taille qu'ils ont ou auront eue dans leur jeunesse, avec la beauté et la proportion de tous leurs membres. Il est assez vraisemblable que, pour garder cette proportion, Dieu distribuera dans toute la masse du corps ce qui serait difforme, s'il était en un seul endroit, et qu'ainsi il pourra même ajouter quelque chose à sa stature. Ou si l'on prétend que chacun ressuscitera dans la même stature qu'il est mort, à la bonne heure, pourvu qu'on bannisse toute difformité, toute faiblesse, toute pesanteur, toute corruption, et enfin tout autre défaut messéant à ce royaume où les enfans de la résurrection et de la promesse seront égaux aux anges de Dieu, sinon pour le corps et pour l'âge, au moins pour la béatitude.

CHAPITRE XXI.

Les corps des bienheureux ressusciteront spirituels.

Tout ce qui s'est perdu des corps vivans ou des corps morts après le trépas, sera dès-lors rétabli avec ce qui est demeuré dans les tombeaux, et ressuscitera en un corps nouveau et spirituel revêtu d'incorruption et d'immortalité. Mais quand même, par quelque fâcheux accident, ou par la cruauté des ennemis, il serait entièrement réduit en poudre, et que, dissipé en air ou en eau, il ne se trouverait, pour ainsi dire, nulle part, il ne pourra néanmoins être soustrait à la toute-puissance du Créateur, et pas un cheveu de sa tête ne périra. La chair spirituelle sera donc soumise à l'esprit, mais après tout, une chair et non pas un esprit, comme l'esprit charnel a été soumis à la chair, mais un esprit néanmoins et non pas une chair. Nous avons ici-bas une expérience de cela, et une expérience qui est un effet de la peine du péché. En effet, ceux-là n'étaient pas charnels selon la chair, mais selon l'esprit, à qui l'apôtre dit : « Je ne vous ai pu parler » comme à des hommes spirituels, mais comme à des » personnes qui sont encore charnelles (1) » Et l'homme spirituel l'est tellement en cette vie, qu'il ne laisse pas d'être encore charnel selon le corps, et de voir en ses membres une loi qui résiste à la loi de son esprit (2). Mais il sera aussi spirituel selon le corps, lorsque la même chair sera tellement ressuscitée, que cette parole de saint Paul se trouvera accomplie : « Le corps » est mis animal en terre, et il ressuscitera spirituel (3). Or, quelles seront les perfections de ce corps spirituel, comme nous n'en avons pas encore l'expérience, j'aurais peur qu'il n'y eût de la témérité à en parler. Toutefois, puisqu'il y va de la gloire de Dieu de ne pas cacher la joie qui fait l'objet de notre espérance, et que le psalmiste dit dans les plus violens transports d'un saint et ardent amour : « Seigneur, j'ai aimé la » beauté de votre maison (4), » tâchons, avec son aide, de conjecturer, par les graces qu'il fait aux bons et aux méchans en cette misérable vie, combien doit être grande celle dont nous ne pouvons parler dignement, faute de l'avoir éprouvée. Je laisse à part ce temps où Dieu créa l'homme droit; je laisse à part la vie bienheureuse de ce couple fortuné dans les délices

(1) I Cor., 3, 1.
(2) Rom., 7, 23.
(3) I Cor., 25, 42.
(4) Ps. 25, 2.

du paradis terrestre, puisqu'elle fut si courte que leurs enfans n'eurent pas le bonheur de la goûter; je ne parle que de cette vie malheureuse que nous connaissons, en laquelle nous sommes, qui est exposée à une infinité de tentations, ou pour mieux dire, qui n'est qu'une tentation continuelle, quelque progrès que nous fassions dans la vertu : qui peut expliquer tous les témoignages que Dieu y donne aux hommes de sa bonté et de son indulgence ?

CHAPITRE XXII.

Des misères de cette vie, qui sont des peines du péché du premier homme, et dont on ne peut être délivré que par la grace de Jésus-Christ.

Que toute la race des hommes ait été condamnée dans sa première origine, cette vie même, s'il la faut appeler ainsi, remplie de tant de maux, le témoigne assez. En effet, que dit autre chose cette profonde ignorance où naissent tous les enfans d'Adam, qui est la source de toutes leurs erreurs et dont ils ne peuvent sortir sans beaucoup de peine et de travail? Que disent autre chose tant d'affections vaines et nuisibles, d'où naissent tant de cuisans soucis, les inquiétudes, les tristesses, les craintes, les fausses joies, les querelles, les procès, les guerres, les trahisons, les colères, les inimitiés, la tromperie, la fraude, la flatterie, le larcin, les rapines, la perfidie, l'orgueil, l'ambition, l'envie, les homicides, les parricides, la cruauté, l'inhumanité, la méchanceté, la débauche, l'insolence, l'impudence, l'impudicité, les fornications, les adultères, les incestes, les péchés contre nature, et tant d'autres impuretés qu'on n'oserait seulement nommer; les sacrilèges, les hérésies, les blasphêmes, les parjures, l'oppression des innocens, les calomnies, les surprises, les prévarications, les faux témoignages, les jugemens injustes, les violences, les brigandages, et semblables malheurs qui ne sauraient tous tomber dans la pensée des hommes et qui néanmoins traversent leur vie? Il est vrai que ce sont les méchans qui commettent ces crimes, mais ils ne laissent pas de venir tous de cette ignorance et de ce mauvais amour, comme d'une racine que tous les enfans d'Adam ont en eux dès leur naissance. Qui ne sait dans quelle ignorance de la vérité qui est toute manifeste dans les enfans, et dans combien de passions différentes qui commencent déjà à paraître au sortir de l'enfance, l'homme vient au monde; de sorte que si on le laissait vivre à sa fantaisie, il n'y a presque point de déréglemens où il ne se portât?

Mais, par un effet de la providence de Dieu qui n'abandonne pas tout-à-fait ceux qu'il a condamnés, et qui, nonobstant sa colère, n'arrête point le cours de ses miséricordes (1), la loi et l'instruction veillent contre ces ténèbres et ces convoitises dans lesquelles nous naissons. Cependant cela ne se fait pas sans beaucoup de peines et de douleurs. Et pourquoi, je vous

(1) Ps. 76, 9.

prie, toutes ces menaces qu'on fait aux enfans pour les retenir dans leur devoir? Pourquoi ces maîtres, ces gouverneurs, ces férules, ces fouets, ces verges, dont l'Ecriture dit qu'il se faut souvent servir envers un enfant qu'on aime (1), de peur qu'il ne devienne incorrigible et indomptable? Pourquoi toutes ces peines, sinon pour vaincre l'ignorance et réprimer la convoitise, deux maux qui nous accompagnent en venant au monde? D'où vient que nous avons de la peine à nous souvenir d'une chose et que nous l'oublions sans peine; qu'il faut beaucoup de travail pour apprendre et qu'il n'en faut point pour ne rien savoir; qu'il en coûte tant pour être diligent et qu'il est si aisé d'être paresseux? Cela ne montre-t-il pas clairement à quoi la nature corrompue se porte par son propre poids, et de quel secours elle a besoin pour s'en relever? La paresse, la négligence, la lâcheté, la fainéantise, sont des vices qui fuient le travail, tandis que le travail même qui est utile est une peine.

Mais, outre les peines des enfans, sans lesquelles on ne peut apprendre ce que veulent les grandes personnes qui à peine veulent quelque chose utilement, qui peut, je ne dis pas exprimer, mais comprendre toutes celles auxquelles les hommes sont sujets et qui sont des appanages de leur misérable condition? Quelle appréhension et quelle douleur ne causent point la mort des proches, la perte des biens, les condamnations, les supercheries des hommes, les faux soupçons, les violences qu'on peut souffrir, comme les brigandages,

---

(3) Ecclésiasti., 30.

la captivité, les fers, la prison, l'exil, les tortures, le retranchement des membres, les infamies et les brutalités, et mille autres choses horribles qui arrivent souvent? Ajoutez à cela une infinité d'accidens auxquels les hommes ne contribuent point, le chaud, le froid, les orages, les inondations, les foudres, la grêle, les tremblemens de terre, les chutes de maisons, les venins des herbes, des eaux, de l'air ou des animaux, les morsures des bêtes ou mortelles ou incommodes, la rage d'un chien plus à craindre que les lions et les dragons, et qui rend un homme qui en est mordu plus redoutable à ses proches que les bêtes les plus farouches. Que ne souffrent point ceux qui voyagent sur terre ou sur mer? Qui peut aller nulle part sans s'exposer à quelque accident imprévu? Un homme qui se portait fort bien, revenant de ville, tomba, se rompit une jambe et en mourut. Qui est en apparence plus en sûreté qu'un homme assis dans sa chaise? Héli tombe de la sienne et se tue (1). Quels accidens les laboureurs, ou plutôt tous les hommes, ne craignent-ils point pour les biens de la campagne, tant de la part du ciel et de la terre que du côté des animaux? Ils ne sont assurés de la moisson que quand elle est dans la grange; et toutefois nous en savons qui l'ont perdue, même lorsqu'elle y était, par des tempêtes et des inondations. Qui se peut assurer sur son innocence d'être à couvert des insultes des démons, puisque quelquefois ils tourmentent si cruellement des enfans nouvellement baptisés, que Dieu, qui le permet ainsi, nous apprend

(1) I Rois, 4, 18.

bien par là à déplorer la misère de cette vie et à désirer la félicité de l'autre ? Que dirai-je des maladies qui sont en si grand nombre que même les livres des médecins ne les contiennent pas toutes ? La plupart même des remèdes qu'on emploie pour les guérir sont autant de tourmens, si bien qu'un homme ne se peut délivrer d'une douleur que par une autre. La soif n'en a-t-elle pas contraint quelques-uns à boire de l'urine ? La faim n'a-t-elle pas porté des mères à ensanglanter leurs mains du sang de leurs enfans ? Le sommeil même, qu'on appelle proprement repos, combien est-il souvent inquiet, combien accompagné de songes terribles et affreux qui effraient l'ame et dont les images sont si vives qu'on ne les saurait distinguer de la vérité ? En certaines maladies, ces rêveries tourmentent même ceux qui veillent, sans parler des illusions que les démons font aux hommes en leur plus grande santé et dont ils se servent au moins pour troubler leur sens, s'ils ne peuvent par là les attirer à leur parti.

Il n'y a que la grace du Sauveur Jésus-Christ, notre Seigneur et notre Dieu, qui nous puisse délivrer de l'enfer de cette misérable vie. C'est ce que son nom même signifie ; et nous lui devons demander surtout qu'après celle-ci il nous délivre d'une autre encore plus misérable, qui n'est pas tant une vie qu'une mort. Bien que nous trouvions en celle-ci de grands soulagemens à nos maux dans les choses saintes et dans l'intercession des saints, toutefois ceux qui demandent ces graces ne les obtiennent pas toujours, de peur que ce ne soit ce motif qui nous porte à suivre une Religion qu'il faut plutôt embrasser pour l'autre vie où il n'y aura plus du tout de mal. C'est pour cela que la grace aide les plus gens de bien parmi ces maux, afin qu'ils les supportent d'autant plus constamment qu'ils ont plus de foi. Les doctes du siècle prétendent que la philosophie y fait aussi quelque chose, laquelle les dieux ont accordée dans sa pureté à un petit nombre de personnes, selon Cicéron ; et ils n'ont jamais fait, dit-il, et ne peuvent faire un plus grand présent aux hommes; pour montrer que ceux même que nous combattons ont été obligés en quelque façon de reconnaître que la grace de Dieu est nécessaire pour acquérir la véritable philosophie. Que si la véritable philosophie, qui est l'unique secours contre les misères de cette vie, a été donnée à si peu de personnes, cela témoigne bien encore que ces misères sont des peines auxquelles les hommes ont été condamnés. Or, comme ils tombent d'accord que le ciel ne nous a point fait de plus grand présent que celui-là, il faut croire aussi que ce présent ne nous peut être fait que par le Dieu qui est reconnu pour le plus grand des dieux par ceux même qui en adorent plusieurs.

CHAPITRE XXIII.

Des misères de cette vie propres aux gens de bien, indépendamment de celles qui leur sont communes avec les méchans.

Outre les maux de cette vie qui sont communs aux bons et aux méchans, les gens de bien ont des traverses particulières à essuyer dans la guerre continuelle qu'ils font à leurs passions. Les révoltes de la chair contre l'esprit sont tantôt plus grandes et tantôt moindres, mais elles ne cessent jamais, de sorte que, ne la pouvant pas dominer tout-à-fait comme nous voudrions, il ne nous reste qu'à résister à ses suggestions autant que Dieu nous en donne le pouvoir, et de veiller continuellement sur nous-mêmes, de crainte qu'une fausse apparence ne nous trompe, qu'un discours artificieux ne nous surprenne, que quelqu'erreur ne s'empare de notre esprit, que nous ne prenions un bien pour un mal, ou un mal pour un bien, que la crainte ne nous détourne de faire ce qu'il faut, que la passion ne nous précipite à faire ce qu'il ne faut pas, que le soleil ne se couche sur notre colère, que la haine ne nous porte à rendre le mal pour le mal, qu'une tristesse excessive ou déraisonnable ne nous accable, que nous ne soyons ingrats d'un bienfait reçu, que les médisances ne nous troublent, que nous ne fassions quelque jugement téméraire, que ceux qu'on fait de nous ne nous abattent, que le péché ne règne en notre corps mortel, en secondant ses désirs (1), que nous ne fassions servir nos membres d'instrumens d'iniquité pour le péché (2), que notre œil ne suive ses appétits déréglés, qu'un désir de vengeance ne nous emporte, que nous n'arrêtions nos regards ni nos pensées sur des objets illégitimes, que nous ne prenions plaisir à entendre quelque parole outrageuse ou déshonnête, que nous ne fassions ce qui n'est pas permis, quoique nous en ayions envie, que dans cette guerre pénible et pleine de dangers, nous ne nous promettions la victoire de nos propres forces, ou que nous ne nous l'attribuyons, au lieu de l'attribuer à la grace de celui dont l'apôtre dit : « Graces » soient rendues à Dieu, qui nous donne la victoire » par notre Seigneur Jésus-Christ (3); » et ailleurs : » Nous demeurons victorieux au milieu de tous ces » maux par la grace de celui qui nous a aimés (4). » Sachons pourtant que quelque résistance que nous opposions aux vices, et quelqu'avantage que nous remportions sur eux, tant que nous sommes dans ce corps mortel, nous ne pouvons manquer de dire à Dieu : « Remettez-nous vos dettes (5). » Mais, dans ce royaume où nous demeurerons éternellement revêtus de corps immortels, nous n'aurons plus de guerre ni

(1) Rom., 6, 12.
(2) Ibid., 13.
(3) I Cor., 15, 57.
(4) Rom., 8, 37.
(5) Matth., 6, 12.

de dettes, comme nous n'en aurions jamais eu si notre nature était demeurée dans l'état de sa première pureté. Ainsi, cette guerre même où nous sommes si exposés, et dont nous désirons d'être délivrés par une dernière victoire, fait aussi partie des maux de cette vie que nous avons montré avoir été condamnée de Dieu par tant de misères qui l'accompagnent.

CHAPITRE XXIV.

Des biens de cette vie, toute condamnée qu'elle est.

Il faut louer la justice de ce souverain juge dans ces misères même qui afflige le genre humain ; mais considérons aussi, s'il vous plaît, de quels biens sa bonté les tempère. D'abord, il n'a pas voulu arrêter, même après le péché, l'effet de cette bénédiction qu'il avait donnée aux hommes quand il leur dit : « Croissez et » multipliez, et peuplez la terre (1). » La fécondité est demeurée dans une race justement condamnée, et quoique le péché nous ait imposé la nécessité de mourir, il n'a pu nous ôter cette vertu admirable des semences, ou plutôt cette vertu encore plus admirable qui les produit et qui est profondément enracinée et comme entée dans la substance de nos corps ; mais ces deux choses vont ici-bas de compagnie dans le cours

(1) Genès., I, 28.

des siècles, et le mal que nous tirons de notre premier père, et le bien que nous recevons de la bonté du Créateur. Dans le mal originel il y a deux choses, le péché et le supplice ; et il y en a deux autres dans le bien originel, la propagation et la conformation. Nous avons assez parlé ci-dessus des maux, dont l'un, qui est le péché, vient de notre audace, et l'autre, qui est le supplice, est l'effet du jugement de Dieu. J'ai dessein maintenant de parler des biens que Dieu a communiqués ou communique encore à notre nature, toute corrompue et condamnée qu'elle est. Dieu, en la condamnant, ne lui a pas ôté tout ce qu'il lui avait donné, autrement, elle ne serait plus du tout ; et en l'assujétissant au diable pour la punir, il ne s'est pas privé du pouvoir qu'il avait sur elle, puisqu'il s'est toujours conservé son empire sur le démon même, et que celui-ci ne subsisterait pas sans celui qui est l'être souverain et la cause de la subsistance de tous les êtres.

De ces deux biens que nous avons dit qui se répandent de sa bonté comme d'une source sur la nature même corrompue et condamnée, il lui a donné la propagation en la bénissant, lorsqu'il fit les premiers ouvrages du monde, qu'il acheva le septième jour. Pour la conformation, il la continue toujours, ne cessant point d'agir (1). S'il venait à soustraire sa puissance efficace, ses créatures ne pourraient passer outre, ni achever les temps par leurs mouvemens mesurés, ni même conserver l'être qu'elles ont reçu. Dieu a donc

(1) Jean, 5, 17.

tellement créé l'homme, qu'il lui a donné le pouvoir d'en engendrer d'autres, sans néanmoins l'y obliger ; et bien qu'il ait ôté ce pouvoir à quelques-uns en les rendant stérile, il ne l'a pourtant pas ôté à tout le genre humain. Mais encore que cette faculté soit demeurée à l'homme nonobstant son péché, elle n'est pas telle qu'elle aurait été s'il n'eût point péché ; car depuis que l'homme est déchu par sa désobéissance de cet état de gloire où il avait été créé, il est devenu semblable aux bêtes (1), et engendre comme elles ; et toutefois il lui est toujours resté quelqu'étincelle de raison, par laquelle il a été fait à l'image de Dieu. Mais si la conformation ne se joignait à la propagation, celle-ci demeurerait oisive, et ne pourrait accomplir son ouvrage. Quoique l'homme et la femme n'eussent point eu de commerce ensemble, Dieu pouvait sans cela peupler le monde d'hommes, en en créant plusieurs, comme il en avait créé un ; mais le mâle et la femelle pourraient bien s'accoupler qu'ils ne seraient pas père et mère, si Dieu n'était Créateur. De la même manière que l'apôtre dit de l'institution spirituelle qui forme l'homme à la piété et à la justice, que « ce n'est ni celui qui plante, ni celui qui arrose, » qui est quelque chose, mais Dieu, qui donne l'ac- » croissement (2) ; » ainsi, l'on peut dire que ce n'est ni celui qui connaît sa femme, ni celui qui sème dans le champ de la génération, qui est quelque chose, mais Dieu, qui forme la semence ; que ce n'est point la mère

---

(1) Ps. 48, 21.
(2) I Cor., 3, 7.

qui porte son fruit dans son sein et qui le nourrit qui est quelque chose, mais Dieu, qui donne l'accroissement. Lui seul, par l'action dont il opère encore maintenant (1), fait que les semences se développent et sortent de ces plis secrets et invisibles qui les tenaient cachées, pour exposer à nos yeux les beautés visibles que nous admirons; lui seul, liant ensemble, par des nœuds admirables, la nature spirituelle et corporelle, l'une pour commander et l'autre pour obéir, en compose cet animal, ouvrage si grand et si merveilleux, que non-seulement l'homme, qui est un animal raisonnable, et par conséquent plus noble et plus excellent que tous les animaux de la terre, mais la moindre petite mouche ne se peut considérer sans étonnement et sans en louer le Créateur.

C'est donc lui qui a donné à l'ame humaine l'entendement, où la raison et l'intelligence sont comme assoupies dans les enfans, pour se réveiller et s'exercer avec l'age, afin qu'ils soient capables de connaître la vérité et d'aimer le bien, et qu'ils acquièrent la sagesse et les vertus nécessaires pour combattre les erreurs et les autres vices, et les vaincre par le seul désir d plaire à Dieu. Encore que cette capacité n'ait pas toujours son effet dans la créature raisonnable, qui peut néanmoins dire ou penser quel grand bien c'est et combien merveilleux est cet ouvrage du Tout-Puissant? Outre l'art de bien vivre et d'arriver à la félicité immortelle qui s'appelle vertu, et que la seule grace de Dieu en Jésus-Christ donne aux enfans de la promesse

(1) Jean, 5, 17.

et du royaume, l'esprit humain n'a-t-il pas inventé une infinité d'arts qui font voir qu'il faut bien qu'un entendement qui agit avec tant de force et d'étendue dans les choses ou superflues ou nuisibles, ait un grand fond de biens dans sa nature pour y avoir pu trouver tout cela? Jusqu'où n'est pas allée l'industrie des hommes pour les habits et les bâtimens, ou pour l'agriculture et la navigation? Jusqu'où n'a-t-elle point porté la sculpture et la peinture, et que ne fait-elle point tous les jours dans les changemens incroyables de scène et les merveilles poétiques du théâtre? Quelles ruses n'a-t-elle point trouvées pour prendre, tuer ou dompter les bêtes farouches? Combien de sortes de poisons, d'armes, de machines inventées contre les hommes même? Combien de secours et de remèdes pour conserver ou rétablir la santé? Combien d'assaisonnemens et de ragoûts pour le plaisir de la bouche et pour réveiller l'appétit? Quelle multitude et diversité de signes pour faire connaître et approuver nos pensées, entre lesquels les paroles et les lettres tiennent le premier rang? Quelle variété d'ornemens dans le discours pour réjouir l'esprit et de vers pour charmer l'oreille, sans parler de tant d'instrumens de musique, de tant d'airs et de chansons? Quelle connaissance n'a-t-elle pas acquise des mesures et des nombres? Avec quelle vivacité d'esprit n'a-t-elle point compris les routes et les situations des astres? Et enfin, qui peut dire toutes les choses qu'elle connaît au monde, surtout si nous voulions insister sur chacune en particulier, au lieu de les rapporter en gros? Pour défendre même des erreurs et des faussetés, combien les philosophes et les hérétiques ont-ils fait paraître d'esprit et de suffisance ? Nous ne parlons maintenant que de la nature de l'entendement humain qui sert d'ornement à cette vie mortelle, et non de la foi et de la vérité par laquelle on acquiert l'immortelle. Certes, une nature si excellente ayant pour auteur un Dieu également juste et puissant qui gouverne lui-même tous ses ouvrages, elle ne serait jamais tombée dans ces misères, et de ces misères n'irait point dans les tourmens éternels, à l'exception seulement de ceux qui en seront délivrés, si elles n'avaient été précédées dans le premier homme d'où sont sortis tous les autres, de quelque grand et énorme péché.

Que si nous considérons notre corps même, bien qu'il meure comme celui des bêtes et qu'il y en ait beaucoup qui l'ont plus robuste que nous, quelle bonté et quelle providence de Dieu n'y éclatent point ? Les organes des sens et les autres membres n'y sont-ils pas tellement disposés, sa forme et sa stature si bien ménagée, qu'il paraît clairement avoir été fait pour le service et le ministère d'une ame raisonnable ? L'homme n'a pas été créé courbé contre terre comme les animaux irraisonnables ; mais sa stature droite et élevée l'avertit de porter ses pensées et ses désirs vers le ciel. D'ailleurs, cette merveilleuse vîtesse donnée à la langue et à la main pour parler et pour écrire et pour exécuter tant de choses, ne montre-t-elle pas assez combien excellente est l'ame qui a reçu un corps de cette sorte pour son usage ? quoique, à dire le vrai, quand le corps n'aurait pas besoin d'agir, les proportions en sont observées avec tant d'art et de justesse, qu'il serait malaisé de décider si, dans sa structure, on a eu plus d'égard à l'utilité qu'à la beauté. Au moins n'y voyons-nous rien d'utile qui ne soit beau aussi : ce qui nous semblerait encore mieux si nous connaissions les rapports et les proportions que toutes les parties ont entre elles et dont nous pouvons découvrir quelque chose dans ce que nous en voyons au dehors. Quant à ce qui en est caché, comme est cet enlassement de veines, de nerfs, de muscles et de fibres, personne ne le saurait connaître. En effet, encore que des anatomistes aient disséqué des cadavres et quelquefois même des personnes vivantes qui sont mortes entre leurs mains, et qu'ils aient cruellement fouillé dans les parties les plus secrètes du corps humain pour apprendre à le guérir, toutefois, qui d'entre eux a trouvé cette proportion admirable dont nous parlons, et que les Grecs appellent harmonie, puisqu'ils ne l'ont pas seulement osé chercher ? Que si nous la pouvions connaître dans les entrailles même qui n'ont aucune beauté apparente, nous y trouverions quelque chose de plus beau et qui satisferait davantage notre esprit que tout ce qui flatte le plus agréablement nos sens dans la figure extérieure du corps. Or il y a certaines choses dans le corps qui ne sont que pour l'ornement et non pas pour le service, comme les mamelles de l'homme et le poil qu'il a au visage, et qui n'y est pas pour le défendre, puisque autrement les femmes qui sont plus faibles devraient y en avoir aussi. Si donc il n'y a aucun membre de tous ceux qui paraissent qui n'orne autant qu'il sert, et qu'il y en ait même qui ne soient que pour l'ornement, je pense que l'on comprend aisément que dans la structure du corps on a eu plus d'égard à la beauté qu'à la nécessité. Dans le fait, le temps de la nécessité passera, et il en viendra un autre où nous ne jouirons que de la beauté les uns des autres sans aucune concupiscence, ce dont nous devons extrêmement louer le Créateur à qui il est dit dans le pseaume : « Vous vous êtes revêtu d'éclat et » de gloire (1). »

Que dirai-je de tant d'autres choses également belles et utiles dont l'univers est plein et dont la bonté de Dieu a donné l'usage et la vue à l'homme, quoique condamné à toutes ces peines et ces misères ; de ce vif éclat de la lumière, et de la magnificence du soleil, de la lune et des étoiles ; de ces sombres beautés des forêts, des couleurs et de l'odeur des fleurs, de cette multitude d'oiseaux si différens de chant et de plumage, de cette diversité infinie d'animaux dont les plus petits sont les plus admirables? Nous admirons réellement une fourmi et une abeille plus qu'une baleine ou un éléphant. Parlerai-je de la mer qui fournit toute seule un si grand spectacle à nos yeux, et des diverses couleurs dont elle se couvre comme d'autant d'habits différens, paraissant tantôt verte, tantôt bleue et tantôt pourprée? Combien y a-t-il même de plaisir à la voir courroucée, pourvu qu'on ne soit pas dessus? Que dirai-je de cette multitude de mets différens qu'on a trouvés contre la faim, de ces divers assaisonnemens que l'auteur de la nature a donnés aux viandes contre le dégoût, de cette infinité de remèdes qui servent à

(1) Ps. 103, 2.

conserver ou à rétablir la santé, de cette agréable vicissitude des jours et des nuits, de ces doux zéphirs qui tempèrent les chaleurs de l'été, et de tant de sortes d'habillemens que nous fournissent les arbres ou les animaux ? Qui peut tout dire ? Et si je voulais même étendre ce peu que je ne fais qu'indiquer, combien me faudrait-il de temps pour cela, puisqu'il n'y a pas une de ces merveilles qui n'en comprenne plusieurs ? Si toutes ces choses ne sont que les consolations de misérables condamnés, et non les récompenses des bienheureux, quelles seront donc les récompenses si les soulagemens sont tels ? Qu'est-ce que Dieu donnera à ceux qu'il a prédestinés à la vie, s'il donne ces choses à ceux qu'il a prédestinés à la mort ? De quels biens ne comblera-t-il point en la bienheureuse vie ceux pour qui il a voulu que son fils unique ait souffert tant de maux en cette vie mortelle et misérable ? Aussi l'apôtre parlant de ceux qui sont prédestinés à ce royaume : « Que ne nous donnera-t-il point, dit-il, après » n'avoir pas épargné son propre Fils et l'avoir livré » à la mort pour tous tant que nous sommes (1) ? » Quand cette promesse sera accomplie, que ne serons-nous point et quels biens ne recevrons-nous point dans ce royaume, ayant déjà reçu pour gage la mort d'un Dieu ? En quel état sera l'homme lorsqu'il n'aura plus de passions à combattre et qu'il sera parfaitement vertueux ? Ne connaîtra-t-il pas certainement toutes choses sans peine et sans erreur, lorsqu'il puisera la sagesse de Dieu dans la source même ? Quel sera son

---

(1) Rom., 8, 32.

corps quand, parfaitement soumis à l'esprit dont il tirera une vie abondante, il n'aura plus besoin d'alimens? Il ne sera plus animal, mais spirituel, revêtu à la vérité de la substance de la chair, mais exempt désormais de toute corruption charnelle.

CHAPITRE XXV.

Opiniâtreté de quelques-uns qui ne veulent pas croire la résurrection de la chair.

Les plus fameux philosophes conviennent avec nous des biens dont l'ame bienheureuse jouira; ils combattent seulement la résurrection de la chair et la nient autant qu'ils peuvent. Mais le grand nombre de ceux qui la croient a rendu désert le parti de ceux qui la nient, et les savans et les ignorans, les sages du monde et les simples, se sont rangés du côté de Jésus-Christ, qui a fait voir dans sa résurrection ce que ceux-ci trouvent absurde. Le monde a cru ce que Dieu a prédit; et cette foi même du monde a été aussi prédite, sans qu'on puisse attribuer cette prédiction aux sortilèges de Pierre, puisqu'elle l'a précédé de tant d'années. Celui qui a annoncé ces choses est le même Dieu devant qui tremblent toutes les autres divinités, comme je l'ai déjà dit quelquefois, et je ne suis pas fâché de le répéter ici, puisque Porphyre le reconnaît et tâche de le prouver par les oracles de ses dieux, et qu'il le loue tellement qu'il l'appelle Père et Roi. Or, à Dieu ne plaise que nous entendions ce qu'il a prédit, comme le veulent ceux qui ne croient pas avec le monde ce qu'il a prédit que le monde croirait. Pourquoi ne l'entendre pas plutôt comme l'entend le monde, de qui la foi même a été prédite? En effet, s'ils ne prétendent qu'il faut l'entendre d'une autre manière que pour s'empêcher de faire injure à ce Dieu à qui ils rendent un témoignage si avantageux, et ne pas dire que sa prédiction est vaine; n'est-ce pas lui en faire encore une plus grande de dire qu'il la faut entendre autrement que ne le croit le monde, dont lui-même a annoncé la foi, l'a louée, l'a accomplie? Pourquoi ne peut-il faire que la chair ressuscite et vive éternellement? Est-ce que c'est un mal et une chose indigne de lui? Mais nous avons déjà amplement parlé de sa toute-puissance qui fait tant de choses incroyables. Veulent-ils savoir ce que ne peut le Tout-Puissant? Le voici; il ne peut mentir. Croyons donc ce qu'il peut en ne croyant pas ce qu'il ne peut. Ne croyant pas qu'il puisse mentir, qu'ils croient qu'il fera ce qu'il a promis; et qu'ils le croient comme l'a cru le monde qu'il a prédit devoir le croire. Mais comment montrent-ils que ce soit un mal? Il n'y aura là aucune corruption, qui est le mal du corps. Nous avons parlé de l'ordre des élémens et des autres objections qu'on fait sur ce sujet, et nous avons fait voir au treizième livre combien les mouvemens d'un corps incorruptible seront souples et aisés, par ce que nous en voyons maintenant lorsqu'il se porte bien, quoique sa santé d'à cette heure la plus parfaite ne soit pas comparable à l'immortalité qu'il possédera quelque jour. Que ceux qui n'ont pas lu ce que j'ai dit ci-dessus, ou qui ne s'en veulent pas souvenir, prennent la peine de le lire s'il leur plaît.

CHAPITRE XXVI.

L'opinion de Porphyre, qu'une ame ne peut être heureuse qu'elle ne fuie toute sorte de corps, est détruite par Platon même, qui dit que le souverain Dieu a promis aux dieux inférieurs qu'ils ne seraient jamais privés de leurs corps.

Mais, disent-ils, Porphyre dit qu'une ame, pour être heureuse, doit fuir toute sorte de corps. C'est donc en vain que nous prétendons que le corps sera incorruptible, si l'ame ne peut être heureuse qu'elle ne fuie le corps. J'ai déjà suffisamment répondu à cette objection au treizième livre, j'ajouterai seulement ici : Que Platon leur maître corrige donc ses livres, et dise que leurs dieux fuiront leurs corps pour être bienheureux, c'est-à-dire qu'ils mourront, lui qui dit qu'ils sont enfermés dans des corps célestes, et que néanmoins le Dieu qui les a créés leur a promis qu'ils y demeureraient toujours, afin qu'ils pussent être assurés de leur félicité, quoique cela ne dût pas être naturellement. Il renverse en cela aussi ce raisonnement qu'ils font à tout propos, qu'il ne faut pas croire la résurrection de la chair, parce qu'elle est impossible ; car, selon ce même philosophe, lorsque Dieu incréé a pr

mis l'immortalité aux dieux qu'il a créés, il leur a dit qu'il ferait une chose impossible. En effet, voici le discours que Platon lui prête : « Comme vous êtes
» créés, dit-il, vous ne sauriez être immortels et in-
» dissolubles. Vous ne serez pourtant pas dissous, et
» vous ne mourrez point, et la mort ne l'emportera
» pas sur ma volonté, qui est un lien plus ferme
» pour vous retenir à la vie, que tous ceux qui vous
» y attachent naturellement. » Après cela, on ne peut plus douter que, suivant Platon, le Dieu créateur des autres dieux ne leur ait promis ce qui est impossible. Celui qui dit : « Vous ne pouvez à la vérité être im-
» mortels, mais vous le serez parce que je le veux, » que dit-il autre chose, sinon : Je ferai que vous serez ce que vous ne pouvez être? Celui-là donc ressuscitera la chair immortelle, incorruptible et spirituelle, qui, selon Platon, a promis de faire ce qui est impossible. Pourquoi donc crient-ils encore que ce que Dieu a promis de faire, et que tout le monde croit sur sa parole, est impossible, surtout lorsqu'il a aussi promis que le monde le croirait? Nous ne disons pas qu'un autre dieu le doive faire que celui qui, selon Platon, fait des choses impossibles. Il ne faut donc pas que les ames fuient tout corps pour être heureuses, mais qu'elles en reçoivent un incorruptible. Et en quel corps incorruptible est-il plus raisonnable qu'elles se réjouissent, que dans le corruptible où elles ont gémi ? Ainsi, elles n'auront pas cette folle manie que Virgile leur attribue après Platon, de vouloir retourner en leur corps, puisqu'elles en seront revêtues pour toute l'éternité.

LIVRE XXII.

CHAPITRE XXVII.

En rapportant les opinions de Platon et de Porphyre, on en peut conclure la résurrection des corps.

Ainsi, Platon et Porphyre ont dit chacun une chose que s'ils eussent dite tous deux, peut-être auraient-ils été chrétiens. Platon avance que les ames ne peuvent être éternellement sans corps, de sorte que celles même des sages y retourneront, quoiqu'après un long temps; et Porphyre déclare que lorsque l'ame parfaitement purifiée sera retournée au Père, elle ne retournera jamais aux misères de cette vie. Si Platon avait donné à Porphyre cette vérité qu'il a perçue, que les ames même des hommes justes et sages retourneront en des corps humains; et que Porphyre eût fait part à Platon de cette autre vérité qu'il a connue, que les ames saintes ne retourneront jamais aux misères d'un corps corruptible, je pense qu'ils verraient bien qu'il s'ensuit de là que les ames doivent retourner dans des corps, mais dans des corps immortels et incorruptibles. Que Porphyre dise donc avec Platon : Elles retourneront dans des corps ; que Platon dise avec Porphyre : Elles ne retourneront point à leurs premières misères ; et ils reconnaîtront alors tous deux qu'elles retourneront en des corps où elles ne souffriront plus rien. Ce n'est autre chose que ce que Dieu a promis, que les ames bienheureuses retourneront pour jamais dans leurs corps immortels. Car, s'ils accordaient une fois que les ames des saints retourneront en des corps immortels, je pense qu'ils n'auraient pas beaucoup de peine à leur permettre de retourner en ceux où ils ont souffert les maux de cette vie, et où ils ont religieusement servi Dieu pour en être délivrés.

CHAPITRE XXVIII.

On peut conclure la résurrection de la chair, telle que nous la croyons, des sentimens de Platon, de Porphyre et de Varron, en les joignant ensemble.

Quelques-uns des nôtres qui aiment Platon à cause de la beauté de son style et de quelques vérités répandues dans ses écrits, disent qu'il professe à-peu-près le même sentiment que nous touchant la résurrection. Mais Cicéron en parle, dans ses livres de la république, plutôt comme d'un jeu de ce philosophe qu'autrement. Il introduit un homme ressuscité, qui raconte des choses conformes aux sentimens de Platon. Labéon rapporte aussi que deux hommes morts le même jour se rencontrèrent en un carrefour, et qu'ensuite on leur commanda de retourner à leurs corps, et qu'ils se jurèrent une parfaite amitié qui dura jusqu'à leur mort. Mais ces sortes de résurrections sont semblables à celles que nous savons de certaines retournées en vie, mais non pas pour ne plus mourir. Varron raconte quelque chose de plus merveilleux dans ses livres *du Peuple romain*. Voici ses paroles : « Quelques astrologues, » dit-il, ont écrit que les hommes renaissent après » un certain espace de temps, et fixent cet espace à » quatre cent quarante ans; après quoi l'ame reprend » le même corps qu'elle avait eu. » Ce que Varron et ces astrologues disent ici, car il ne les nomme point, n'est pas absolument vrai, puisque, lorsque les ames seront retournées à leurs corps, elles ne les quitteront plus; mais au moins cela renverse-t-il beaucoup d'argumens que nos adversaires tirent d'une impossibilité prétendue. Ceux qui ont été de ce sentiment n'ont pas estimé que des corps évaporés en air, ou écoulés en eau, ou réduits en cendre et en poussière, ou passés dans la substance des bêtes ou des hommes qui s'en sont nourris, ne puissent être rétablis en leur premier état. Si donc Platon et Porphyre, ou plutôt ceux qui les aiment et qui sont encore vivans, tiennent que les ames purifiées retourneront dans des corps, comme le dit Platon, et que néanmoins elles ne retourneront point à leurs misères, comme le veut Porphyre, c'est-à-dire s'ils tiennent ce qu'enseigne notre Religion, qu'elles rentreront dans des corps où elles demeureront éternellement sans souffrir aucun mal, qu'ils prennent aussi de Varron, qu'elles retourneront aux mêmes corps qu'elles animaient d'abord, et toute la question de la résurrection de la chair sera terminée pour eux.

CHAPITRE XXIX.

De quelle manière les bienheureux ressuscités verront Dieu.

Voyons maintenant, autant qu'il plaira à Dieu de nous éclairer là-dessus, ce que les saints feront dans leurs corps immortels et spirituels. Pour avouer franchement ce qui en est, je ne sais quelle sera cette action, ou plutôt ce repos et ce calme dont ils jouiront. Les sens du corps ne m'en ont jamais rien rapporté ; et, quant à l'intelligence, qu'est-ce que toute notre intelligence en comparaison d'une chose si excellente ? C'est là que règne « la paix de Dieu qui, » comme dit l'apôtre, surpasse tout entendement (1). » Quel entendement, sinon le nôtre, ou peut-être même celui des anges ? Dans le fait, elle ne surpasse pas celui de Dieu. Si donc les saints doivent vivre dans la paix de Dieu, certainement la paix où ils doivent vivre surpasse tout entendement. Qu'elle ne surpasse le nôtre, il n'en faut point douter ; mais si elle surpasse même celui des anges, comme il semble que l'apôtre le donne à entendre, puisque qui dit *tout* n'excepte rien, il le faut expliquer de la paix dont jouit Dieu, et dire que ni nous ni les anges même ne la peuvent connaître comme Dieu la connaît. Ainsi elle surpasse assurément

(1) Philip., 4, 7.

tout autre entendement que le sien. Mais parce que nous participerons aussi selon notre étroite capacité à cette paix, soit à l'égard de nous-mêmes, ou à l'égard les uns des autres, ou à l'égard de lui en tant qu'il est notre souverain bien; selon cela les anges la connaissent autant qu'ils en sont capables, et les hommes aussi, mais beaucoup moins qu'eux, quelque spirituels qu'ils soient. Combien vertueux n'était point celui qui disait : « Nous connaissons en partie et en » partie nous devinons, jusqu'à ce que ce qui est par- » fait arrive (1); et : « Nous ne voyons maintenant » que comme dans un miroir et en énigme, mais » alors nous verrons face à face (2)! » C'est ainsi que voient déjà les saints anges qui sont aussi appelés nos anges, parce qu'ayant été délivrés de la puissance des ténèbres et transférés au royaume de Jésus-Christ, après avoir reçu le saint Esprit pour gage de notre réconciliation, nous commençons déjà à appartenir à ces anges avec qui nous respirons en commun cette sainte Cité de Dieu dont nous avons déjà écrit tant de livres. Les anges de Dieu sont donc nos anges comme le Christ de Dieu est le nôtre. Ils sont les anges de Dieu, parce qu'ils ne l'ont point abandonné; et ils sont nos anges, parce que nous commençons à être leurs citoyens. C'est ce qui a fait dire à notre Seigneur : « Prenez bien garde de ne mépriser aucun de ces pe- » tits; car je vous assure que leurs anges voient sans

---

(1) I Cor., 13, 9.
(2) Ibid., 12.

» cesse la face de mon Père dans le ciel (1). » Nous verrons comme ils voient ; mais nous ne voyons pas encore de la sorte : d'où vient cette parole de l'apôtre que je viens de rapporter : « Nous ne voyons mainte-
» nant que dans un miroir et en énigme, mais alors
» nous verrons face à face. » Cette vision nous est réservée pour récompense de notre foi, et saint Jean en parle ainsi : « Lorsqu'il paraîtra, nous serons sem-
» blables à lui, parce que nous le verrons tel qu'il
» est (2). » Par la *face* de Dieu il faut entendre sa manifestation, et non cette partie de notre corps que nous appelons ainsi.

C'est pourquoi, quand on me demande ce que feront les saints dans ce corps spirituel, je ne dis pas ce que je vois, mais ce que je crois; suivant cette parole du pseaume : « J'ai cru, et c'est ce qui m'a fait par-
» ler (3). » Je dis donc qu'ils verront Dieu dans le corps ; mais de savoir si ce sera par le corps, comme c'est maintenant par son moyen que nous voyons le soleil, la lune, les étoiles, et les autres objets sensibles, ce n'est pas une petite question. Il est dur de dire que les saints ne puissent alors ouvrir et fermer les yeux quand ils voudront ; mais il est encore plus dur de dire que quiconque fermera les yeux ne verra pas Dieu. Si le prophète Elizée, quoique absent de corps, vit son serviteur Giézi qui prenait des présens de Naa-

(1) Matth., 18, 10.
(2) I Jean, 3, 2.
(3) Ps. 115, 1.

man (1), à combien plus forte raison verront-ils toutes choses dans ce corps spirituel, non-seulement bien qu'ils ferment les yeux, mais aussi encore qu'ils soient absens? Ce sera alors le temps de cette perfection dont parle l'apôtre lorsqu'il dit : « Nous connaissons en » partie et en partie nous devinons. Mais lorsque ce » qui est parfait sera arrivé, ce qui n'est qu'en partie » sera aboli (2). » Pour montrer ensuite par quelque comparaison combien cette vie-ci, quelque progrès qu'on y fasse dans la vertu, est différente de l'autre : « Quand j'étais enfant, dit-il, je jugeais en enfant, » je parlais en enfant, je raisonnais en enfant; mais » lorsque je suis devenu homme, je me suis défait de » tout ce qui tenait de l'enfant. Nous ne voyons main- » tenant que comme dans un miroir et en énigme, » mais alors nous verrons face à face. Je ne connais » maintenant qu'en partie, mais je connaîtrai alors » comme je suis connu (3). » Si donc en cette vie où la prophétie même ne mérite pas plus d'être comparée à la connaissance que nous aurons en l'autre qu'un enfant est comparable à un homme fait, Elizée vit son serviteur qui prenait des présens, quoiqu'il ne fût pas avec lui, dirons-nous que, lorsque ce qui est parfait sera arrivé et que le corps corruptible n'appesantira plus l'ame, les saints auront besoin, pour voir, des yeux corporels dont le prophète Elizée n'eut pas besoin? Voici comment ce prophète parle à Giezi se-

(1) IV Rois, 5, 26.
(2) I Cor., 13, 9 et 10.
(3) Ibid., 11 et 12.

lon la version des Septante : « Mon esprit (1) n'allait-il pas avec toi, et ne sais-je pas que Naaman est sorti de son char au-devant de toi et que tu as pris de l'argent (2)? » ou comme le prêtre Jérôme l'a traduit sur l'hébreu : « Mon esprit n'était-il pas présent quand Naaman est descendu de son char pour aller au-devant de toi? » Le prophète dit qu'il vit cela de l'esprit, aidé sans doute surnaturellement d'en haut ; à combien plus forte raison les saints recevront-ils cette grace du ciel, lorsque Dieu sera toutes choses en tous ? Toutefois les yeux du corps auront aussi leur fonction et seront dans leur place, et l'esprit s'en servira par le moyen du corps qui sera spirituel. Encore que le prophète Élizée n'en ait pas eu besoin pour voir son serviteur absent, il ne s'ensuit pas qu'il ne s'en servît point pour voir les objets présens, lesquels néanmoins il pouvait voir aussi de l'esprit, bien qu'il les fermât, comme il en vit qui étaient absens. Loin de nous l'intention de dire que les saints ne verront pas Dieu en l'autre vie les yeux fermés, puisqu'ils le verront toujours de l'esprit.

La question est de savoir s'ils le verront aussi avec les yeux du corps lorsqu'ils les auront ouverts. Que si leurs yeux, tout spirituels qu'ils seront dans un corps spirituel, n'ont pas plus de vertu que les nôtres n'en ont maintenant, certainement ils ne pourront pas s'en servir pour voir Dieu. Ils auront bien une autre vertu si, par leur moyen, on voit cette nature incorporelle

(1) Mon cœur.
(2) IV Rois, 5, 26.

qui n'est point contenue dans un lieu, mais qui est toute entière partout. Quoique nous disions que Dieu soit au ciel et en terre, suivant ce qu'il dit lui-même par le prophète : « Je remplis le ciel et la terre (1), » il ne s'ensuit pas qu'il ait une partie de lui-même autre dans le ciel que sur la terre ; mais il est tout entier dans le ciel et tout entier sur la terre, non en divers temps, mais à la fois ; ce qui est impossible à toute nature corporelle. Leurs yeux auront alors une plus grande vertu qu'ils n'ont maintenant, non qu'ils aient la vue plus perçante que celle que quelques-uns attribuent aux aigles ou aux serpens ; car ces animaux, quelque clairvoyans qu'ils soient, ne sauraient voir que des corps ; mais parce qu'ils verront même les choses incorporelles. Telle est peut-être cette vertu qui fut donnée au saint homme Job quand il disait à Dieu : « Auparavant je vous entendais, mais à cette heure » mon œil vous voit ; c'est pourquoi je me suis mé- » prisé moi-même ; je suis comme fondu à mes yeux, » et j'ai cru que je n'étais que cendre et que pous- » sière (2) ; » bien qu'on puisse entendre ceci des yeux de l'esprit, dont saint Paul dit : « Afin qu'il éclaire » les yeux de votre cœur (3). » Or que Dieu ne se voie de ces yeux-là quand on le verra, c'est ce dont ne doute aucun chrétien qui ajoute la foi qu'il doit à cette parole de notre Dieu et de notre maître : « Bienheu- » reux ceux qui ont le cœur pur, parce qu'ils verront

(1) Jérém., 23, 24.
(2) Job, 42, 5.
(3) Ephés., 1, 18.

» Dieu (1). » Mais de savoir si on le verra aussi des yeux du corps, c'est ce que nous examinons maintenant.

Pour ce qui est écrit : « Et toute chair verra le salut » de Dieu (2), » il n'y a aucun inconvénient à l'entendre comme s'il y avait : Et tout homme verra le Christ de Dieu, qui a été vu dans un corps et qui se verra de même quand il jugera les vivans et les morts. Qu'il soit *le salut de Dieu*, cela se justifie par plusieurs témoignages de l'Ecriture, mais particulièrement par ces paroles du vénérable vieillard Siméon, qui, ayant pris le petit Jésus entre ses bras, dit : « C'est » maintenant, Seigneur, que vous laisserez mourir » en paix votre serviteur selon votre parole, puisque » mes yeux ont vu votre salut (3). » Quant à ce passage de Job, tel qu'il se trouve dans les exemplaires hébreux : « Je verrai Dieu dans ma chair (4), » sans doute que Job y a prophétisé la résurrection de la chair ; mais il n'a pas dit pourtant : Je verrai Dieu *par* ma chair. Et quand il l'aurait dit, on pourrait l'entendre de Jésus-Christ qui est Dieu aussi et qu'on verra dans la chair par le moyen de la chair. Mais maintenant, en l'entendant de Dieu même, on peut fort bien l'expliquer ainsi : « Je verrai Dieu dans ma » chair, » c'est-à-dire, je serai dans ma chair lorsque je verrai Dieu. De même ce que dit l'apôtre : « Nous

(1) Matth., 5, 8.
(2) Luc, 3, 6.
(3) Id., 2, 19.
(4) Job, 19, 26.

« verrons face à face (1), » ne nous oblige point à croire que nous verrons Dieu par cette partie du corps où sont les yeux corporels, lui que nous verrons sans relâche des yeux de l'esprit; puisque, si l'homme intérieur n'avait aussi une face, le même apôtre ne dirait pas : « Mais pour nous, contemplant à face découverte » la gloire du Seigneur, nous sommes transformés en » la même image, nous avançant de clarté en clarté, » comme éclairés par l'esprit du Seigneur (2). » Nous n'entendons pas autrement ces paroles du pseaume : « Approchez-vous de lui, et vous serez éclairés, et » vos faces ne rougiront point (3). » C'est par la foi qu'on approche de Dieu, et il est certain que la foi n'appartient pas au corps, mais au cœur; mais comme nous ignorons jusqu'à quel degré de perfection doit être élevé le corps spirituel des bienheureux; car nous parlons d'une chose dont nous n'avons point d'expérience et sur laquelle l'Ecriture ne se déclare pas formellement, il faut de nécessité que ce qu'on lit dans la Sagesse nous arrive : « Les pensées des hommes sont » chancelantes, et leur prévoyance incertaine (4). »

Si cette maxime des philosophes était certaine, que les objets des sens et de l'esprit sont tellement partagés, que l'on ne saurait voir les choses intelligibles par le corps, ni les corporelles par l'esprit, assurément l'on ne pourrait voir Dieu par les yeux d'un corps

---

(1) I Cor., 13, 12.
(2) II Cor., 3, 18.
(3) Ps. 33, 5.
(4) Sag., 9, 14.

même spirituel. Mais et la saine raison et l'autorité des prophètes repoussent cette supposition. Qui serait assez peu sensé pour dire que Dieu ne connaît point les choses corporelles? Cependant il n'a point de corps pour les voir par son moyen. Il y a plus, ce que nous avons rapporté d'Elizée ne montre-t-il pas clairement qu'on peut voir les choses corporelles par l'esprit, sans avoir besoin du corps? Quand Giézi prit les présens de Naaman, cela se passa corporellement, et toutefois le prophète ne le vit pas des yeux du corps, mais par l'esprit. Comme il est constant que les corps se voient par l'esprit, pourquoi ne se peut-il pas faire que la vertu d'un corps spirituel soit telle qu'on voie même un esprit par le corps? car Dieu est esprit. D'ailleurs chacun connaît par un sentiment intérieur, et non par les yeux du corps, la vie qui l'anime; mais, pour la vie des autres, il la voit par le corps, quoique ce soit une chose invisible. Comment discernons-nous les corps vivans de ceux qui ne le sont pas, sinon parce que nous voyons en même-temps les corps et la vie qui les anime, laquelle nous ne saurions voir que par le corps? Mais nous ne la verrions point des yeux du corps si nous ne voyions aussi un corps vivant.

C'est pourquoi il se peut faire, et il est fort croyable, que nous verrons tellement alors les corps du ciel nouveau et de la nouvelle terre, que nous y découvrirons Dieu présent partout, non comme à cette heure, que ce qui ne se peut voir de lui se voit en quelque façon par les choses créées comme dans un miroir et en énigme, et plus par la foi qu'autrement, mais comme nous voyons maintenant la vie des hommes vivans qui se présentent à nos yeux. Nous ne croyons pas qu'ils vivent, mais nous le voyons. Alors donc ou les yeux du corps seront tellement perfectionnés qu'on verra Dieu par leur moyen comme on le voit par l'esprit ; ce qu'il est difficile, ou même impossible, de justifier par aucun témoignage de l'Ecriture ; ou, ce qui est plus aisé à comprendre, Dieu nous sera si connu et si sensible que nous le verrons par l'esprit au-dedans de nous, dans les autres, dans lui-même, dans le ciel nouveau et dans la terre nouvelle, en un mot dans toute créature qui sera alors ; et que nous le verrons aussi par le corps dans tout corps, de quelque côté que nous jettions les yeux. On verra aussi à nu les pensées de chacun ; et alors s'accomplira ce que dit l'apôtre : « Ne jugez point avant le temps, jusqu'à ce » que le Seigneur vienne et qu'il porte la lumière dans » les plus épaisses ténèbres, et découvre les pensées des » cœurs. Chacun alors recevra de Dieu la louange qui » lui est due (1). »

CHAPITRE XXX.

Félicité des bienheureux.

Combien grande sera cette félicité qui ne sera traversée d'aucun mal et où l'on n'aura point d'autre occupation que de chanter les louanges de Dieu qui sera

(1) I Cor., 4, 5.

toutes choses en tous ? Que ferait-on autre chose en un lieu où il n'y aura ni paresse ni indigence ? Le psalmiste n'est pas d'un autre sentiment quand il dit : « Heureux ceux qui habitent dans votre maison, Sei- » gneur ; ils vous loueront éternellement (1) ! » Toutes les parties de notre corps qui sont maintenant desti-nées à certains usages nécessaires à la vie, n'auront point alors d'autre usage que de concourir aux louan-ges de Dieu. Toute cette harmonie du corps dont j'ai parlé et qui nous est maintenant cachée, se découvrant alors à nos yeux avec une infinité d'autres choses ad-mirables, nous transportera d'une sainte ardeur pour louer hautement un si grand ouvrier. Je n'oserais dé-terminer quels seront les mouvemens de ces corps spi-rituels ; on peut dire néanmoins que les mouvemens et l'assiète du corps, quels qu'ils soient, seront tou-jours dans la bienséance aussi bien que sa figure, en un lieu où il n'y aura rien que de bienséant. Au moins est-il assuré que le corps sera aussitôt où l'esprit vou-dra, et qu'il ne voudra rien qui soit méséant au corps ou à l'esprit. C'est là que se trouvera la vraie gloire, où il n'y aura ni erreur ni flatterie. C'est là que se trouvera le véritable honneur, puisqu'on ne le refu-sera à aucun qui le mérite, et qu'il ne sera déféré à aucun qui ne le mérite pas ; et que même personne d'indigne ne le demandera en un lieu où il n'y aura personne qui n'en soit digne. C'est là que se trouvera la véritable paix, où l'on ne souffrira rien de con-traire ni de soi-même ni des autres. Celui-là même

(1) Ps. 83, 5.

qui est l'auteur de la vertu en sera la récompense, parce qu'il n'y a rien de meilleur que lui, et qu'il l'a promis. Que signifie autre chose ce qu'il a dit par le prophète : « Je serai leur Dieu et ils seront mon peu-» ple (1), » sinon : Je serai l'objet qui remplira tous leurs souhaits ; je serai tout ce que les hommes peuvent honnêtement désirer, vie, santé, nourriture, richesses, gloire, honneur, paix, en un mot toutes sortes de biens ; afin que, comme dit l'apôtre, « Dieu soit » toutes choses en tous ? » Celui-là sera la fin de nos désirs qu'on verra sans fin, qu'on aimera sans dégoût, qu'on louera sans lassitude : occupation qui sera commune à tous aussi bien que la vie éternelle.

Au reste, il n'est pas possible de savoir quel sera le degré de gloire proportionné aux mérites de chacun. Il n'y a point de doute pourtant qu'il n'y ait beaucoup de différence en cela. Et c'est encore un des grands biens de cette Cité, que l'on ne portera point envie à ceux qu'on verra au-dessus de soi, comme maintenant les anges ne sont point envieux de la gloire des archanges ; et l'on souhaitera aussi peu de posséder ce qu'on n'aura pas reçu, quoiqu'on soit parfaitement uni à celui qui le recevra, que le doigt souhaite d'être l'œil, bien que l'œil et le doigt entrent dans la structure d'un même corps. Chacun donc y possédera tellement son don, l'un plus grand, l'autre plus petit, qu'il aura encore le don de n'en point désirer de plus grand que le sien. Il ne faut pas s'imaginer qu'ils n'auront point de libre arbitre, sous prétexte qu'ils ne pourront pren-

---

(1) Leviti., 26, 12.

dre plaisir au péché ; il sera même d'autant plus libre qu'il sera délivré du plaisir de pécher pour prendre invariablement plaisir à ne plus pécher. Le premier libre arbitre qui fut d'abord donné à l'homme quand Dieu le créa droit, consistait à pouvoir ne pas pécher et aussi à pouvoir pécher ; mais ce dernier qu'il doit recevoir à la fin sera d'autant plus puissant qu'il ne pourra plus pécher ; ce qu'il n'aura pas pourtant de soi-même, mais du bienfait de Dieu. Autre chose est d'être Dieu, et autre chose d'être participant de Dieu. Dieu par nature ne peut pécher, mais celui qui est participant de Dieu reçoit de lui la grace de ne pouvoir pécher. Or il fallait garder cet ordre dans le bienfait de Dieu, de donner premièrement à l'homme un libre arbitre par lequel il pût ne point pécher, et ensuite de lui en donner un par lequel il ne le pourra plus ; celui-là pour acquérir le mérite, et celui-ci comme une récompense. Mais comme il a péché lorsqu'il l'a pu, il est délivré par une grace plus abondante, afin d'arriver à cette liberté où il ne le pourra plus. De même que la première immortalité qu'Adam perdit en péchant consistait à pouvoir ne pas mourir, et que la dernière consistera à ne pouvoir mourir ; ainsi, la première liberté de la volonté consistait à pouvoir ne pas pécher, et la dernière consistera à ne pouvoir pécher. De cette sorte, l'homme ne pourra non plus perdre sa vertu que sa félicité. Il n'en sera pourtant pas moins libre. Dira-t-on que Dieu n'a point de libre arbitre, sous prétexte qu'il ne saurait pécher ? Tous les citoyens de cette divine Cité auront donc une volonté parfaitement libre, exempte de tout mal, comblée de tout bien, jouissant sans relâche des délices d'une joie immortelle, sans plus se souvenir de ses fautes ni de ses misères, et sans oublier néanmoins sa délivrance pour n'être pas ingrate envers son libérateur.

L'ame se souviendra aussi de ses maux passés quant à la connaissance qu'elle en aura, mais non pas quant au sentiment, comme un habile médecin qui connaît plusieurs maladies par son art, sans les avoir jamais éprouvées. Comme on peut connaître les maux de deux manières, par science ou par expérience, car un homme de bien connaît autrement les vices qu'un méchant homme qui s'y abandonne, on peut les oublier aussi de deux manières. Celui qui les a appris par science les oublie tout autrement que celui qui les a soufferts; celui-là en en négligeant la connaissance, et celui-ci en ne les souffrant plus. C'est selon cette dernière façon d'oublier une chose, que les saints ne se souviendront plus de leurs maux passés. Ils seront exempts de tous maux, sans qu'il leur en reste le moindre sentiment; et toutefois, par le moyen de la science qu'ils posséderont en son plus haut point, ils ne connaîtront pas seulement leur misère passée, mais aussi la misère éternelle des damnés. En effet, s'ils ne se souviennent pas d'avoir été misérables, comment, selon le psalmiste (1), chanteront-ils éternellement les miséricordes de Dieu? Cependant cette Cité n'aura point de plus grande joie que de chanter ce cantique à la gloire du Sauveur qui nous a rachetés par son sang. Là cette

___
(1) Ps. 88, 1.

parole sera accomplie : « Tenez-vous en repos et re-
» connaissez que je suis Dieu (1). » C'est là vraiment
le grand sabbat qui n'aura point de soir : sabbat figuré
dans la Genèse, quand il est dit : « Dieu se reposa de
» toutes ses œuvres, le septième jour, et il le bénit et
» le sanctifia, parce qu'il s'y reposa de tous les ouvra-
» ges qu'il avait entrepris (2). » Car nous serons nous-
mêmes *le septième jour,* quand nous serons remplis et
comblés de sa bénédiction et de sa sanctification. Là
nous nous reposerons, et nous reconnaîtrons que c'est
lui qui est Dieu, qualité que nous avons voulu usur-
per quand nous l'avons abandonné pour écouter cette
parole du séducteur : « Vous serez comme des dieux (3), »
et que nous eussions eue en quelque sorte par participation et par grace, si nous lui fussions demeurés fidèles, au lieu de le quitter. Qu'avons-nous fait en le
quittant, que de mourir misérablement ? Alors, rétablis par sa bonté, et remplis d'une grace plus abondante, nous nous reposerons éternellement, et verrons
que c'est lui qui est Dieu, dont nous serons pleins
quand il sera toutes choses en tous. Nos bonnes œuvres
même, quand nous les croyons plus à lui qu'à nous,
nous sont imputées pour obtenir ce sabbat ; au lieu que
si nous nous les attribuons, elles deviendront des œuvres serviles, puisqu'il est dit du sabbat : « Vous n'y
» ferez aucune œuvre servile (4) ; » d'où vient cette pa-

(1) Ps. 45, 10.
(2) Genèse, 2, 2.
(3) Id., 3, 5.
(4) Deut., 5, 14.

role qui est dans le prophète Ezéchiel : « Je leur ai
» donné mes sabbats comme un signe d'alliance entre
» eux et moi, afin qu'ils sussent que je suis le Seigneur
» qui les sanctifie (1). » Nous saurons parfaitement
cela, quand nous serons parfaitement en repos, et que
nous verrons parfaitement que c'est lui qui est Dieu.

Ce sabbat paraîtra encore plus clairement si l'on
compte les âges selon l'Ecriture, comme autant de
jours, puisqu'il se trouve justement le septième. Le
premier âge, comme le premier jour, se prend depuis
Adam jusqu'au déluge; le second depuis le déluge jusqu'à Abraham; et quoique celui-ci ne comprenne pas
tant de temps que le premier, il comprend autant de
générations. Depuis Abraham jusqu'à Jésus-Christ,
l'évangéliste saint Matthieu compte trois âges qui comprennent chacun quatorze générations, un depuis
Abraham jusqu'à David, l'autre depuis David jusqu'à
la captivité de Babylone, et le troisième depuis cette
captivité jusqu'à la naissance temporelle de Jésus-
Christ. Voilà donc déjà cinq âges. Le sixième s'écoule
à présent, et ne doit être mesuré par aucun nombre
certain de générations, à cause de cette parole du Sauveur : « Ce n'est pas à vous de connaître les temps dont
« mon père s'est réservé la disposition (2). » Après
celui-ci Dieu se reposera comme au septième jour,
lorsqu'il nous fera reposer en lui, nous qui serons ce
septième jour. Il serait trop long de traiter ici de ces
sept âges. Il suffit que le septième sera notre sabbat.

(1) Ezéch., 20, 12.
(2) Act., 1, 7.

qui n'aura point de soir, mais qui finira par le jour du dimanche, qui sera le huitième jour, et un jour éternel consacré par la résurrection de Jésus-Christ, et qui figure le repos éternel, non-seulement de l'esprit, mais du corps. C'est-là que nous nous reposerons et que nous verrons; que nous verrons et que nous aimerons; que nous aimerons et que nous louerons. Voilà ce qui sera à la fin sans fin. Et quelle autre fin nous proposons-nous que d'arriver à un royaume qui n'a point de fin? Il me semble que je me suis acquitté de ma promesse, et que j'ai achevé ce grand ouvrage avec l'assistance de Dieu. Que ceux qui trouvent que j'en ai trop ou trop peu dit me le pardonnent, et que ceux qui pensent que j'en ai dit autant qu'il faut en rendent grace à Dieu avec moi.

REMARQUES

SUR

LE LIVRE XXII.

PAGE 564, ligne 20. « Et qui se trouvent néanmoins dans » l'Ecriture. » Tous les manuscrits portent *litteris* pour *libris.*

Page 566, l. 4. « Cependant la terre est pleine d'esprits à » qui des corps terrestres sont joints d'une manière admi- » rable. » On lit dans tous les manuscrits : *Et tamen plena est terra vegetantibus animis hæc membra terrena miro sibi modo connexa et implicita.* C'est toujours le même sens.

Page 571, l. 25. « De même donc que quelque circons- » tance a précédé l'amour de celle-là. » *Undè amaret,* ont tous les manuscrits.

Page 575, l. 7. « Six cents ans avant Cicéron. » Les manuscrits ont *ante Ciceronem* pour *ante Scipionem,* dont il ne s'agit point ici.

Page 590, l. 6. « Le nombre en monte bien plus haut. » Les manuscrits portent : *incomparabili multitudine superant.*

Page 601, l. 2 . « Qui a créé tous les élémens. » *Qui omnia ipsa creavit elementa,* ont tous les manuscrits.

FIN DU TOME III.

TABLE DU TOME TROISIÈME.

LIVRE XVI.

Chapitre I.er Si depuis Noé jusqu'à Abraham il y a eu des hommes qui aient servi le vrai Dieu. Page 5.
Ch. II. Ce qui a été figuré dans les enfans de Noé. 6.
Ch. III. Généalogie des trois enfans de Noé. 11.
Ch. IV. De Babylone et de la confusion des langues. 15.
Ch. V. De la descente de Dieu pour confondre les langues. 18.
Ch. VI. Comment il faut entendre que Dieu parle aux anges. 19.
Ch. VII. Comment, depuis le déluge, toutes sortes de bêtes ont pu peupler les îles les plus éloignées. 21.
Ch. VIII. Si les nations monstrueuses dont parle l'histoire viennent d'Adam ou des fils de Noé. 22.
Ch. IX. S'il y a des antipodes. 25.
Ch. X. Généalogie de Sem, dans la race de qui l'ordre de la Cité de Dieu se dirige vers Abraham. 26.
Ch. XI. La langue hébraïque, qui était celle dont tous les hommes se servaient d'abord, se conserva dans la postérité d'Héber après la confusion des langues. 29.
Ch. XII. Progrès de la Cité de Dieu, à partir d'Abraham. 33.

TABLE.

Ch. XIII. Pourquoi l'Ecriture ne parle point de Nachor, quand son père Tharé passa de Chaldée en Mésopotamie. Page 35.

Ch. XIV. Des années de Tharé qui mourut à Carres. 37.

Ch. XV. Du temps de promission où Abraham sortit de Carres d'après l'ordre de Dieu. 38.

Ch. XVI. Des promesses que Dieu fit à Abraham. 41.

Ch. XVII. Des trois monarchies qui florissaient du temps d'Abraham, et notamment de celle des Assyriens. 43.

Ch. XVIII. Dieu parle une seconde fois à Abraham, à qui il promet la terre de Chanaan pour lui et sa postérité. 45.

Ch. XIX. De la pudicité de Sara, que Dieu protège en Egypte, où Abraham la donnait, non pour sa femme, mais pour sa sœur. 46.

Ch. XX. Abraham et Lot se séparèrent sans rompre l'union. 47.

Ch. XXI. Dieu réitère ses promesses à Abraham pour la troisième fois. 48.

Ch. XXII. Abraham sauve Lot des mains des ennemis, et est béni par Melchisédech. 50.

Ch. XXIII. Dieu promet à Abraham que sa postérité sera aussi nombreuse que les étoiles, et la foi qu'ajoute Abraham aux paroles de Dieu le justifie, sans qu'il fût encore circoncis. 51.

Ch. XXIV. Ce que signifie le sacrifice que Dieu commanda à Abraham de lui offrir, quand ce patriarche le pria de lui donner quelque signe de l'accomplissement de sa promesse. 52.

Ch. XXV. D'Agar, servante de Sara, que Sara donna pour concubine à son mari. 57.

Ch. XXVI. Dieu promet à Abraham, déjà vieux, un fils de sa femme Sara, qui était stérile, lui annonce qu'il sera le père des nations, et confirme sa promesse par la circoncision. Page 59.

Ch. XXVII. L'ame de l'enfant qui n'avait point été circoncis le huitième jour était perdue pour avoir violé l'alliance de Dieu. 62.

Ch. XXVIII. Du changement des noms d'Abraham et de Sara, qui, l'un à cause de son âge, l'autre à cause de sa stérilité, n'étaient plus en âge d'avoir d'enfans quand ils eurent Isaac. 64.

Ch. XXIX. Des trois anges qui apparurent à Abraham au chêne de Mambré. 66.

Ch. XXX. Destruction de Sodôme; délivrance de Lot; et concupiscence infructueuse d'Abimelech à l'égard de Sara. 69.

Ch. XXXI. Naissance d'Isaac. 70.

Ch. XXXII. Obéissance et foi d'Abraham dans le sacrifice de son fils; et mort de Sara. 71.

Ch. XXXIII. Isaac épouse Rebecca, petite fille de Nachor. 75.

Ch. XXXIV. Ce qu'il faut entendre par le mariage d'Abraham avec Céthura après la mort de Sara. 76.

Ch. XXXV. Des deux jumeaux qui se battaient dans le ventre de Rebecca. 78.

Ch. XXXVI. Dieu bénit Isaac, en considération de son père Abraham. 79.

Ch. XXXVII. Ce que figuraient par avance Esaü et Jacob. 81.

Ch. XXXVIII. Du voyage de Jacob en Mésopotamie pour s'y marier; de la vision qu'il eut en chemin; et de ses quatre femmes, lorsqu'il n'en demandait qu'une. 84.

Ch. XXXIX. Pourquoi Jacob fut appelé Israël. 88.

Ch. XL. Comment on doit entendre que Jacob entra, lui soixante et quinzième, en Egypte. 89.

Ch. XLI. Bénédiction de Juda. Page 91.
Ch. XLII. Bénédiction des deux fils de Joseph par Jacob. 93.
Ch. XLIII. Des temps de Moïse, de Josué, des Juges et des Rois jusqu'à David. 95.
Remarques sur le livre XVI. 99.

LIVRE XVII.

Chapitre I.er Du temps des prophètes. 101.
Ch. II. Ce ne fut proprement que sous les rois que la promesse de Dieu, touchant la terre de Chanaan, fut accomplie. 103.
Ch. III. Les trois sortes de prophéties de l'ancien Testament se rapportent tantôt à la Jérusalem terrestre, tantôt à la Jérusalem céleste, et tantôt à l'une et à l'autre. 105.
Ch. IV. Figure du changement de l'empire et du sacerdoce d'Israël, et prophéties d'Anne, mère de Samuël, qui figurait l'Eglise. 108.
Ch. V. Abolition du sacerdoce d'Aaron prédite à Héli. 121.
Ch. VI. Eternité promise au sacerdoce et au royaume des Juifs, afin que, les voyant détruits, on reconnût que cette promesse ne tombait que sur un autre royaume et un autre sacerdoce dont ceux-là étaient la figure. 128.
Ch. VII. De la division du royaume d'Israël prédite par Samuël à Saül, et ce qu'elle figurait. 131.
Ch. VIII. Les promesses de Dieu à David touchant Salomon ne peuvent s'entendre que de Jésus-Christ. 136.
Ch. IX. Prophétie du pseaume quatre-vingt-huitième, semblable à celle de Nathan dans le second livre des rois. 139.
Ch. X. Différence entre ce qui s'est passé dans le royaume de la Jérusalem terrestre et les promesses de Dieu, pour montrer que ces promesses regardaient un autre royaume et un bien plus grand roi. 142.

TABLE.

Ch. XI. De la substance du peuple de Dieu, laquelle se trouve en Jésus-Christ revêtu de chair, et qui seul a pu délivrer son ame de l'enfer. Page 144.

Ch. XII. Comment il faut entendre ces paroles du pseaume quatre-vingt-huit : « Où sont, Seigneur, les anciennes mi- » séricordes, etc. » 146.

Ch. XIII. La paix promise à David par Nathan n'est point celle du règne de Salomon. 150.

Ch. XIV. Des pseaumes de David. 151.

Ch. XV. S'il convient d'entrer ici dans l'explication des prophéties contenues dans les pseaumes touchant Jésus-Christ et son Eglise. 153.

Ch. XVI. Le pseaume quarante-quatre est une prophétie positive ou figurée de Jésus-Christ et de son Eglise. 154.

Ch. XVII. Sacerdoce et passion de Jésus-Christ prédits aux cent neuvième et vingt et unième pseaumes. 159.

Ch. XVIII. Mort et résurrection du Sauveur prédites dans les pseaumes trois, quarante, quinze et soixante-sept. 161.

Ch. XIX. Le pseaume soixante-huit montre l'obstination des Juifs dans leur infidélité. 165.

Ch. XX. Du règne et des vertus de David, et des prophéties de Jésus-Christ, qui se trouvent dans les livres de Salomon. 166.

Ch. XXI. Des rois de Juda et d'Israël après Salomon. 172.

Ch. XXII. Idolâtrie de Jéroboam. 174.

Ch. XXIII. De la captivité de Babylone, et du retour des Juifs. 175.

Ch. XXIV. Des derniers prophètes des Juifs. 176.

Remarques sur le livre XVII. 178.

LIVRE XVIII.

Chapitre I.er Récapitulation de ce qui a été traité dans les livres précédens, jusqu'au temps du Sauveur. 180.

Cн. II. De l'état et des rois de la Cité de la terre au temps d'Abraham. Page 181.

Cн. III. Sous quels rois des Assyriens et des Sicyoniens Isaac naquit à Abraham alors âgé de cent ans, et Rebecca donna au même Isaac, âgé de soixante ans, deux fils, Esaü et Jacob. 184.

Cн. IV. Des temps de Jacob et de son fils Joseph. 186.

Cн. V. D'Apis, troisième roi des Argiens, dont les Egyptiens firent leur Dieu Sérapis. 187.

Cн. VI. Sous les règnes de quels rois argien et assyrien Jacob mourut en Egypte. 188.

Cн. VII. Sous quels rois mourut Joseph en Egypte. 189.

Cн. VIII. Sous quels rois naquit Moïse, et le culte de quels dieux commença en ce temps à s'introduire. 190.

Cн. IX. Origine du nom de la ville d'Athènes, fondée ou rebâtie sous Cécrops. 192.

Cн. X. Origine du nom de l'aréopage selon Varron, et déluge de Deucalion sous Cécrops. 193.

Cн. XI. Sous quels rois arrivèrent la sortie d'Egypte commandée par Moïse, et la mort de Josué, son successeur. 195.

Cн. XII. Superstitions du paganisme, depuis la sortie d'Egypte jusqu'à la mort de Josué. 196.

Cн. XIII. Fables inventées du temps des Juges. 199.

Cн. XIV. Des poètes théologiens. 201.

Cн. XV. Fin du royaume des Argiens, et naissance de celui des Laurentins. 202.

Cн. XVI. De Diomède et de ses compagnons, changés en oiseaux après la ruine de Troye. 203.

Cн. XVII. Sentiment de Varron sur certaines métamorphoses. 204.

Cн. XVIII. Ce qu'il faut croire des métamorphoses. 205.

Cн. XIX. Enée est venu en Italie au temps où Labdon était juge des Hébreux. 209.

TABLE.

Ch. XX. Succession des rois des Juifs après le temps des Juges. Page 210.

Ch. XXI. Des rois du Latium, dont le premier et le douzième, c'est-à-dire Enée et Aventin, furent mis au rang des dieux. 211.

Ch. XXII. Fondation de Rome dans le temps que l'empire d'Assyrie prit fin et qu'Ezéchias était roi de Juda. 213.

Ch. XXIII. La sibylle Erythrée prophétisa touchant Jésus-Christ. 214.

Ch. XXIV. Les sept Sages ont fleuri sous le règne de Romulus, dans le temps où les dix tribus d'Israël furent menées captives en Chaldée. 217.

Ch. XXV. Philosophes qui se sont signalés sous le règne de Sédéchias, roi des Juifs, et de Tarquin l'Ancien, roi des Romains, au temps de la prise de Jérusalem et de la ruine du temple. 218.

Ch. XXVI. Fin de la captivité de Babylone, et du règne des rois de Rome. 219.

Ch. XXVII. Prophètes qui s'élevèrent parmi les Juifs au commencement de l'empire romain. 220.

Ch. XXVIII. Vocation des gentils prédite par Osée et par Amos. 221.

Ch. XXIX. Prophéties d'Isaïe touchant Jésus-Christ et son Eglise. 224.

Ch. XXX. Prophéties de Michée, Jonas et Joël qui regardent Jésus-Christ. 227.

Ch. XXXI. Salut du monde par Jésus-Christ, prédit par Abdias, Nahum et Abacuc. 229.

Ch. XXXII. Prophéties du cantique d'Abacuc. 231.

Ch. XXXIII. Prophéties de Jérémie et de Sophonias touchant Jésus-Christ et la vocation des gentils. 237.

Ch. XXXIV. Prédictions de Daniel d'Ezéchiel sur le même

sujet. Page 240.

Ch. XXXV. Prédictions d'Aggée, de Zacharie et de Malachie, touchant Jésus-Christ. 242.

Ch. XXXVI. D'Esdras et des livres des Machabées. 247.

Ch. XXXVII. Nos prophètes sont plus anciens que les philosophes. 248.

Ch. XXXVIII. Pourquoi l'Eglise rejète les écrits de quelques prophètes. 250.

Ch. XXXIX. La langue hébraïque a toujours eu des caractères. 251.

Ch. XL. Folie et vanité des Egyptiens, qui font leur science ancienne de cent mille ans. 252.

Ch. XLI. Les écrivains canoniques sont autant d'accord entre eux que les philosophes le sont peu. 254.

Ch. XLII. Ptolémée Philadelphe, roi d'Egypte, fait traduire la Bible en grec. 258.

Ch. XLIII. Prééminence de la version des Septante sur toutes les autres. 259.

Ch. XLIV. Conformité de la version des Septante et de l'Hébreu. 261.

Ch. XLV. Décadence des Juifs depuis la captivité de Babylone. 263.

Ch. XLVI. Naissance du Sauveur, et dispersion des Juifs par toute la terre. 267.

Ch. XLVII. Si, avant l'incarnation de Jésus-Christ, d'autres que les Juifs ont appartenu à la Jérusalem céleste. 269.

Ch. XLVIII. La prophétie d'Aggée touchant la seconde maison de Dieu, qui doit être plus illustre que la première, ne s'entend pas du temple de Jérusalem, mais de l'Eglise. 271.

Ch. XLIX. Elus et réprouvés mêlés ensemble ici-bas. 273.

Ch. L. Prédication de l'Evangile devenue plus célèbre et plus

efficace par la passion de ceux qui l'annonçaient. Page 275.
Ch. LI. Les hérétiques utiles à l'Eglise. Page 277.
Ch. LII. S'il n'y aura point de persécution contre l'Eglise jusqu'à l'Antechrist. 280.
Ch. LIII. On ne sait point quand la dernière persécution du monde arrivera. 283.
Ch. LIV. Rêverie des payens, que le christianisme ne devait durer que trois cent soixante et cinq ans. 285.
Remarques sur le livre XVIII. 290.

LIVRE XIX.

Chapitre I.er Varron compte deux cent quatre-vingt-huit sectes de philosophes touchant le souverain bien. 292.
Ch. II. Varron réduit toutes ces sectes à trois, dont, en dernière analyse, il faut bien s'arrêter à une. 297.
Ch. III. Opinion de Varron touchant le souverain bien. 298.
Ch. IV. Opinion des chrétiens touchant le souverain bien. 301.
Ch. V. Maux auxquels est sujète la vie civile. 309.
Ch. VI. Erreur des jugemens humains, lorsque la vérité est cachée. 312.
Ch. VII. De la diversité des langues qui rompt la société des hommes, et de la misère des guerres qui passent même pour les plus justes. 314.
Ch. VIII. Misères qui accompagnent l'amitié. 316.
Ch. IX. L'amitié des saints anges est sujète à illusion. 317.
Ch. X. Quelle récompense est préparée aux saints qui ont surmonté les tentations. 318.
Ch. XI. La paix doit faire le souverain bien de l'autre vie. 319.
Ch. XII. Toutes choses, les guerres même, tendent à la paix. 321.
Ch. XIII. De la paix universelle que, d'après les lois de la

nature, les passions même ne peuvent troubler indéfiniment. Page 326.

Ch. XIV. Les lois divines et humaines obligent indistinctement tous les hommes au maintien de la paix dans l'ordre social. 329.

Ch. XV. La servitude est une peine du péché, et l'homme, naturellement libre, est moins l'esclave d'un autre homme que de ses propres égaremens. 332.

Ch. XVI. De la juste domination. 334.

Ch. XVII. Comment la Cité du ciel se gouverne ici-bas avec celle de la terre. 336.

Ch. XVIII. La Cité de Dieu rejète l'incertitude de la nouvelle académie. 339.

Ch. XIX. De la vie et des mœurs du peuple chrétien. 340.

Ch. XX. Les citoyens de la Cité de Dieu ne sont heureux ici-bas qu'en espérance. 342.

Ch. XXI. Selon les définitions de Cicéron dans ses livres de la république, il n'y a jamais eu de république parmi les Romains. 343.

Ch. XXII. Le Dieu des chrétiens est le vrai Dieu et le seul à qui l'on doive sacrifier. 346.

Ch. XXIII. Oracles que Porphyre rapporte touchant Jésus-Christ. 347.

Ch. XXIV. Suivant quelle définition l'empire romain, ainsi que plusieurs autres états, peut s'attribuer justement les dénominations de peuple et de république. 354.

Ch. XXV. Il n'y a point de vraies vertus où il n'y a point de vraie religion. 356.

Ch. XXVI. La Cité de Dieu se sert aussi de la paix du peuple séparé de Dieu, tandis qu'elle voyage en ce monde. 357.

Ch. XXVII. La paix des serviteurs de Dieu est bien traversée dans cette vie mortelle. 358.

TABLE.

Ch. XXVIII. De la fin des méchans. Page 360.
Remarques sur le livre XIX. 362.

LIVRE XX.

Chapitre 1.er Bien que Dieu juge en tout temps, il ne sera néanmoins question dans ce livre que du jugement dernier. 363.

Ch. II. Abime des jugemens de Dieu, que nous ne sonderons qu'au dernier jugement. 366.

Ch. III. Opinion de Salomon sur les choses qui, dans cette vie, sont communes aux bons et aux méchans. 368.

Ch. IV. L'auteur prouvera d'abord le jugement dernier par des passages du nouveau Testament, et ensuite par des témoignages de l'ancien. 370.

Ch. V. Preuves du jugement dernier tirées du nouveau Testament. 371.

Ch. VI. Des deux résurrections. 377.

Ch. VII. Des deux résurrections; et ce qu'il convient d'entendre par le règne de mille ans dont parle saint Jean dans son Apocalypse. 381.

Ch. VIII. De l'enchaînement et de l'affranchissement du diable. 387.

Ch. IX. Quel est le règne des saints avec Jésus-Christ pendant mille ans, et en quoi il diffère du règne éternel. 392.

Ch. X. Contre ceux qui croient que la résurrection n'appartient qu'aux corps. 399.

Ch. XI. De Gog et Magog que le diable suscitera contre l'Eglise à la fin des siècles. 401.

Ch. XII. Du feu que saint Jean vit descendre du ciel et consumer les ennemis de l'Eglise. 403.

Ch. XIII. Le temps de la persécution de l'Antechrist doit

être compris dans les mille ans. Page 404.

Ch. XIV. De la damnation du diable et des siens; et récapitulation de ce qui a été dit sur la résurrection de la chair et le jugement dernier. 406.

Ch. XV. Des morts que présenta la mer, et de ceux que la mort et l'enfer rendirent. 409.

Ch. XVI. Du nouveau ciel et de la nouvelle terre. 412.

Ch. XVII. Etat de l'Église triomphante. 414.

Ch. XVIII. Ce que saint Pierre dit du jugement dernier 417.

Ch. XIX. Preuves du dernier jugement et de l'Antechrist, tirées de la seconde épître de saint Paul aux Thessaloniciens. 419.

Ch. XX. Ce que saint Paul dit de la résurrection des morts dans sa première épître aux Thessaloniciens. 425.

Ch. XXI. Preuves de la résurrection et du dernier jugement, tirées du prophète Isaïe. 429.

Ch. XXII. Comment il faut entendre que les bons sortiront pour voir le supplice des méchans. 437.

Ch. XXIII. Comment Daniel parle de la persécution de l'Antechrist, du jugement dernier et du royaume des saints. 439.

Ch. XXIV. Preuves de la fin du monde et du jugement dernier, tirées des pseaumes. 443.

Ch. XXV. Prophétie de Malachie touchant le jugement dernier et le purgatoire. 450.

Ch. XXVI. Quels sont les sacrifices d'autrefois et des premières années, comparés à ceux que les saints offriront à Dieu après le dernier jugement. 452.

Ch. XXVII. De la séparation des bons et des méchans au jour du jugement dernier. 457.

Ch. XXVIII. Il faut interpréter spirituellement la loi de Moïse pour prévenir les murmures condamnables de la

TABLE.

chair. Page 458.

Ch. XXIX. Elie doit venir avant le jugement, et les Juifs se convertiront à sa prédication. 460.

Ch. XXX. Lorsqu'il est dit dans l'ancien Testament que Dieu viendra juger le monde, il faut entendre cela de Jésus-Christ, quoique ce livre ne le désigne pas précisément. 462.

Remarques sur le livre XX. 471.

LIVRE XXI.

Chapitre I.er Dessein de ce livre. 473.

Ch. II. Si des corps peuvent être brûlés éternellement par le feu. 474.

Ch. III. Il ne s'ensuit pas de ce qu'un corps peut souffrir qu'il soit mortel. 476.

Ch. IV. Exemples de choses naturelles qui montrent qu'il se peut fort bien faire que les corps des damnés subsistent éternellement au milieu des flammes. 479.

Ch. V. Exemples de plusieurs choses qui ne laissent pas d'être, quoiqu'on n'en puisse rendre raison. 484.

Ch. VI. Tous les miracles n'ont pas une cause naturelle; il en est de produits par l'industrie des hommes, et d'autres qu'opère l'artifice des démons. 487.

Ch. VII. La toute-puissance de Dieu est la raison des choses qui sont au-dessus de la raison. 490.

Ch. VIII. Les changemens que Dieu fait dans les choses ne sont point contre leur nature. 493.

Ch. IX. De l'enfer et de la nature des peines éternelles. 497.

Ch. X. Si le feu d'enfer, étant matériel, peut brûler les démons qui n'ont point de corps. 501.

Ch. XI. Pourquoi les supplices des damnés seront éternels,

quoique leurs crimes n'aient été que temporels. Page 503.

Ch. XII. Grandeur du péché du premier homme, après lequel Dieu pourrait justement damner tous les hommes. 505.

Ch. XIII. Contre ceux qui croient que les méchans, après la mort, ne seront punis que de peines purgatives. 507.

Ch. XIV. Des maux temporels de cette vie auxquels l'homme est sujet. 509.

Ch. XV. La grace de Dieu qui nous délivre de notre ancienne misère est un acheminement au siècle futur. 510.

Ch. XVI. Miséricorde de Dieu envers les enfans qui meurent avant l'âge de raison, et envers les pénitens. 512.

Ch. XVII. De ceux qui pensent que les peines des damnés ne seront pas éternelles. 514.

Ch. XVIII. De ceux qui croient qu'aucun homme ne sera damné au jugement dernier, à cause de l'intercession des saints. 516.

Ch. XIX. De ceux qui prétendent que tous ceux qui ont participé au corps de Jésus-Christ, fussent-ils hérétiques, seront sauvés, de quelque façon qu'ils aient vécu. 519.

Ch. XX. De ceux qui n'accordent cette grace qu'à ceux qui ont été catholiques, quoique ensuite ils soient tombés dans l'hérésie ou dans l'idolâtrie. 520.

Ch. XXI. De ceux qui ne l'accordent qu'aux catholiques qui mourront dans l'unité de l'Eglise, quoique d'ailleurs ils vivent mal. 521.

Ch. XXII. De ceux qui pensent que les peines éternelles de l'enfer ne seront point pour ceux qui font l'aumône, quelque vie qu'ils mènent. 522.

Ch. XXIII. Contre ceux qui nient l'éternité des supplices du diable et des méchans. 524.

Ch. XXIV. Contre ceux qui croient qu'au jour du jugement Dieu pardonnera à tous les méchans, à cause de l'interces-

TABLE. 679

tion des saints. Page 526.

Ch. XXV. Contre ceux qui croient que les hérétiques ou les mauvais catholiques seront délivrés des peines de l'enfer par la vertu des sacremens. 535.

Ch. XXVI. Ce qu'il faut entendre par être sauvé comme par le feu, et avoir Jésus-Christ pour fondement. 539.

Ch. XXVII. Contre ceux qui s'imaginent qu'on sera sauvé, quelque vie qu'on mène, pourvu qu'on fasse de bonnes aumônes. 546.

Remarques sur le livre XXI. 556.

LIVRE XXII.

Chapitre I.er De la condition des anges et des hommes. 558.

Ch. II. De l'éternelle et immuable volonté de Dieu. 561.

Ch. III. Promesse de la béatitude éternelle des saints et du supplice éternel des impies. 563.

Ch. IV. Contre ceux qui s'imaginent que des corps terrestres ne peuvent demeurer dans le ciel. 565.

Ch. V. Preuve de la résurrection des corps. 567.

Ch. VI. Rome a fait par amour un dieu de Romulus, son fondateur, et l'Eglise a aimé par la foi son Seigneur Jésus-Christ. 570.

Ch. VII. Le monde a cru en Jésus-Christ par une vertu divine, et non par une persuasion humaine. 575.

Ch. VIII. Des miracles qui ont été opérés pour faire croire le monde en Jésus-Christ, et qui ne cessent pas de s'opérer depuis qu'il y croit. 576.

Ch. IX. Tous les miracles opérés par les martyrs au nom de Jésus-Christ sont autant de témoignages de la foi qu'ont eue les martyrs en ce Sauveur. 595.

Ch. X. Les miracles des faux dieux ne méritent pas d'être

crus comme ceux des martyrs. Page 596.

Ch. VI. Contre les platoniciens, qui prétendent prouver par le poids des élemens qu'un corps terrestre ne peut demeurer dans le ciel. 598.

Ch. XII. Objections des payens contre la résurrection des corps. 602.

Ch. XIII. Si les enfans qui meurent dans le ventre de leur mère ressusciteront. 605.

Ch. XIV. Si les enfans ressusciteront aussi petits qu'ils sont morts. 606.

Ch. XV. Si la taille de Jésus-Christ sera la mesure de celle de tous les hommes. 607.

Ch. XVI. Comment il faut entendre que les saints seront conformes à l'image du fils de Dieu. 608.

Ch. XVII. Si les femmes ressusciteront dans leur sexe. 609.

Ch. XVIII. De l'homme parfait, c'est-à-dire de Jésus-Christ, et de son corps, c'est-à-dire l'Eglise, qui est sa plénitude. 612.

Ch. XIX. Les corps n'auront aucun défaut lors de la résurrection. 614.

Ch. XX. Dieu peut rappeler aisément toutes les parties dissipées des corps pour les ressusciter. 618.

Ch. XXI. Les corps des bienheureux ressusciteront spirituels. 620.

Ch. XXII. Des misères de cette vie, qui sont les peines du péché du premier homme, et dont on ne peut être délivré que par la grace de Jésus-Christ. 622.

Ch. XXIII. Des misères de cette vie propres aux gens de bien, indépendamment de celles qui leur sont communes avec les méchans. 628.

Ch. XXIV. Des biens de cette vie, toute condamnée qu'elle est. 630.

Cн. XXV. Opiniâtreté de quelques-uns qui ne veulent pas croire la résurrection de la chair. Page 639.

Cн. XXVI. L'opinion de Porphyre, qu'une ame ne peut être heureuse qu'elle ne fuie toute sorte de corps, est détruite par Platon même, qui dit que le souverain Dieu a promis aux dieux inférieurs qu'ils ne seraient jamais privés de leurs corps. 641.

Cн. XXVII. En rapportant les opinions de Platon et de Porphyre, on en peut conclure la résurrection des corps. 643.

Cн. XXVIII. On peut conclure la résurrection de la chair, telle que nous la croyons, des sentimens de Platon, de Porphyre et de Varron, en les joignant ensemble. 644.

Cн. XXIX. De quelle manière les bienheureux ressuscités verront Dieu. 646.

Cн. XXX. Félicité des bienheureux. 655.

Remarques sur le livre XXII. 663.

ERRATA.

Page 40, ligne 4 : après alors, ajoutez sor.ż.
— 117, l. 1.re : lui ce, lisez celui.
— 130, l. 30 : supprimez 13.
— 158, l. 6 : chez, lis. chef.
— 196, l. 17 : pleines, lis. plaines.
— 197, l. 15 : de, lis. du.
— 199, l. 6 : de, lis. des.
— 202, l. 25 : ces, lis. les.
— 211, l. 20 : de règne, lis. règne de.
— 220, l. 19 : Joachan, lis. Joathan.
— 222, l. 17 : supprimez à.
— 265, l. 22 : Alexandra, lis. Alexandre.
— 281, l. 2 : passe, lis. passa.
— 344, l. 4 : qu'elle, lis. quelle.
— 461, l. 1.re : expliquera lei, lis. expliquera la bi.
— 497, l. 24 : Il ne faut donc, ajoutez pas.
— 507, l. 5 : supprimez point.
— 537, l. 31 : ne, lis. en.
— 542, l. 24 : supprimez ce.
— 545, l. 11 : sera sauvé, lis. il sera sauvé.
— 548, l. 5 : par, lis. pour.
— 629, l. 23 : vos, lis. nos.
— 644, l. 24 : après de certaines, ajoutez personnes.

www.ingramcontent.com/pod-product-compliance
Lightning Source LLC
Chambersburg PA
CBHW050102230426
43664CB00010B/1414